# हिन्दी आलोचना : दृष्टि और प्रवृत्तियाँ

# हिन्दी आलोचना : दृष्टि और प्रवृत्तियाँ

मनोज पाण्डेय

*हिन्दी विभाग*

*राष्ट्रसन्त तुकड़ोजी महाराज नागपुर विश्वविद्यालय*

लोकभारती प्रकाशन

**लोकभारती प्रकाशन**
पहली मंजिल, दरबारी बिल्डिंग, महात्मा गाँधी मार्ग
इलाहाबाद-211 001
वेबसाइट : www.lokbhartiprakashan.com
ईमेल : info@lokbhartiprakashan.com
**शाखाएँ :** 1-बी, नेताजी सुभाष मार्ग, दरियागंज
नयी दिल्ली-110 002
अशोक राजपथ, साइंस कॉलेज के सामने
पटना-800 006
36-ए, शेक्सपियर सरणी, कोलकाता-700 017

**प्रथम संस्करण** : 2018

**मूल्य :** ₹ 500



**आस्था पेपर कन्वर्टर**
इलाहाबाद द्वारा मुद्रित

IINDI ALOCHNA : DRISHTI AUR PRAVRITIYAN
by Manoj Pandey

ISBN : 978-93-86863-32-4

# अनुक्रम

# पूर्व पीठिका

हिन्दी आलोचना का उदय कब हुआ या कब से माना जाये, यह एक विवादित विषय है। लेकिन, इतना अवश्य सच है कि भले ही हिन्दी आलोचना का विकास आधुनिक युग में हुआ हो, इसके लक्षण मध्य युग से ही स्पष्ट होने लगे थे। अतः इसकी शुरुआत मध्य युग से ही मानना समीचीन होगा। हिन्दी भाषा के विकास के सापेक्ष यदि इसे रखकर देखा जाये तो पण्डितराज जगन्नाथ के समय से ही यह एक अवान्तर धारा के रूप में प्रस्फुटित होती दिखायी पड़ती है। उधर कबीर-सूर-तुलसी-जायसी की भक्ति-भाव सम्पन्न काव्य-धारा का चिन्तन किया जाये तो वहाँ भी यद्यपि काव्यशास्त्रीय दृष्टि से साहित्य-सर्जना नहीं हुई है तथापि काव्यशास्त्रीय सिद्धान्तों का अभाव नहीं खटकता, बल्कि इसके लक्षण दिखते हैं।

भाषायी दृष्टि से ही देखा जाये तो संस्कृत के पराभवकाल से शुरू हुई यह परम्परा पालि, प्राकृत, अपभ्रंश से गुजरती हुई हिन्दी में आयी। परन्तु, ध्यातव्य है कि उत्तर मध्यकालीन साहित्य परम्परा ने जिस मार्ग का अनुसरण किया वह पालि, प्राकृत, अपभ्रंश या प्राकृताभास हिन्दी का न होकर, संस्कृताचार्यों द्वारा निर्दिष्ट उस साहित्य परम्परा का है जिसमें समीक्षाशास्त्र को लेकर विस्तृत चिन्तन-अनुचिन्तन हुआ है। संस्कृत समीक्षा अपने अन्तिम समय में अपनी परम्परा का विस्तार उस रूप में नहीं कर सकी जैसाकि पूर्व में होता रहा था। टीकाओं, सूक्तियों, भाष्यों आदि ने परवर्ती संस्कृताचार्यों का ध्यान मौलिक चिन्तन की अपेक्षा उनके पूर्ववर्तियों के कथनों के निरीक्षण-परीक्षण, विरोध-समर्थन तथा स्पष्टीकरण-सरलीकरण में अधिक लगाया। कहने का तात्पर्य यह है कि परवर्ती संस्कृताचार्य पहले के चिन्तकों के मतों के विवेचन-विश्लेषण में ही उलझे रह गये। परिणामस्वरूप मौलिक चिन्तना का लोप होता गया। दुर्भाग्य से संस्कृत की इसी पराभवकाल की निर्जीव शैली का अनुकरण परवर्ती काव्यशास्त्रीय चिन्तन में हुआ, रीतिकाल को इसीलिए 'संस्कृत काव्यशास्त्र की उद्धरणी' कहा गया है। इसी का परिणाम रहा कि आगे भी दिनों-दिन मौलिक चिन्तन की सम्भावनाएँ निःशेष होती गयीं।

इस तरह भाषिक दृष्टि से यद्यपि हिन्दी का सम्बन्ध-प्राकृत, अपभ्रंश आदि से निकट का है, परन्तु साहित्यिक दृष्टि से उसका परम्परागत सम्बन्ध संस्कृत से ही रहा है। जयदेव के 'गीतगोविन्द' और विद्यापति की 'पदावली' इसका सपुष्ट प्रमाण है। पालि, प्राकृत, अपभ्रंश आदि में प्रधानत: धर्मग्रन्थ ही रचे गये, विकास परम्परा में जिनका योगदान नगण्य नहीं है परन्तु मौलिक शास्त्रीय चिन्तन का सर्वथा अभाव होने के कारण आलोचना के विकास में उसकी विवेचना बहुत महत्त्वपूर्ण नहीं है।

सामाजिक-सांस्कृतिक दृष्टि से भी यदि देखें तो संस्कृत काल के अन्तिम दिनों में ही ऐसी परिस्थितियाँ निर्मित होने लगीं कि शास्त्र चिन्ता शिथिल होती गयी। आचार्य शुक्ल के शब्दों में पूरा देश 'म्लेच्छाक्रान्त' हो गया था। ऐसे में साहित्य-सर्जना का और खासकर मौलिक चिन्तना का रास्ता वैसे भी बन्द हो जाता है। यही कारण है कि इस दौर में जिस भाषा में रचनाएँ हुई हैं, यद्यपि उनमें साहित्यिक दृष्टि से भी कुछ उत्कृष्ट रचनाएँ हैं, तथापि शास्त्रीय चिन्तन की प्रवृत्ति वहाँ दृष्टिगोचर नहीं होती। भक्तिकाल के उदय के पूर्व अन्धकार ही छाया रहा। भक्तिकाल में भी भगवद्भक्ति की धुन के आगे शास्त्रीय विवेचना गौण हो गयी है। यहाँ भक्ति का प्रभाव इतना प्रबल है कि परमपिता परमेश्वर का आदर्श गान करने के सिवाय अवकाश ही नहीं है। इन भक्त कवियों का लक्ष्य ही भगवद्भक्ति है काव्य तो साधन मात्र है, फिर काव्यादर्श कैसा? यही वजह है कि कबीर, सूर, तुलसी, जायसी आदि ने यद्यपि साहित्यिक दृष्टि से उत्कृष्ट अभिव्यंजनाएँ की हैं, अपनी शास्त्र चिन्ता का परिचय भी यत्र-तत्र दिया है जैसे तुलसी कहते हैं-

*जो प्रबन्ध बुध नहिं आदरही। सो सम बादि बाल कवि करहीं।*
*कीरति भनति भूलि भलि होई। सुर-सरि सम सब कर हित होई।।*

तथा

*गिरा अरथ जल बीचि सम, कहियत भिन्न न भिन्न।*

इसी तरह जायसी भी अपनी काव्य मर्मज्ञता का परिचय देते हुए लिखते हैं-

*कवि विलास रस कँवला पूरी, दूरि सो नियरि नियरि सो दूरी।*
*नियरे दूर, फूल जस काँटा, दूरि सो नियरे जस गुड़ चाँटा।।*

तथापि शास्त्र-चिन्तन की परम्परा में कोई मौलिकता यहाँ दृष्टिगोचर नहीं होती। फिर भी भारतीय काव्यशास्त्र के संवर्द्धन में इन भक्त कवियों का अविस्मरणीय स्थान है, इससे इन्कार नहीं किया जा सकता। डॉ. नगेन्द्र तो रस-सिद्धान्त की पुनर्प्रतिष्ठा ही भक्तिकाव्य से मानते हैं, वे लिखते हैं, "मध्ययुग में माधुर्य-भाव से ओत-प्रोत भक्तिकाव्य की जो रसधारा भारतीय भाषाओं में प्रवाहित हुई, उसके फलस्वरूप भारतीय काव्यशास्त्र में ध्वनि के स्थान पर रस-सिद्धान्त का एकच्छत्र

राज्य स्थापित हो गया। वस्तुतः रस का महात्म्य होने पर भी संस्कृत काव्यशास्त्र का प्रतिनिधि सिद्धान्त ध्वनि ही रहा है। भारतीय वङ्मय में रस-ध्वनि का आवरण हटाकर शुद्ध रस की प्रतिष्ठा करने का श्रेय इन भक्त कवियों को ही है। 14-15वीं शती से लेकर 17-18वीं शती तक उत्तर-दक्षिण, पूर्व-पश्चिम में सर्वत्र ही मधुरा भक्ति की धारा ऐसे उद्दाम वेग से प्रवाहित हुई कि हृदय रस और काव्य के बीच में स्थित व्यंजना का झीना आवरण छिन्न-भिन्न होकर बह गया। इसीलिए रस-सिद्धान्त की पूर्ण प्रतिष्ठा संस्कृत की अपेक्षा भाषा-साहित्य में ही मानना न्याय-सम्मत है।'' (भारतीय समीक्षा-डॉ. नगेन्द्र, पृ. 13) रस-सिद्धान्त के पुनर्प्रतिष्ठाता डॉ. नगेन्द्र से असहमति का सवाल ही नहीं उठता, परन्तु यह मानने की गुंजाइश है कि हिन्दी साहित्य में जिसे 'स्वर्ण-युग' कहा गया है उस भक्तिकाल में भी शास्त्रीय विवेचना उस तरह से नहीं हुई जैसी कि होनी चाहिए थी। हालाँकि ये कविगण शास्त्रज्ञान से सर्वथा अनभिज्ञ रहे हों, ऐसा भी नहीं कहा जा सकता।

और जहाँ तक परवर्ती मध्यकाल या रीतिकाल का सम्बन्ध है, तो ऐतिहासिक साक्ष्य इस बात के प्रमाण हैं कि रीतिकाल तक आते-आते राजनीतिक, सामाजिक उथल-पुथल मन्द पड़ती जा रही थी। अमन-चैन न होने के बावजूद एक अजीब तरह का माहौल निर्मित होने लगा था जिसमें सारा वातावरण विलासिता से भर गया था। यह इस बात का सूचक भी था कि समृद्धि जब अपने चरम पर होती है तो विनाश को आमन्त्रण इसी रूप में मिलता है। ऐहिक दृष्टि का वर्चस्व कायम हो जाने पर काव्य और कला में भी उसी का चित्रण होने लगा। सुख, भोगवृत्ति, विलासिता, कामान्धता आदि के बढ़ने की वजह से ही इस काल का साहित्य भी सुख की निधि 'श्रृंगार' प्रधान हो गया। कविगण श्रृंगार-निरूपण करके वाहवाही लूटने के फेर में पड़ गये। ऐसी परिस्थितियों में जहाँ काव्यचर्चा महज मनोविनोद तक सीमित हो जाय, गूढ़ चिन्तन की सम्भावनाएँ वैसे भी लुप्त हो जाती हैं। इसलिए मनोविनोद के लिए यदि काव्य अलंकार-चमत्कार का खिलौना बन जाये तो अचरज की बात नहीं कही जा सकती। ऐसी परिस्थिति में जबकि सारा समाज विलासान्धता की मद में आकण्ठ डूबा हो, इससे अधिक की और अपेक्षा भी क्या की जा सकती थी?

रीति का शाब्दिक अर्थ है प्रणाली, पद्धति, मार्ग, पन्थ, शैली आदि। इसका अर्थ विशिष्ट कार्य-पद्धति भी होता है। संस्कृत साहित्य में इसे काव्य की आत्मा मानते हुए 'विशिष्ट पदरचना' कहा गया है। पर हिन्दी साहित्य में इसका प्रयोग विशेष अर्थ में हुआ है। यहाँ पर रीति का तात्पर्य, लक्षण देते हुए या लक्षण को ध्यान में रखते हुए लिखे गये काव्य से है। संस्कृत समीक्षा के पाँच प्रमुख सम्प्रदायों अलंकार, रीति, ध्वनि, वक्रोक्ति और रस को ही लक्ष्य कर हिन्दी के समूचे रीति साहित्य में लक्षण ग्रन्थों की अवतारणाएँ हुई हैं। इस विशिष्ट लक्ष्य को ध्यान में रखकर लेखनी चलाने

का ही परिणाम है कि मौलिक चिन्तन का अवसर इन रीतिशास्त्रियों को नहीं मिल पाया, ये सिर्फ अलंकार-चमत्कार के लक्षण ही छन्दोबद्ध करने में लगे रहे। शुरू से अन्त तक समूचे रीति साहित्य की मूल प्रवृत्ति रीति-निरूपण ही रही।

वैसे तो, रीतिकालीन परम्परा की शुरुआत कृपाराम से मानी जाती है, परन्तु केशव इसके प्रथम आचार्य माने गये हैं। आचार्य शुक्ल ने तो केशव के पचास साल बाद चिन्तामणि से यह परम्परा मानी है। इस प्रकार रीति-निरूपण की पद्धति यद्यपि केशव के पहले से चली आ रही थी परन्तु शास्त्रीय रीति से इसका सम्यक् निरूपण पहले-पहल केशव ने ही किया। उनके 'कवि-प्रिया' और 'रसिक प्रिया' नामक दो रीति ग्रन्थ हैं। केशव एक सुसंस्कृत, अलंकारवादी आचार्य थे। संस्कृत का अच्छा ज्ञान होने के कारण ही वे संस्कृताचार्यों के मत को व्यवस्थित रूप में प्रस्तुत कर सके। यद्यपि उनके समय तक संस्कृत धारा चलती आ रही थी। पण्डितराज जैसे अन्तिम प्रसिद्ध संस्कृताचार्य केशव के बाद के हैं, तथापि उन्होंने संस्कृत काव्यशास्त्र की उस प्रचलित परम्परा का अनुसरण न कर उस परम्परा का अनुसरण किया जिसके उद्घोषक पहले के आचार्य दण्डी, भामह, उद्भट आदि थे। केशव के अलंकार निरूपण से रीतिकालीन-परम्परा की शुरुआत न माननेवाले आचार्यों का मत है कि केशव ने संस्कृत समीक्षा की जिस परम्परा का अनुसरण किया वह उस दौर की है जबकि अलंकार और अलंकार्य का भेद भी स्पष्ट नहीं हुआ था। रस, रीति, अलंकार आदि सब के लिए सामान्यतः अलंकार का ही व्यवहार होता था। परवर्ती संस्कृताचार्यों आनन्दवर्द्धन, मम्मट, विश्वनाथ आदि द्वारा किये गये विवेचन पर केशव की दृष्टि न जा सकी। सम्भवतः इसीलिए उनके द्वारा शुरू हुई रीति परम्परा तुरन्त हिन्दी साहित्य में न चल सकी और जब चली तो केशव के आदर्श से भिन्न इन परवर्ती आचार्यों के आदर्श को लेकर जिसके प्रवर्तक हुए आचार्य चिन्तामणि। जाहिर है, यही कारण है कि केशव के अलंकार-अलंकार्य में भेद नहीं स्पष्ट होता, चलताऊ ढंग से अलंकारों को सामान्य और विशेष की कोटि में विभाजित कर रीति-निरूपण कर दिया गया है, जिससे न तो कोई मौलिकता आ पायी है, न नवीनता।

केशव में आचार्यत्व की पूरी प्रतिभा थी, परन्तु छन्दों का चमत्कार दिखाने के अतिरिक्त मोह ने उनके आचार्यत्व और कवित्व दोनों को प्रभावित किया। उन्होंने अलंकारों का चमत्कार प्रदर्शित करने पर ही ज्यादा ध्यान दिया, जिससे रीति, गुण, रस आदि को स्थान नहीं मिल सका। उनके अलंकार प्रेम का एक उदाहरण पर्याप्त होगा-

*जदपि सुजाति सुलक्षणी, सुबरन सरस सुबृत्त।*
*भूषण बिनु न बिराजई, कविता, बनिता, मित्त।*

इस छन्द से आचार्य जी का मत स्वत: स्पष्ट होता है। परवर्ती आलोचकों ने इस छन्द पर तथा ऐसे और भी कई छन्दों पर विचार करते हुए पाया है कि केशव के अलंकार निरूपण में भी कहीं-कहीं भारी दोष है, जैसे-कई उदाहरणों में समीचीनता का अभाव है। केशव यह मानते हैं कि दण्डी, उद्भट आदि आचार्यों को आधार मानकर उन्होंने अलंकार निरूपण किया है, परन्तु अपनी मौलिकता प्रदर्शित करने के चक्कर में वे कहीं-कहीं तो इतने दूर चले गये हैं कि एक आचार्य को यहाँ तक लिखना पड़ गया है कि, "केशव ने रूपक के तीन भेद दण्डी से लिये हैं, अद्भुत रूपक, विरुद्ध रूपक और रूपक-रूपक। इनमें से प्रथम का लक्षण तो स्वरूप भी व्यक्त नहीं करता और उदाहरण भी अधिकतर काव्य-रूपक का हो गया है। विरुद्ध-रूपक भी दण्डी से नहीं मिलता और रूपकातिशयोक्ति हो गया है।" कदाचित् केशव की इन्हीं बहकनेवाली बातों को ध्यान में रखकर ही शुक्ल जी ने यह निर्णय दिया है कि, "इसमें सन्देह नहीं कि काव्यरीति का सम्यक् समावेश पहले-पहल आचार्य केशव ने ही किया। पर हिन्दी में रीतिग्रन्थों की अविरल और अखण्डित परम्परा का प्रवाह केशव की 'कवि प्रिया' के प्राय: पचास वर्ष पीछे चला और वह भी एक भिन्न आदर्श को लेकर, केशव के आदर्श को लेकर नहीं।"(हिन्दी साहित्य का इतिहास आ. शुक्ल, पृ. 129)

आचार्य शुक्ल ने रीति-परम्परा की शुरुआत आचार्य चिन्तामणि से माना है और प्राय: सभी परवर्ती इतिहासकारों ने किसी-न-किसी रूप में उनसे सहमति जतायी है। चिन्तामणि के 'काव्य-विवेक', 'कविकल्पतरु' और 'काव्य-प्रकाश' को इस परम्परा का आधार ग्रन्थ माना गया है। चिन्तामणि से जिस रीति परम्परा का पारम्भ माना जाता है उसमें काव्य के लक्षण, प्रयोजन, भेद आदि लगभग समस्त अंगों पर संस्कृत के 'काव्य-प्रकाश' और 'साहित्य-दर्पण' के आधार पर विचार हुआ है। मतलब यह है कि चिन्तामणि ने संस्कृत समीक्षा के पिछले खेमे के आचार्यों के आधार पर रीति-निरूपण की शैली का शुभारम्भ किया, जिसके प्रधान आचार्य हैं मम्मट और विश्वनाथ। लक्षण ग्रन्थों का इतना व्यवस्थित और प्रौढ़ रूप उनसे पहले नहीं मिलता। उन्होंने पिंगल, शृंगार, रस आदि पर भी स्वतन्त्र ग्रन्थों की रचना कर काव्य के समस्त अंगों यथा काव्य के स्वरूप, भेद, गुण, रस, काव्य-दोष, अलंकार, शब्दशक्ति आदि को अपने विवेचन में समेटा।

आचार्य चिन्तामणि ने तो 'काव्य प्रकाश' और 'साहित्य-दर्पण' को ही अपने विवेचन का आधार बनाया, परन्तु इनके समकालीन चर्चित ग्रन्थों में 'चन्द्रालोक', 'कुवलयानन्द', 'रसतरंगिणी', 'रसमंजरी' आदि भी थे। इस प्रकार आचार्यों ने अपनी रुचि के अनुसार ग्रन्थों को अपने विवेचन का आधार बनाया। इसलिए रीति-निरूपण की कई शैलियों के दर्शन यहाँ होते हैं, लेकिन इनमें जो सबसे प्रधान है वह

है–अलंकार–निरूपण और नायिका–भेद। इन आचार्यों पर 'चन्द्रालोक' की एक ही छन्द में लक्षण और उदाहरण दोनों प्रस्तुत कर देने की शैली का भी विशेष प्रभाव पड़ा, सामान्यत: कोई भी आचार्य इससे बच नहीं सका है। यही वजह है कि इनका आचार्यत्व और कवित्व दोनों एक ही छन्द में उद्भूत होने को लालायित दिखता है। यह स्पृहा ही इन आचार्यों के आचार्यत्व और कवित्व दोनों को प्रभावित करती है। इस एकीकरण की लालसा ने आचार्य और कवि का भेद ही खत्म कर दिया। परिणाम यह हुआ कि न तो ये आचार्य बन सके और न कवि। आचार्य शुक्ल ने रीतिकालीन इन आचार्य–कवियों में इस एकीकरण के प्रभाव को ही लक्षित करके लिखा है, "इस एकीकरण का प्रभाव अच्छा नहीं पड़ा। आचार्यत्व के लिए जिस सूक्ष्म विवेचन या पर्यालोचन शक्ति की अपेक्षा होती है उसका विकास नहीं हुआ। कवि लोग एक ही दोहे में अपर्याप्त लक्षण देकर अपने कविकर्म में प्रवृत्त हो जाते थे। काव्यांगों का विस्तृत विवेचन, तर्क द्वारा खण्डन–मण्डन, नये–नये सिद्धान्तों का प्रतिपादन आदि कुछ भी न हुआ।" इसके कारण पर प्रकाश डालते हुए वे आगे यह भी कहते हैं कि, "इसका कारण यह भी था कि उस समय गद्य का विकास नहीं हुआ था, जो कुछ लिखा जाता है, वह पद्य में ही लिखा जाता था। पद्य में किसी बात की सम्यक् मीमांसा या उस पर तर्क–वितर्क नहीं हो सकता। इस अवस्था में 'चन्द्रालोक' की यह पद्धति ही सुगम पड़ी कि एक श्लोक या एक चरण में ही लक्षण कहकर छुट्टी ले ली।" (उप., पृ. 129–130)

शुक्ल जी के कथनानुसार यह कहा जा सकता है कि सिद्धान्त–निरूपण के लिए जिस दृष्टि और प्रतिभा की आवश्यकता होती है वह कदाचित् इन आचार्यों में न थी। सैद्धान्तिक आलोचना में जिन उपमानों को गिना जाता है उनमें नायिका–भेद पर ही इन आचार्यों की विशेष कृपा–दृष्टि पड़ी, लेकिन वहाँ भी कोई मौलिकता दृष्टिगोचर नहीं होती। 'काव्य–प्रकाश' और 'साहित्य–दर्पण' की शैली का अनुकरण करनेवालों में आचार्य चिन्तामणि, कुलपति, श्रीपति, दास आदि के नाम उल्लेखनीय हैं। इन आचार्यों ने जो कुछ भी लक्षण लिखा है वह सब संस्कृत ग्रन्थों की छाया मात्र है, कुछ ने तो उसका हू–ब–हू छायानुवाद करके ही सन्तोष कर लिया है।

इस काल की एक प्रधान विशेषता है शृंगार–निरूपण। आचार्य शुक्ल ने इस काल के इतने गहन शृंगार–निरूपण क्षमता को ही ध्यान में रखते हुए इसे 'रीतिकाल' नाम देते हुए भी, 'शृंगारकाल' कहे जाने पर कोई आपत्ति नहीं की है। पं. विश्वनाथ प्रसाद मिश्र जैसे विद्वानों ने तो इसे शृंगारकाल ही कहना अधिक उचित माना है। केशव के बाद शृंगार–निरूपण करनेवाले आचार्यों में देव, दास, पद्माकर, बेनी प्रवीन आदि के नाम लिये जाते हैं, जिन्होंने मात्र शृंगार को लक्ष्यकर लक्षण ग्रन्थ लिखे हैं। देव ने मात्र शृंगार को ही प्रधान रस मानते हुए सभी रसों को उसी में समुच्चित कर

दिया। मतिराम शृंगार के समक्ष अन्य रसों को गिनते ही नहीं। इन आचार्यों के शृंगार-निरूपण की विशेषता यह है कि इन्होंने शृंगार को रस-रूप माना है और उसमें भी संयोग शृंगार को प्रधानता दी है। विलासिता के उस युग में यही ठीक भी था। वियोग के लिए उसमें स्थान ही कहाँ था? नायिका-भेद और शृंगार रस को प्रधान वर्ण्य विषय मानते हुए इनकी हृदयस्पर्शी उद्‌भावना इन आचार्यों ने की है। यथा-

*चन्द कमल चन्दन अगर, ऋतु बन बाग बिहार।*
*उद्‌दीपन-शृंगार के जै उज्जल संभार॥*

(रसराज-मतिराम, पृ. 284)

यह कहा जा सकता है कि रीतिकालीन आचार्यों को संस्कृत समीक्षा की प्रौढ़ व विकसित भूमि तो अवश्य मिली थी, परन्तु एक तो पाण्डित्य-प्रदर्शन, दूसरे तत्कालीन परिस्थितियों के दबाव के समक्ष वे उसका समुचित फायदा न उठा सके। यद्यपि उनमें समझ और प्रतिभा की कमी नहीं थी। सिद्धान्त-निरूपण में रस लेने के बावजूद वे सिर्फ संस्कृत समीक्षा का छायानुवाद ही प्रस्तुत कर सके, कोई मौलिक उद्‌भावना नहीं कर सके। अतिरिक्त पाण्डित्य-प्रदर्शन के लोभ में अपने वर्ण्य-विषय के साथ भी वे न्याय नहीं कर सके, इसलिए किसी एक परिपाटी या सम्प्रदाय का सम्यक् विवेचन इनमें नहीं मिलता।

व्यावहारिक आलोचना का स्वरूप रीतिकाल में बहुत-कुछ उसी प्रकार का रहा जैसा संस्कृत साहित्य में था। इस काल में भी व्यावहारिक आलोचना के दर्शन-कवियों की विशेषताओं और काव्य ग्रन्थों की स्फुट आलोचना के रूप में होते हैं। व्यवस्थित समीक्षात्मक विवेचन का अभी तक अभाव ही बना हुआ था। जो कुछ आलोचना मिलती भी है वह टीकाओं और सूक्तियों में सूत्र रूप में है। इन आलोचनात्मक सूक्तियों का आधार भी कोई शास्त्रीय मानदण्ड नहीं है। गुण-दोष निदर्शन व स्थान निर्धारण तक में वैयक्तिक रुचि का ही प्राधान्य है। तुलनात्मक दृष्टिकोण यहाँ अवश्य अपनाया गया है परन्तु समीक्षात्मक मानदण्डों के अभाव में सूर को 'सूर' और तुलसी को 'शशि' की उपाधि से महिमामण्डित कर कर्त्तव्य की इतिश्री समझ ली गयी है। तुलना का कोई पुष्ट आधार नहीं बताया गया है। इस काल की सूत्रात्मक समीक्षा का कुछ रूप द्रष्टव्य है-

*सतसइया के दोहरे, ज्यों नाविक के तीर।*
*देखन में छोटे लगें, घाव करें गम्भीर॥*

इसी तरह तुलसी और सूर को देखें-

*सूर-सूर तुलसी ससी, उडगन केशवदास।*
*अब के कवि खद्योत सम, जहँ-तहँ करत प्रकास।*

इसी प्रकार की एक उक्ति यह भी है-

*तुलसी, गंग दुऔ भये, सुकविन्ह के सरदार।*
*इनकी काव्यन्ह में मिली, भाषा विविध प्रकार॥*

इस काल में आलोचना का एकमात्र बढ़िया उदाहरण है 'मानस-रहस्य'। इसमें आधुनिक समीक्षा की तरह सैद्धान्तिक विवेचन को ध्यान में रखकर आलोच्य वस्तु का विवेचन-विश्लेषण हुआ है। यद्यपि यह ग्रन्थ भी सूत्र शैली में लिखा गया है, परन्तु इसमें तत्कालीन आलोचनात्मक चेतना और आगे की आलोचना के लक्षण स्पष्ट दिखायी देते हैं। इस ग्रन्थ में पहली बार काव्यांगों के आधार पर आलोचकीय वैज्ञानिकता का आभास मिलता है। इसकी सबसे बड़ी कमजोरी यह है कि इसमें शास्त्रीय आलोचना पर ही अधिक बल दिया गया है मूल्य-चेतना पर विचार नहीं हुआ है, जो कि आधुनिक आलोचना का मूलाधार है।

स्पष्ट है कि रीतिकालीन आलोचना संस्कृत आलोचना की छायामात्र है। संस्कृत समीक्षा के अमूल्य जवाहरातों को भी ये आचार्यगण न चुन सके सिर्फ कुछेक धातुओं की चकाचौंधी चमक में ही खोये रह गये। कहने का तात्पर्य यह कि संस्कृत समीक्षा को अपना आधार मानने के बावजूद ये आचार्यगण उसके विकासवान् तत्त्वों को आत्मसात् न कर सकें सिर्फ अलंकार-चमत्कार और नायक-नायिका भेद तथा शृंगारादि के वर्णन में ही उलझे रह गये। यही वजह है कि उनकी सैद्धान्तिक और व्यावहारिक दोनों आलोचनाओं में रीतिकालीन काव्य की तरह एकांगिता और संकीर्णता ही दिखायी देती है। युग और समाज के बदलते हुए रूपों और भावों के साथ बदलती हुई चेतना की अभिव्यक्ति यहाँ नहीं मिलती। युगीन चेतना को उपेक्षित कर इन आचार्यों ने संस्कृत समीक्षकों के कथनों को ही अपनी शास्त्र-चर्चा का मूल वस्तु बनाया। नायिका-भेद तथा शृंगार-निरूपण की अपनी वैयक्तिक रुचि के कारण मानवीय जिजीविषा के धरातल पर ये नहीं पहुँच सके।

इस काल की सीमाओं का निर्देश कराते हुए आचार्य नन्ददुलारे वाजपेयी जी ने लिखा है-"लक्षण ग्रन्थों में उल्लेख किये गये किसी भी रस के एक प्रसंग को ले लीजिये। मान लीजिये हम शृंगार रस का कोई एक प्रसंग लेते हैं। लक्षण ग्रन्थ द्वारा हम यह तो जान गये कि उक्त उद्धरण शृंगार का है। किन्तु वह रस कितने छिछले अथवा कितने सौम्य शृंगार का है इसकी तुलनात्मक और मनोवैज्ञानिक विवेचना हम साधारणतः लक्षण ग्रन्थों में नहीं पाते...उस रस की अभिव्यंजना कितनी शक्तिपूर्ण अथवा निःशक्त प्रणाली से हुई है, यह कलात्मक विवेचना भी उनमें कम ही दिखायी देती है।...उस छिछले अथवा सौम्य शृंगार की सामाजिक पृष्ठभूमि क्या है?...इसके जानने का भी कोई साधन नहीं रहता...सबसे महत्त्वपूर्ण बात यह है कि

रचनाकार की अपनी मानसिक स्थिति का भी हमें पता नहीं लगता। आलोचना के ये ही प्रधान सूत्र हैं और लक्षण ग्रन्थों में इन्ही का अभाव है।'' (हिन्दी साहित्य : बीसवीं शताब्दी, पृ. 55) अतः वाजपेयी जी के हवाले से यह कहा जा सकता है कि मानक आलोचकीय मानदण्डों के अभाव में इस काल की आलोचना को शास्त्रीय आलोचना का दर्जा नहीं दिया जा सकता। इस प्रकार ये रीति आचार्य लक्षणकार ही कहे जायेंगे, आलोचक नहीं। मतिराम और भूषण जैसे विलक्षण प्रतिभासम्पन्न कवि भी इस स्पृहा से बच नहीं सके और रीति-निरूपण के फेर में पड़कर अपनी कवित्व क्षमता का ह्रास ही किया। मतिराम के बारे में तो शुक्ल जी की यह स्पष्ट राय है कि, ''ये यदि समय की प्रथा के अनुसार रीति की बँधी लीकों पर चलने के लिए विवश न होते, अपनी स्वाभाविक प्रतिभा के अनुसार चलते जाते तो और भी स्वाभाविक और सच्ची भाव-विभूति दिखाते, इसमें सन्देह नहीं।'' (हिन्दी साहित्य का इतिहास, पृ. 140)

कुल मिलाकर यद्यपि रीतिकालीन आचार्य आलोचक नहीं, बल्कि लक्षणकार ही कहे जायेंगे, परन्तु इस तथ्य से भी इन्कार नहीं किया जा सकता कि इन लक्षण ग्रन्थों में भी शास्त्र चिन्ता के लिए कई उपयोगी चीजें हैं और उत्तरोत्तर इनके विवेचन में आलोचकीय पद्धति का स्फुरण होता गया है। 'मानस-रहस्य' से इसका स्पष्ट स्वरूप देखने को मिलता है। अतः यह कहना अत्युक्ति न होगा कि हिन्दी आलोचना रीतिकाल में लक्षण ग्रन्थों के रूप में ही बँधी-बँधायी परिपाटी के रूप में उभरी, किन्तु आलोचनात्मक चेतना के नवीन रूप रीतिकाल के पराभव काल में ही धीरे-धीरे उद्भूत होने लगे थे। उस चेतना ने आधुनिक हिन्दी आलोचना के विकास में एकाएक कोई उल्लेखनीय योगदान भले न दिया हो, परन्तु परम्परा नैरन्तर्य को बनाये रखने के उसके योगदान को खारिज नहीं किया जा सकता। और जहाँ तक इन रीतिग्रन्थों, रीतिकारों की उपलब्धि का सवाल है आचार्य शुक्ल से पूर्णतः सहमत होते हुए उन्हीं के शब्दों में यह कहा जा सकता है कि, ''अतः उनके द्वारा बड़ा भारी कार्य यह हुआ कि रसों (विशेषतः शृंगार रस) और अलंकारों के बहुत ही सरस और हृदयग्राही उदाहरण अत्यन्त प्रचुर परिमाण में प्रस्तुत हुए। ऐसे सरस और मनोहर उदाहरण संस्कृत के सारे लक्षणों से चुनकर इकट्ठा करें तो भी उनकी इतनी अधिक संख्या न होगी।'' (हिन्दी साहित्य का इतिहास, पृ. 131)

# हिन्दी आलोचना का विकास

आलोचना आधुनिक युग की उपज है। आधुनिक युग के पहले हिन्दी आलोचना का स्वरूप कैसा था, यह रीतिकालीन आलोचना के प्रसंग में देखा जा चुका है। यह कहा जा सकता है कि रीतिकाल के अन्तिम दिनों में ही आलोचना का आधुनिक स्वरूप निर्मित होने की कवायदें शुरू हो गयी थीं और संस्कृत समीक्षा की तर्ज पर कुछ नये युग और नवीन साहित्य से प्रभावित आचार्यों ने आलोचनात्मक चेतना को पहचानना प्रारम्भ कर दिया था। यह जरूर है कि युगीन परिस्थितियों के समक्ष वे अपनी चौहद्दी से बाहर नहीं निकल सके। वहाँ सामाजिक, राजनीतिक परिस्थितियाँ इतनी विकराल थीं कि बिना किसी क्रान्तिकारी आन्दोलन के उनमें बदलाव आना सम्भव था भी नहीं। भारतीय वातावरण कुछ ऐसा था कि ज्ञान–विज्ञान के चमत्कारवाले अंग्रेजों के आने के बाद भी यहाँ पुनर्जागरण आने में सौ वर्ष लग गये। 1857 की क्रान्ति ही सही मायने में आधुनिक युग की शुरुआत का उद्घोष है। इसके पहले तक अंग्रेजों ने अधःपतित मुगलशासकों को पदच्युत कर समूचे राष्ट्र पर अपना परचम फहरा दिया था। विदेशी सभ्यता और संस्कृति से परिचय प्राप्त करना तो भारतीयों को अच्छा लगा, उनकी प्रगति के साक्षात्कार से भारतीय जनमानस में एक नयी चेतना भी आयी, मानवीय विकास की तरफ दृष्टि गयी, परन्तु जब वह संस्कृति हमारी संस्कृति पर अधिकार जताने लगी तो विद्रोह की आग सुलगनी शुरू हो गयी, जिसकी ज्वाला 1857 की क्रान्ति में भभकी और तत्पश्चात् जनचेतना के जाग्रत होने से पुनर्जागरण की शुरुआत हुई। यह सब यद्यपि राजनीतिक परिदृश्य पर हुआ पर इसकी प्रतिध्वनि कला और साहित्य में भी सुनायी देती है।

कहा जा चुका है कि आधुनिक हिन्दी आलोचना का उदय जिस काल में हुआ वह पुनर्जागरण का दौर था। सदियों से सोयी हुई जनचेतना पुनर्जाग्रत हो रही थी, भारतवर्ष में बौद्धिक चेतना का पुनर्प्रकाशन हो रहा था। नवीन चेतना जाग्रत होने पर साहित्य–पटल पर आमूलचूल परिवर्तन हुआ। रीतिकाल अब बिल्कुल निष्प्रभावी

होने लगा। सूक्तियों, टीकाओं की छन्दबद्धता अब ऊबाऊ लगने लगी, साहित्य मनोविनोद तक ही सीमित नहीं रह गया। बौद्धिक चेतना के उदय से चिन्तन-मनन के नये-नये धरातल निर्मित होने लगे। फलत: साहित्य में भी बौद्धिकता लक्षित होने लगी। किसी चीज के विवेचन ही नहीं, विश्लेषण में भी रुचि पैदा होने लगी। सिर्फ क्या है? से काम चलना बन्द हो गया, क्यों है? और कैसे है? वाली जागरूकता पनपने लगी। वस्तुत: जब वैज्ञानिक दृष्टि से किसी विषय पर विचार किया जाने लगता है, उसकी तार्किकता की खोज की जाने लगती है तभी आलोचना का उदय होता है। आधुनिक हिन्दी आलोचना का उदय भी इसी तरह हुआ। इसके पीछे परिस्थितियों की चुनौती तो रही ही है और भी कई कारण रहे हैं यथा साहित्यिक भाषा के रूप में खड़ीबोली गद्य का प्रादुर्भाव, पाश्चात्य आलोचना साहित्य से सम्पर्क तथा मुद्रण कला का शुभारम्भ, पत्र-पत्रिकाओं का प्रकाशन आदि।

इससे भी इन्कार नहीं किया जा सकता कि ज्ञान-विज्ञान में गगनचुम्बी सफलता हासिल करनेवाले अंग्रेजों के संसर्ग में आने से बौद्धिक जागृति थोड़ी जल्दी आ गयी, इसका कुछ श्रेय अंग्रेजी शिक्षा-प्रणाली को भी जाता है। यद्यपि उस शिक्षा प्रणाली से इस देश का बहुत भला नहीं हुआ, यह जानी-मानी बात है और आज अंग्रेजों के जाने के बाद भी देश अंग्रेजी का गुलाम बना हुआ है, जिसे अन्तरराष्ट्रीय मजबूरी के नाम पर आज भी पाला-पोसा जा रहा है। अंग्रेजी शिक्षा के सम्पर्क में आने से हमारी शिक्षा का परम्परागत ढाँचा काफी-कुछ बदला, पुरानी रूढ़िवादिता खत्म होने लगी, छन्दों के परिसीमन को लाँघकर विचार-सरणि के धाराप्रवाह अभिव्यक्तीकरण की प्रवृत्ति प्रबल होने लगी। खड़ीबोली गद्य का विकास इसी चेतना का परिणाम है। आधुनिक हिन्दी आलोचना के उदय में इसका भी विशेष स्थान है। गद्य के आविर्भाव से मुद्रण कला के क्षेत्र में भी प्रगति हुई और एक नये संचार माध्यम की शुरुआत हुई। पत्र-पत्रिकाओं का प्रकाशन सम्भव हो सका। इस सब का आलोचनात्मक चेतना को विकसित करने में अभूतपूर्व योगदान है। आधुनिक हिन्दी आलोचना के उदय की पृष्ठभूमि के तौर पर उपर्युक्त कारणों को गिना जा सकता है। इसी पृष्ठभूमि पर बाबू हरिश्चन्द्र और उनके पश्चात् आचार्य महावीरप्रसाद द्विवेदी व आचार्य रामचन्द्र शुक्ल ने हिन्दी आलोचना का विशाल भवन निर्मित किया। इन सबमें आचार्य शुक्ल का योगदान अतुलनीय है, इसीलिए उन्हें आधुनिक हिन्दी आलोचना का शलाका पुरुष कहा जाता है।

उपर्युक्त कारणों से थोड़ा-बहुत यह स्पष्ट हो जाता है कि आधुनिक हिन्दी आलोचना का उद्भव व विकास किस तरह हुआ है। सैद्धान्तिक ही नहीं, व्यावहारिक दृष्टि से भी आलोचना के स्वरूप निर्धारण में इन कारणों को गिना जायेगा। व्यावहारिक आलोचना तो विशुद्ध रूप से आधुनिक युग की ही देन है। भारतीय

साहित्य में सिद्धान्त-निरूपण तो होता था, परन्तु व्यावहारिक (प्रयोगात्मक) दृष्टि से किसी कृति या कृतिकार का मूल्यांकन करने की प्रथा अपने यहाँ प्रायः नहीं थी। संस्कृत काव्यशास्त्र जो कि निश्चय ही पाश्चात्य समीक्षा के मुकाबले काफी प्रौढ़ है वहाँ भी गुण-दोष दर्शन को छोड़कर सन्तुलित व्यावहारिक आलोचना प्रणाली का अभाव ही है। अतः यह निश्चित रूप से स्वीकार करना पड़ेगा कि व्यावहारिक आलोचना आधुनिक युग की ही देन है और इसका आविर्भाव भारतीय पुनर्जागरण के बाद ही हुआ।

उद्‌भव काल से लेकर आज तक की हिन्दी आलोचना की विकासयात्रा को मोटे तौर पर निम्नानुसार वर्गीकृत किया जा सकता है-

- भारतेन्दु-युग
- द्विवेदी-युग
- शुक्ल-युग
- शुक्लोत्तर-युग
- प्रगतिवादी व आधुनिकतावादी आलोचना
- नयी समीक्षा : नये प्रतिमान
- संरचनावादी/शैलीवैज्ञानिक समीक्षा
- समकालीन आलोचना

**भारतेन्दु-युगः**

कहा जा चुका है कि आधुनिक हिन्दी समीक्षा का जन्म गद्य के आविर्भाव के पश्चात् साहित्य की अन्य विधाओं के साथ आधुनिक युग में हुआ। यह वह समय था जब सोयी हुई जनभावना पुनर्जाग्रत हो रही थी। हिन्दी गद्य के विकास से विभिन्न पत्र-पत्रिकाओं का प्रणयन हो रहा था। संवाद का माध्यम स्थापित हो जाने से जनचेतना की आवाज समूचे अवाम में गूँजने लगी थी। हिन्दी का 'कैनवास' अपने सीमित दायरे का अतिक्रमण कर बृहत्ताकार रूप धारण कर रहा था। इस पुनर्जागरण का असर साहित्य पर पड़ना स्वाभाविक था। फलतः साहित्य में भी चिन्तन के आयाम और प्रवृत्तियाँ बदलने लगीं। युगीन चेतना के उदय के साथ साहित्य चिन्तन की भी पुनर्व्याख्या की आवश्यकता महसूस की जाने लगी! जीवन के हर क्षेत्र की तरह साहित्य में भी नियन्ता और पथ-प्रदर्शक की कमी खलने लगी। ऐसे में भारतेन्दु बाबू हरिश्चन्द्र का जन्म हुआ, जिन्होंने अपने अल्पायु में ही साहित्य की सभी धाराओं का उचित मार्गदर्शन किया तथा उसके नियन्ता की हैसियत से, समीक्षक की हैसियत से उचितानुचित का बोध कराया। इसीलिए आधुनिक हिन्दी आलोचना की शुरुआत भारतेन्दु-युग से ही मानी जाती है। इस युग की आलोचना की विशेषताओं

पर प्रकाश डालते हुए डॉ. रामदरश मिश्र का यह कथन उद्धृत करना आवश्यक है, ''आरम्भ काल में आलोचना के बाह्य अंग ही मुक्त नहीं हुए, उसकी आत्मा में उभार और विस्तार आया। बल्कि हम कह सकते हैं कि आलोचना को आत्मा मिली। आलोचना में कवि-विशेष की कृतियों की जो मार्मिक परीक्षा अपेक्षित होती है उन पर पड़े समाज, युग और कवि की मानसिक अवस्था के प्रभावों को जानना आवश्यक होता है, नये-नये मानदण्डों के निर्धारण की जो जरूरत होती है, उसका सूत्रपात हुआ। अतएव सच्चे अर्थों में आलोचना का आरम्भ भारतेन्दुकाल से ही मानना चाहिए। (हिन्दी समीक्षा: स्वरूप एवं सन्दर्भ, पृ. 6)

भारतेन्दु एक क्रान्तद्रष्टा थे। उनके आने से साहित्य-पटल पर एक युगान्तर उपस्थित हुआ और साहित्य आधुनिक बनने की कवायदें करने लगा। आचार्य नन्ददुलारे वाजपेयी इसी परिवर्तन को मद्देनजर रखकर कहते हैं, ''भारतेन्दु हरिश्चन्द्र के समय में स्थिति में परिवर्तन हो चला। आँखें खुलीं और यह आभासित हुआ कि रस किसी छन्द में नहीं है, वह तो मानव संवेदना के विस्तार में है। नायक-नायिका कवि जी की कल्पना में निर्माण होने के लिए नहीं हैं, प्रगतिशील संसार की नानाविध परिस्थितियों और सुख-दुःख की तरंगों में डूबने-उतरने और घुलकर निखरने के लिए हैं और काव्य कला का सौष्ठव अनुभूति की गहराई में है, शब्दकोश के पन्ने पलटने में नहीं। (हि. सा. : बी. श. पृ. 56) गौरतलब है कि यहाँ वाजपेयी जी जिस काव्य-सौष्ठव के अनुभूति की बात कर रहे हैं, वह काव्य सृजन में ही नहीं, भावन में भी है। सिर्फ कवियों के ही दृष्टिकोण में परिवर्तन नहीं आया अपितु भावक का भी दृष्टिकोण बदला। इसीलिए रस अलंकारादि के समीक्षण-परीक्षण से आगे बढ़कर श्रेय और प्रेय की खोज का श्रीगणेश हुआ। प्राचीन और नवीन, पूर्व और पश्चिम के प्रगतिशील तत्त्वों की पुनर्विवेचना हुई। साहित्य के पौष्टिक-अपौष्टिक तत्त्वों की छानबीन हुई-तथा सामाजिक, मनोवैज्ञानिक धरातल पर साहित्य को जाँचने-परखने की प्रथा प्रारम्भ हुई।

नवीन ज्ञान-विज्ञान से परिचय होने के फलस्वरूप इस युग में सोच का दायरा विस्तृत होकर विवेचन-विश्लेषण तक पहुँचा। अब वैयक्तिक रुचि नहीं अपितु सामाजिक जीवन-मूल्यों के आईने में साहित्य को देखा-परखा जाने लगा और रचना की उपादेयता आँकने के मानकीकरण की शुरुआत भी हुई। प्रारम्भिक दौर में ये मानक सुरुचि, नैतिकता, स्वाभाविकता आदि बने, साहित्य के सृजन और भावन दोनों की कसौटी इन्हीं को माना गया। इस आधार पर जो रचनाएँ अच्छी लगीं उनकी जमकर प्रशंसा की गयी और जो नहीं जँचीं उनकी खिंचाई भी हुई।

अतः भारतेन्दु-युग में आलोचना का स्वरूप स्थिर होने लगा था। या कहें नवजात रूप में ही सही, स्पष्ट हो चुका था। इसके प्रचार-प्रसार में खड़ीबोली गद्य

का उल्लेखनीय योगदान रहा। पत्र-पत्रिकाओं का चलन शुरू हुआ। नवीन साहित्यिक विधा के रूप में पश्चिम की तरह नये-नये उपन्यास, नाटक, कहानी आदि का सृजन होने लगा, जिनके विज्ञापन 'पुस्तक रिव्यू' के रूप में पत्र-पत्रिकाओं में निकलने लगे। इस युग में आलोचना का जो कुछ स्वरूप मिलता है वह पत्र-पत्रिकाओं में ही है। स्वतन्त्र रूप से समालोचनात्मक पुस्तक लिखने की प्रथा अपने यहाँ नहीं थी, यह बहुत बाद की चीज है। पुस्तक 'रिव्यू' में ही गुण-दोष दर्शन कर उचितानुचित का बोध कराना भर इस युग की आलोचना का लक्ष्य था। पुस्तक-परिचय के तौर पर लिखी गयी ये समालोचनाएँ सामयिक पुस्तकों के स्तर का बढ़िया विश्लेषण प्रस्तुत करती थीं। 'कविवचन सुधा', 'सारसुधानिधि', 'हरिश्चन्द्र चन्द्रिका', 'आनन्दकादम्बिनी', 'हिन्दी प्रदीप' आदि उस समय की प्रतिष्ठित पत्र-पत्रिकाएँ थीं। इनमें प्रकाशित आलोचनाएँ सिर्फ विज्ञापन के ही दृष्टिकोण से नहीं लिखी जाती थीं, उनमें विशुद्ध आलोचनात्मक दृष्टिकोण भी दिखायी देता है।, हाँ, इनके मानक अवश्य विशुद्ध रूप से शास्त्रीय नहीं होते थे, सुरुचि, नैतिकता और राष्ट्रीयता को अधिक महत्त्व दिया जाता था। और इन्हें ही श्रेष्ठ काव्य की कसौटी माना जाता था।

इसे महज संयोग ही कहना होगा कि जिस तरह संस्कृत समीक्षा साहित्य की शुरुआत भरत के 'नाट्यशास्त्र' से हुई उसी तरह आधुनिक हिन्दी समीक्षा की भी शुरुआत इस युग के पुरोधा भारतेन्दु जी के 'नाटक' नामक निबन्ध से हुई। इससे यह भी स्पष्ट होता है कि साहित्य चिन्ता में अपने यहाँ दृश्य काव्य की भूमिका प्रधान रही है, उसी को लक्ष्य करके समूचे समीक्षा साहित्य की कल्पना की गयी है। हिन्दी में सैद्धान्तिक समीक्षा की शुरुआत यहीं से मानी जाती है। यद्यपि यह समीक्षा भी भारतेन्दु ने एक समीक्षक की हैसियत से नहीं, बल्कि नाटककार की हैसियत से मात्र उचितानुचित का बोध कराने के लिए लिखी है। इसीलिए आचार्य शुक्ल ने समालोचना का सूत्रपात उनसे न मानकर इसी युग के दो अन्य समीक्षकों से माना है, परन्तु नाट्य रचना के सूक्ष्म तन्तुओं का जितनी बारीकी से भारतेन्दु ने निर्देश किया है, उससे उन्हें उच्चकोटि का आलोचक ही नहीं माना जायेगा, अपितु युगीन सन्दर्भों में सैद्धान्तिक समीक्षा की पुनः स्थापना का श्रेय भी उन्हें ही दिया जायेगा। इसलिए उन्हें हिन्दी साहित्य का प्रथम आलोचक कहना असंगत न होगा। सर जार्ज ग्रियर्सन, जिसे स्वयं शुक्ल जी प्रथम इतिहासकार मानते हैं, ने उन्हें भारत का सबसे बड़ा आलोचक माना भी है। (हिन्दी साहित्य का प्रथम इतिहास ग्रियर्सन, पृ. 253, अनुवाद)

भारतेन्दु ने नाटक के कमोबेश समस्त अंगों पर विचार किया है। उन्होंने यद्यपि किसी एक नाट्यकृति को आधार बनाकर अपनी बात नहीं कही है परन्तु स्वयं एक परिपक्व नाटककार होने के नाते और युगद्रष्टा समीक्षक होने के नाते अपने सामयिक नाटकों को अवश्य ध्यान में रखा होगा-ऐसा माना जा सकता है। सैद्धान्तिक दृष्टि से

नाटक के बारे में उन्होंने जो बातें कहीं वे सर्वथा ग्राह्य भी रही हैं। उन्हें अपनी परम्परा का तो सम्यक् बोध था ही पश्चिमी सभ्यता और संस्कृति से भी वे अच्छी तरह परिचित थे। इसीलिए नाटक के प्राचीन भेदोपभेदों के साथ नवीन तत्त्वों को भी उन्होंने पूरा महत्त्व दिया था। और उल्लेखनीय बात यह है कि न तो उन्होंने परम्परा के सर्वथा परित्याग को उचित माना और न ही आधुनिकता के अन्धानुकरण को, अपितु जनसामान्य में प्रचलित रीति-नीति को महत्त्वपूर्ण माना। वे लिखते हैं, "जिस समय जैसे सहृदय जन्म ग्रहण करें और देशीय रीति-नीति का प्रवाह जिस रूप में चलता रहे, उस समय में सहृदयगण के अन्तःकरण की वृत्ति और सामयिक रीति पद्धति, इन दोनों विषयों की समीचीन आलोचना करके नाटकादि दृश्य काव्य का प्रणयन करने योग्य है। (भारतेन्दु ग्रन्थावली, पृ. 722) अपने युगबोध का परिचय देते हुए वे यह भी लिखते हैं, "अब नाटकादि दृश्यकाव्य में अस्वाभाविक सामग्री परिपोषक काव्य सभ्य मण्डली को नितान्त अरुचिकर है इसलिए स्वाभाविकी रचना ही इस काल के सभ्यगण की हृदयहारिणी है। (उप., पृ. 373) नाटक की कथावस्तु, पात्र, चरित्र-चित्रण, उद्देश्य आदि पर प्राचीन भारतीय तत्त्वों का पाश्चात्य तत्त्वों से मिलान कर उन्होंने जो मत दिया है, वह निश्चय ही आगे की आलोचना के लिए सन्दर्भवान् है। हिन्दी आलोचना में उनके अवदान को रेखांकित करते हुए डॉ. रामदरश मिश्र ने बिल्कुल सही लिखा है, "इस प्रकार भारतेन्दु ने प्रचलित साहित्य-सिद्धान्तों को नवीन सामाजिक सन्दर्भों, नवीन रुचियों, संस्कारों तथा पश्चिमी साहित्य की सापेक्षता में व्याख्यायित कर नवीन समीक्षा प्रणाली का सूत्रपात किया। उनकी समन्वयी दृष्टि पूर्व-पश्चिम और प्राचीन-नवीन के सामंजस्य से एक नवीन साहित्य-समीक्षा दृष्टि का आरम्भ कर सकने में समर्थ हुई। (भारतीय समीक्षा, पृ. 81) इस युग की सैद्धान्तिक समीक्षाओं में भारतेन्दु की ही तरह सभी समीक्षकों ने सुरुचि, नैतिकता, स्वाभाविकता, राष्ट्रीयता आदि को आधार बनाया है।

आज समीक्षा के दो पक्ष सर्वमान्य हैं-एक सैद्धान्तिक, दूसरा व्यावहारिक। पर, शुरू से ही भारतीय साहित्य में सैद्धान्तिक पक्ष पर ही बल दिया जाता रहा है, व्यावहारिक पक्ष से समीक्षा का प्रचलन यहाँ नहीं था। यह पश्चिम के सम्पर्क से बहुत बाद में आया। भारतेन्दु-युग में इसका स्पष्ट स्वरूप दिखायी देने लगा था। आज यह सर्वविदित है कि व्यावहारिक समीक्षा ही समीक्षा का वास्तविक स्वरूप है। कुछ आलोचकों के अनुसार तो, "हिन्दी समीक्षा वास्तव में इस व्यावहारिक समीक्षा से ही शुरू होती है।" आचार्य शुक्ल का प्रेमघन और बालकृष्ण भट्ट से समालोचना का सूत्रपात मानना भी इसी तथ्य को स्पष्ट करता है। कहा जा चुका है भारतीय समीक्षा साहित्य में व्यावहारिक पक्ष का एक तरह से विकास ही नहीं हुआ था जबकि पश्चिम में समीक्षा का मूल ही है-व्यावहारिक समीक्षा। इसके कारणों की पड़ताल

करते हुए नगेन्द्र जी का कहना है, "वहाँ कृति की समीक्षा करते हुए कर्ता को नहीं भुलाया गया है। इसलिए वहाँ आरम्भ से ही व्यावहारिक समीक्षा का प्राचुर्य रहा, जबकि भारत में अभी कुछ वर्ष पहले तक उसका एक प्रकार से अभाव ही था। हमारे प्राचीन काव्यशास्त्र में रोमानी-व्यक्तिवादी समीक्षा का सर्वथा अभाव है-शैली, रस सभी काव्य तत्त्वों का विवेचन इस प्रकार किया गया है जैसे उनकी सृष्टि में कवि के व्यक्तित्व का कोई हाथ न हो, वे केवल यान्त्रिक सृष्टियाँ मात्र हों। इसी मुख्य भेद के कारण भारतीय काव्यशास्त्र काव्य के अंगांग के भेद-प्रभेदों में फँसा रहा, और उधर पाश्चात्य काव्यशास्त्र अपनी परिधि व्यक्तित्व के सहारे मनोविज्ञान, समाजविज्ञान, इतिहास आदि तक विस्तृत करता गया।" (उप., पृ. 79) नगेन्द्र के उक्त कथन के आधार पर यह कहा जा सकता है कि आज जो साहित्य को व्यापकत्व मिला है, वह व्यावहारिक समीक्षा के उद्‌भव के कारण ही सम्भव हो सका और यह आधुनिक युग की सबसे बड़ी उपलब्धि है।

इस युग के प्रमुख समीक्षकों में पं. बदरीनारायण चौधरी 'प्रेमघन' और पं. बालकृष्ण भट्‌ट प्रमुख हैं। आचार्य शुक्ल ने वास्तविक समीक्षा के सूत्रपात का श्रेय इन्हीं दोनों को दिया है। सम्पूर्ण कृति के गुण-दोषों की समीक्षा का कार्य हिन्दी साहित्य में पहले-पहल इन्हीं दोनों ने किया। प्रेमघन ने 'आनन्द कादम्बिनी' में बाणभट्‌ट की कादम्बरी पर एक लेख लिखा था तथा इसी पत्रिका में 1885 में बाबू गदाधर सिंह द्वारा रचित 'बंग विजेता' की समालोचना भी छपवायी थी। इस उपन्यास के अन्तरंग और बहिरंग दोनों पक्षों पर विचार करते हुए उपन्यास को सर्वतोभावेन उत्तम कहा था। यहाँ इस कृति के मूल और अनुवाद दोनों के गुण-दोषों का भी पूरी तटस्थता के साथ निर्देश किया गया है। प्रेमघन जी ने ही लाला श्रीनिवासदास के 'संयोगिता स्वयंवर' नाटक की भी समालोचना लिखी थी जो 'आनन्द कादम्बिनी' में छपी थी। इस चर्चित पुस्तक पर खूब समालोचनाएँ छपी थीं। इसके समालोचकों पर रोष व्यक्त करते हुए उन्होंने जो लिखा है वह उनकी आलोचना-दृष्टि का स्पष्ट आभास कराता है, लिखते हैं-"यद्यपि इस पुस्तक की समालोचना करने के पूर्व इसके समालोचकों की समालोचना करने की आवश्यकता जान पड़ती है, क्योंकि जब-जब हम इस नाटक की समालोचना अपने बहुतेरे सहयोगी और मित्रों को करते देखते हैं तो अपनी ओर से जहाँ तक खुशामद और चापलूसी का कोई दर्जा पाते हैं, शेष छोड़ते नहीं दिखते।"

इस युग के दूसरे महत्त्वपूर्ण समीक्षक थे पं. बालकृष्ण भट्‌ट। वे स्वभाव से अक्खड़ और विनोदी प्रवृत्ति के थे। अच्छे व्यंग्यकार थे। डॉ. रामविलास शर्मा ने अपनी पुस्तक 'भारतेन्दु-युग' में 'बालकृष्ण भट्‌ट और हिन्दी आलोचना का जन्म' नामक अध्याय में भट्‌ट जी के इस निबन्ध का कि, "साहित्य जनसमूह के हृदय का

विकास होता है', हवाला देते हुए लिखा है, "लेख के नाम से ही भट्ट जी का आधुनिक दृष्टिकोण प्रकट हो जाता है। साहित्य रचनात्मक वाक्य या कवि का अन्त:पुरकालीन विनोद न होकर जनसमूह के हृदय का विकास है।" (भारतेन्दु-युग, पृ. 107) भट्ट जी ने लाला श्रीनिवासदास के नाटक 'संयोगिता स्वयंवर' की समीक्षा 'सच्ची समालोचना' शीर्षक से 'हिन्दी प्रदीप' में छपवाई। उन्होंने 'बड़े कटु ढंग से' इस नाटक के दोषों का उद्घाटन किया। इसमें उन्होंने ऐतिहासिक कथानक के सही उपयोग, देश-काल का बोध, पात्रों की स्वाभाविकता और रचना की जीवन्तता आदि विषयों पर टिप्पणी की है। विद्वानों का मानना है कि अपने नाम के अनुरूप यह एक सच्ची समालोचना है। उन्होंने जिन दोषों की तरफ इशारा किया है, वे उसमें हैं।

इस प्रकार प्रेमघन और भट्ट जी ने भारतेन्दु के कार्य को ही आगे बढ़ाया। भारतेन्दु जहाँ रुके हैं, वहीं से इन दोनों ने चलना प्रारम्भ किया है। ये तीनों उत्कृष्ट श्रेणी के पत्रकार और समीक्षक थे। साहित्य और समाज दोनों पर नजर रखनेवाले थे। कहना न होगा कि भारतेन्दु यदि इस युग के अग्रदूत हैं तो प्रेमघन और भट्ट सूत्रधार। इस प्रकार यह कहा जा सकता है कि भारतेन्दु-युग से हिन्दी आलोचना का एक क्रमिक विकासारम्भ हुआ जो विज्ञापन की हल्की समीक्षा से शुरू होकर कलाकृति के काव्य-सौष्ठव, रचनाकार के व्यक्तित्व और उसकी परिस्थितियों के गहन विवेचन-विश्लेषण तक पहुँचा। इस युग की समीक्षा में गुण-दोष दर्शन का ही प्राधान्य है, परन्तु समीक्षकीय निष्पक्षता भी देखने को मिलती है जिसका शनैः-शनैः हिन्दी आलोचना में ह्रास होता गया है। जहाँ तक इस युग की समीक्षा के उद्देश्य का प्रश्न है, कहा जा सकता है कि साहित्य के कटोरे में भरते जा रहे कचरे को साफ करना ही इनका लक्ष्य था। यह कार्य उन दिनों बहुत जरूरी भी था, बल्कि कहना चाहिए कि यही प्राथमिक आवश्यकता ही थी। आधुनिकता और साधनसम्पन्नता के फलस्वरूप यदि इन बिन्दुओं पर उँगली न उठायी जाती तो साहित्य कूड़ादान बन जाता। अत: साहित्यिक फूहड़पन को दूर करने का जो उद्यम इस काल के समीक्षकों ने किया, उसका ऐतिहासिक महत्त्व है। इसी कार्य को भाषा के धरातल पर आगे चलकर महावीरप्रसाद द्विवेदी जी ने सम्पन्न किया।

इस प्रकार भारतेन्दु-युग में आलोचनात्मक चेतना पूरी तरह जाग्रत हो चुकी थी। विवेचन-विश्लेषण के लिए जिस समीक्षकीय प्रतिभा की आवश्यकता होती है, उसके दर्शन भी इस युग में होने लगे थे, परन्तु आलोचना-प्रत्यालोचना की नवीन शैली का विकास अभी भी बाकी रह गया था, जिसकी शुरुआत कुछ-कुछ द्विवेदी-युग में हुई, परन्तु उसको शिखरों की यात्रा कराने का श्रेय आचार्य शुक्ल को जाता है। हर युग की तरह, भारतेन्दु-युग की भी कई सीमाएँ हैं, पर उल्लेखनीय यह है कि

अपनी सीमाओं के बीच भी इस युग ने हिन्दी-साहित्य को जो मणि-मधुकर दिये हैं, वे अमूल्य हैं। वस्तुतः इस युग का महत्त्व मात्र इतना नहीं है कि उन्होंने एक 'नयी चाल की समीक्षा-पद्धति' का श्रीगणेश किया अपितु इस बात में है कि इसी युग में समीक्षा के वास्तविक स्वरूप की खोज का महत् उद्योग किया गया। संक्षेपतः हम कह सकते हैं कि, "भारतेन्दु-काल की समीक्षा का महत्त्व समीक्षा की प्रौढ़ शैली के कारण नहीं अपितु उन तत्त्वों के कारण है जो भावी विकास का स्वर्णिम और उज्ज्वल सन्देश लेकर आये हैं।"

## द्विवेदी-युग

द्विवेदी-युग आधुनिक हिन्दी आलोचना के विकास का द्वितीय चरण है। द्विवेदी-पूर्व युग की समीक्षा में हम देख चुके हैं कि सुरुचि, नैतिकता, स्वाभाविकता, सुन्दरता-ये प्रवृत्तियाँ वहाँ प्रबल थीं। खड़ीबोली गद्य के आविर्भाव से साहित्य-सर्जना की नयी-नयी विधाएँ उभरने लगी थीं। साहित्य का भण्डार समृद्ध होने लगा था। परन्तु दूसरी तरफ रीतिकालीन प्रभाव अभी पूरी तरह खत्म न हुआ था। भारतेन्दु-युग में यह प्रवृत्ति बाकायदा बरकरार है। और आगे भी इसे बनाये रखने के पक्षधर कम न थे। ऐसे लोगों का तर्क अक्सर परम्परा-नैरन्तर्य को प्रवहमान् बनाये रखने को लेकर होता रहा है। पर ध्यातव्य है कि परम्परा का पालन वहीं तक जायज होता है जहाँ तक कि युगीन परिस्थितियाँ उसे पचा सकें। युगीन परिस्थितियों या कहें वक्त की नजाकत को नकारकर परम्परा का पालन हानिकर ही होता है। इसीलिए आधुनिक युग में इस प्रवृत्ति का वैसे तो विरोध होना शुरू हो गया था, पर वास्तव में इस पर विराम लग नहीं पाया है, प्रमाण है द्विवेदी-युग की शृंगारप्रियता।

आधुनिक युग में दो प्रवृत्तियाँ परिलक्षित होती हैं जो द्विवेदी-युग में स्पष्ट देखी जा सकती हैं। पहली है-सुरुचि, नैतिकता, सुन्दरतावादी प्रवृत्ति और दूसरी है रीतिवादी परम्परा पोषित प्रवृत्ति। भारतेन्दु-युग में मूलतः पहली प्रवृत्ति के दर्शन होते हैं। लेकिन समीक्षा का कोई व्यवस्थित स्वरूप वहाँ फिर भी नहीं बन पाया है, और द्विवेदी-युग में दोनों प्रवृत्तियाँ दिखायी पड़ती हैं। एक तरफ सुधारवादी द्विवेदी जी हैं तो दूसरी तरफ मिश्रबन्धु, पद्मसिंह शर्मा, कृष्णविहारी मिश्र प्रभृति रीतिकालीन-काव्य से प्रभावित विद्वत्गण। कहा जा चुका है कि यह सुधारवादी युग है-प्रधान रूप से। सामाजिक-सांस्कृतिक-राष्ट्रीय विकास के साथ इस युग में साहित्यिक भाषा के सुधार पर भी जोर दिया गया। सामाजिक उपयोगिता और राष्ट्र-उत्थान को ध्यान में रखकर ही द्विवेदी जी ने अपने सुधारवादी अभियान की शुरुआत की।

इस युग की समीक्षा में सबसे महत्त्वपूर्ण बदलाव यह आया कि आलोचना ने पुस्तकाकार स्वरूप धारण किया। जाहिर है कि स्वरूप बढ़ जाने से उसकी जिम्मेदारियाँ

भी बढ़ीं और उसके ठोस मानकों की आवश्यकता भी महसूस हुई। अतः सुरुचि, नैतिकता, सुन्दरता के अतिरिक्त इस युग में सामाजिकता और उपयोगिता जैसे दो मानक और जुड़ गये। तुलनात्मक समीक्षा का सूत्रपात हुआ। इससे यद्यपि समीक्षकीय मानदण्ड भी पुष्ट हुए, परन्तु दोषोद्भावना की प्रवृत्ति और उग्र होती गयी, लाला भगवानदीन तक तो पहुँचते-पहुँचते वह साहित्यिक मर्यादा भी खो बैठी। कहना न होगा, कि यह अमर्यादा की स्थिति रीतिकालीन प्रभाव से आयी। 'कला कला के लिए' के मत के पोषक रीतिवाद से प्रभावित समीक्षकों ने द्विवेदी जी के लगभग विपरीत कार्य किया। इस प्रकार सुधारवादी द्विवेदी जी को सिर्फ रूढ़िवादी परम्परा से ही नहीं जूझना पड़ा अपितु अपने सहयोगियों के दुराग्रहों पर भी बराबर दृष्टि रखनी पड़ी। इस प्रकार इस युग में दो प्रकार की प्रवृत्तियाँ दिखायी पड़ती हैं-एक समाज सापेक्ष-नैतिकतावादी, आदर्शवादी, उपयोगितावादी, दूसरी समाज निरपेक्ष-रीतिवादी, शृंगारवादी, कलावादी प्रवृत्ति। पर इन दोनों प्रवृत्तियों के लोगों में कुछ बातें समान भी थीं, यथा गुणदोष दर्शन, व्यक्तिगत कटाक्ष और कथन की बेलाग-शैली। इन्हें इस युग की सीमाएँ भी कहा जा सकता है जिन्हें ये समीक्षकगण लाँघ नहीं पाये हैं। इसलिए पाश्चात्य और भारतीय दोनों आलोचनाशास्त्रों से भली-भाँति परिचित होने के बावजूद यह युग आलोचना का कोई पुष्ट साहित्यिक मानदण्ड निर्धारित नहीं कर सका और न ही उसमें गम्भीर विश्लेषणात्मक बौद्धिकता आ पायी। जो भी हो, यह तो मानना ही पड़ेगा कि इस युग में हिन्दी समीक्षा ने अपना 'कैनवास' विस्तृत करना शुरू कर दिया था जो आगे चलकर शुक्ल-युग में पहुँचकर अपना वांछित स्वरूप पा सका।

द्विवेदी-युग के दूसरे प्रमुख समीक्षक थे मिश्रबन्धु। वे नवीन दृष्टिसम्पन्न थे, परन्तु रीतिकालीन शृंगारिकता का उन पर ज्यादा प्रभाव था। अंग्रेजी पढ़े-लिखे होने के कारण पाश्चात्य साहित्य से भी वे परिचित थे। कुछ नया करने की उनकी जिज्ञासुवृत्ति उन्हें साहित्य के नये प्रतिमानों की खोज की तरफ ले जाती है, परन्तु नवीनता की खोज में वे अपना सन्तुलन बना नहीं सके, अक्सर डगमगा गये हैं। नवीन विषय पर दृष्टि डालने और समीक्षा के नये पहलुओं से साहित्य-समाज को परिचित कराने के बावजूद इनका विवेचन कोई मौलिक उपलब्धि नहीं दर्ज करा पाया। समालोचन की इनमें अच्छी समझ थी, दायित्वबोध भी था। उनका यह कथन इस बात का प्रमाण है, "समालोचना में मुख्य वर्णन कवि का होना चाहिए और उसी की रचना के साथ जहाँ कहीं अच्छे सिद्धान्त निकलें, उनका सूक्ष्मतापूर्वक विवरण लिख देना उचित है। जहाँ कविता का वर्णन मुख्य और सिद्धान्तों का गौण होगा, वहाँ साहित्य समालोचना अच्छी समझी जायेगी।" इतने उदात्त विचार और साहित्यिक परख रखने के बावजूद वे कोई ठोस समीक्षकीय प्रतिमान स्थापित नहीं कर सके।

''आचार्य नन्ददुलारे वाजपेयी के शब्दों में, ''मिश्रबन्धु नये जीवन के आदर्शों और उसकी आवश्यकताओं से अपरिचित न थे, वे पश्चिमी समीक्षा की नयी शैलियों और प्रतिमानों की भी जानकारी रखते थे परन्तु उनका दृष्टिकोण मुख्यतः परम्परावादी था।''

मिश्रबन्धुओं ने ऐतिहासिक-तुलनात्मक समीक्षा-पद्धति की खोज की, पर तुलना का व्यापक आधार न अपना पाने के कारण उनकी तुलनात्मक समीक्षा दोषपूर्ण हो गयी। द्विवेदी-युग के सभी स्वर उनकी चिन्तना में भी हैं, पर रीतिवादी प्रभाव कुछ अधिक ही है। उन्होंने समीक्षा सम्बन्धित दो ग्रन्थ लिखे हैं-'हिन्दी नवरत्न' और 'मिश्रबन्धु विनोद'। इन दोनों ग्रन्थों में कवियों का तुलनात्मक दृष्टि से अध्ययन किया गया है। किन्तु, तुलना का कोई सुनिश्चित मानदण्ड न होने के कारण इन पुस्तकों का मूल्य वस्तुतः समीक्षात्मक कम परिचयात्मक अधिक है। इनमें प्रधानतः रस, अलंकार, गुण, छन्द आदि परम्परागत मानदण्डों के साथ कला, भाषा, भाव आदि पर विचार हुआ है और कवियों का काव्योत्कर्ष निर्धारित किया गया है। इस प्रकार कुल मिलाकर काव्य सौष्ठव को इन्होंने अपनी आलोचना का आधार बनाया है। 'हिन्दी नवरत्न' में दस कवियों की तुलना कर उनका स्थान निर्धारित किया गया है। इस ग्रन्थ में अपनी शृंगारप्रियता का परिचय देते हुए उन्होंने सूर-तुलसी के साथ देव को तुलनीय माना है और उन्हें इनके समक्ष कहाकवि की उपाधि से नवाजा है। देखें उनका निर्णय, ''इनको किसी कवि से न्यून कहना इनके साथ अन्याय समझ पड़ता है, परन्तु इनको सर्वश्रेष्ठ कहना गोस्वामी तुलसीदास और महात्मा सूरदास के साथ भी अन्याय होगा। सिवा इन दोनों महात्माओं के और किसी तृतीय कवि की तुलना देव जी से कदापि नहीं की जा सकती।'' (हिन्दी नवरत्न, पृ. 208) 'मिश्रबन्धु विनोद' में इतिहास लेखन किया गया था मगर बन गया कवियों का पुलिन्दा। इसमें भी वे न तो कोई वस्तुनिष्ठ दृष्टि और न ही विवेचन-विश्लेषण का कोई पुख्ता आधार दे सके।

इस युग के अन्य प्रमुख आलोचक हैं, पं. पद्मसिंह शर्मा। वे भी रीतिकालीन शृंगारिकता के प्रेमी थे। नवसाक्षर होने के कारण पाश्चात्य और भारतीय साहित्य से भी वाकिफ थे। पर हिन्दी साहित्य में उनका कार्यक्षेत्र रीतिकाल तक ही सीमित है। नवीन युगधारा से वे एक तरह से हमेशा कटे रहे। आचार्य महावीरप्रसाद द्विवेदी के सुधारवादी दृष्टिकोण पर उनका यह कथन ध्यातव्य है, ''जिस भावहीन निर्जीव भाषा में नीरस, कर्णकटु काव्यों की आज दिन सृष्टि हो रही है इससे सुरुचि का संस्कार हो चुका, यह सहृदय समाज के हृदयों में धार कर चुकी। यह सूखी टहनी साहित्य क्षेत्र में बहुत दिन खड़ी न रह सकेगी। कोरे कामचलाऊपन के साथ भाषा में सरसता और टिकाऊपन भी अभीष्ट है तो उसके निस्सार शरीर में साहित्य रस का

भी संचार होना अत्यावश्यक है।'' (बिहारी सतसई, पृ. 22) उन्होंने तुलनात्मक आधार पर कवि बिहारी पर एक पुस्तक लिखी है। उसमें उनकी निर्णय क्षमता का पता चलता है। इस पुस्तक में बिहारी की अन्य कवियों से तुलना कर श्रेष्ठता दिखायी गयी है, साथ ही उन पर लगाये गये आरोपों का करारा जवाब भी दिया गया है। बिहारी सतसई की रचना का एक आधार देव और बिहारी की तुलना कर बिहारी की सर्वोच्चता दिखाना भी रहा है, जिस पर आगे चलकर खूब चर्चा हुई, कई परवर्ती समीक्षकों ने इसमें गहरी दिलचस्पी दिखायी और इस विवाद को तूल दिया, परन्तु संयोगवश यह सिलसिला ज्यादा दिन नहीं चल सका।

शर्मा जी की आलोचना अपने समय के अन्य समीक्षकों की अपेक्षा फिर भी अधिक मूल्यवान् है। उन्होंने तुलना का जो थोड़ा-बहुत शास्त्रीय स्वरूप प्रस्तुत किया है, वह आगे के लिए सन्दर्भवान् है। इसलिए शुक्ल जी को यह पुस्तक एक चली आती हुई साहित्यिक परम्परा का उद्‌घाटन करती हुई नजर आती है।

पं. कृष्णबिहारी मिश्र भी एक प्रमुख आलोचक हैं। इन्होंने तुलनात्मक समीक्षा को शास्त्रीय रूप प्रदान किया और गुण-दोष दर्शन से आगे बढ़कर एक नवीन समन्वयवादी दृष्टि का परिचय किया। परन्तु, ये भी थे रीतिकाल प्रभावित ही। लिहाजा इनकी समीक्षा में भी मूल विषय रीतिकाल का देव-बिहारी विवाद ही है। इन्होंने इसी शीर्षक से एक पुस्तक ही लिख डाली है। इसके अतिरिक्त मतिराम ग्रन्थावली की विद्वत्तापूर्ण भूमिका भी लिखी है। वैसे ये रसवादी परम्परा के आचार्य थे। उन्होंने श्रृंगार के रसराजत्व को ही प्रधानता दी है। आचार्य द्विवेदी के बारे में उनका यह कथन उनकी दृष्टि को समझने के लिए पर्याप्त है, ''हम सुरुचि प्रवर्तक कविता के समर्थक नहीं हैं। परन्तु श्रृंगार कवित्व के विरुद्ध जो आजकल धर्मयुद्ध-सा जारी कर रखा गया है, उसकी घोर निन्दा से भी नहीं हिचकते हैं।'' वे मानते थे कि, ''कविता के लिए केवल रस-परिपाक चाहिए, उपयोगितावाद के चक्कर में डालकर ललित कला का सौन्दर्य नष्ट करना ठीक नहीं।'' (देव और बिहारी, पृ. 82)

देव और बिहारी के झगड़े को और आगे घसीटने में लाला भगवानदीन का नाम प्रमुख है। वे बड़े अक्खड़ प्रकृति के व्यक्ति थे। इनकी समालोचना में भी अक्खड़ता दिखायी पड़ती है। वस्तुतः ये आलोचक कम, टीकाकार ज्यादा थे। बिहारी लाल के बड़े भक्त थे। उन पर लगाये गये आरोपों का इन्होंने 'बिहारी और देव' शीर्षक पुस्तक लिखकर जवाब दिया। इस पुस्तक में मूलतः दोषोद्‌भावना की प्रवृत्ति विद्यमान है। इन्होंने बिहारी पर लगाये गये आरोपों को देव पर मढ़कर बिहारी को दोषमुक्त होने का 'क्लीनचिट' जारी किया है। इनमें आलोचकीय गम्भीरता का भी अभाव था। पुस्तक के आरम्भ में ही मिश्रबन्धुओं को खरी-खोटी सुनाते हुए लिखते हैं, ''एक बिहारी पर चार-चार बिहारियों का धावा देखकर बेचारा हिन्दी साहित्य-

संसार घबड़ा गया है। लखनऊ के निवासी बिहारियों ने रसिकराज कृष्ण की जन्मभूमि मथुरा नगर के निवासी बिहारी की कविता को हल्की ठहराकर जो देव पर बेतरह आसक्ति दिखायी है, यह देखकर सबको आश्चर्य हो तो अनुचित नहीं।'' (बिहारी और देव, पृ. 2) इससे लाला जी की मंशा साफ जाहिर होती है। यद्यपि ये रीतिकालीन काव्यशास्त्र से अच्छी तरह परिचित थे, अच्छे काव्यरसिक थे, परन्तु नवीन साहित्य से न तो इनका अच्छा परिचय था और न ही उनकी दृष्टि आधुनिक थी। तुलनात्मक समीक्षा का सबसे कटुरूप इन्हीं की समीक्षा में देखने को मिलता है– पूरी पुस्तक में। इनके निर्णय बहुत-कुछ टीका-टिप्पणी जैसे ही हैं जैसे 'देव देव ही हैं और केशव देवेश हैं। देव और केशव में जमीन-आसमान का अन्तर है।''

इस प्रकार द्विवेदी-युग हिन्दी समीक्षा के विकास का द्वितीय पड़ाव कहा जाता है। इस युग ने समीक्षा के विकास में उल्लेखनीय योगदान दिया, किन्तु कुछ समीक्षकों की, तो कुछ युग की सीमाओं के चलते, जो सम्भावनाएँ उससे अपेक्षित थीं, वे पूरी नहीं हो सकीं। यहाँ समीक्षकगण समीक्षा के मानदण्डों के फिक्र में कम दिखते हैं अपनी वैयक्तिक रुचि के प्रकाशन में अधिक संलग्न थे। आचार्य द्विवेदी यदि साहित्य को युगानुरूप उपयोगिता की तुला पर तौलते हैं तो अन्य समीक्षक उसे कलात्मक मानदण्डों पर। द्विवेदी जी इस काल के नेता थे। उन्होंने साफ नियति से साहित्य समीक्षा में कदम रखा था, और उनमें समझ और दृष्टि भी थी, मगर कहीं-कहीं ये भी काफी आग्रहशील थे। साहित्य की उपयोगिता का मूल्यांकन गैरवाजिब नहीं है परन्तु साहित्यिक मूल्यों का भी अपना वजूद होता है, उन्हें नजरअन्दाज नहीं किया जा सकता। अन्य आलोचक तो कलावादी, शृंगारवादी ही थे। यद्यपि वे द्विवेदी जी से अधिक गहरी जानकारी रखनेवाले थे मगर समझ और युगानुरूप उसको सन्दर्भवान् बनाने की चिन्ता उनमें न के बराबर थी। सिर्फ रीतिकालीन कवियों का काव्योत्कर्ष नापने-जोखने में ही उन्होंने अपनी सारी ऊर्जा खपा दी। इनमें कुछ में समन्वयशील दृष्टि भी थी लेकिन वह भी शृंगारिकता की चकाचौंध में लुप्त हो गयी। फिर भी, यह तो मानना ही होगा कि इस युग की समीक्षा ने हिन्दी समीक्षा को एक नयी गति दी। पूर्व और पश्चिम की जानकारी के बावजूद कोई उपयुक्त समीक्षकीय आधार नहीं प्रकट हो सका, परन्तु समीक्षा की विकासयात्रा में यह युग जहाँ तक चल सका है, वह उपेक्षणीय नहीं है। उसका स्थायी महत्त्व है। बिना इस दौर को पार किये समीक्षा शायद शिखर तक पहुँच भी न सकती थी, क्योंकि परिस्थितियों की सीमाओं को नजरअन्दाज करके कदम बढ़ भी नहीं सकते।

## शुक्ल-युग

हम देख चुके हैं कि बीसवीं शताब्दी के आरम्भिक दशकों में हिन्दी साहित्य का फलक काफी विस्तृत होने लगा था। खड़ीबोली के आविर्भाव और उत्तरोत्तर

उसके परिष्करण के साथ गद्य शैली का उदय होना भारतीय मानस में एक वैचारिक क्रान्ति का उद्घोषक बना। अब साहित्य विशिष्ट वर्ग के विलास की ही वस्तु बनकर न रह गया बल्कि वह जनमानस का सहचर और पथ-प्रदर्शक बनने लगा। सामन्तीय कटघरे से निकलकर आमजन के दरवाजे तक विचरण करने लगा। इतने उच्च दायित्व के स्वीकार के कारण ही साहित्य में युग, समाज और जीवन का नियन्ता बनने की अभूतपूर्व क्षमता पनपने लगी। जीवन और साहित्य के इस घनिष्ठ होते सम्पर्क के कारण ही साहित्य सर्जना के साथ विवेचना की तरफ भी अग्रसर हुआ। प्रथम और द्वितीय दौर की आलोचना के विवेचन में हमने देखा है कि आलोचना किस तरह अपने मानकों की भी तलाश में विचरती रही है। बीसवीं शताब्दी के आरम्भिक दौर में, जो कि समूचे भारतीय मानस के पुनरुत्थान का काल है, आलोचना की काफी प्रगति हुई परन्तु आलोचकीय समन्वयात्मकता का अभाव अभी बना हुआ था। विरुद्धों में सामंजस्य दिखानेवाली प्रतिभा की अपेक्षा अभी बरकरार थी। आचार्य शुक्ल के शब्दों में कहें तो 'कवियों की विशेषताओं और उनकी अन्तःवृत्तियों की छानबीन' की आवश्यकता अभी बनी हुई थी। वह आलोचना बहिरंग बातों, गुण-दोष दर्शन तक ही सीमित थी। ''स्थायी साहित्य में परिगणित होनेवाली समालोचना, जिसमें कवियों की अन्तःवृत्ति का सूक्ष्म व्यवच्छेद होता है, उसकी मानसिक प्रवृत्ति की विशेषताएँ दिखायी जाती हैं, बहुत कम दिखायी पड़ी।'' (हिन्दी साहित्य का इतिहास, पृ. 290)

सन् 1920 के आसपास हिन्दी आलोचना में एक युगान्तरकारी परिवर्तन हुआ। साहित्य-पटल पर शुक्ल जी की उपस्थिति यद्यपि 1902 में ही दर्ज हो चुकी थी, परन्तु आलोचना के विकास और उसके उत्कर्ष का शंखनाद शुक्ल के इतिहास के प्रकाशन के साथ ही हुआ। आलोचना साहित्य के इतिहास में इसे तृतीय चरण की संज्ञा दी जाती है। बकौल शुक्ल जी इस काल में समालोचना का आदर्श भी बदला तथा गुण-दोष कथन से आगे बढ़कर कवियों की विशेषता और अन्तःवृत्ति की छानबीन की ओर भी ध्यान गया। कहना न होगा कि कवियों की अन्तःवृत्ति की छानबीन होने के बाद आलोचना के प्रतिमानों के निर्धारण में भी सुविधा हुई। भारतीय एवं पाश्चात्य दोनों साहित्यों के सम्मिश्रण तथा अध्ययन-मनन से सार्वदेशिक और सार्वकालिक प्रतिमानों की स्थापना सम्भव हुई। आचार्य शुक्ल इस युग के प्रवर्तक आचार्य रहे। शुक्ल जी ने पहली बार आलोचना के 'कन्वेन्शनल' दायरे से बढ़कर सोचा और प्राचीन व नवीन का समन्वय कर साहित्य मूल्यांकन के शाश्वत व युगानुरूप प्रतिमानों की प्रतिष्ठापना की। उन्होंने पहली बार रसवाद को व्यापक जीवनाधारित पृष्ठभूमि प्रदान की। पूर्व-पश्चिम की सम्यक् जानकारी के कारण व अपने संवदेनशील व्यक्तित्व के चलते वे पहली बार आलोचना को आधुनिक युग

के अनुरूप वैज्ञानिक स्वरूप प्रदान कर सके। आलोचना की आधुनिक वैज्ञानिक प्रणाली है-अर्थ विश्लेषण, विवेचन और निगमन। इन प्रणालियों को अपनाने से कृति तो प्रधान हो ही जाती है, आलोचकीय ईमानदारी और निष्ठा भी स्वत: सिद्ध हो जाती है। शुक्ल जी की आलोचना का यही महत्त्व है कि पहली मर्तबा आलोचना साहित्य में कृति व कृतिकार को इतना महत्त्व प्रदान किया गया कि आलोचकीय प्रतिमानों की खोज कृति में ही की गयी। द्विवेदी-युग में यद्यपि तुलनात्मक और व्याख्यात्मक आलोचना के दर्शन यत्र-तत्र होने लगे थे, परन्तु सन्तुलित वैज्ञानिक और वस्तुगत दृष्टि के अभाव में व्याख्यात्मक आलोचना का प्रौढ़ स्वरूप वहाँ नहीं दिखता। यहाँ व्याख्यात्मक आलोचना का वास्तविक स्वरूप निर्मित हो जाने के फलस्वरूप सैद्धान्तिक व व्यावहारिक आलोचना का फलक भी विस्तृत हुआ। दोनों में अन्तर्सम्बन्धों की खोज भी हुई। शुक्ल जी ने तो व्यावहारिक समीक्षा से ही अपने सैद्धान्तिक मतों को प्रतिपादित किया।

आचार्य शुक्ल के ही समय से आलोचना का विस्तार-फैलाव होने लगा था। शुक्ल जी ने समीक्षा को शिखरों की यात्रा तो करायी पर अपने युग की कुछ चौहद्दियों को वे नहीं लाँघ सके जो उनकी सीमाएँ बन गयीं। कुछ उनकी अपनी वैयक्तिक रुचि-अरुचि भी उन्हें एक सीमा से आगे जाने की इजाजत नहीं देती। उनके समकालीन व परवर्ती नये समीक्षक जो उन्हीं की देखा-देखी इस क्षेत्र में पूरी तैयारी के साथ उतर रहे थे, वे उनसे गहरे तक प्रभावित थे, पर उनकी सीमाओं के कारण हर मोड़ पर उनसे अपने को सहमत नहीं करा पाते थे। उनके समक्ष एक तरफ भारतीय काव्यशास्त्रीय परम्परा का नवीन आख्यान था, जिसके नवीन व्याख्याता शुक्ल जी थे तो दूसरी तरफ पाश्चात्य साहित्यालोचना का विविध वादानुमोदित समीक्षा संसार। हालाँकि स्वयं शुक्ल जी ने भारतीय एवं पाश्चात्य काव्य-सिद्धान्तों में समन्वय लाने का प्रयास किया था, मगर वे जिस युग के संस्कारों में दीक्षित हुए थे, वह उन्हें इतनी इजाजत नहीं देता था कि वे एक सीमित दायरे के आगे जा सकें।

यद्यपि शुक्ल जी एक व्यापक उद्देश्य लेकर चले हैं, मगर अफसोस कि अपने व्यापक दृष्टिकोण के बावजूद वे समकालीन साहित्य के साथ पूरी तरह न्याय नहीं कर सके। मध्यकालीन काव्य-भक्तिकाव्य से ही उन्होंने अपने प्रतिमान गढ़े और उन्हीं के आधार पर प्राचीन व नवीन समूचे साहित्य को मूल्यांकित किया। चूँकि उनके पहले तक का युग नैतिकता और आदर्शवादिता-प्रधान था, अत: वहाँ तक के साहित्य के मूल्यांकन के लिए तो उनके आदर्श प्रतिमान पूरी तरह खरे उतरे, पर आधुनिक साहित्य में दिन-प्रतिदिन उग रही नवीन प्रवृत्तियों पर एक सीमा से आगे उनसे काम चलाना मुश्किल हो गया। उनके लिए नये प्रतिमानों की आवश्यकता महसूस की जाने लगी। और सही भी है आधुनिक युग का मूल्यांकन न तो रामराज्य

के आदर्श पर हो सकता है और न ही आज साहित्य में 'राम' जैसे उच्चादर्श, उदात्त व्यक्तित्व का चित्रण ही किया जा सकता है। साहित्य और समाज का अटूट सम्बन्ध होता है। किसी भी युग का साहित्य अपने समाज से कटकर, समकालीन सामाजिक मूल्यों से, सरोकारों से हटकर, सिर्फ उदात्त आदर्श भावनाओं का, चरित्रों का चित्रण करके न तो युगानुरूप गतिशील रह सकता है और न ही सामाजिक सरोकारों में अपनी भूमिका निभा सकता है। कहना असमीचीन न होगा कि आधुनिक युग का समाज 'होरी' के आदर्श की अपेक्षा तो कर सकता है, 'राम' के आदर्श की नहीं, भले ही उसके 'राम' कितने भी बड़े देवता हों और 'होरी' चाहे कितना भी सामान्य, निरीह प्राणी हो।

कहने का अभिप्राय यह है कि युग की बदलती हुई परिस्थितियों के अनुरूप ही न सिर्फ रचनागत मूल्यों में परिवर्तन आता है अपितु उनके विवेचन-मूल्यांकन के मानक भी उसी के आधार पर निर्धारित किये जाते हैं-किये जाने चाहिए। ढेरों उपलब्धियों के बावजूद शुक्ल जी की समीक्षा की सबसे बड़ी खामी यही है कि वे अपने प्रतिमानों को इतना आदर्शनिष्ठ बना देते हैं कि युगानुरूप उनमें परिवर्तनीयता की सम्भावना निःशेष हो जाती है। उनके समकालीन व परवर्तियों ने उनकी इस कमजोरी को पकड़ा और समीक्षा के युगानुरूप प्रतिमानों पर गहराई से विचार किया।

शुक्ल-युग के दूसरे प्रमुख आलोचक हैं बाबू श्यामसुन्दरदास। उनका हिन्दी समीक्षा के क्षेत्र में पदार्पण यद्यपि शुक्ल जी से पूर्व ही हो चुका था, मगर वे माने जाते हैं शुक्ल के समवर्ती ही। उनके लेख आदि पहले से ही प्रकाशित हो रहे थे, एक इतिहास ग्रन्थ भी उन्होंने पहले ही लिखा था जो शुक्ल जी के इतिहास के प्रकाशन के बाद छपा। पर बाबू जी का असली मूल्यांकन उनकी कृतियों से ही नहीं, अपितु उनके उन कार्यों से भी किया जाता है जिस पर हिन्दी समीक्षा का वटवृक्ष खड़ा हो सका। नागरी प्रचारिणी सभा की स्थापना, 'पत्रिका' का प्रकाशन, हिन्दी को स्नातकोत्तर कक्षाओं में प्रतिष्ठित करने का महत् उद्योग और इस कार्य के सम्पादन के लिए शुक्ल जी जैसे योग्य व्यक्तियों की तलाश आदि उनके वे कार्य हैं जो समूचे हिन्दी साहित्य की रीढ़ हैं। वे एक कुशल अध्यापक के साथ एक प्रौढ़ उदार और जिज्ञासु आलोचक थे। उन्होंने आलोचना साहित्य के अध्ययन-अध्यापन को ध्यान में रखकर कई महत्त्वपूर्ण पुस्तकें लिखीं, ये हैं, 'साहित्यालोचन', 'भाषारहस्य', 'रूपक-रहस्य' तथा 'हिन्दी साहित्य का इतिहास'। कबीर ग्रन्थावली का सम्पादन भी उन्होंने विद्वत्तापूर्वक किया है।

कहा गया है कि वे शुक्ल जी के समकालीन थे। शुक्ल जी के आलोचकीय व्यक्तित्व से भी काफी प्रभावित थे। यद्यपि उन्होंने शुक्ल जी के पहले ही लिखना शुरू कर दिया था, मगर उनकी पुस्तकों में वह आलोचकीय चेतना नहीं है जो

शुक्ल जी की कृतियों में है, उनकी पुस्तकें अधिकतर संकलन ही हैं। दूसरा कारण शायद यह है कि उन्होंने विषयों का प्रतिपादन परिचयात्मक शैली में किया है जो कि उस समय की आवश्यकता थी। कहने का तात्पर्य यह है कि व्याख्यात्मक-विश्लेषणात्मक ढंग की आलोचना कर उन्होंने कोई स्वतन्त्र शैली नहीं विकसित की, न ही कोई व्यापक समीक्षकीय प्रतिमान स्थापित किये, परन्तु शुरुआती दौर में उनके द्वारा किया गया कार्य भी कम महत्त्वपूर्ण नहीं है। क्योंकि उन्होंने स्वयं माना है कि, "मुझे शीघ्र अनुभव हुआ कि इस विषय का भली-भाँति अध्ययन कराने के लिए यह आवश्यक है कि विद्यार्थियों को पहले आलोचना के तत्त्वों का प्रारम्भिक ज्ञान करा दिया जाये।" (साहित्यालोचन भूमिका)

इससे स्वत: स्पष्ट है कि ये पुस्तकें ज्ञान के प्रसार व समझ की दृष्टि से लिखी गयी हैं न कि आचार्यत्व प्रदर्शित करने के लिए। यही वजह है कि इनका स्वरूप संकलनात्मक ही है। इनमें बाबू जी ने अपने अध्यवसाय से भारतीय काव्यशास्त्रीय तत्त्वों के साथ पाश्चात्य काव्य सिद्धान्तों का समन्वय स्थापित करने का प्रयास किया है। इसमें कई नवीन उद्भावनाएँ भी हैं जैसे काव्य को कला मानना। भारतीय दृष्टि से यह असंगत है। यह पाश्चात्य प्रभाव का परिणाम माना जा सकता है। साहित्य को कला मानकर अन्य कलाओं से उसकी तुलना कर उसे सर्वश्रेष्ठ कला घोषित किया गया है। भारतीय रस, अलंकारादि पर भी यहाँ विचार हुआ है और इसकी अलौकिकता को मान्यता दी गयी है। 'कबीर ग्रन्थावली' का सम्पादन बाबू जी का एक महत्त्वपूर्ण कार्य है। कबीर, जिसे महत्त्वपूर्ण मानते हुए भी शुक्ल जी ने उपेक्षित कर दिया था, उनका मूल्यांकन बाबू जी ने किया। उन्होंने कबीर को भारतीय भक्ति परम्परा में माना तथा उनके विषय में स्थापित कई भ्रान्त धारणाओं का निराकरण किया। कबीर के कवित्व की चर्चा करते हुए उन्होंने सन्त कवि के बारे में एक बड़े मार्के की बात कही है, वह यह कि, 'कविता के लिए उन्होंने कविता नहीं की है।" (कबीर ग्रन्थावली, प्रस्तावना, पृ. 46) इसी तरह उन्होंने कबीर की भाषा को सधुक्कड़ी न मानकर कई भाषाओं का मिश्रण 'पंचमेल-खिचड़ी' माना है।

इसी प्रकार छायावाद जिसकी तुलना शुक्ल जी ने 'कनकौए' से की है, उसे बाबू जी ने एक प्रमुख साहित्यिक धारा माना है। 'साहित्यालोचन' की साहित्यिकता का एक आलोचक ने सही मूल्यांकन किया है, वे लिखते हैं, "साहित्यालोचना का हिन्दी साहित्य समीक्षा पर अभीष्ट प्रभाव पड़ा और साहित्य को नैतिक सीमा से ऊपर उठाकर सार्वजनिक कलावस्तु के रूप में देखने की अपूर्व प्रेरणा पैदा हुई।...शुक्ल जी का समीक्षा कार्य पाण्डित्यपूर्ण होता हुआ भी उनकी वैयक्तिक रुचियों का द्योतक है। इसी कारण वह मार्मिक है किन्तु वस्तुगत व वैज्ञानिक नहीं। श्यामसुन्दर दास जी का 'साहित्यालोचन' उतना मौलिक न हो, किन्तु वह साहित्य और उसके

अंगों की तटस्थ, ऐतिहासिक तथा वास्तविक व्याख्या का प्रधान प्रयत्न है। सैद्धान्तिक दृष्टि से शुक्ल जी के नैतिक और व्यवहारवादी कलादर्श की अपेक्षा वह अधिक साहित्यिक है।'' (हिन्दी समीक्षा: स्वरूप और सन्दर्भ-रामदरश मिश्र, पृ. ९८) दूसरे शब्दों में यह कहा जा सकता है कि शुक्ल जी के शास्त्रीय, गूढ़ शब्दावली व आदर्शवादी आग्रहों से मुक्त समीक्षा का वस्तुगत आधार इस ग्रन्थ में प्रस्तुत करने का प्रयास किया गया है।

कुल मिलाकर बाबू श्यामसुन्दरदास ने प्रारम्भिक दौर में यद्यपि परिचयात्मक समीक्षाएँ ही लिखी हैं, उनकी कोई मौलिक उद्‌भावनाएँ नहीं हैं, तथापि उनका अपना महत्त्व है। उन्होंने उस कमी को पूरा किया जो आगे के चिन्तन के लिए मार्ग प्रशस्त करता है। अध्यापकीय आलोचना की नींव डाली। यही उनकी सबसे महत्त्वपूर्ण उपलब्धि है।

## शुक्लोत्तर-युग

हिन्दी समीक्षा के विकास में चौथा और पाँचवाँ दशक बहुत महत्त्वपूर्ण माना जाता है, खासकर शुक्ल जी के इतिहास के प्रकाशन के बाद से ही विचारधाराओं का द्वन्द्व शुरू हो जाता है, परन्तु शुक्ल जी का प्रभाव तब तक इतना तगड़ा था कि उनसे मत-वैभिन्य रखनेवालों के विचार भी सार्वजनिक नहीं हो पाते थे, होते भी थे तो उनकी अनुशंसा के साथ ही और उन समीक्षकों पर शुक्ल संस्थान की छाप लगी रहती थी। दिलचस्प बात तो यह है कि उनकी सीमाओं को जाननेवाले महामना लोग भी उस संस्थान से जुड़े रहने में ही गर्वानुभूति करते थे। पर इतना तो मानना ही पड़ेगा कि विचार-वैभिन्य, जो कि आलोचना की खुराक होती है, का श्रीगणेश इस संस्थान के भीतर ही शुरू हो चुका था। बाबू गुलाबराय, पं. विश्वनाथप्रसाद मिश्र, पं. कृष्णशंकर शुक्ल, डॉ. रमाशंकर शुक्ल 'रसाल', डॉ. पीताम्बरदत्त बडथ्वाल, चन्द्रबली पाण्डेय, जगन्नाथ शर्मा आदि आलोचक, जो शुक्ल संस्थान से हैं और उनकी विचारधारा से प्रभावित हैं, परन्तु इनकी जिज्ञासु वृत्ति और नवीन खोजें इन्हें विचारधारा से आगे बढ़ने की भी प्रेरणा देती हैं। इन समीक्षकों की मौलिक सोच और पैनी दृष्टि इस संस्थान को और समृद्ध बनाती है। इन सभी आलोचकों ने अपने स्तर से हिन्दी समीक्षा के विकास में महत्त्वपूर्ण योगदान दिया। इनका मूल्यांकन भी हुआ है।

अपने महामना व्यक्तित्व के बावजूद शुक्ल जी बहुत उदार नहीं थे-विशेषकर नवोद्‌भूत साहित्यिक प्रवृत्तियों को लेकर। नवयुग के संस्कारों से वे परिचित जरूर थे मगर स्वयं वे जिन संस्कारों में पले-बढ़े थे वह उन्हें अपनी परम्परा से बहुत आगे बढ़ने की छूट नहीं देता। यही कारण है कि उनका सारा विवेचन छायावाद के पहले

तक के साहित्य के मूल्यांकन के ही काम आता है, उसके बाद के साहित्य के लिए हिन्दी आलोचना को पुनः युगान्तरकारी व्यक्तित्व की अपेक्षा थी जिसकी कमी कोई एक व्यक्ति तो पूरी नहीं कर सका, मगर स्वच्छन्दतावादी आलोचकों ने सामूहिक रूप से इस दायित्व को बखूबी निभाया। आचार्य नन्ददुलारे वाजपेयी, आचार्य हजारीप्रसाद द्विवेदी, डॉ. नगेन्द्र के नाम इस सम्बन्ध में अग्रगण्य हैं। ये तीनों आलोचक वस्तुतः वहीं से चलना शुरू किये हैं जहाँ शुक्ल जी रुके थे, अतः इन्हें शुक्ल जी के अधूरे काम को पूरा करने का श्रेय देते हुए उसी कड़ी में रखना अनुचित न होगा। ये तीनों समीक्षक यद्यपि तीन अलग-अलग विचारधाराओं के यात्री हैं मगर इस बात पर ये समान हैं कि इन्होंने आलोचना की युगीन आवश्यकताओं को समझा और पाश्चात्य प्रभाव को महसूस करते हुए भी भारतीय चिन्तन की धारा का मूल स्वरूप यथावत् बनाये रखा।

सौष्ठववादी-मानवतावादी-मनोविश्लेषण प्रभावित रसवादी, इन आचार्यगणों ने वस्तुतः पाश्चात्य साहित्यालोचना के समक्ष भारतीय काव्यशास्त्रीय चिन्तन को रखकर देखा और यह स्थापित किया कि हिन्दी आलोचना का स्वाभाविक विकास अपने मूल के आधार पर ही हो सकता है। रचनात्मक धरातल पर उभरी नवीन प्रवृत्तियों को दृष्टिगत रखते हुए ही इनके मत-सिद्धान्त निर्मित हुए। इस बृहत्त्रयी ने शुक्ल जी के समय में ही अपनी प्रतिभा व उनकी सीमाओं का परिचय दे दिया था, मगर इनका बहुत अधिक चिन्तन चौथे-पाँचवें दशक में ही सामने आया। पाश्चात्य संसर्ग से भारतीय चेतना में नवस्फूर्ति आयी, इससे इन्कार नहीं किया ज़ा सकता। पाश्चात्य सौन्दर्यबोधी मूल्यांकन-प्रणाली ने ही हमें रसास्वाद की परिधि से आगे बढ़ने तथा प्रगतिवादी दृष्टिकोण ने कृति को उपयोगितावादी दृष्टिकोण से आँकने का वस्तुनिष्ठ आधार दिया। शुक्ल जी भी इनसे परिचित थे, यह हम पहले ही संकेत कर चुके हैं। शुक्लोत्तर आलोचक रस-छन्द-अलंकार और आस्वाद्य-आस्वाद से आगे बढ़कर सौन्दर्य और सामाजिक-सांस्कृतिक भूमिका की खोज करते हैं। दूसरे शब्दों में, आलोचना रसास्वादन से आगे बढ़कर मूल्यांकन की ओर अग्रसर हुई है। युगधर्म, जातीय चेतना, पाठकीय संवेदना आदि भी आलोचना की दृष्टि के केन्द्र में आये हैं। पाश्चात्य सौन्दर्यबोध और रसास्वादन में वैसे कोई विशेष अन्तर नहीं है। हिन्दी आलोचना के बीज शब्दों पर दृष्टि डालें तो यह बिल्कुल स्पष्ट विदित होता है कि हिन्दी में सौन्दर्य की चर्चा भले ही प्रधान न रही हो, परन्तु उसका स्थान और उसकी महत्ता सदैव मानी गयी है। इतना ही नहीं, हमारे आदि सन्दर्भ संस्कृत में तो स्पष्ट कहा ही गया है कि, 'रमणीयार्थ प्रतिपादकः शब्दः काव्यम्'। रमणीयता के पर्याय के रूप में आनन्दवर्द्धनाचार्य ने भी 'लावण्य' शब्द का प्रयोग किया है। ये दोनों ही शब्द सौन्दर्यजातीय शब्द हैं। कहने का तात्पर्य यह है कि ये दोनों ही शब्द जो कि

आलोचना के मूल हैं, इन्हीं के इर्द-गिर्द समूचा आलोचना साहित्य घूमता रहा है। बात चाहे रूपवाद की हो या भाषिक सर्जनात्मकता की, जोर चाहे समाजवाद पर हो या समाजशास्त्र पर, आलोचकीय मानस में ये शब्द विद्यमान रहे हैं।

कहने की आवश्यकता नहीं कि शुक्लोत्तर आलोचना का वैचारिक परिदृश्य वाद-विवादात्मक है। विविध वादों में परस्पर घर्षण होने के कारण विवाद की स्थिति निर्मित हुई है। परन्तु इस सच्चाई से भी नहीं मुकरा जा सकता कि इसके लिए वर्तमान समय की परिस्थितियाँ भी कम जिम्मेदार नहीं रही हैं। आज की आलोचना, आलोचनात्मक विमर्श बन चुकी है, अत: स्पष्ट है कि इसमें उसकी जिम्मेदारियाँ भी बढ़ी हैं। राजनीति, अर्थनीति और समाजनीति में जो बुनियादी परिवर्तन आये हैं, उनमें जो उठापटक की स्थिति बनी है, उसमें यह बिल्कुल अपरिहार्य था कि आलोचनात्मक साहित्य ज्यादा दिनों तक पुरानी लीक पर नहीं चल सकता, क्योंकि साहित्य में इन सोद्देश्य परिवर्तनों की छाप पड़ी है, उसका कलेवर बदला है। इसी प्रकार संचार माध्यमों के प्रचार-प्रसार के साथ-साथ साहित्य की केन्द्रीय स्थिति को भी धक्का लगा है। सैटेलाइटों ने लिखित साहित्य के प्रसारण को काफी सीमित कर दिया है, संचार माध्यमों ने ही भाषा का संकट भी खड़ा किया है। साहित्य की भाषा में जो निरर्थकता इधर महसूस की जाने लगी है, उसमें सपाटबयानी की जो डिमाण्ड की जाने लगी है वह मीडिया क्रान्ति का ही परिणाम है। पत्रकारिता की भाषा ने साहित्यिक भाषा को परिदृश्य से ही गायब होने के लिए मजबूर कर दिया है। आज की आलोचना के समूचे घटनाक्रम पर दृष्टि डालते हुए डॉ. निर्मला जैन ने जो लिखा है वह एक कटु सच है, इसे किसी-न-किसी रूप में इस दौर के सभी प्रगतिशील आलोचकों ने समझा और माना है। निर्मला जी के शब्द हैं, ''आज एक बहुत बड़ी कठिनाई यह है कि रचनाओं को 'सामान्य प्रवृत्तियों' के खानों में वर्गीकृत करके न समझा, न समझाया जा सकता है, हर रचना एक स्वतन्त्र पाठ है। उसकी रचना के अपने तर्क हैं।''

आलोचक की जिम्मेदारी है इन तर्कों की तलाश। रचना के 'क्या' और 'कैसे' की समझ हर आलोचक की मूल प्रतिज्ञा होती है। आलोचना की शब्दावली में कभी इसे रचना का 'भावपक्ष', 'कलापक्ष', या 'कथ्य' और 'शिल्प' कहा जाता था। इनकी समझ के एकाधिक सिद्धान्त और पद्धतियाँ प्रचलित थीं। ये आजमाये हुए, लगभग तयशुदा सिद्धान्त और फार्मूले समय प्रवाह में अप्रासंगिक हो गये और आलोचक रचना के सामने निहत्था खड़ा है। इस पूरे परिदृश्य पर ज्योतिष जोशी का यह सर्वेक्षणात्मक विश्लेषण भी देखा जा सकता है। ''यह ध्यान देने की बात है कि जैसे-जैसे साहित्य में आन्दोलनों का क्रम शुरू हुआ, पश्चिमी जगत् से बौद्धिक विनिमय की शुरुआत हुई वैसे-वैसे आलोचना विभिन्न धड़ों में विभाजित होती

गयी और आगे बढ़ती हुई वह और संकीर्ण दृष्टियों में कैद हो गयी।'' और इसका परिणाम यह हुआ कि, ''किसी धारा के लिए नवलेखन छायावाद के बाद अप्रासंगिक हो गया तो किसी के लिए प्रगतिशीलता के समानान्तर चलती साहित्य-धारा यथास्थितिवादी हो गयी।'' यह भी द्रष्टव्य है कि परम्परापोषियों ने परम्परा के नाम पर संस्कृत काव्यशास्त्र को खँगालकर पुराने सिद्धान्तों में नये कुर्ते अँटाने शुरू किये तो कुछ ने परम्परा को आधुनिक सन्दर्भ देने के नाम पर अनर्गल विवादों की झड़ी लगा दी। उनका यह निष्कर्ष विचारणीय है कि, ''इस पूरे कालखण्ड में अगर उल्लेखनीय है तो कुछ रचनाकारों की पहचान, कुछ नयी प्रवृत्तियों का मूल्यांकन और साहित्य में दृष्टि, इतिहासबोध और विचार के स्तर पर समूचे परिदृश्य की नयी भावभूमि का मूल्यांकन।'' (बहुवचन, प्रवेशांक) निश्चय ही ये मत समूचे परिदृश्य की बिल्कुल सही तस्वीर प्रस्तुत करते हैं। इनमें कुछ घटी-बढ़ी हो सकती है, लेकिन ये भी सच के पहलू हैं इससे इन्कार नहीं किया जा सकता।

## प्रगतिवादी व आधुनिकतावादी आलोचना

हिन्दी साहित्य में प्रगतिशील आन्दोलन की शुरुआत 1936 के आसपास हो गयी थी, प्रगतिशील लेखक संघ की स्थापना के साथ यह एक प्रखर आन्दोलन का रूप लेने लगा। द्वितीय विश्वयुद्ध के बाद जो परिवर्तन विचारधारात्मक स्तर पर वैश्विक पटल पर आया, देश की आजादी के बाद, अपने यहाँ उसके भी स्पष्ट लक्षण दिखने लगे। मार्क्सवाद से प्रभावित जनवादी विचारधारा लोकतन्त्र के अधिक करीब लग रही थी, परिणामस्वरूप उसकी स्थापनाएँ इस नव लोकतन्त्र को आकर्षित करने लगीं। बुद्धिजीवी भले ही वे किसी क्षेत्र के हों, उनके लिए नयी विचारणा एक जागरूकता का विषय बनकर आयी। साहित्य पर भी उसका स्पष्ट प्रभाव पड़ा।

मार्क्सवाद के प्रगतिवादी दृष्टिकोण ने हिन्दी आलोचना या कहें साहित्य को प्रभावित तो किया, किन्तु उसकी विचारधारा की जड़ें विलायती होने के कारण यह अपेक्षित था कि उसे युग सन्दर्भ के साथ-साथ जातीय चेतना से जोड़ा जाय। कारण यह कि कोई भी विचारधारा, अवधारणा अपनी जातीय चेतना पर अवलम्बित होने पर ही जनमानस में समादृत हो पाती है। मार्क्सवाद को प्रगतिवादी जामा पहनाते हुए यही किया गया। विशेषकर डॉ. रामविलास शर्मा ने प्रगतिशील मार्क्सवादी आलोचना का जातीय चरित्र गढ़ने का प्रयास किया। उन्होंने मार्क्सवादी सिद्धान्तों को भारतीय जातीय चेतना से जोड़कर हिन्दी साहित्य की परम्परा की पुनर्व्याख्या की और यह स्थापित किया कि साहित्य शुद्ध विचारधारा का रूप नहीं है, उसका भाव और इन्द्रियबोध से भी घनिष्ठ सम्बन्ध है। इसके लिए उन्होंने हिन्दी साहित्य की जातीय परम्परा के प्रतिनिधि रचनाकारों भारतेन्दु, महावीरप्रसाद द्विवेदी, प्रेमचन्द, रामचन्द्र

शुक्ल, निराला का विवेचन कर प्रगतिवादी दृष्टिकोण को स्थापित किया। उनके दृष्टिकोण को प्रमाणित करता है आचार्य शुक्ल के बारे में उनका यह कथन कि, 'उन्होंने आलोचना के माध्यम से उसी सामन्ती संस्कृति का विरोध किया, जिसका उपन्यास और कविता के माध्यम से प्रेमचन्द और निराला ने। शुक्ल जी ने न तो भारत के रूढ़िवाद को स्वीकार किया, न पश्चिम के व्यक्तिवाद को। उन्होंने बाह्य जगत् और मानव-जीवन की वास्तविकता के आधार पर नये साहित्य-सिद्धान्तों की स्थापना की और उनके आधार पर सामन्ती साहित्य का विरोध किया और देशभक्ति और जनतन्त्र की साहित्यिक परम्परा का समर्थन किया।

आगे चलकर मुक्तिबोध और नामवरसिंह ने इस दृष्टिकोण को और प्रभावी बनाने में योग दिया। मुक्तिबोध ने अपने मौलिक चिन्तन से भारतीय प्रगतिशील दृष्टि को सैद्धान्तिक आधार देने का प्रयास किया। हिन्दी साहित्य की कालजयी कृति 'कामायनी' की पुनर्व्याख्या कर उसकी रचना-प्रक्रिया को एक नये ढंग से फैण्टेसी के रूप में व्याख्यायित किया। प्रो. रामस्वरूप चतुर्वेदी ने स्वयं 'कामायनी' का पुनर्मूल्यांकन किया, उनका कथन मुक्तिबोध के दृष्टिकोण को समझने में सहायक हो सकता है। वे लिखते हैं, " 'कामायनी' की आलोचनाप्रक्रिया में मुक्तिबोध का मुख्य प्रदेय उसे 'फैण्टेसी' के रूप में व्याख्यायित करना है। इस सन्दर्भ में कवि आलोचक ने फैण्टेसी के सैद्धान्तिक पक्ष का भी अच्छा विवेचन किया है।...जैसा सुलझा चिन्तन है वैसा ही व्यवस्थित विश्लेषण है। बढ़िया संयोग यह है कि लेखक का सिद्धान्त-चिन्तन और उसका व्यावहारिक विकास दोनों एक-दूसरे को पुष्ट करते चलते हैं।" मुक्तिबोध की यह समीक्षा बड़ी ही क्रमबद्ध और विचारोत्तेजक है।

नामवर सिंह छायावाद से चलकर नयी कविता और फिर समकालीन कविता तक आते हैं और एक निरन्तर प्रवाह में अपनी तर्कणा को प्रस्तुत करते हैं। मार्क्सवादी आलोचना के रचनात्मक तत्त्वों को रेखांकित और व्याख्यायित करने में, हिन्दी में नामवर सिंह का उल्लेखनीय योगदान है। उन्होंने छायावाद की सामाजिकता के साथ ही, अस्तित्ववादी-नयी कविता की वैयक्तिकता के स्थान पर उसकी जनवादी चेतना को रेखांकित किया। अपनी ध्वन्सात्मक शैली में उन्होंने रूढ़िवादी मतों पर प्रहार किया और नये जीवन-मूल्यों के परिप्रेक्ष्य में काव्य-मूल्यों की खोज की वकालत की। मुक्तिबोध के काव्य-चिन्तन को 'अस्मिता की तलाश' बताते हुए अपने युग-सन्दर्भ में नये मानव-मूल्यों की प्रतिस्थापना का प्रयास किया। अन्य प्रगतिवादी आलोचकों में रांगेय राघव, अमृतराय, शिवकुमार मिश्र, विश्वम्भरनाथ उपाध्याय, विश्वनाथ त्रिपाठी, मैनेजर पाण्डेय का नाम अग्रगण्य है।

आधुनिकतावादी (या कहें प्रयोगशील) आलोचकों में श्री अज्ञेय का नाम अग्रगण्य है। 'तार सप्तक' के प्रकाशन से इसकी शुरुआत मानी जाती है। अज्ञेय के

सम्पादकत्व में निकली इस कृति में पहली बार कवियों को उनके वक्तव्यों के साथ राहों के अन्वेषी के रूप में प्रस्तुत किया गया। गौरतलब है कि इस संकलन में प्रगतिशील भी शामिल हैं। अर्थात् तत्कालीन परिस्थितयों में जो नयी आधुनिक चेतना आ रही थी, उसमें विचार–वैभिन्य के बावजूद मताग्रह नहीं था। यही वजह है कि उस दौर में लगभग एक दशक तक नये सन्दर्भ में मूल्यान्वेषण का प्रयास संयुक्त रूप से किया गया। प्रगतिशील और प्रयोगशील जिन्हें आधुनिकतावादी कहा जाता है, दोनों की साहित्य चिन्ता के केन्द्र में परम्परा और आधुनिकता की चिन्ता है। अज्ञेय प्रखर आधुनिक बौद्धिक हैं, जिन्होंने पश्चिमी प्रभाव के बावजूद अपनी जड़ों को टटोलने और भारतीय मूल्यों को संस्कारित करने का सार्थक प्रयास किया। नयी कविता का सौन्दर्य विधान रचने में उनका भी उल्लेखनीय योगदान रहा।

बकौल रामस्वरूप चतुर्वेदी "रचना का महत्त्व, रचना–प्रक्रिया की छानबीन, रचनाकार और उसके बृहत्तर समाज के बीच होनेवाली क्रिया–प्रतिक्रिया में वाचिक परम्परा का योगदान ये और ऐसे अन्य अनेक विषय समकालीन समीक्षा में अज्ञेय की चिन्ताधारा से प्रवाहित हुए हैं। आधुनिक साहित्य में अज्ञेय की यह भूमिका अनायास टी. एस. इलियट का स्मरण कराती है, जिसका काव्य और साहित्य–चिन्तन परस्पर सहकार की मुद्रा में अंग्रेजी साहित्य को आधुनिक युग में लाते हैं।" (हिन्दी साहित्य और संवेदना का विकास, पृ. 223) अज्ञेय और उनके सहयोगी रचनाकारों ने ही आधुनिक भावबोध का सवाल उठाते हुए रचना–आलोचना के मनन और मूल्यांकन का एक नया प्रस्ताव तैयार किया। आधुनिक भावबोध से सम्पन्न चिन्तकों ने ही पहली बार अपने परिवेश के प्रति गहरी जागरूकता दिखाते हुए प्रगति–परम्परा और प्रयोग पर गहराई से विचार किया। द्वितीय विश्वयुद्ध में उत्पन्न मानवीय संवेदना का संकट, पश्चिमोन्मुखता, मूल्यगत विकृति आदि के बोध ने साहित्य–दृष्टि में अमूल परिवर्तन ला दिया।

### नयी समीक्षा : नये प्रतिमान

हिन्दी में नये साहित्य–नयी कविता, नयी कहानी, नयी समीक्षा जैसे शब्दों, युग्मों के प्रयोग की शुरुआत नयी चुनौतियों के परिप्रेक्ष्य में एक नयी चेतना के अभ्युदय के साथ होती है, जिसमें आधुनिक भाव संवेदना की चिन्ता केन्द्र में है। विज्ञान के विस्तार और दूसरी तरफ मानवीय संवेदना के क्षरण के कारण जो हताशा, निराशा, अजनबीयत, परायापन, लघुता, व्यर्थता का अहसास बढ़ा उसने जीवन को विसंगतिपूर्ण बना दिया। यद्यपि पश्चिम में नयी समीक्षा का प्रादुर्भाव पहले हुआ और वहाँ इसे भाषावादी दृष्टि से देखा गया। भाषा के 'जेक्सचर' और 'टेक्सचर' को केन्द्र में रखते हुए ही तनाव, विसंगति, विडम्बना, मूल्यहीनता आदि पर विचार हुआ। हिन्दी में नयी समीक्षा का दृष्टिकोण यद्यपि भाषा पर ही

अवलम्बित है किन्तु यहाँ जीवन के सन्त्रास और मनुष्य की लघुता को विशेष रूप से रेखांकित किया गया।

हिन्दी में नयी समीक्षा मूलतः नये साहित्य के सौन्दर्य-विधान और आलोचना की नयी भाषा पर केन्द्रित रही। छायावादी काव्य-मूल्यों को नकारकर नयी कविता का सौन्दर्यशास्त्र रचने की पहल यहाँ प्रमुख है। चाहे लक्ष्मीकान्त वर्मा हों या नामवर सिंह अथवा मुक्तिबोध, अज्ञेय याकि देवराज, साही सबकी चिन्ता के केन्द्र में साहित्य का नया सौन्दर्यशास्त्र रहा। लक्ष्मीकान्त वर्मा, धर्मवीर भारती प्रभृति कवि-चिन्तकों ने, साही जी जैसे विवेचकों ने नयी कविता के प्रतिमानों पर गहराई से विचार किया, किन्तु इसे सामाजिक-ऐतिहासिक परिप्रेक्ष्य के साथ आधुनिक भावबोध की परिधि में व्यवस्थित रूप से उठाया-नामवर सिंह ने 'कविता के नये प्रतिमान' शीर्षक कृति द्वारा। जहाँ उन्होंने छायावादी संस्कारों में गढ़े गये प्रतिमानों को ध्वस्त करते हुए युगीन सन्दर्भ में काव्य-मूल्यों पर विचार किया और मुक्तिबोध के कृतित्व को केन्द्र में रखकर यह सिद्ध किया कि आधुनिक भावबोधसम्पन्न साहित्य ही मानवीय अस्मिता की खोज में सहायक हो सकता है।

### संरचनावादी/शैलीवैज्ञानिक समीक्षा

संरचनावादी समीक्षा भाषाशास्त्र पर केन्द्रित है। इसमें भाषिक आधार पर रचना की विवेचना की जाती है। यह प्रवृत्ति रूसी रूपवादी समीक्षा-पद्धति से प्रभावित है। इस पर नयी समीक्षा का भी प्रभाव माना जाता है। इसका विकास भाषाविद् सस्यूर के भाषासम्बन्धी चिन्तन से हुआ। यह प्रवृत्ति साहित्येतर तत्त्वों को नकारती है और साहित्य की विवेचना के लिए उसकी संरचनात्मक इकाइयों के विवेचन पर बल देती है। यह साहित्यिक कृति को एक भाषिक इकाई मानती है। यह प्रवृत्ति भाषावैज्ञानिक मान्यताओं के आधार पर भाषिक संकेत अर्थात् भाषा की अभिव्यक्ति और संकेतित अर्थ अर्थात् भाषा के अर्थ पक्ष को विवेचन का विषय मानती है। इस तरह कथ्य और अभिव्यक्ति को यह एक सुगठित संरचना के रूप में देखती है। यह प्रवृत्ति मानती है कि साहित्य भाषिक संकेतों की एक संरचना है, अतः साहित्य की विवेचना का आधार वस्तुतः यह संरचना और इनके तन्तु ही हैं। यह पद्धति सिर्फ भाषा में व्यक्त कथ्य का ही विश्लेषण नहीं करती, बल्कि उसके माध्यम से साहित्यिक संरचना के घटकों की भी तलाश करती है।

संरचनावाद यह मानता है कि रचना अपने-आपमें एक पूर्ण और स्वायत्त इकाई है। इसलिए यह इतर प्रतिमानों या सिद्धान्तों को साहित्येतर मानती है। यह प्रवृत्ति दावा करती है कि अन्य प्रतिमान साहित्य के बाह्य पक्ष तक ही सीमित रह जाते हैं, इसके आभ्यन्तर पक्ष की खोज और पकड़ उनसे सम्भव नहीं होती। इस प्रकार यह

कृति की मूल्यवत्ता को बाह्य तत्त्वों नहीं, उसकी संरचना के आधार पर परखने की वकालत करती है।

**समकालीन आलोचना**

विजय देवनारायण साही ने अपने चर्चित निबन्ध 'लघुमानव के बहाने हिन्दी कविता पर एक बहस' में समकालीन आलोचना का चरित्र उजागर करते हुए लिखा है, "मेरी समझ में आलोचना का काम साहित्यिक कृति की संवेदना को जबरदस्ती खींचकर पाठक तक पहुँचाना नहीं है। आलोचना सिर्फ इतना कर सकती है कि पाठक के जो भी वैचारिक या धारणात्मक पूर्वग्रह जाने या अनजाने अपनी उपस्थिति या अनुपस्थिति के कारण पाठक को उस ओर उन्मुख होने से रोक रहे हैं, जहाँ से काव्य का प्रभाव प्रवाहित हो रहा है, उन्हें विनष्ट करके पाठक को एक उचित तत्परता की अवस्था में छोड़ दे। यन्त्र जगत् की एक स्थूल उपमा के द्वारा हम यों कह सकते हैं कि रेडियो की सुई को उचित लहर मान पर लाकर लगा भर देना आलोचना का काम है, बाकी ट्रान्समीटर से आता हुआ गायन तो रेडियो सेट स्वयं पकड़ेगा। अब अगर वहाँ से गायन आ ही न रहा हो, या आवाज में गड़बड़ी हो, तो आलोचक गानेवाले के स्वर-से-स्वर मिलाकर गा नहीं सकता।" (छठवाँ दशक, पृ. 260)

साही जी के साक्ष्य पर कहने का तात्पर्य यह है कि समकालीन आलोचना का कार्य-दायित्व यह है कि वह रचना में निहित संवेदनात्मक तन्तुओं की पहचान कर जीवन के साथ उसका रिश्ता कायम करे या यूँ कहें कि अपने समय के सवालों, तर्कों को लेकर रचना से जिरह करते हुए जीवन की व्याख्या करे। इसीलिए समकालीन आलोचना किसी बने-बनाये फार्मूले याकि सिद्धान्तों की बजाय रचना को महत्त्वपूर्ण मानते हुए उसी से मूल्यांकन के औजार तलाशने पर बल देती है। मलयज इसीलिए आलोच्य कृति को ही 'वास्तविक मूल्यांकन की कुंजी' कहा करते थे और आलोचना को सदैव रचना के सघन और तनावपूर्ण शर्तों के आधार पर देखने की वकालत करते थे। साही जी ने ठीक ही आलोचना को साहित्य का दर्शनशास्त्र कहा है। इस दौर में 'सर्जनात्मक समीक्षा' पर जोर दिया गया। रमेशचन्द्र शाह, अशोक वाजपेयी, नन्दकिशोर आचार्य आदि इस दिशा में क्रियाशील रहे। कृष्णदत्त पालीवाल के शब्दों में, "समकालीन हिन्दी आलोचना साहित्य की बुनियादी समस्याओं पर विचार करती रही है और कृति केन्द्रित व्यावहारिक आलोचना को अपना रही है। यह आलोचना पथ हमें आचार्य शुक्ल, विजय देवनारायण साही और रमेशचन्द्र शाह से जोड़ता है।" (हिन्दी आलोचना: समकालीन परिदृश्य, पृ. 33)

समकालीन आलोचना में एक धारणा यह भी रही है कि चूँकि रचना का विषय मनुष्य-जीवन है और आलोचना का विषय रचना-साहित्य, अतः आलोचना, रचना

की मुखापेक्षी है। यह धारणा आलोचना को सरलीकृत और सीमित कर देती है। वस्तुतः आलोचना का कार्य महत् होता है, वह इसी अर्थ में रचनाकार से विशिष्ट भी होता है कि महज रचना में आये जीवनबोध को वह अपनी विवेचना का विषय नहीं बनाता, बल्कि अपने जीवनानुभव से उस जीवन की परख-पड़ताल करते हुए उसके महत्त्व को रेखांकित करता है। इसी अर्थ में आलोचक के ज्ञान और अनुभव को रचनाकार से अधिक व्यापक और गहन होने की अपेक्षा की जाती है।

समकालीन आलोचना में कई मुद्दे उठे, स्वायत्तता, स्वतन्त्रता, जनतन्त्र, राजनीति, उपभोक्तावाद, बाजारवाद आदि पर खूब बहसें हुई, आज भी जारी हैं। लेकिन यह सच्चाई है कि समूची समकालीन आलोचना में सैद्धान्तिकी को लेकर कोई बहुत उल्लेखनीय प्रयास नहीं हुआ है, व्यावहारिक पक्ष पर ही वाद-विवाद किया जाता रहा है। और दुःखद बात यह है कि ऐसी खेमेबाजी चली कि आलोचना निरन्तर अपने सैद्धान्तिक दायित्वों से हटती गयी। भूमडण्लीकरण के बाद आयी नयी चुनौतियों से भी लोहा लेने और साहित्य को कोई दिशा देने का काम आलोचना नहीं कर पा रही है, यहाँ विकल्पों की तलाश अवसरवादिता का प्रतीक बन गया है। शम्भुनाथ की यह चिन्ता जायज है-"आज समाज में आलोचना का स्थान सिकुड़ा है। यह आलोचना नहीं, निर्लज्ज तारीफ, इमेज मैनेजमेण्ट और ब्राण्ड ऐम्बैसेडरों का जमाना है। अब आलोचना पेड-क्रिटिसिज़्म है, यह प्रबन्धन का मामला है। कई बार यह वैचारिक तहस-नहस या दूसरे को रौंदते हुए आगे निकलने की होड़ है। अब आलोचना में विचार की कमी हो गयी है। इसलिए चारों तरफ चाटुकारिता या आरोप-प्रत्यारोप ज्यादा है। ये एक ही सिक्के के दो पहलू हैं। इनकी वजह से विचार में जितना ही सन्नाटा है, आलोचना में उतनी ही मारकाट मची है।" (नया ज्ञानोदय-आलोचना से सरोकार, मार्च 2013, पृ. 46)

# आचार्य रामचन्द्र शुक्ल

आचार्य शुक्ल हिन्दी आलोचना के युग प्रवर्तक आचार्य हैं। उनमें एक कुशल आलोचक में अपेक्षित सभी गुण यथा-इतिहासबोध, गहरी रसज्ञता और सुलझी हुई सन्तुलित साहित्य-दृष्टि तीनों है। 'हिन्दी शब्द सागर' में हिन्दी साहित्य के इतिहास के सम्बन्ध में जो मौलिक और सर्वथा प्रामाणिक दस्तावेज उन्होंने प्रस्तुत किया, वह उनकी व्यापक ऐतिहासिक दृष्टि, गहरी रसज्ञता और सन्तुलित दृष्टि का परिचायक है। उन्होंने आलोचना के गुण-दोष कथन से आगे बढ़कर साहित्य के सम्यक् मूल्यांकन का आधार बनाया और इस मूल्यांकन-परीक्षण के लिए तुलनात्मक नम्बर पद्धति से आगे बढ़कर कवि की अन्त:वृत्तियों की सूक्ष्म छानबीन की तथा कृति व कृतिकार के सम्यक् मूल्यांकन का आधार प्रस्तुत किया।

शुक्ल जी ने आलोचना को विशुद्ध साहित्यिक आधार ही नहीं प्रदान किया, अपितु भारतीय चिन्तन के रस, अलंकार आदि की भी पुनर्व्याख्या की और युग के मुहावरे के अर्थ में उन्हें प्रतिष्ठित किया। रस को अपने विवेचन का मुख्याधार मानते हुए उन्होंने इसे नवीन सन्दर्भों-पश्चिमी विचारों और युगीन परिस्थितियों के परिप्रेक्ष्य में नयी इयत्ता प्रदान की जिससे भारतीय समीक्षा का यह चिरन्तन सिद्धान्त न केवल अपनी अक्षुण्णता साबित कर सका, अपितु युगीन परिवर्तनों के अनुकूल साहित्य-सर्जना की नवीन छवियों और शक्तियों को पहचानने की शक्ति भी अर्जित कर सका तथा युगीन सन्दर्भों में काव्य-विवेचन का एक मूर्त प्रतिमान बनने का दावा कर सका। आचार्य शुक्ल की समीक्षा दृष्टि का आधार यह नवीन रसवाद ही है।

यह भी ध्यातव्य है कि शुक्ल जी ने यदि रसवाद भारतीय साहित्य परम्परा से ग्रहण किया है, तो साहित्य में जीवन और जगत् की सामाजिक-मनोवैज्ञानिक धरातल पर व्याख्या का आधार पाश्चात्यालोचना से लिया है। रिचर्ड्स, हैकेल, एवरकाम्बी, वर्ड्सवर्थ, शेली आदि शुक्ल जी के आदर्श रहे। उनकी लोकवादी दृष्टि

के निर्माण में पाश्चात्य समीक्षा-दर्शन का महत्त्वपूर्ण योगदान रहा। पर, गौरतलब है कि पाश्चात्यालोचना को उन्होंने सिर्फ विचारों के रूप में आत्मसात् किया, उसके प्रतिमानों को उन्होंने अपने ही साहित्य की भूमि में खोजा। शुक्ल जी की आलोचना का दूसरा आधार है -लोकधर्म। 'रामचरितमानस' लोकधर्म का एक आदर्श ग्रन्थ है। शुक्ल जी ने 'लोकमंगल' के विधायक तत्त्वों की खोज 'मानस' में ही की और उसे एक आदर्श प्रतिमान के रूप में स्थापित किया। इस प्रकार शुक्ल जी की आलोचना के यही दो मूल प्रतिमान हैं। इन्हीं के आधार पर उन्होंने अपने सैद्धान्तिक व व्यावहारिक मतों को स्थापित किया।

'आचार्य रामचन्द्र शुक्ल और हिन्दी आलोचना' में डॉ. रामविलास शर्मा ने लिखा है, "हिन्दी साहित्य में शुक्ल जी का वही महत्त्व है जो उपन्यासकार प्रेमचन्द या कवि निराला का।" इसका कारण यह है कि प्रेमचन्द और निराला की भाँति आचार्य शुक्ल ने भी अपने क्षेत्र में महनीय कार्य किया। जिस प्रकार प्रेमचन्द ने हिन्दी कथा साहित्य को तिलिस्मी-जासूसी या काल्पनिक दुनिया से निकालकर यथार्थ की भूमि पर अधिष्ठित किया तथा लोक और सामान्य जन को नायकत्व प्रदान किया, निराला ने काव्य के धरातल पर नयी शैली चलायी-अपनायी, उसी प्रकार आचार्य शुक्ल ने आलोचना के क्षेत्र में लोकजीवन को प्रतिष्ठित किया। काव्य या साहित्य को कोरे मनोरंजन का विषय न मानकर लोकशक्ति के परिष्कार और विकास का कारक घोषित किया। उनके अनुसार, "कविता ही हृदय को प्रकृत दशा में लाती है और जगत् के बीच क्रमशः उसका अधिकाधिक प्रसार करती हुई उसे मनुष्यत्व की उच्च भूमि पर ले जाती है।" अर्थात् मनुष्य में मनुष्य बोध पैदा करना ही कविता का ध्येय होता है। संसार के नानाविध अनुभवों की शाब्दिक अभिव्यंजना करते हुए जगत् के साथ मनुष्य हृदय का सामंजस्य स्थापन करना ही कविता का, साहित्य का लक्ष्य होता है।

शुक्ल जी रसवादी आचार्य हैं। भारतीय पारम्परिक काव्यशास्त्र में उनकी गहरी आस्था है। लेकिन उसे वे जस का तस स्वीकार नहीं करते, बल्कि युगोचित व्याख्या करते हैं और अपनी मौलिक उद्भावनाओं से उसे नये युग के अनुरूप ढालते हैं। मनोवैज्ञानिक रीति से वे मानव-मन के भावों पर विचार करते हैं और बतलाते हैं कि भाव एक मानसिक-शारीरिक विधान या व्यवस्था है। यह व्यवस्था महज मनोवेगगत नहीं होती। उनके अनुसार, "प्रत्ययबोध, अनुभूति और वेगयुक्त प्रवृत्ति इन तीनों के गूढ़ संश्लेष का नाम भाव है।" (रसमीमांसा, पृ. 135) अर्थात् मन के प्रत्येक वेग (मनोवेग) को भाव नहीं कह सकते, वास्तव में मन का वही वेग भाव कहा जाता है जिसमें चेतना के भीतर आलम्बन आदि प्रत्यय रूप में प्रतिष्ठित होते हैं। अतः भाव एक मानसिक-शारीरिक विधान या व्यवस्था है। भाव ही कर्म के मूल प्रवर्तक और

शील के संस्थापक हैं। इस प्रकार 'भाव' को शुक्ल जी आलम्बनप्रधान मानते हैं और इसे इन्द्रियज संवेदन तथा वासना से भिन्न बतलाते हैं। "इन्द्रियज संवेदन वेदनाप्रधान होता है, वासना प्रवृत्तिप्रधान होती है और भाव वेद्यप्रधान (आलम्बनप्रधान) होता है।"(उप., पृ. 129)

भाव की विशिष्ट सत्ता के कारण ही साहित्य को वस्तुतः भाव-व्यापार ही कहा गया है। मानव-मन में विविध भावों की स्थिति मानते हुए ही भरतमुनि ने 'नाट्यशास्त्र' में रस सूत्र में कहा है –

*विभावानुभावव्यभिचारि संयोगाद्रसनिष्पत्तिः।*

और रस की निष्पत्ति को पात्र के भाव की ही प्रतीति बताया है। साहित्य दर्पणकार ने प्रतीतिकाल में ही रस की सत्ता मानी है।

सिद्धान्ततः शुक्ल जी रसवादी आचार्य हैं और व्यवहारतः लोकवादी पण्डित। उन्होंने इन दोनों को एक-दूसरे के पूरक के रूप में सिद्ध किया है। रस, भारतीय काव्यशास्त्रीय विवेचन का प्रधान आधार रहा है, अनादिकाल से आनन्दवादी और सौन्दर्यवादी धरातल पर यह काव्य-विवेचना में प्रयुक्त होता रहा है तथा अलौकिक और ब्रह्मानन्द सहोदर जैसा आह्लादजनक माना जाता रहा है। शुक्ल जी ने पहली बार उसे लौकिक दृष्टि से देखा और उसमें जागतिक मूल्यों की तलाश की। इसीलिए उन्होंने उसे लोक के आधार पर व्याख्यायित किया है। उनकी मान्यता है कि, "लोक हृदय में हृदय के लीन होने की दशा का नाम 'रसदशा' है।" (चिन्तामणि भाग 2, पृ. 88) तथा 'हृदय के प्रभावित होने का नाम ही रसानुभूति है।" वे यह भी कहते हैं कि, "जिस प्रकार आत्मा की मुक्तावस्था ज्ञानदशा कहलाती है, उसी प्रकार हृदय की मुक्तावस्था रसदशा कहलाती है।" (रसमीमांसा, पृ. 5) और इस दशा के लिए शुक्ल जी दो शर्तें आवश्यक मानते हैं-पहली व्यक्तित्व की भावना का परिहार और दूसरी आलम्बन का सहृदय मात्र के साथ साधारणीकरण। उनकी यह मान्यता पाश्चात्य अहं के विसर्जन और निस्संगता के सिद्धान्त के भी समकक्ष लगती है। वे रस के पूर्ण परिपाक के लिए भाव, विभाव, अनुभाव आदि अवयवों पर विचार करते हैं, और यह चेतावनी देते हैं कि रसानुभूति के लिए इनका ठूँसना आवश्यक नहीं है अपितु भावों के उत्कर्ष का विधान प्रधान है। भाव, विभाव, रूपविधान आदि पर उन्होंने व्यापक चर्चा की है तथा विभाव को प्रधानता देते हुए उसके दो पक्षों का वर्णन किया है और उसी आधार पर रसानुभूति का साधारणीकरण विषयक सिद्धान्त प्रस्तुत किया है। उनकी दृष्टि में विभाव के दो पक्ष हैं-आलम्बन और आश्रय। उन्होंने आलम्बन के विशद वर्णन-मात्र को श्रोता में रसानुभव उत्पन्न करने में पूर्ण समर्थ माना है और कहा है कि कवि जिन वस्तुओं का वर्णन करता है वे सब आलम्बन ही होती हैं। इसलिए उनका यह भी कहना है कि, "कवि का मुख्य कार्य भावों के

आलम्बन बन सकनेवाले विषयों को सामने लाना है। रस की शर्तें पूरी करना कवि का कार्य नहीं है। यदि भाव जागृत करनेवाला चित्र कवि ने उपस्थित कर दिया है तो एक प्रकार से वह अपना काम कर चुका है।'' शुक्ल जी की लोकमंगलवादी दृष्टि से यह कहा जा सकता है कि आलम्बन के लोकधर्मी होने पर ही विभाव-विधान की पूर्णता मानी जायेगी और उसका ऐसा स्वरूप ही पूर्ण रस परिपाक करा सकता है।

काव्यानुभूति को रसानुभूति मान लेने के पश्चात् प्रश्न यह उठता है कि यह अनुभूति होती कैसे है? इसे समझाने के लिए शुक्ल जी ने साधारणीकरण का सिद्धान्त प्रस्तुत किया है। वे कहते हैं, ''जब तक किसी भाव का कोई विषय इस रूप में नहीं लाया जाता कि वह सामान्यत: सबके उसी भाव का आलम्बन हो सके तब तक उसमें रसोद्बोधन की पूर्ण शक्ति नहीं आती। इसी रूप में लाया जाना हमारे यहाँ साधारणीकरण कहलाता है।'' (उप., पृ. 217) इसको और स्पष्ट करते हुए लिखते हैं, ''साधारणीकरण का अभिप्राय यह है कि किसी काव्य में वर्णित आलम्बन केवल भाव की व्यंजना करनेवाले पात्र (आश्रय) का ही आलम्बन नहीं रहता बल्कि पाठक या श्रोता का भी, एक ही नहीं अनेक पाठकों और श्रोताओं का भी, आलम्बन हो जाता है।'' (उप., पृ. 219) ऐसी स्थिति में उस आलम्बन के प्रति व्यंजित भाव में पाठकों या श्रोताओं का भी हृदय योग देता हुआ उसी भाव का रसात्मक अनुभव करता है। यह ऐसी दशा होती है जिसमें पाठक या श्रोता या दर्शक के अपने पृथक् व्यक्तित्व की भावना का परिहार हो जाता है। मतलब यह है कि शुक्ल जी पूर्ण रस व्यंजना के लिए कवि, आश्रय व सहृदय तीनों की आनुभूतिक एकता को आवश्यक मानते हैं। उन्होंने लिखा भी है, ''जहाँ आचार्यों ने पूर्ण रस माना है वहाँ तीनों हृदयों का समन्वय चाहिए। आलम्बन द्वारा भाव की अनुभूति प्रथम तो कवि में चाहिए फिर उसके वर्णित पात्र में और फिर श्रोता या पाठक में। वास्तव में विभाव द्वारा जो साधारणीकरण कहा गया है वह तभी सम्भव हो पाता है जबकि इन तीनों हृदयों का समन्वय हो।'' (उप., पृ. 79) इसी आधार पर शुक्ल जी यह मानते हैं कि सच्चा कवि वही है जिसे लोकहृदय की पहचान हो अर्थात् जो लोक में विद्यमान विभिन्न विशेषताओं और विचित्रताओं के बीच मनुष्य जाति की विशिष्टताओं, आकांक्षाओं, अपेक्षाओं को अनुभव कर सके। दूसरे शब्दों में जिसे समाज जीवन की समझ जितनी तीव्र और प्रगाढ़ होगी, उसकी संवेदना का दायरा उतना ही व्यापक होगा, वह उतना ही सिद्ध और लोक कवि बन सकेगा। सफल कवि वही होता है जो अपने भावों को पाठक या श्रोता तक आसानी से पहुँचाने में समर्थ होता है। ऐसी स्थिति ही वास्तव में रसानुभूति की होती है। इसके लिए आचार्य शुक्ल ने कवि में दो शर्तें आवश्यक मानी हैं-

1) अनुभूति काल में अपने व्यक्तित्व के सम्बन्ध की भावना का परिहार.

2) किसी भाव के आलम्बन का सहृदय मात्र के साथ साधारणीकरण अर्थात् उस आलम्बन के प्रति सारे सहृदयों के हृदय में उसी भाव का उदय।

इस प्रकार हम देखते हैं कि शुक्ल जी काव्य में वर्णित विषय को साधारणीकरण का आधार मानते हैं। रसानुभूति के पर्याय सौन्दर्यानुभूति के विवेचन में भी उनका यही दृष्टिकोण है।

रसास्वाद को अलौकिक, ब्रह्मानन्द सहोदर, आनन्दस्वरूप माना गया है। इसको आनन्द रूप मानने के कारण ही दुःखात्मक अनुभूतियों की रसात्मकता पर प्रश्नचिह्न लगाये गये हैं। इस बारे में शुक्ल जी कहते हैं, ''मेरी समझ में रसास्वाद का प्राकृत स्वरूप 'आनन्द' शब्द से व्यक्त नहीं होता। लोकोत्तर, अनिवर्चनीय आदि विशेषणों से न तो उसके वाचकत्व का बोध होता है और न प्रयोग का प्रायश्चित्त।'' (उप., पृ. 80) रसास्वाद को आनन्दस्वरूप मानने पर आपत्ति करते हुए वे लिखते हैं, ''इस 'आनन्द' शब्द ने काव्य के महत्त्व को बहुत-कुछ कम कर दिया है-उसे नाच-तमाशे की तरह बना दिया।'' वे आनन्द को व्यक्तिबद्ध सुख के अर्थ में नहीं देखते बल्कि उसका अर्थ हृदय के व्यक्तिबद्ध दायरे से मुक्ति में लेते हैं। करुण रस प्रधान काव्य को लक्ष्य कर कहते हैं, ''करुण रस प्रधान काव्य से दुःख ही का अनुभव होता है पर वह रसात्मक इसलिए होता है, क्योंकि ऐसे समय दर्शक या पाठक का हृदय मुक्तावस्था की दशा में होता है।''

जीवन को काव्य का मूलाधार माननेवाले शुक्ल जी समस्त चराचर को काव्य का विषय मानते हैं। लोकवादी दृष्टिकोण के कारण ही वे काव्य को अनिर्वचनीय 'लोकोत्तर' या 'ब्रह्मानन्द सहोदर' जैसा मानने के खिलाफ हैं। उनके अनुसार, ''इससे न तो अवाचकत्व का परिहार होता है और न प्रयोग का प्रायश्चित्त।'' काव्य वर्णन के सन्दर्भ में वे तीन प्रकार के रूप-विधान बताते हैं-

1) प्रत्यक्ष रूप-विधान

2) स्मृत रूप-विधान

3) सम्भावित या कल्पित रूप-विधान (उप., पृ. 212)

इनमें भी सम्भावित या कल्पित रूप-विधान को वे सर्वश्रेष्ठ मानते हैं। उनके अनुसार काव्य का सारा वस्तु-विधान इसी की क्रिया से होता है।

वे मानते हैं कि यह मानसिक रूप-विधान होता है और रसोद्‌बोधन में यही विधान सहायक होता है। इसके साथ उन्होंने प्रत्यक्ष 'रूप-विधान' का सम्बन्ध बतलाकर अतिरिक्त काल्पनिकता को खारिज किया है। रहस्यवादी-छायावादी या रोमाण्टिक काव्य को इसीलिए वे श्रेष्ठ नहीं मानते क्योंकि उसमें कल्पना का अतिरंजन होता है। शुक्ल जी ने रस के कमोबेश सभी बिन्दुओं पर प्रकाश डाला और उसकी युगानुरूप पुनर्व्याख्या कर उसकी प्रासंगिकता प्रतिपादित की। शक्ति, शील और सौन्दर्य की प्रतिष्ठापना और प्रबन्धकाव्यों की श्रेष्ठता साबित करने का उनका आधार रस-सिद्धान्त ही रहा है। डॉ. शिवकुमार मिश्र ने शुक्ल जी की रस-

विषयक मान्यता के बारे में लिखा है, "रस सम्बन्धी आचार्य शुक्ल की अवधारणा, गोकि परम्परागत रस चिन्तन से भिन्न मौजूदा जीवन की नयी वास्तविकताओं तथा मनोविज्ञान के साहचर्य, में नये प्रस्थान बिन्दुओं से चलकर नयी परिणतियों तक पहुँची है और उनके आचार्यत्व की तेजस्विता की बेमिसाल पहचान बनकर आयी है।"

शुक्ल जी के सैद्धान्तिक चिन्तन का दूसरा प्रमुख तत्त्व है-'लोकमंगल' याकि लोकधर्म। साहित्य का प्रयोजन लोकमंगल माननेवाले शुक्ल जी की लोक-सम्बन्धी अवधारणा काफी व्यापक है उसमें समस्त चराचर जगत् समा गया है। रसास्वाद को उन्होंने लोक की सामान्य भावभूमि पर अवस्थित किया है। उन्होंने लोकहृदय में हृदय के लीन होने की दशा को रसदशा कहा है और सच्चा कवि उसे माना है जिसे लोकहृदय क़ी पहचान हो, जो अनेक विशेषताओं और विचित्रताओं के बीच मनुष्य जाति के सामान्य हृदय को देख सके।"(उप.,पृ. 217) उनका लोकमंगल आध्यात्मिक आदर्शवाद या सामाजिक सुधारवाद से हटकर लोकजीवन के यथार्थ पर आधारित है। यही वह तत्त्व है जो केवल साहित्य को शक्ति प्रदान नहीं करता अपितु साहित्य के माध्यम से व्यक्ति को जीवन-मूल्यों के प्रति अनुरक्त भी करता है। उनकी लोकमंगल की अवधारणा के पीछे 'मानस' की पंक्ति-'सुरसरि सम सब कर हित होई' विद्यमान है। गोस्वामी जी ने 'मानस' में जिस लोकादर्श की स्थापना की, उसी को शुक्ल जी ने लोकमंगल-विधान का आधार बनाया है।

काव्यशास्त्र में नौ रस और उनके नौ स्थायी भाव माने गये हैं। आचार्य शुक्ल भावों का विस्तृत विवेचन करते हुए इस निष्कर्ष पर पहुँचे हैं कि जीवन में मंगल का विधान करनेवाले दो ही भाव प्रधान हैं-करुणा और प्रेम। करुणा की गति लोक-रक्षा की ओर होती है और प्रेम की लोकरंजन की ओर। कहना न होगा कि लोक की प्रथम अपेक्षा हित की अर्थात् कल्याण या मंगल की होती है उसके बाद रंजन या आनन्द की। साहित्य का मूल लक्ष्य लोक-कल्याण ही है। इसीलिए शुक्ल जी मानते हैं कि, "लोकहित को ध्येय कर चलनेवाले साहित्य का बीज भाव करुणा ही है।" (उप., पृ. 53) करुणा के ही कारण आदिकवि वाल्मीकि के मुख से क्रौंच वध प्रसंग देखकर आह निकली। आगे चलकर रामायण का सृजन भी इसी भूमि पर हुआ। इस प्रकार करुणा में समाज-कल्याण का, लोक-रक्षा का भाव निहित है। वस्तुतः करुणा ही मनुष्य की मनुष्यता के विस्तार का हेतु है। किसी भी दीन-हीन को दुःखी देखकर द्रवित हो उठना और उसके कल्याण के उपाय की तरफ प्रवृत्त होना 'करुणा' के ही कारण हो पाता है। इसी को संवेदनशीलता कहा गया है। संवेदना का विस्तार-प्रसार करुण भाव के कारण ही सम्भव होता है।

शुक्ल जी करुणा और प्रेम में करुणा को अधिक महत्त्वपूर्ण मानते हैं। तुलसीकृत 'रामचरितमानस' इसीलिए उनका आदर्श बन सका कि उसमें लोकहित का भाव, करुणा का भाव सर्वोपरि है। करुणा और प्रेम में अन्तर बतलाते हुए शुक्ल जी कहते हैं, "यदि राक्षसराज पर चढ़ाई करने का मूल कारण केवल आत्मगौरव या दाम्पत्य प्रेम होता तो राम के 'कालाग्निसदृश क्रोध' में काव्य का वह लोकोत्तर सौन्दर्य न होता। लोक के प्रति करुणा जब सफल हो जाती है, लोक जब पीड़ा और विघ्नबाधा से मुक्त हो जाता है, तब रामराज्य में जाकर लोक के प्रेम-प्रवर्तन का, प्रजा के रंजन का, उसके अधिकाधिक सुख के विधान का अवकाश मिलता है।" (उप., पृ. 54)

करुणा और प्रेम के आधार पर ही उन्होंने आनन्द की दो अवस्थाएँ मानी हैं।

(1) आनन्द की साधनावस्था और (2) आनन्द की सिद्धावस्था।

आनन्द की साधनावस्था का सम्बन्ध करुणा से तथा सिद्धावस्था का सम्बन्ध प्रेम से है। दुनिया का समस्त महान् साहित्य जो मानवता के कल्याण में रचा गया है वह साधनावस्था का ही है और उसका बीजभाव करुणा ही है। भारतीय महाकाव्यों के प्रणयन में बीजभाव करुणा ही है। महाकवि भवभूति ने तो 'करुणा' को ही एकमात्र रस करार दिया है। शुक्ल जी ने आनन्द की साधनावस्था को लेकर चलनेवाले काव्यों में प्रबन्धकाव्य को ही श्रेष्ठ माना है। 'रामायण', 'महाभारत', 'रामचरितमानस', 'पद्मावत' आदि ऐसे ही प्रबन्धकाव्य हैं जो आनन्द की साधनावस्था से अर्थात् करुणा भाव से प्रेरित माने गये हैं। जबकि 'गीत गोविन्द', 'सूरसागर', 'बिहारी-सतसई' आदि वर्णनात्मक काव्य आनन्द की सिद्धावस्था अर्थात् प्रेमभाव से प्रेरित माने गये हैं। कहना न होगा कि प्रबन्धकाव्यों की तरफ शुक्ल जी का झुकाव और अतिरिक्त लगाव इसी तथ्य का द्योतक है कि वे साहित्य में ही नहीं, जीवन में भी 'करुण' भाव को सर्वाधिक महत्त्व देते हैं।

यद्यपि वे करुणा और प्रेम दोनों भावों को सत्त्वगुण प्रधान मानते हैं। इसलिए साधनावस्था की ही तरह सिद्धावस्थावाले काव्य, जिसका बीज भाव प्रेम है, उसे भी महत्त्व का मानते हैं। उनकी दृष्टि में प्रेम आनन्द या वासना का विषय नहीं है बल्कि पालन और रंजन का विषय है। वात्सल्य के द्वारा पालन का और दाम्पत्य के भाव 'शृंगार' द्वारा रंजन का विधान होता है। शुक्ल जी के शब्दों में "आनन्द की सिद्धावस्था पर ही दृष्टि रखनेवाले कवियों का प्रेम को ही प्रवर्तक या बीजभाव मानना ठीक है किन्तु पालन और रंजन दोनों पक्षों के सहित।" (उप., पृ. 64) सूर काव्य में वात्सल्य और शृंगार-प्रेम के दोनों पक्ष मिलते हैं। इसलिए शुक्ल जी को सूरकाव्य वैसे ही प्रिय है वैसे तुलसी या जायसी का काव्य। सूर साहित्य को शुक्ल जी इसी आधार पर आनन्द की सिद्धावस्था का काव्य कहते हैं।

इसके अतिरिक्त शुक्ल जी की सैद्धान्तिक मान्यताओं का परिचय उनके काव्य-दर्शन से भी मिलता है। कविता की परिभाषा करते हुए वे लिखते हैं, ''जिस प्रकार आत्मा की मुक्तावस्था ज्ञान दशा कहलाती है, उसी प्रकार हृदय की मुक्तावस्था रसदशा कहलाती है। हृदय की इसी मुक्ति की साधना के लिए मनुष्य की वाणी जो शब्द-विधान करती आयी है, उसे कविता कहते हैं।'' (उप., पृ. 5) शुक्ल जी की इस मान्यता से स्पष्ट है कि शब्द-विधान ही काव्य है, परन्तु शब्द-विधान भी ऐसा हो जिसमें मुक्ति की साधना का योगक्षेम प्रयास हो, सिर्फ साधारण बात नहीं। इसीलिए वे उसी उक्ति को काव्य मानते हैं जो मनुष्य के हृदय को स्वार्थ सम्बन्धों के संकुचित मण्डल से ऊपर उठाकर लोक सामान्य की भावभूमि पर अधिष्ठित कर दे।' (चिन्तामणि भाग-1, पृ. 227) 'कविता क्या है' शीर्षक निबन्ध में उनकी काव्य सम्बन्धी मान्यताएँ स्पष्ट रूप से उल्लिखित हैं। जिनमें कुछ मुख्य अवधारणाएँ हैं (1) काव्य का लोकजीवन पर आधारित होना, (2) उसमें प्रकृत मानव अनुभूतियों का चित्रण, (3) कविता की बिम्बात्मकता या रूपात्मकता। वे कविता का उददेश्य भी कोरा मनोरंजन नहीं मानते हैं। काव्य को आनन्द का साधन अवश्य मानते हैं लेकिन वहीं तक उसे सीमित करने के पक्ष में नहीं हैं। उनकी दृष्टि में काव्य के दो प्रमुख उददेश्य हैं-पहला मानव समाज पर उसका प्रभाव और दूसरा उसकी संवेदनीयता या प्रेषणीयता।

शुक्ल जी की दृष्टि में काव्य वह उक्ति है जो हृदय में कोई भाव जागरित कर दे या उसे प्रस्तुत वस्तु या तथ्य की मार्मिक भावना में लीन कर दे। कविता ऐसी अभिव्यंजना है जिसमें लोकरक्षा का, लोकहित का भाव प्रधान होता है। यहाँ तक कि मनोरंजनपरक काव्य में भी यह भाव निहित होता है। सूर का काव्य इसका श्रेष्ठ उदाहरण है। इसलिए जहाँ कविता मात्र मनोरंजन का विषय हो जाती है वहाँ वह अपने लक्ष्य से च्युत हो जाती है। उनके अनुसार कविता का महत् कार्य होता है ''कविता ही मनुष्य के हृदय को स्वार्थ-सम्बन्धों के संकुचित मण्डल से ऊपर उठाकर लोक सामान्य भाव-भूमि पर ले जाती है, जहाँ जगत् की नाना-गतियों के मार्मिक स्वरूप का साक्षात्कार और शुद्ध अनुभूतियों का संचार होता है, इस भूमि पर पहुँचे हुए मनुष्य को कुछ काल के लिए अपना पता ही नहीं रहता। वह अपनी सत्ता को लोकसत्ता में लीन किये रहता है। उसकी अनुभूति सबकी अनुभूति होती है या हो सकती है। इस अनुभूति योग के अभ्यास से हमारे मनोविकार तथा शेष-सृष्टि के साथ हमारे रागात्मक सम्बन्ध की रक्षा तथा निर्वाह होता है।'' (रसमीमांसा पृ. 5-6)

इस रागात्मक सम्बन्ध की रक्षा तथा निर्वाह तभी सम्भव होता है जब एक की अनुभूति सबके मन में उसी भाव की अनुभूति कराने में सक्षम होती है। ऐसी दशा को ही मुक्त हृदय की दशा कहा गया है। हृदय की इसी मुक्तावस्था को काव्य और

उसके प्रतिपाद्य 'रस' से जोड़कर शुक्ल जी कहते हैं "जिस प्रकार आत्मा की मुक्तावस्था ज्ञानदशा कहलाती है, उसी प्रकार हृदय की मुक्तावस्था रसदशा कहलाती है। हृदय की इसी मुक्ति साधना के लिए मनुष्य की वाणी जो शब्द-विधान करती आयी है, उसे कविता कहते हैं।" इस प्रकार योगियों की मुक्तावस्था की भाँति हृदय की इस अवस्था को जोड़ते हुए शुक्ल जी ने ज्ञानयोग और कर्मयोग की तरह भावयोग की कल्पना की है। कविता का कार्य मनुष्य के भावों का प्रसार और परिष्कार करना है। जगत् के नाना प्रकार के भाव काव्य-विषय हो सकते हैं किन्तु वही विषय और भाव श्रेष्ठ होते हैं या कहें कवि-कर्म हेतु प्रेरित करते हैं जिनका लोकहित से सरोकार होता है। अर्थात् जो मनुष्य को मनुष्यता की उच्च भूमि पर ले जाने में समर्थ और सहायक होते हैं। शुक्ल जी के अनुसार, "कविता ही हृदय को प्रकृत दशा में लाती है और जगत् के बीच क्रमश: उसका अधिकाधिक प्रसार करती हुई उसे मनुष्यत्व की उच्चभूमि पर ले जाती है।" (उप., पृ. 20)

यद्यपि शुक्ल जी वस्तुत: व्यावहारिक समीक्षक ही हैं। व्यावहारिक पक्षों के विवेचन के सन्दर्भ में ही वे सैद्धान्तिक स्थापनाओं पर जाते हैं। साहित्य-विवेचन करते हुए निगमनात्मक पद्धति से जो विचार बिन्दु साहित्य-समीक्षा के निकले हैं, वस्तुत: वे ही उनके समीक्षा सिद्धान्त बने हैं। इस तरह शुक्ल जी का सिद्धान्त कथन कोरा दार्शनिक मतवाद नहीं है बल्कि रचनात्मक धरातल पर यथार्थ जगत् से उसका सीधा सम्बन्ध है। रचना से ही आलोचना के प्रतिमान निर्गत करने की यह विधि विज्ञानसम्मत है। इसीलिए उनके व्यावहारिक और सैद्धान्तिक विवेचन में कोई फाँक नहीं है। सैद्धान्तिक चर्चा में भी वे भरपूर उदाहरणों द्वारा अपना तर्क रखते हैं।

कृतियों-कृतिकारों का महत्त्व उनकी दृष्टि में यही है कि वह अपने सामाजिक सरोकारों को कितना समझ और रच पाया है। दूसरे शब्दों में रचनाकार की लोक सामान्य भावभूमि की समझ कितनी प्रगाढ़ है। जो रचना या रचनाकार लोकहित को सर्वोपरि मानकर चले हैं, वे उनके आदर्श बने हैं। शुक्ल जी का मूल्यांकन इस दृष्टि से स्थायी महत्त्व का है कि उन्होंने नाम परिगणन की शैली न अपनाकर रचना या रचनाकारों का युग सापेक्ष वास्तविक मूल्यांकन प्रस्तुत किया। तुलसी, जायसी, सूर की लोकदृष्टि की वे भरपूर प्रशंसा करते हैं और जिन कवियों की दृष्टि में लोक समादृत नहीं है उनकी खिंचाई भी करते हैं। 'हिन्दी साहित्य का इतिहास' हो या सूर, तुलसी, जायसी को लेकर लिखी गयी उनकी लम्बी भूमिकाएँ शुक्ल जी सर्वत्र आनन्द की साधनावस्था और सिद्धावस्था को तलाशते हैं।

महाकवि सूरदास पर विचार करते समय शुक्ल जी उन पक्षों पर रीझते हैं, जहाँ सामाजिक-पारिवारिक भाव झलकते हैं। मसलन, कृष्ण की बाललीलाओं का वर्णन। शुक्ल जी के अनुसार, "सूर का बाललीला वर्णन ही पारिवारिक जीवन से सम्बद्ध

है।'' कृष्ण के छोटे-छोटे पैरों से चलने, मुँह में मक्खन लिपटाकर भागने, इधर-उधर नटखटी करने पर नन्दबाबा और यशोदा मैया का कभी पुलकित होना, कभी रीझना, कभी पड़ोसियों का प्रेम में उलाहना देना आदि बातें एक छोटे-से जनसमूह के भीतर आनन्द का संचार करती दिखायी गयी हैं। इसी बाललीला के भीतर कृष्णचरित्र का लोकपक्ष अधिकतर आया है। यद्यपि यह कृष्णकाव्य की सीमा है कि यहाँ लोकपक्ष सीमित है, परन्तु प्रेमपक्ष की एकान्तिक साधना को लेकर शुक्ल जी का मत है कि यह लोक से न्यारा है। ज्ञान पर प्रेम की विजय का जैसा प्रेरक और आकर्षक वर्णन सूर ने किया है वह प्रेम और भक्ति की अनन्यता का प्रतीक है, उसकी पराकाष्ठा का सूचक है। इससे उस दौर में भक्तिमार्ग की सुगमता को सिद्ध करने में भी सूरदास सफल हुए हैं। शुक्ल जी के मतानुसार, ''सूरदास सच्चे प्रेम मार्ग के त्याग और पवित्रता, को ज्ञान-मार्ग के त्याग और पवित्रता के समकक्ष रखने में खूब समर्थ हुए हैं, साथ ही उन्होंने उस त्याग को रागात्मिका वृत्ति द्वारा प्रेरित दिखाकर भक्ति मार्ग या प्रेममार्ग की सुगमता भी प्रतिपादित की हैं।'' शुक्ल जी ने सूर साहित्य का मूल्यांकन करते हुए दो प्रमुख विशेषताओं की तरफ इशारा किया है। ये है-सूर की वाग्विदग्धता और नवीन प्रसंगों की उद्‌भावना। कृष्ण की बाललीला के वर्णन में संयोग और वियोग दोनों पक्षों के अद्‌भुत चित्र उकेरने वाले सूर की अनन्य विशेषता है वाग्विदग्धता। भ्रमरगीतसार तो जैसे वाग्विदग्धता का संग्रह ही है। गोपियों के साथ उद्धव का संवाद सूरदास ने रोचक, मोहक और रसात्मक ढंग से चित्रित किया है। शुक्ल जी सूर के नवीन प्रसंगों की उद्‌भावना के बारे में लिखते हैं, ''सूर की बड़ी भारी विशेषता है नवीन प्रसंगों की उद्‌भावना। प्रसंगोद्‌भावना करनेवाली ऐसी प्रतिभा हम तुलसी में नहीं पाते। बाललीला और प्रेमलीला दोनों के अन्तर्गत कुछ हद तक चलनेवाले न जाने कितने छोटे-छोटे, मनोरंजक वृत्तों की कल्पना सूर ने की है।'' (हिन्दी साहित्य का इतिहास, पृ. 148)

भावपक्ष और कलापक्ष दोनों ही दृष्टि से शुक्ल जी सूर काव्य को आँकते हैं। सूर के कलापक्ष को काव्य-गुणयुक्त बताते हैं। तुलनात्मक रीति से मध्यकालीन कवियों के रचना-विधान पर शुक्ल जी का यह कथन गौरतलब है कि, ''सूर, तुलसी, बिहारी आदि कवियों में दोनों पक्ष प्रायः सम हैं। जायसी में हृदय पक्ष की प्रधानता है, कलापक्ष में त्रुटि और न्यूनता है। केशव में कलापक्ष ही प्रधान है, हृदय पक्ष न्यून है।'' इस प्रकार हम देखते हैं कि कलापक्ष की दृष्टि से सूर को शुक्ल जी तुलसी के समान मानते हैं। जैसे तुलसी में वाग्विदग्धता है वैसे ही सूर में भी। शुक्ल के शब्दों में, ''किसी बात को कहने के न जाने कितने टेढ़े-मेढ़े ढंग उन्हें मालूम थे। गोपियों के वचन में कितनी विदग्धता और वक्रता भरी है।'' सारांशतः सूर का आकलन करते हुए शुक्ल जी ने कहा है, ''सूरसागर वास्तव में एक महासागर है

जिसमें हर प्रकार का जल आकर मिला है। जिस प्रकार उसमें मधुर अमृत है उसी प्रकार कुछ खारा, फीका और साधारण जल भी।'' सूर की कमियाँ भी शुक्ल जी दिखाते हैं लेकिन इस छूट के साथ उसे बतलाते हैं कि, ''अन्धे होने के कारण लिखे पदों को सामने रखकर काटने-छाँटने या हरताल लगाने का उन्हें वैसा मौका न था जैसा तुलसीदास को।''

जायसी भी शुक्ल जी के प्रिय कवि हैं। जायसी के 'प्रेम की पीर' का उन्होंने बढ़िया मूल्यांकन किया है। जायसी के प्रेम को अरबी-फारसी या संस्कृत की महाकाव्यात्मक प्रेमगाथाओं से भिन्न बतलाते हुए शुक्ल जी उनके लोक पक्ष पर बल देते हैं और यह कहते हैं कि, ''जायसी एकान्तिक प्रेम की गूढ़ता और गम्भीरता के बीच-बीच में, जीवन के और-और अंगों के साथ भी उस प्रेम के सम्पर्क का स्वरूप कुछ दिखाते गये हैं। इससे उनकी प्रेमगाथा पारिवारिक और सामाजिक जीवन से विच्छिन्न होने से बच गयी है।''

'पद्मावत' जायसी की सर्वाधिक चर्चित रचना है। यह वस्तुतः प्रेमगाथा काव्य है। इस काव्य की शुक्ल जी भूरि-भूरि प्रशंसा करते हैं। इसके विविध पक्षों का आकलन करते हुए वे यह निष्कर्ष देते हैं कि, ''जायसी का प्रबन्ध रचना की दृष्टि से तुलसी के बाद दूसरा स्थान है।'' प्रबन्ध रचना की दृष्टि से जायसी के कथानक में मार्मिक स्थलों की पहचान शुक्ल जी कराते हैं और सूर और तूलसी की भाँति उन्हें हिन्दी साहित्य के सर्वाधिक महत्त्वपूर्ण कवियों में स्थान देते हैं। जायसी सूफी कवि हैं, लेकिन वे जिस मतवाद को लेकर चले हैं, उसे शुक्ल जी भारतीय धर्म-साधना के इतिहास से जोड़ते हुए उन्हें भारतीय भक्ति परम्परा का साधक सिद्ध करते हैं। शुक्ल जी का तर्क देखिये, ''एकेश्वरवाद और बात है, अद्वैतवाद और बात है। एकेश्वरवाद स्थूल देववाद है और अद्वैतवाद सूक्ष्म आत्मवाद या ब्रह्मवाद। बहुत-से देवी-देवताओं को मानना और सबके दादा एक बड़े देवता (ईश्वर) को मानना एक ही बात है। एकेश्वरवाद भी देववाद ही है। भावना में कोई अन्तर नहीं है।'' इस तरह हम देखते हैं कि शुक्ल जी एक स्तर पर अपने समय में साहित्यिक रचनाओं के साक्ष्य पर हिन्दू-मुस्लिम ऐक्य पर भी विचार करते हैं और धार्मिक मतवादों की चौकड़ी से साहित्य को बाहर निकालते हैं। अपने समय के युगद्रष्टा आलोचक का यह सबसे बड़ा प्रदेय होता है कि वह सामाजिक समन्वय और समरसता की भावना का प्रसार करे।

तुलसी शुक्ल जी के आदर्श कवि हैं। इसकी ठोस वजह यह है कि तुलसी का काव्य प्रबन्ध काव्य की उस कसौटी पर खरा उतरता है जिसे शुक्ल जी लोकवादी दृष्टि से सर्वोच्च महत्त्व देते हैं। लोकजीवन के मार्मिक स्थलों की पहचान जिस रचनाकार में जितनी विशद होती है वह उतना ही सफल कवि कहलाने का

अधिकारी होता है। शुक्ल जी कवि की भावुकता अर्थात् भाव-संवेदना से जोड़कर इसे देखते हैं और कहते हैं, "पूर्ण भावुक वे ही हैं जो जीवन की प्रत्येक स्थिति के मर्मस्पर्शी अंश का साक्षात्कार कर सकें और उसे श्रोता या पाठक के सम्मुख अपनी शब्दशक्ति द्वारा प्रत्यक्ष कर सकें। हिन्दी के कवियों में इस प्रकार की सर्वाङ्गपूर्ण भावुकता हमारे गोस्वामी जी में ही है जिसके प्रभाव से 'रामचरितमानस' उत्तरी भारत की सारी जनता के गले का हार हो रहा है।"

शुक्ल जी तुलसी की मर्यादाप्रियता, लोकधर्मिता और शील-भावना, जिसका सर्वाङ्गतः निर्वाह प्रबन्धकीय रचना में ही सम्भव हो पाता है, के आधार पर ही उन्हें इतना महत्त्व देते हैं। तुलसी की महानता यही है कि उन्होंने लोकधर्म का निर्वाह किया है, राजा राम का गुणगान करते हुए भी वे लोक की मर्यादा नहीं भूलते, न ही लोक की इच्छा के विपरीत जाते हैं। लोक की अपेक्षा को करीब से पकड़ते हैं, मार्मिक स्थलों की पहचान उनके यहाँ इतनी तगड़ी है कि कहीं भी कुछ छूट नहीं पाता। यथाप्रसंग और यथापात्र सबको बराबर सम्मान देते हैं चाहे गीध हो, वानर हों, केवट हो, शबरी हो या फिर महल के अन्दर षड्यन्त्र करनेवाले पात्र-तुलसी सभी का वर्णन पूरे मनोभाव से करते हैं, लोक सामान्य की भावभूमि पर करते हैं।

गौरतलब है कि राम को ब्रह्म का अवतार मानते हुए भी वे उनका जो रूप वर्णित करते हैं और जिस प्रकार उन्हें मानवोचित गुणों से परिपूर्ण दिखलाते हैं वह रामकाव्य को एक ऐसा लौकिक काव्य बना देता है, जिसमें युग-युग का अक्स नजर आता है। तुलसी के रचनाकाल में ही नहीं, आज भी वह इसीलिए प्रासंगिक बना हुआ है। यह देखने योग्य है कि शुक्ल जी को यह रचनाकार और उसकी रचना 'मानस' के अत्यन्त मार्मिक स्थान कौन-से लगते हैं-"रामकथा के भीतर ये स्थल अत्यन्त मर्मस्पर्शी हैं-राम का अयोध्या-त्याग और पथिक के रूप में वनगमन, चित्रकूट में राम और भरत का मिलन, शबरी का आतिथ्य, लक्ष्मण को शक्ति लगने पर राम का विलाप, भरत की प्रतिज्ञा।" इनमें भी राम वनगमन प्रसंग पर वे अधिक मोहित होते हैं। कहते ही हैं, "पथिक वेश में राम-लक्ष्मण वन के मार्ग में चले जा रहे हैं। (क्षमा कीजियेगा यह दृश्य हमें बहुत मनोहर लगता है, बार-बार सामने आया करता है।)" प्रो. विश्वनाथ त्रिपाठी ने इस प्रसंग का उल्लेख करते हुए इसके पीछे निहित कारणों पर कितनी सटीक टिप्पणी की है, देखें-"यह दृश्य शुक्ल जी को यों ही मनोहर नहीं लगता है। वनगमन के द्वारा राम जीवन के व्यापक कर्म क्षेत्र में उतरते हैं। राम वनगमन उनके लोकरक्षा में प्रवृत्त होने की भूमिका है। इसी मनोहर दृश्य में करुणा के बीज भाव का वपन होता है।"

शुक्ल जी मर्यादा पुरुषोत्तम राम के वनचारी रूप का वर्णन करते हुए वास्तव में इसीलिए मोहित होते हैं कि यहीं से श्रीराम के जीवन का वास्तविक संघर्ष प्रारम्भ

होता है और इस संघर्ष में वे अलौकिक सत्ता नहीं लौकिक मानव के रूप में जीवन में जूझते दिखायी पड़ते हैं और एक महत् उद्देश्य में प्रवृत्त दिखते हैं। शुक्ल जी तुलसी की श्रेष्ठता का कारण लोकमंगल की, लोकरक्षा की कामना बतलाते हैं। यह भाव उन्हें सूर में ढूँढ़ने से भी नहीं मिलते, इसीलिए इन दोनों महान् कवियों में वे तुलसी को अपना आदर्श मानते हैं। दो कथन-उदाहरणस्वरूप देखिये-"सीता के वियोग में राम समस्त चराचर जगत् से मदद लेते हैं और व्यष्टि से समष्टि के कल्याण की दिशा में सन्नद्ध होते हैं। शुक्ल जी लिखते हैं, "वन में सीता का वियोग चारपायी पर करवटें बदलनेवाला प्रेम नहीं है... चार कदम पर मथुरा गये हुए गोपाल के लिए गोपियों को बैठे-बैठे रुलानेवाला वियोग नहीं है, झाड़ियों में थोड़ी देर के लिए छिपे हुए कृष्ण के निमित्त राधा की आँखों से आँसुओं की नदी बहानेवाला वियोग नहीं है।" यहीं नहीं, सीता का वियोग फिर कैसा है और क्यों अधिक मार्मिक है इसका कारण भी शुक्ल जी बताते हैं-"राम को निर्जन वनों और पहाड़ों में घुमानेवाला, सेना एकत्र करनेवाला, पृथ्वी का भार उतारनेवाला वियोग है। इस वियोग की गम्भीरता के सामने सूरदास द्वारा अंकित वियोग अतिशयोक्तिपूर्ण होने पर भी बाल-क्रीड़ा-सा लगता है।" कहना न होगा, शुक्ल जी यहाँ न सिर्फ तुलनात्मक समीक्षा का मार्ग दिखा जाते हैं, बल्कि तुलसी के बहाने अपनी लोकवादी दृष्टि को भी जता जाते हैं।

यही नहीं, राम को शक्ति, शील और सौन्दर्य की पराकाष्ठा का आदर्श शुक्ल जी इसलिए भी मानते हैं कि उन्होंने जिस आदर्श राज्य की स्थापना की वह लोकधर्म की मर्यादा पर आधारित रामराज्य है। वे कहते हैं, "राज्य की कैसी व्यापक भावना है? आदर्श राज्य केवल बाहरी कर्मों का प्रतिबन्धक और उत्तेजक नहीं है, हृदय को स्पर्श करनेवाला है, इसमें लोकरक्षा के अनुकूल भावों की प्रतिष्ठा करनेवाला है। यह धर्म राज्य है, प्रकृति का रंजन करनेवाला है। इस राज्य की स्थापना केवल शरीर पर ही नहीं होती, हृदय पर भी होती है। यह राज्य केवल चलती हुई जड़ मशीन नहीं है... आदर्श व्यक्ति का परिवर्द्धित रूप है।" यही है सत्-चित्-आनन्द की चरम परिणति।

यद्यपि शुक्ल जी की दृष्टि मध्यकालीन काव्य की विवेचना में अधिक रमी है, वहीं से उन्होंने अपने तर्क ही नहीं, बल्कि सिद्धान्त-सूत्र भी गढ़े हैं। तथापि युग-प्रवर्तक आचार्य रामचन्द्र शुक्ल की आलोचना-यात्रा अपने युग का अतिक्रमण करते हुए युगीन मूल्यों की मीमांसा में भी अग्रसर हुई है। अपने दौर के साहित्य-विचार पर भी वे गहराई से विचार करते हैं, यह अलग बात है कि भक्तिकालीन काव्य संस्कार उन पर इतने हावी हैं कि प्रगतिशील, लोकवादी दृष्टिकोण रखने के बावजूद वे अपने समय की नयी काव्य प्रवृत्ति छायावाद का वस्तुगत मूल्यमापन नहीं कर सके। परन्तु उनके निष्कर्ष चलताऊ नहीं कहे जा सकते, उनका अपना ठोस आधार है। चूँकि

शुक्ल जी तब तक कई विदेशी कवियों और आलोचकों को भलीभाँति पढ़ चुके थे, इसलिए वे इस तथ्य से परिचित थे कि हमारे कवियों का भावबोध कितना अपना है कितना विलायती प्रभाव का परिणाम। श्रीधर पाठक और रामनरेश त्रिपाठी को वे स्वच्छन्दतावाद का प्रवर्तक कवि कहते हैं और हिन्दी की नयी काव्यधारा के प्रवर्तन का श्रेय मैथिलीशरण गुप्त और मुकुटधर पाण्डेय को देते हैं। समूची छायावादी काव्यशैली का आकलन करते हुए शुक्ल जी ने कहा है, ''द्वितीय उत्थान के काव्य की नूतन परम्परा का अनेक विषमस्पर्शी प्रसार अवश्य हुआ, पर द्विवेदी जी के प्रभाव से एक ओर उसमें भाषा की सफाई आयी, दूसरी ओर उसका स्वरूप गद्यवत् रूखा, इतिवृत्तात्मक और अधिकतर बाह्यार्थ निरूपक हो गया। अतः इस तृतीय उत्थान में जो परिवर्तन हुआ और पीछे 'छायावाद' कहलाया, वह उसी द्वितीय उत्थान की कविता के विरुद्ध कहा जा सकता है। उसका प्रधान लक्ष्य काव्यशैली की ओर था, वस्तुविधान की ओर नहीं।''

छायावाद को शुक्ल जी अंग्रेजी और बांग्ला का उल्था मानते थे। उनकी दृष्टि में यह क्रमशः अपना बनाया हुआ रास्ता नहीं था। इसकी वजह यह लगती है कि छायावादी कवि काव्यशैली की तरफ अर्थात् अभिव्यंजना पक्ष, कलात्मकता की तरफ अधिक झुके, अर्थभूमि के विस्तार की तरफ उनकी दृष्टि प्रायः नहीं गयी। छायावाद को शुक्ल जी ने दो अर्थों में समझा-समझाया-एक तो रहस्यवाद के अर्थ में और दूसरा काव्यशैली या पद्धति-विशेष के अर्थ में। रहस्यवाद और प्रतीकवाद का इस पर इतना प्रभाव शुक्ल जी मानते थे कि पन्त, प्रसाद, निराला सभी को इसी गज से नापते दीखते हैं।

कहना न होगा कि सैद्धान्तिक और व्यावहारिक दोनों दृष्टियों से शुक्ल जी ने हिन्दी आलोचना पर विचार किया है और उसे वह स्वरूप प्रदान किया है जो किसी भाषा के साहित्य के लिए अपेक्षित होता है। यही वजह है कि हिन्दी आलोचना के लगभग एक शताब्दी की यात्रा करने के बाद भी उनके विचार आज प्रासंगिक हैं। उनके द्वारा निर्धारित मानदण्ड धूल-धूसरित नहीं हुए हैं। आज का समीक्षक चाहे जितना वैज्ञानिक औजार सम्पन्न दृष्टि पाने का दावा कर ले, पर यह सच है कि बिना शुक्ल के समीक्षा सिद्धान्तों से लोहा लिये उसकी दृष्टि में भी चमक आनेवाली नहीं है। कहने का तात्पर्य यह है कि शुक्ल जी ने आलोचना के जिन चिरन्तन तत्त्वों की खोज की है, उन्हें युग के मुहावरे के दायरे में प्रस्तुत किया है, वह आज तक की समीक्षा के किसी-न-किसी रूप में आधार बने हुए हैं। यही उनकी समीक्षा की सबसे बड़ी उपलब्धि है।

ऐसा नहीं है कि उनकी आलोचना की सीमाएँ नहीं हैं, वे कुछ तो युग की, कुछ उनके अपने दुर्द्धर्ष व्यक्तित्व की हैं। अगर संक्षेप में कहना हो तो आचार्य नन्ददुलारे

वाजपेयी से शब्द उधार लेते हुए हम कह सकते हैं कि, ''शुक्ल जी का समीक्षादर्श सर्वसामान्य और सर्वग्राही है, किन्तु यह विशिष्ट रचनाओं और युगानुरूप काव्य-प्रवृत्तियों के आकलन के लिए पूर्णतः सक्षम नहीं है। दूसरे शब्दों में शुक्ल जी का साहित्यादर्श स्थिर और अटूट है, गतिशील और विकासोन्मुख नहीं।' युग की परिवर्तनीयता को देखते हुए यह बात गलत है भी नहीं। आज इक्कीसवीं सदी की दहलीज पर निश्चय ही पुराने मानकों के संशोधन-परिवर्द्धन की आवश्यकता है।

अतः वाजपेयी जी के शब्दों में ही हम कह सकते हैं कि, ''शुक्ल जी की समीक्षा-दृष्टि अतिशय मार्मिक थी, परिणामस्वरूप उनकी समीक्षाओं ने जो साहित्यिक चेतना उत्पन्न की वह पर्याप्त विशद् और स्वस्थ थी। एक नया मानदण्ड शुक्ल जी ने संस्थापित कर दिया, जिसके आधार पर हिन्दी समीक्षा उत्तरोत्तर उन्नति कर रही है।'' इसीलिए शुक्ल साहित्य के अधिकारी व्याख्याता रामविलास शर्मा ने कहा है, ''हिन्दी साहित्य में शुक्ल जी का वही स्थान है जो उपन्यासकार प्रेमचन्द और कवि निराला का है।''

# आचार्य नन्ददुलारे वाजपेयी

यदि यह सच है कि प्रत्येक साहित्यिक युग अपना आलोचक स्वयं पैदा करता है तो यह मानना होगा कि छायावाद युग ने वाजेपयी जी को उत्पन्न किया। उनके पूर्व आचार्य शुक्ल एक प्रतिष्ठित आलोचक के रूप में छायावादी काव्य प्रवृत्ति पर अपने विचार व्यक्त कर चुके थे, किन्तु कुछ तो भक्तिकालीन संस्कारों से आबद्ध होने के नाते और कुछ पश्चिमी आधुनिकता को एक विशेष चश्मे से देखने के कारण वे छायावाद की भावभूमि को समझ नहीं सके। हिन्दी साहित्य का इतिहास-लेखन वैज्ञानिक रीति पर करते हुए भी वे श्रीधर पाठक और मुकुटधर पाण्डेय तक ही अपनी आलोचकीय संवेदना का विस्तार कर सके, आगे का साहित्य उनकी कृपा का पात्र भी नहीं बन सका, समीक्षा तो दूर की बात है। छायावाद को रहस्यवाद और एक काव्यशैली मात्र मानते हुए शुक्ल जी ने इसे साहित्य के क्षेत्र के लिए अशुभ मानकर खारिज कर दिया था। उन्हें 'छायावाद' अभारतीय और नीरस लगा था। 'काव्य में रहस्यवाद' शीर्षक लेख में उन्होंने 'छायावाद' नामक नयी काव्य प्रवृत्ति की कमियों को चुन-चुनकर गिनाया है और यहाँ तक लिखा है 'अब तक जो कुछ लिखा गया उससे यह स्पष्ट हो गया कि हिन्दी में आ निकला हुआ यह 'छायावाद' कितनी विलायती चीजों का मुरब्बा है।'' यही नहीं, इसकी तुलना उन्होंने 'कनकौए' तक से की।

दरअसल, छायावाद की खूबियों की तरफ शुक्ल जी का ध्यान ही नहीं जा पाया, इसे उनकी दृष्टि की सीमा के अलावा और कुछ नहीं कहा जा सकता। कल्पना, अध्यात्म, रहस्यवाद, छन्दोन्मुक्ति का आग्रह, कृत्रिम भाषा, गीतात्मकता आदि शुक्ल जी की रुचि के विषय थे ही नहीं। वस्तुत: शुक्ल जी वस्तुवादी और नैतिकतावादी थे, ये भी कारण रहे होंगे जो उन्हें छायावाद नहीं आकर्षित कर पाया। जबकि आचार्य वाजपेयी इसके ठीक विपरीत अपने समय की इस नयी काव्य प्रवृत्ति की विशिष्टताओं से अभिभूत थे। युगानुरूप नयी काव्यचेतना के प्रसार की आवश्यकता

समझते हुए ही वे इसका समर्थन कर रहे थे। छायावाद को वास्तव में उन्होंने ही साहित्य के प्रासाद में गरिमामय स्थान दिलवाया और तर्कसंगत रूप से इसका पक्ष रखा। वह भी शुक्ल जी के नैतिकतावाद के विरुद्ध जाकर। उन्होंने साफ कहा, "अक्सर कहा जाता है कि यह नवीन भवन विदेशों की नकल पर बना है। इसमें पाश्चात्य मध्यमवर्गीय उत्थानकाल के आदर्श और डिजाइन की अनुकृति है। इस सम्बन्ध में मेरा इतना ही कहना है कि ईंट, चूना, गारा और मिट्टी जब स्वदेशी है तो केवल डिजाइन विदेशी होने से क्या? और वह भी इसी अर्थ में विदेशी कही जा सकती है कि विदेशों में उससे मिलती-जुलती इमारतें बन चुकी थीं। किन्तु वे डिजाइनें स्वत: कट्टर प्रादेशिक राष्ट्रीयता के प्रभावों से बनी हैं-उसमें एक-दूसरे की नकल के लिए अधिक गुंजाइश ही नहीं थी।" (हिन्दी साहित्य : बीसवीं शताब्दी, पृ. 15)

वाजपेयी जी मुख्यत: छायावादी समीक्षक हैं। उन्होंने छायावादी काव्य से ही अपने प्रतिमान गढ़े हैं। निगमनात्मक आलोचना शैली को उन्होंने अपनाया है, और रचनात्मक साहित्य से ही अपने प्रतिमान निर्मित किये हैं, किसी फलसफे के आधार पर नहीं। उनकी यह दृढ़ मान्यता रही है कि, "रचनात्मक साहित्य ही सिद्धान्तों की सृष्टि के लिए उपादान बन सकता है। इसके विपरीत कोई सिद्धान्त किसी रचनात्मक कलाकृति को और उसकी विशेषता को अनुशासित नहीं कर सकता। जब कभी साहित्यिक सिद्धान्तों ने विपरीत गति ग्रहण की तब रचनात्मक साहित्य कुण्ठित और रीतिबद्ध हो गया और उसकी समीक्षा भी अवरुद्ध या यन्त्रगतिक बन गयी।" (उप., पृ. 104) वाजपेयी का समीक्षा सम्बन्धी दृष्टिकोण उनके इस कथन से स्पष्ट विदित होता है। उनका मानना है कि सभी मत या सिद्धान्त सीमित होते हैं इसलिए उन्हें शाश्वत मानदण्ड बनाया ही नहीं जा सकता। हर कला-साहित्य की आलोचना के मानक स्वयं उस रचना में निहित होते हैं, उसी में से ढूँढ़ा जाना चाहिए। इसीलिए वे आलोचक का पहला और प्रमुख कार्य ही मानते हैं-"कला का अध्ययन और उसका अनुसन्धान।" (नया साहित्य : नये प्रश्न, पृ. 134)

कहना न होगा, वाजपेयी जी अपने युग की काव्य चेतना की उपज थे। युगीन प्रभावों, आवश्यकताओं, अपेक्षाओं को वे गहराई से महसूस करते थे। परन्तु उनके साथ विडम्बना यह थी कि उन्हें तत्कालीन आलोचना मार्ग के प्रतिपक्ष में खड़े होकर इस नयी काव्य प्रवृत्ति को स्थापित करने की चुनौती मिली थी। इसलिए जाहिर है अपनी आलोचना-यात्रा में उन्हें आचार्य शुक्ल की छायावाद विरोधी मान्यताओं का खण्डन-मण्डन करते हुए ही नया मार्ग निकालना पड़ा। आचार्य शुक्ल की स्थापनाओं को खारिज करते हुए वाजपेयी जी व्यंग्य करते हैं, "काव्यात्मक परम्परा में इतने गहरे पैठे हुए समीक्षक भी जब इस प्रकार की सम्मति देते हैं, तब मानना पड़ता है कि

इस युग की काव्य सृष्टि के साथ किसी अशुभ ग्रह का योग अवश्य हो गया था।'' (उप., पृ. 21) यही नहीं, छायावादी कवियों को सिरे से खारिज करने के आचार्य शुक्ल के मत का जवाब देते हुए, उनके समूचे तद्विषयक लेखन पर सवाल उठाते हुए वे कहते हैं, ''उनमें (शुक्ल जी का इतिहास तथा निबन्ध) आधुनिक साहित्य का विवेचन बड़ी मोटी कलम से किया गया है। नवीन साहित्य की प्रेरक शक्तियों, नवीन व्यक्तियों और नये विकास के अनुरूप उनकी रचनाओं की वास्तविक छानबीन में शुक्ल जी एक प्रकार से उतरे ही नहीं।'' गौरतलब है शुक्ल जी छायावादी काव्य की पृष्ठभूमि और चेतना के कारकों को लगभग नजरअन्दाज कर जाते हैं, उन्हें नवजागरण से उत्पन्न राष्ट्रीय-सांस्कृतिक चेतना, अध्यात्मवादी दर्शन, नवीन मानवतावादी दृष्टि, भाव ही नहीं भाषा के स्तर पर भी व्याप्त विद्रोह, सौन्दर्यवादी चेतना आदि जो छायावाद की उत्प्रेरक शक्तियाँ थीं, निष्प्रभावी जान पड़ीं। हिन्दी आलोचना को विश्वस्तरीय पहचान दिलानेवाले आलोचक आचार्य शुक्ल की यह सीमा-हिन्दी आलोचना ही नहीं बल्कि समूची नवीन हिन्दी काव्यधारा के विकास के लिए एक बहुत बड़ा अवरोध था जिसे दूर किया आचार्य नन्ददुलारे वाजपेयी ने। उन्होंने स्पष्ट लहजे में शुक्ल जी के मार्ग से अपना पार्थक्य दर्शाते हुए कहा, ''शुक्ल जी का ध्यान सदैव काव्य के उदात्त स्वरूप और उसमें निहित लोकादर्शवाद की ओर रहा। काव्य के उदात्त स्वरूप को उन्होंने प्रबन्धकाव्य में सीमित कर दिया और लोकादर्शवाद को एक सामान्य नैतिक आदर्श देकर बहुत-बहुत रूढ बना दिया। जीवन का वैचित्र्य और बहुरूपता, लोकादर्शों की ऐतिहासिक प्रगति और परिवर्तन तथा काव्य स्वरूप का नव-नव विकास और विन्यास उनका ध्यान अधिक आकृष्ट न कर सके।'' (उप., पु. 31) युगीन सन्दर्भों को देखते हुए वाजपेयी जी की उपर्युक्त पंक्तियों से सहमति दर्शायी जा सकती है।

कहना न होगा, आचार्य वाजपेयी अपने युग की नब्ज ठीक पकड़ रहे थे। छायावादी काव्य-सौन्दर्य को लेकर उनकी दृष्टि बहुत ही स्पष्ट है। वे भलीभाँति जानते थे कि अपने समय की इस नवीन युग प्रवृत्ति का आकलन, समर्थन इसलिए जरूरी है जिससे पुरानी रूढ़ियों से आगे बढ़कर हमारा साहित्य-समाज नये रूपाकार ग्रहण कर सके, मनुष्यता की नयी परिभाषा गढ़ सके। तभी वे यह घोषणा करते हैं कि, ''छायावाद युग को चाहे जिस नाम से पुकारिये इसका एक ऐतिहासिक व्यक्तित्व है। राष्ट्रीय इतिहास में जिन सुस्पष्ट प्रेरणाओं से यह उत्पन्न हुआ और जिस आवश्यकता की पूर्ति इसने की, उसकी ओर ध्यान न देना आश्चर्य की बात होगी।'' वे मानते हैं कि उस समय जिस जातीय और राष्ट्रीय-सांस्कृतिक एकता की दरकार थी, साहित्य-पटल पर उसे छायावाद ने पूरा किया। इसे भारतीय परम्परा का स्वस्फूर्त

उन्मेष बताते हुए वाजपेयी जी ने इसका सम्बन्ध भक्तिकाल से जोड़ा है, तो युगीन आवश्यकताओं के परिप्रेक्ष्य में इसे स्वच्छन्दवाद और नवजागरण से भी जोड़ा है। एक तरफ वे मानते हैं कि, ''द्विवेदीकालीन राष्ट्रीयतावाद और छायावादी मानव ऐक्य की भावनाओं ने कैसी पृथक् काव्य शैलियों को जन्म दिया, इसका एक स्थूल परिचय मैथिलीशरण गुप्त, निराला और प्रसाद की देश-प्रेम सम्बन्धी कविताओं का अध्ययन करने पर मिलता है।'' और दूसरी तरफ महादेवी को लक्ष्य कर कहते हैं, ''महादेवी जी की कविता चाहे जिस लोक में विचरण करती हो और चाहे जिस प्रियतम के पीछे पड़ी हो-उसकी ऊपरी रूपरेखा चाहे जैसी भी हो, उसमें नवीन विषम परिस्थितियों की प्रतिक्रिया काव्य के करुण संवेदनों के रूप में दिखायी देती है।''

'हिन्दी साहित्य : बीसवीं शताब्दी', 'आधुनिक साहित्य की भूमिका' तथा 'नया साहित्य : नये प्रश्न' ये ऐसी कृतियाँ हैं जो वाजपेयी जी की आलोचना यात्रा ही नहीं, आलोचना-दृष्टि का भी परिचय कराती हैं। हिन्दी साहित्य : बीसवीं शताब्दी' प्रारम्भिक कृति है, इस कृति की भूमिका जो कि 'विज्ञप्ति स्वरूप' व्यक्त हुई है, उसमें अपनी समीक्षा दृष्टि को वे बड़े साफ शब्दों में बताते हैं। यहाँ जिन सात सूत्रों का जिक्र हुआ है उसमें क्रमिक रूप से वाजपेयी जी की समीक्षा दृष्टि की प्राथमिकताएँ स्पष्ट हुई हैं। ये सात सूत्र हैं-

1. रचना में कवि की अन्तर्वृत्तियों (मानसिक उत्कर्ष-अपकर्ष) का अध्ययन।
2. रचना में कवि की मौलिकता, शक्तिमत्ता और सृजन की लघुता-विशालता का अध्ययन।
3. रीतियों, शैलियों और रचना के बाह्यांगों का अध्ययन।
4. समय और समाज तथा उनकी प्रेरणाओं का अध्ययन।
5. कवि की व्यक्तिगत जीवनी और रचना पर उसके प्रभाव का अध्ययन।
6. कवि के दार्शनिक, सामाजिक और राजनीतिक विचारों आदि का अध्ययन।
7. काव्य के जीवन सम्बन्धी सामंजस्य और सन्देश का अध्ययन।

इन सप्तसूत्रों के आधार पर ही उन्होंने साहित्य के मानसिक और कलात्मक उत्कर्ष का आकलन-मूल्यांकन किया है। 'नया साहित्य : नये प्रश्न' में अभिव्यक्त उनके विचार इन्हीं सूत्रों की अगली कड़ी या कहें विकास कहे जा सकते हैं, जहाँ वे कहते हैं, ''प्राचीन साहित्य और समीक्षा मोटे तौर पर आदर्शवादी रही है। उसमें बदलती हुई सामाजिक परिस्थितियों के प्रभाव के आकलन का प्रश्न कम रहा है। साहित्य की प्रेषणीयता के सम्बन्ध में साधारणीकरण सम्बन्धी भारतीय धारणा और मत की तुलना तत्सम्बन्धी विदेशी मतों से भी करनी होगी। भाव-विनियोग सम्बन्धी

व्यंजना या ध्वनि सिद्धान्त भारत की विशेष सम्पत्ति है। इसे हम पश्चिम को भारत की देन के रूप में प्रस्तुत कर सकते हैं। साहित्य में भावना और बुद्धि के समन्वय तथा काव्य की नैतिकता जैसे प्रश्नों पर पाश्चात्य साहित्यशास्त्र बहुत समय से विचार कर रहा है। उसकी उपपत्तियों का हमें ध्यान रखना होगा।''

अपने इन्हीं सूत्रों के प्रकाश में वाजपेयी जी कविता को परिभाषित करते हुए कहते हैं, ''काव्य तो प्रकृत मानव अनुभूतियों का नैसर्गिक कल्पना के सहारे ऐसा सौन्दर्यमय चित्रण है जो मनुष्यमात्र में अनुरूप भावोच्छ्‌वास और भाव-संवेदना उत्पन्न करता है।'' वे कविता को अभिव्यंजना से उच्चतर मानते हैं। उनके अनुसार काव्य-सौन्दर्य केवल अभिव्यंजना का ही सौन्दर्य नहीं है प्रत्युत उसका सीधा सम्बन्ध मानव-जगत् और मानस-वृत्तियों से है। आधुनिक भावबोध में आये परिवर्तनों को दृष्टिगत रखते हुए, काव्य-सौष्ठव का बोध कराते हुए वाजपेयी जी कहते हैं, ''भारतेन्दु हरिश्चन्द्र के समय से स्थिति में परिवर्तन हो चला। आँखें खुलीं और यह आभासित हुआ कि रस किसी छन्द में नहीं है, वह तो मानव संवेदना के विस्तार में है। नायक-नायिका कवि जी की कल्पना में निर्माण होने के लिए नहीं हैं। प्रगतिशील संसार की नानाविध परिस्थितियों और सुख-दुःख की तरंगों में डूबने-उतराने और घुलकर निखरने के लिए हैं और काव्य-कला का सौष्ठव भी अनुभूति की गहराई में है।''

छायावादी काव्य को वाजपेयी जी इन्हीं तर्कों के आधार पर नवीन चेतना सम्पन्न घोषित करते हैं। उनके लेखे छायावादी काव्य मानवीय अस्मिता और राष्ट्रीय-सांस्कृतिक चिन्ता का काव्य है। उन्होंने लिखा है, ''मानव अथवा प्रकृति के सूक्ष्म किन्तु व्यक्त सौन्दर्य में अध्यात्मिक छाया का भान मेरे विचार से छायावाद की एक सर्वमान्य व्याख्या हो सकती है।'' कहना न होगा कि शुक्ल जी भी आध्यात्मिकता शब्द का व्यवहार करते हैं किन्तु वाजपेयी जी की आध्यात्मिकता उनसे भिन्न है। शुक्ल की आध्यात्मिकता का प्रभाव इतना तगड़ा है कि वे कठोर नैतिकतावादी-आदर्शवादी के रूप में सामने आते हैं जबकि वाजपेयी की आध्यात्मिक भूमि मानवीय है। ''नयी छायावादी काव्यधारा का भी एक आध्यात्मिक पक्ष है, परन्तु उसकी मुख्य प्रेरणा धार्मिक न होकर मानवीय और सांस्कृतिक है। उसे हम बीसवीं शताब्दी की वैज्ञानिक और भौतिक प्रगति की प्रतिक्रिया भी कह सकते हैं।'' दरअसल आध्यात्मिकता को धर्म से अलगाते हुए वाजपेयी युगीन सन्दर्भ में उसका चरित्र प्रस्तुत करते हैं। उनकी दृष्टि में आधुनिक और परिवर्तनशील समाज-व्यवस्था और विचार-जगत् में छायावाद भारतीय आध्यात्मिकता की नवीन परिस्थिति के अनुरूप स्थापना करता है। वे मानते हैं कि, ''जिस प्रकार मध्ययुग का जीवन भक्तिकाव्य में व्यक्त हुआ, उसी प्रकार आधुनिक जीवन की अभिव्यक्ति इस काव्य

में हो रही है।'' इस प्रकार आधुनिक परिवर्तनशील युग में मानवीय चिन्ता ही वाजपेयी जी की विवेचना के केन्द्र में है। अपने सामाजिक जीवन की पड़ताल वे जिन साहित्यिक प्रवृत्तियों याकि साहित्यकारों में पाते हैं उनकी खुलकर प्रशंसा करते हैं, उसमें उन्हें उतनी ही सम्भावनाएँ नजर आती हैं। ''जो कवि सामाजिक जीवन की जितनी ही महान् हलचलों के बीच से गुजरेगा और साथ ही जितना ही अनुभव सम्पन्न होगा उसकी साहित्यिक सम्भावनाएँ उतनी ही विशाल होंगी।'' आचार्य राममूर्ति त्रिपाठी शायद इन्हीं बातों को लक्ष्य कर कहते हैं, ''वाजपेयी जी साहित्य के विवेचन में जिन दो तथ्यों की स्वीकृति अपेक्षित मानते हैं उनमें से एक यह है कि साहित्य जीवन की अभिव्यक्ति है। और दूसरा यह है कि राष्ट्रीय होकर ही कोई साहित्य सारवान् बना रह सकता है।''

पुनश्च यह कहना होगा कि नवीन मानवीय और राष्ट्रीय-सांस्कृतिक चेतना को ही लक्ष्य कर वाजपेयी जी ने न सिर्फ छायावाद को प्रतिष्ठापित किया है बल्कि अपने पूर्ववर्ती आचार्य रामचन्द्र शुक्ल की कमजोरियाँ गिनाते हुए अपने युग के इस साहित्य को सराहा है। उनके मतानुसार, ''इस छायावाद को हम पण्डित रामचन्द्र शुक्ल के कथनानुसार केवल अभिव्यक्ति की एक लाक्षणिक प्रणाली विशेष नहीं मान सकेंगे। इसमें एक नूतन सांस्कृतिक मनोभावना का उद्गम है और एक स्वतन्त्र दर्शन की नियोजना भी। पूर्ववर्ती काव्य से इसका स्पष्टतः पृथक् अस्तित्व और गहराई है।''

रस भारतीय काव्यशास्त्रीय चिन्तन का मूल रहा है। आचार्य शुक्ल आदि ने रस की युगोचित अनिवार्यता सिद्ध करते हुए लौकिकता की भूमि पर उतारने का भरसक प्रयत्न किया था किन्तु मनोवैज्ञानिक शब्दावली में फिर भी वह उलझा रहा। आचार्य वाजपेयी इसकी पूर्ववर्ती व्याख्याओं को खारिज करते हैं। वे मानते हैं कि रसवादी व्याख्याकारों की दलीलों से साहित्य का बहुत अनिष्ट हुआ। उनके लेखे ''जैसे पश्चिम का 'कला, कला के लिए' साहित्य के लिए अनिष्टकारी है वैसे ही अलौकिकानन्द विधायक रसवाद।' आधुनिक साहित्य के लिए वे रसवाद को बहुत उपयोगी नहीं मानते। उनके अनुसार रस-पद्धति की विश्लेषण क्रिया से आधुनिक समीक्षाकार विशेष लाभ नहीं उठा पाता। एक-एक पंक्ति अथवा चार-चार पंक्तियों में रस ढूँढ़ने की प्रक्रिया अब पुरानी पड़ गयी है। सैकड़ों-सहस्रों नायक-नायिकाओं के भेदों को जनजीवन से अलग करके देखने में क्या रखा है?'' उन्हें रस से इतनी चिढ़ इसलिए है क्योंकि रस के नाम पर साहित्य को खेल-तमाशे की, कोरे मनोरंजन की वस्तु बना दिया गया। वे कहते हैं, ''रद्दी-से- रद्दी, भ्रष्ट-से- भ्रष्ट कविता की जाती रही और रस सम्प्रदाय अकर्मण्य होकर उसे प्रोत्साहन देता रहा। काव्य दोषों में अश्लीलत्व आदि दो-एक शब्द छोड़ देने से काम नहीं चल सकता। रसवाद ने अपने

संरक्षण में निम्न-से-निम्न कवियों को प्रश्रय दिया है।" (हिन्दी साहित्य: बीसवीं शताब्दी, पृ. 94)

रस का मूल और स्थायी तत्त्व है-भावना, अनुभूति या संवेदना। उनके अनुसार काव्य-संवेदन के अन्तर्गत सम्पूर्ण जीवन-सौन्दर्य और अभिव्यक्ति-सौष्ठव का समावेश हो जाता है, अतः काव्य-संवदेन ही रस है। रस को अलौकिक या ब्रह्मानन्द सहोदर मानने के वे खिलाफ हैं। इस पर प्रहार करते हुए कहते हैं, "यह अलौकिकता का पाखण्ड यहीं तक रहता तो एक बात थी। यह जिस सत्य आधार पर स्थित हुआ है, उसने साहित्य का बड़ा अनिष्ट किया है। अलौकिकता के नाम पर बेधड़क लौकिकता ही बढ़ती गयी और धीरे-धीरे उसने जो स्वरूप धारण किया वह बड़ा ही हेय हुआ।" (उप., पृ. 90) सचमुच अलौकिकता के नाम पर रस-सिद्धान्त की बड़ी दुर्गति हुई है, रीतिकालीन श्रृंगारिक साहित्य इसका प्रमाण है। वाजपेयी ज़ी की रस-सम्बन्धी मान्यताएँ वस्तुतः आचार्य शुक्ल के मतों के खण्डन और संस्कृताचार्यों के मतों के विवेचन में व्यक्त हुई हैं। शुक्ल जी ने लोकहृदय में हृदय के लीन होने की दशा को रसदशा कहा है। उनके इस मत का खण्डन करते हुए वाजपेयी जी रस को अनुभूतिजन्य प्रमाणित करते हैं। उनके अनुसार काव्यानुभूति ही रस है। इसे वे सौन्दर्यानुभूति का पर्याय और आह्लादजन्य घोषित करते हैं तथा कहते हैं कि काव्यात्मक अनुभूति ही सहृदय के भीतर रससंचार या आनन्द का माध्यम है इसलिए उसे काव्य की आत्मा माना गया है। उनके अनुसार, "जब हम कहते हैं कि रस काव्य की आत्मा है तो हमारा आशय यह अवश्य होता है कि प्रत्येक काव्य में, यदि वस्तुतः काव्य है, मानव समाज के लिए आह्लादकारिणी भावात्मक, नैतिक और बौद्धिक अनुभूतियों का संकलन होगा ही।" इससे यह भी स्पष्ट होता है कि वाजपेयी जी रस और अनुभूति को समानधर्मी मानते हैं।

कहा जा चुका है कि वे रस को आधुनिक सन्दर्भों में रखकर व्याख्यायित करते हैं और अपने मत की पुष्टि के लिए भारतीय ध्वनि सिद्धान्त और पाश्चात्य अभिव्यंजनावाद का हवाला देते हैं। एक ओर ध्वनिवादियों की तरह उसे विभावन व्यापार से जोड़ते हैं तो दूसरी तरफ पाश्चात्य सौन्दर्यशास्त्र से। काव्य-सौन्दर्य की चर्चा करते हुए भी वे कलावादी नहीं हैं। उनका कथन है, "साधारणीकरण का अर्थ रचयिता और उपभोक्ता (कवि और दर्शक) के बीच भावना का तादात्म्य है। साधारणीकरण वास्तव में कविकल्पित समस्त व्यापार का होता है, केवल किसी पात्र-विशेष का नहीं।" (नया साहित्य : नये प्रश्न, पृ. 122) इस प्रकार हम देखते हैं कि वे शुक्ल जी के आलम्बनत्व-धर्म के साधारणीकरण को खारिज करते हैं। यहाँ वे संस्कृताचार्यों के काफी नजदीक नजर आते हैं। वस्तुतः वाजपेयी जी, शुक्ल जी के ही उत्तर पक्ष हैं, उन्होंने वहीं निगाह दौड़ायी जहाँ शुक्ल जी नहीं पहुँच सके।

ऐसा नहीं है कि वाजपेयी जी रस की सत्ता को समझते न हों। यथा-प्रसंग उन्होंने रसानुभूति को सौन्दर्यानुभूति के पर्याय के रूप में ही मोटे तौर पर ग्रहण किया है। इसी प्रकार ध्वनिवादी आचार्यों के मतों को भी जिसमें उन्होंने काव्य को 'व्यंग्य' प्रधान माना है, एकतरफा विचार कहा है। उनके अनुसार अभिधामूलक काव्य भी श्रेष्ठ काव्य हो सकता है। निराला की एक कविता का उल्लेख करते हुए सोदाहरण उन्होंने कहा है 'इसमें रस व्यंग्य नहीं है, बल्कि वाच्य है।'' प्राचीन शास्त्र कहते हैं कि, ''ध्वनिमूलक काव्य श्रेष्ठ है, पर इस आग्रह को हम हद के बाहर लिये जा रहे हैं। नवीन काव्य जिस नैसर्गिक अदम्यता को लेकर आया है, उसमें यह सम्भव नहीं कि वह परम्परा प्राप्त ध्वन्यात्मकता का ही अनुसरण करता चले। प्रचलित प्रणाली को तोड़ने में, नवीन युग का सन्देश सुनाने में, काव्य क्रमप्राप्त मर्यादाओं को उखाड़ फेंकता है। यह ध्वनि और अभिधा काव्य वस्तु के भेद नहीं हैं, बल्कि व्यक्त करने की प्रणाली के भेद हैं। हमें प्रत्येक प्रणाली को प्रश्रय देना चाहिए, न कि किसी एक को। अभिधा की प्रणाली इस स्पष्टतावादी युग की मनोवृत्ति के विशेष अनुकूल है।''

वाजपेयी जी का युग स्वाधीनता-संग्राम का युग था। राष्ट्रीय-सांस्कृतिक चेतना उस युग के साहित्य की मुख्य प्रवृत्ति थी। छायावादी काव्य की प्रेरणा तो मूलतः राष्ट्रीय और सांस्कृतिक ही है। वे साहित्य मूल्यांकन के लिए इसे एक प्रतिमान के तौर पर मान्यता देते हैं। इसे नवोद्भुत चेतना मानते हुए इस बात पर जोर देते हुए कहते हैं, ''हमारी नवीन राष्ट्रीय चेतना और संस्कृति अभी अपनी निर्माणावस्था में है, इसे नये प्रतिभा जल से निरन्तर सींचते रहना और सम्पूर्ण राष्ट्रीय एकाग्रता और अध्यवसाय से इसकी रक्षा और संवर्द्धन करना हमारे लिये आवश्यक है।'' (आधुनिक साहित्य, पृ. 50) वे पश्चिमी राष्ट्रीयता को आदर्श न मानकर अपने पौराणिक आख्यानों को मानते हैं। राम और कृष्ण को इसका संवाहक मानते हुए भक्तिकालीन साहित्य को नये परिप्रेक्ष्य में मूल्यांकित करने पर बल देते हैं। उनकी दृष्टि में आज के साहित्य का मुख्य मुद्दा राष्ट्रीय चेतना, राष्ट्रीय जीवन और उसकी प्रगति होना चाहिए। साथ ही यह भी घोषित करते हैं कि, ''भारतीय साहित्य हमारी राष्ट्रीय संस्कृति की उपज है अतएव इस साहित्य के मानदण्ड भी यथासम्भव राष्ट्रीय ही होने चाहिए।'' (नया साहित्य : नये प्रश्न, पृ. 135)

छायावादी भावसौन्दर्य को उस साहित्य का मूल प्रतिमान माननेवाले वाजपेयी जी का मत है कि, ''साहित्य का मूल रूप भावात्मक है और ये भाव कल्पनाश्रित या अनुभवजन्य होते हैं। इसीलिए वे कल्पना को ही साहित्य का एकमात्र नियामक तत्त्व मानते हैं।'' (उप., पृ. 3) साहित्य का जीवन से अभिन्न सम्बन्ध माननेवाले वाजपेयी जी के शब्दों में, ''विकासशील मानव के महत्त्वपूर्ण या मार्मिक अंशों की अभिव्यक्ति, यही साहित्य की मोटी परिभाषा हो सकती है।''

(उप., पृ. 3) इसी प्रकार साहित्य के उद्देश्य को वे उच्चकोटि का लौकिक या अलौकिक आनन्द प्रदान करना मानते हैं। इस तरह साहित्य के स्वरूप, परिभाषा व उद्देश्य को लेकर भी उनकी चिन्तन दृष्टि बहुत ही स्पष्ट व मौलिक है।

कहा जा चुका है कि छायावाद आचार्य वाजपेयी की चिन्तना का मूल है। यह 'वाद' भारतीय साहित्य में तदयुगीन शुष्कता, नैतिकता और नीरसता के विरुद्ध विद्रोह करके खड़ा हुआ। इसकी स्वच्छन्द, यथार्थ भावभूमि को लेकर शुरू से ही कभी पश्चिम के रोमाण्टिसिज़्म से जोड़ा गया, तो कभी इसकी आध्यात्मिकता को लेकर इस पर रहस्यवादिता का आरोप लगाया गया। इन आरोपों को निर्मूल साबित करते हुए वाजपेयी ने इसे अपनी जमीन पर स्वतः उद्‌भूत माना। नैतिकतावादी शुक्ल जी ने इस 'वाद' को भारतीय साहित्य से बिल्कुल अछूत ही साबित कर दिया था। उनकी इस मान्यता पर प्रहार करते हुए वाजपेयी जी ने कहा, "स्थूल व्यवहारवाद को निस्सीम बतलाकर और रहस्यवाद की कनकौए से तुलना कर विद्वान् शुक्ल जी ने नवीन कविता के साथ अन्याय किया है।" (हिन्दी साहित्य : बीसवीं शताब्दी, पृ. 89) छायावाद को परिभाषित करते हुए वे लिखते हैं, "मानव अथवा प्रकृति के सूक्ष्म किन्तु व्यक्त सौन्दर्य में आध्यात्मिक छाया का भान छायावाद की एक सर्वमान्य व्याख्या हो सकती है।" (उप. पृ. 174) उनकी दृष्टि में इस काव्य की मूल प्रेरणा धार्मिक न होकर मानवीय और सांस्कृतिक है। प्रगतिवाद विशेषकर उसके मार्क्सीय स्वरूप को वे साहित्य के लिए शुभ नहीं मानते। प्रगतिवाद को वे एक प्रोपेगैण्डिस्ट आन्दोलन से अधिक महत्त्व नहीं देते। प्रयोगवाद के बारे में तो उनका यह कथन है कि, "प्रयोगवादी साहित्यिकों के बारे में मेरी धारणा कभी ऊँची नहीं रही। प्रयोग शब्द में ही एक प्रकार की कृत्रिमता और अभ्यास की व्यंजना है।" वे इसलिए भी इसे श्रेयस्कर नहीं मानते क्योंकि, "परिश्रम के द्वारा कलापूर्ण और सुरुचिपूर्ण साहित्य का निर्माण हो सकता है, प्राणप्रद और जीवनप्रद साहित्य का नहीं।" (उप., पृ. 13) इसीलिए वे प्रयोगवादियों को मात्र प्रणेता और प्रवक्ता मानते हैं, स्रष्टा नहीं।

साहित्य को एक सात्त्विक जीवन माननेवाले वाजपेयी जी इसे मनुष्य की कठिन साधना का फल कहते हैं। आत्मानुभूति को इसका मुख्य प्रेरक मानते हैं। नयी कविता पर विचार करते हुए वे इसके मानवीय पक्ष की सराहना करते हैं। श्लेगल के इस मत से वे बड़े प्रभावित रहे कि समाज का जो सर्वोत्तम ज्ञान है, साहित्य उसी का साररूप है। नयी कविता ही नहीं, प्रयोगवाद, प्रगतिवाद आदि को वे इसी आधार पर देखते हैं। जहाँ ये नयी काव्य-प्रवृत्तियाँ उन्हें समाज-मूल्यों' (मानव सत्ता) का अतिरेक करती हुई दिखती हैं वहाँ इन्हें खरी-खोटी सुनाते हैं और जहाँ ये अपने युगजीवन की वाणी बनती दिखती हैं, वहाँ जमकर तारीफ भी करते हैं।

साहित्य में यदि सूत्र-संचालन व दिशा-निर्देश का कार्य सैद्धान्तिक समीक्षा का है तो उसके मूल्यांकन और स्थिति-निर्धारण का कार्य व्यावहारिक समीक्षा का। आचार्य वाजपेयी की व्यावहारिक समीक्षा ने अपने इस दायित्व को बखूबी निभाया है। उनके बारे में कहा जाता है कि वे नवोद्भूत काव्य चेतना (छायावाद) के प्रशंसक के रूप में साहित्य-पटल पर आये और जिस तरह शुक्ल जी ने मध्यकालीन काव्य से हिन्दी संसार को अवगत कराया उसी तरह छायावाद से वाजपेयी ने।

किसी समीक्षक के लिए सबसे बड़ी चुनौती होती है नये साहित्य का मूल्यांकन करना और खासकर ऐसी परिस्थितियों में जबकि स्थापित आलोचक उस साहित्य को अपनी परम्परा से ही खारिज करने की घोषणा कर रहा हो। छायावाद ऐसा ही नया साहित्य था, जिसे अपने उद्भव-काल में ही साहित्य-संरक्षकों (आलोचकों) से दुत्कार सहनी पड़ी। वाजपेयी जी को यह नागवार गुजरा और उन्होंने स्थापित मतों के विरुद्ध जाकर इस 'वाद' की साहित्यिकता की वकालत की। छायावादी कवियों का उन्होंने व्यवस्थित मूल्यांकन किया। 'हिन्दी साहित्य : बीसवीं शताब्दी' उनकी प्रथम महत्त्वपूर्ण कृति है जिसमें महावीरप्रसाद द्विवेदी से लेकर रामेश्वर शुक्ल अंचल तक की साहित्य-यात्रा की विवेचना हुई है। इसके बारे में लेखक का स्वयं कथन है, "इस पुस्तक में मैंने 'प्रसाद', 'निराला' और 'पन्त' के काव्य को अपने विवेचन का केन्द्र बनाया है और अन्य कवियों और लेखकों को इसी केन्द्र की परिधि से ग्रहण किया है, यहाँ तक कि प्रेमचन्द को मैं स्वतन्त्र पार्श्वभूमि नहीं दे सका हूँ।" (नया साहित्य: नये प्रश्न, पृ. 4) इस पुस्तक में आचार्य महावीरप्रसाद द्विवेदी का ऐतिहासिक मूल्यांकन हुआ है। देखें, "जो कुछ कार्य द्विवेदी जी ने किया, वह अनुवाद का हो, काव्य रचना का हो, आलोचना का हो अथवा भाषा संस्कार का हो या केवल साहित्यिक नेतृत्व का ही हो, या स्थायी महत्त्व का हो या अस्थायी- हिन्दी में युग-विशेष के प्रवर्तन और निर्माण में सहायक हुआ है। उसका ऐतिहासिक महत्त्व है।" (हिन्दी साहित्य : बीसवीं शताब्दी, पृ. 37)

यद्यपि वाजपेयी जी की आलोचना का क्रमिक विकास होता रहा है किन्तु मोटे तौर पर उनके आलोचकीय मान नहीं बदले हैं। उनके विचारों का विस्तार जरूर हुआ है। यही वजह है कि उनका रचना या रचनाकारों को लेकर किया गया मूल्यांकन महत्त्वपूर्ण है। व्यावहारिक समीक्षा करते हुए अर्थात् कृतित्व पर विचार करते हुए उनके द्वारा उठाये गये सवाल अथवा खोजी गयी प्रशंसा भूमियाँ एकांगी नहीं हैं। मसलन आचार्य शुक्ल को लेकर किया गया उनका मूल्यांकन हो प्रसाद, निराला, अज्ञेय, रत्नाकर, दिनकर को लेकर व्यक्त हुआ विचार -यह हिन्दी आलोचना साहित्य की स्थायी निधि हैं। आचार्य शुक्ल से ढेरों असहमतियों के बावजूद उनके महत्त्व को रेखांकित करते हुए वाजपेयी जी लिखते हैं कि, "हिन्दी समीक्षा के क्षेत्र

में उन्होंने क्रान्तिकारी परिवर्तन किया। वास्तव में वे नये युग के विधायक थे। उन्होंने अपने समय की एक अर्द्ध-जागृत साहित्य-चेतना को दिशा ज्ञान दिया। इस सबके साथ शुक्ल जी की सबसे बड़ी विशेषता है समीक्षा के सब अंगों का समान रूप से विन्यास। अन्य प्रान्तीय भाषाओं में समीक्षा के किसी एक अंग को लेकर शुक्ल जी की टक्कर लेनेवाले अथवा उनसे विशेषता रखनेवाले समीक्षक मिल सकते हैं, पर सब अंगों का समान विकास उनका-सा कोई कर सका है, मैं नहीं जानता। जितना उत्कर्ष उन्हें साहित्य के सिद्धान्तों का निरूपण करने में प्राप्त हुआ, उतनी ही दक्षता उन्हें उन सिद्धान्तों का व्यावहारिक प्रयोग करने में सफल हुई।...वे आलोचक या समीक्षक मात्र नहीं थे, सच्चे अर्थ में साहित्य के आचार्य थे।'' (हिन्दी साहित्य: बीसवीं शताब्दी, पृ. 87)

वाजपेयी जी जातीय सांस्कृतिक चेतना के आराधक और अन्वेषक हैं। साहित्यिक पटल पर जिसकी सफल अभिव्यक्ति सबसे अधिक महाकाव्यात्मक कृतियों में दिखायी पड़ती है। वे मानते हैं कि महाकाव्य की रचना जातीय संस्कृति के किसी महाप्रवाह को प्रदर्शित करने के लिए की जाती है। रामायण और महाभारत दोनों भारतीय सभ्यता और संस्कृति की महागाथा बतानेवाली कृतियाँ हैं। इन दोनों महागाथाओं को आधार बनाकर न जाने कितने कवियों ने अपनी लेखनी को समृद्ध किया। इन दोनों ग्रन्थों की विशेषताओं का निरूपण करते हुए वाजपेयी जी लिखते हैं, '' 'रामायण', 'महाभारत' के महाकाव्य हमारे विचार में जगत् तत्त्व के दो विपरीत चक्र हैं-विपरीत होते हुए भी समान, तराजू के तुले हुए पलड़ों की भाँति। ये दोनों चक्र क्रमश: आशा-निराशा, विकास-ह्रास और उत्पत्ति-प्रलय के हैं, जो दोनों विपरीत, किन्तु सम हैं। सम न होते तो सृष्टिचक्र न चलता। रामायण सृष्टि की आशा है, महाभारत निराशा।'' यदि कालचक्र के इन दोनों महान् रूपकों को काल के ही एक लघुरूपक में प्रकट करें तो कहेंगे रामायण आधी रात से लेकर दोपहर दिन तक का बारह घण्टा है और महाभारत दोपहर दिन से लेकर आधी रात तक का बारह घण्टा। दोनों की अवधि एक है।''

'आधुनिक साहित्य' व 'नया साहित्य : नये प्रश्न' में आधुनिक साहित्य की व्यापक मीमांसा हुई है। यह दोनों की कृतियाँ काफी चर्चित रही हैं, इनमें वाजपेयी जी का आलोचकीय व्यक्तित्व निखरा है। गुप्त जी के 'साकेत' की मानस से तुलना करते हुए उसकी आधुनिकता प्रमाणित की गयी है और उसे नवीन मानवतावादी दर्शन की एक आदर्श रचना माना गया है। अज्ञेय की प्रसिद्ध कृति 'शेखर : एक जीवनी' का सन्तुलित मूल्यांकन पहली बार इसी कृति, ''आधुनिक साहित्य'' में हुआ। इस उपन्यास के बारे में उनकी स्पष्ट राय है, ''इसे हम उपन्यास भी नहीं कह सकते, क्योंकि इसमें एक ही पात्र का चरित्र है और यह भी नितान्त एकरस।'' (आधुनिक साहित्य, पृ. 46)

'जयशंकर प्रसाद', 'प्रेमचन्द' और 'महाकवि सूरदास' उनकी विशुद्ध व्यावहारिक समीक्षा कृतियाँ हैं, जिनमें एक ही लेखक या कवि को लेकर विचार किया गया है। इस प्रकार वाजपेयी जी की सैद्धान्तिक आलोचना की तरह ही उनकी व्यावहारिक आलोचना भी काफी प्रौढ़ व पुष्ट है।

वाजपेयी जी की आलोचना-दृष्टि छायावादी काव्यानुभूति व उसकी सौन्दर्यप्रियता पर निर्मित हुई है। उन्होंने हिन्दी आलोचना को शुक्ल जी की सीमाओं से परिचित कराते हुए युगानुरूप नवीन आयाम प्रदान करने का सफल प्रयास किया। यह सच है कि हर व्यक्ति की अपनी कुछ-न-कुछ सीमाएँ भी होती हैं, नैसर्गिक प्रतिभा में भी कई छिद्र होते हैं, अत: आचार्य वाजपेयी के सदाशयी व्यक्तित्व की भी कुछ सीमाएँ हैं जिन्हें दृष्टि ओझल नहीं किया जा सकता। आखिर एक की सीमाएँ ही तो दूसरे की चिन्तनभूमि बनती हैं। जहाँ तक उनकी सीमाओं का सवाल है सबसे पहली आपत्ति तो यही है कि शुक्ल जी की तरह उन्होंने एक काव्य-प्रवृत्ति-विशेष को अपने काव्य-दर्शन का मूलाधार माना है और समग्र साहित्य को उसी दृष्टिकोण से देखा है। कहने का तात्पर्य यही है कि वे छायावादी काव्य-प्रवृत्ति की सीमाओं को लाँघ नहीं पाते। इसलिए वे प्रगतिशील भी उसी अर्थ में हैं जिस अर्थ में शुक्ल जी थे। यही नहीं, अपनी व्यक्तिगत अभिरुचि के कारण वे प्रगतिवादी, प्रयोगवादी व नयी कविता का समुचित मूल्यांकन नहीं कर सके। छायावादी काव्य-सौन्दर्य को नये सन्दर्भों में विवेचित करते हैं, इसके बावजूद भी कई पहलू अनालोचित रह गये हैं। यही नहीं, इस काव्य के विवेचन में उनका दार्शनिक स्वर प्रसाद-दर्शन से ही अनुप्राणित है और उसी से वे अन्य कवियों को भी देखते हैं, जो कहीं-कहीं अतिवाद लगने लगता है। इसलिए डॉ. नगेन्द्र ने यह आपत्ति दर्ज करायी है कि, ''इन्होंने छायावाद के ऊपर दार्शनिक रंग इतना अधिक चढ़ा दिया कि न तो वह स्वयं ही अपना आशय बिल्कुल स्पष्ट कर सके और न छायावाद ही उसको वहन कर सका।'' इसका कारण यह था कि उन्होंने छायावाद की अधिकांश मूल प्रवृत्तियों का उद्गम प्रसाद जी की ही तरह भारतीय दर्शन को माना।

प्रगतिवाद को समझने में भी उनसे कुछ भूलें हुई हैं। प्रगतिवाद को नवीन सामाजिक-राजनीतिक चेतना का संस्करण नहीं अपितु मार्क्सवादी विचारधारा का अनुचर मान लेने के कारण ही वे प्रेमचन्द-जैसे उपन्यासकार को प्रोपेगैण्डिस्ट की संज्ञा दे डालते हैं। इसी प्रकार अज्ञेय में उन्हें सिर्फ बौद्धिकता और तार्किकता ही नजर आती है। भारती की काव्य कृति 'अन्धायुग' को नकारात्मक और अनास्था का प्रवर्तक कहकर युग के उस यथार्थ से मुकरने का प्रयास करते हैं जिसमें 'अस्मिता का संकट' ही प्रमुख मानवीय संकट बन चुका है।

इसके बावजूद, उनकी समीक्षा का ऐतिहासिक व स्थायी मूल्य है। उनके निष्कर्ष छायावाद के मूल्यांकन के लिए तो निश्चय ही प्रासंगिक हैं। रस व सांस्कृतिक चेतना के बारे में उनकी धारणा भी निश्चय ही विचारणीय है। उन्होंने नैतिकता व आदर्शवादिता के कुहरे को छाँटकर एक स्वस्थ परिपाटी निर्मित की। रसवाद को जीवनानुभूति से जोड़कर व्यापक सन्दर्भ प्रदान किया। उनकी प्रथम कृति 'हिन्दी साहित्य : बीसवीं शताब्दी' को डॉ. बच्चन सिंह ने छायावादी काव्य-समीक्षा का प्रामाणिक दस्तावेज माना है जो कि बिल्कुल ठीक है। इसमें छायावाद के लगभग सभी स्वरों को पहचाना व परखा गया है। इसी प्रकार 'नया साहित्य : नये प्रश्न' जिसमें आधुनिक साहित्य की विशद विवेचना की गयी है, को डॉ. नगेन्द्र ने आधुनिक समीक्षा का 'बाइबिल' कहा है।

# आचार्य हजारीप्रसाद द्विवेदी

जिस प्रकार आचार्य नन्ददुलारे वाजपेयी छायावाद को लेकर आचार्य शुक्ल के विचारों के प्रतिपक्ष में खड़े हुए और इस नयी काव्य-प्रवृत्ति को अपने युग का स्वर कहते हुए शुक्ल जी की सीमाएँ निर्दिष्ट कीं तथा इस नयी काव्य-प्रवृत्ति को प्रतिष्ठित करने का महत् कार्य किया, उसी प्रकार आचार्य द्विवेदी ने साहित्येतिहास के कारणों और कारकों की तलाश करते हुए शुक्ल जी से भिन्न मत रखा और उनके आदर्शवाद पर सवाल उठाते हुए कबीर आदि सन्त कवियों के महत्त्व को स्थापित किया। हिन्दी साहित्य को भारतीय चिन्ताधारा का स्वाभाविक विकास बतलाते हुए शुक्ल जी से असहमति जताते हुए द्विवेदी जी ने कहा, ''आज से लगभग हजार वर्ष पहले हिन्दी साहित्य का इतिहास बनना शुरू हुआ था। इन हजार वर्षों में भारतवर्ष का हिन्दीभाषी जन-समुदाय क्या सोच-समझ रहा था, इस बात की जानकारी का एकमात्र साधन हिन्दी साहित्य ही है।'' इस तथ्य को स्वीकार करने के बावजूद पूर्ववर्ती हिन्दी साहित्य के इतिहासकार-अध्येता तत्कालीन परिस्थितियों के वशीभूत होकर उस पृष्ठभूमि को नजरअन्दाज कर जाते हैं जो हजारों-हजार वर्षों से जनता की चित्तवृत्ति के निर्माण की मूल वजह रही है। केवल तात्कालिक कारणों को लेकर चलनेवालों से मतभेद दर्शाते हुए आचार्य द्विवेदी कहते हैं, ''दुर्भाग्यवश हिन्दी साहित्य के अध्ययन और लोक-चक्षु गोचर करने का भार जिन विद्वानों ने अपने ऊपर लिया है, वे हिन्दी साहित्य का सम्बन्ध हिन्दू जाति के साथ ही अधिक बतलाते हैं और इस प्रकार अनजान आदमी को दो ढंग से सोचने का मौका देते हैं: एक यह कि हिन्दी साहित्य एक हतदर्प पराजित जाति की सम्पत्ति है,...दूसरा यह कि ऐसा न भी हो, तो भी वह एक निरन्तर पतनशील जाति की चिन्ताओं का मूर्त प्रतीक है, जो अपने-आप में कोई विशेष महत्त्व नहीं रखता। मैं इन दोनों बातों का प्रतिवाद करता हूँ।'' (हिन्दी साहित्य की भूमिका, पृ. 15) उन्होंने यह भी कहा कि, ''ऐसा करके

मैं इस्लाम के महत्त्व को भूल नहीं रहा हूँ लेकिन जोर देकर कहना चाहता हूँ कि अगर इस्लाम नहीं आया होता तो भी इस साहित्य का बारह आना वैसा ही होता जैसा आज है।'' (वहीं पृ. 16)

स्पष्ट है कि आचार्य द्विवेदी जिस साहित्य पर विचार करते हैं उसकी एक पूरी मुकम्मल समझ रखते हैं, विकासक्रम को लेकर उनका अपना सुचिन्तित दृष्टिकोण है। कारण यह है कि वे मानवतावादी हैं, मनुष्य की जयगाथा के पक्षधर हैं। जाहिर है इसलिए मनुष्यता के इतिहासक्रम को वे इस विकासयात्रा में विच्छिन्न नहीं मानते। परिस्थितियाँ किसी भी समय-सन्दर्भ को प्रभावित कर सकती हैं परन्तु मनुष्य की चित्तवृत्ति या कहें जनसमूह की चित्तवृत्ति की वे ही प्रधान कारण नहीं हो सकतीं। इसीलिए वे हिन्दी साहित्य को छठी-सातवीं शताब्दी से जोड़कर देखते हैं। नाथ-सिद्ध-बौद्ध-जैन धर्म जो भारतवर्ष में इस्लाम के पूर्व प्रचलित रहे, उनकी लोक-चेतना से साहित्य के स्वाभाविक विकास को जोड़ते हुए कहते हैं, ''हजारों वर्ष पहले से वे ज्ञानियों और पण्डितों के ऊँचे आसन से नीचे उतरकर अपनी असली प्रतिष्ठा लोक-भूमि लोकमत की ओर आने लगे। उसी की स्वाभाविक परिणति इस रूप में हुई। उसी स्वाभाविक परिणति का मूर्त प्रतीक हिन्दी साहित्य है।''

आचार्य द्विवेदी लोक चिन्ता के स्वर को पकड़ने की चेष्टा करते हैं, इसलिए वे किसी एक जाति, पन्थ, सम्प्रदाय को आधार न बनाकर मनुष्यता की सामान्य भूमि को तलाशते हैं। अपने पूर्ववर्तियों से उनका पार्थक्य और विशिष्टता इसी में झलकती है कि वे सामान्य मनुज धर्म को सर्वोपरि मानते हैं। इसलिए उनके लिए हिन्दी साहित्य का सबसे स्वर्णिम काल भी किसी प्रतिक्रिया का परिणाम नहीं बल्कि जनचेतना का स्वाभाविक विकास लगता है। 'हिन्दी साहित्य की भूमिका' में वे लिखते हैं, ''कभी-कभी यह शंका की गयी है कि हिन्दी साहित्य का सर्वाधिक मौलिक और शक्तिशाली अंश अर्थात् भक्तिसाहित्य मुसलमानी प्रभाव की प्रतिक्रिया है और कभी-कभी यह बताने का प्रयत्न किया गया है कि निगुर्णिया सन्तों की जाति-पाँति विरोधी प्रवृत्ति अवतारवाद और मूर्तिपूजा के खण्डन करने की चेष्टा में मुसलमानी जोश है। किसी-किसी ने तो कबीरदास आदि की वाणियों को मुसलमानी हथकण्डे भी बताया है। ये सभी बातें भ्रममूलक हैं।'' अकाट्य साक्ष्यों के आधार पर उन्होंने यह सिद्ध किया कि, ''निर्गुण मतवादी सन्तों के केवल उग्र विचार ही भारतीय नहीं हैं, उनकी समस्त रीति-नीति, साधना, वक्तव्य वस्तु के उपस्थापन की प्रणाली, छन्द और भाषा पुराने भारतीय आचार्यों की देन है।'' कालिदास का उदाहरण देते हुए वे कहते हैं कि, ''जिस प्रकार कालिदास की कविताओं में यावनी या ग्रीक प्रभाव देखकर यह नहीं कहा जाता कि वह दुर्बल जाति की प्रतिक्रियात्मक

मनोवृत्ति का दिग्दर्शक है, उसी प्रकार हिन्दी साहित्य में भी यह प्रभाव, प्रभाव के रूप में ही स्वीकार किया जाना चाहिए, प्रतिक्रिया के रूप में नहीं।''

द्विवेदी जी का मूल आलोचनादर्श है-मानवतावाद। उनकी समीक्षा-दृष्टि मानवतावादी-दर्शन से अनुप्राणित है। इसी दृष्टिकोण से उन्होंने साहित्य के सैद्धान्तिक एवं व्यावहारिक दोनों पक्षों पर विचार किया है। उनकी दृष्टि में मानवता का उत्कर्ष ही समूची साहित्य-साधना का साध्य है और इसमें प्रयुक्त सभी उपादान उसके साधन हैं। वे लिखते हैं, ''मनुष्य ही मुख्य है, बाकी सब बातें गौण हैं। अलंकार, छन्द, रस का अध्ययन इस मनुष्य को समझने का ही साधन है, ये अपने-आप में कोई स्वतन्त्र चरम मान नहीं हैं।'' इस प्रकार वे मुख्य लक्ष्य मनुष्य को ही मानते हैं। कहते भी हैं कि, ''हमारे सारे प्रयत्न मनुष्य के लिए हैं। हमारे सब प्रयत्नों का एक ही लक्ष्य है कि मनुष्य वर्तमान दुर्गति के पंक से उद्धार पाये और भविष्य में सुख और शान्ति से रहे। साहित्य, दर्शन, इतिहास, राजनीति आदि सब मनुष्य के लिए ही बनते हैं।'' साहित्य को इसी दृष्टि से देखने के पक्षपाती हैं। उनकी स्पष्ट मान्यता है, ''जो वाग्जाल मनुष्य को दुर्गतिहीनता और परमुखापेक्षिता से बचा न सके, जो उसकी आत्मा को तेजोद्दीप्त न बना सके, जो उसके हृदय को परदुःखकातर और संवेदनशील न बना सके, उसे साहित्य कहने में मुझे संकोच होता है।''

वे मनुष्य को भगवान् का विग्रह मानते हैं तथा समस्त पशु-सामान्य क्षुद्र स्वार्थों से मुक्त परम प्रेम-स्वरूपा घोषित करते हैं। उनकी दृष्टि में दूसरों के साथ तादात्म्य या एकत्व की अनुभूति ही मनुष्य की मनुष्यता है। यह अनुभूति ही मनुष्य के समस्त दुःखों-व्यवहारों को बदलने का साधन है, यही मनुष्य का श्रेष्ठ रूप है और इसी रूप में प्रकट होना ही उसका स्वाभाविक धर्म है। वे यथार्थवाद का उल्टा आदर्शवाद और प्रकृतिवाद का उल्टा मानवतावाद को मानते हैं। क्योंकि मानवतावाद ही मनुष्य को पशु-सामान्य धरातल से ऊपर उठाता है। मानवतावाद तप, सौन्दर्य, प्रेम और परदुःखकातरता जैसे गुणों को ही मानव-धर्म मानता है और यही मनुष्य की मनुष्यता की निशानी है। इसलिए वे मनुष्य को सृष्टि की सबसे उत्तम और सुकुमार रचना मानते हैं। और उसे इसी लोक में सुखी बनाने की बात करते हैं। उनकी दृष्टि में, ''मनुष्य को किसी परलोक में अनन्त सुखों का अधिकारी बनाना दूसरी बात है और इसी नश्वर जगत् में इसी मर्त्यकाया में सुखी बनाना दूसरी बात।'' मनुष्य अपने आत्मदान के बल पर ही सद्गुणों का विकास कर सका है और पशु-सामान्य धरातल से उठ सका है। यही मानवतावादी दृष्टि है। उनकी सांस्कृतिक संकल्पना भी इसी मानवतावादी दृष्टि से अंगीभूत हुई है।

कहा जा चुका है कि द्विवेदी जी की साहित्य-सम्बन्धी अवधारणाएँ मानवतावाद पर आधारित हैं। जैसाकि हिन्दी साहित्य कोश में लिखा है, ''साहित्य व्यक्ति के

समस्त भावों व विचारों की समष्टि है।'' (हिन्दी साहित्य कोश भाग-1, पृ. 920) आचार्य द्विवेदी जी भी जब यह कहते हैं कि, ''साहित्य मनुष्य की सबसे सूक्ष्म और महनीय साधना का प्रकाश है।'' (साहित्य का मर्म, पृ. 50) तो भी यही भाव प्रतिध्वनित होता है। द्विवेदी जी ने इस सृष्टि की सबसे उत्तम रचना मनुष्य को माना है और साहित्य को मनुष्य की साधनाओं की सर्वोत्तम सृष्टि माना है। उनका कहना है कि, ''मनुष्य की मनुष्यता तब उच्छलित हो उठती है, जब उसके अन्तर का आनन्द बाहर प्रकाशित हो आता है, तब काव्य बनता है और काव्य ही जब तथ्य-जगत् में विभिन्न उपादानों का आश्रय लेता है तो अन्यान्य साहित्यांगों के रूप में प्रकट होता है।'' (उप., पृ. 70) उनकी दृष्टि में यदि इससे मानवता के स्वाभाविक धर्म का उच्छलन नहीं होता तो सारे साहित्यिक उपादान व्यर्थ हैं। वे मानते हैं कि जिसमें यह भावोच्छलन होता है वह अपने को दलित द्राक्षा के समान निचोड़कर 'महाएक' को अर्पित किये बिना नहीं रह सकता। इसी आधार पर वे साहित्य के उत्कर्ष या अपकर्ष की कसौटी भी मानवता के हित को ही मानते हैं। स्पष्ट लिखते हैं, ''मैं साहित्य को मनुष्य की दृष्टि से देखने का पक्षपाती हूँ। मुझे उसे साहित्य कहने में संकोच होता है जो मानव-कल्याण में सहायक न सिद्ध हो सके।'' (अशोक के फूल, पृ. 148) इस प्रकार सारे मानव-समाज को सुन्दर बनाने की साधना का नाम ही साहित्य है। साहित्य का जीवन से सम्बन्ध निरूपित करते हुए कहते हैं, ''परम्परा समर्थित सहृदयता की कसौटी पर कसकर ही कविता की सच्ची प्रशंसा नहीं हो सकती। काव्य को जीवन की विशाल पटभूमि पर रखकर देखने की आवश्यकता है।'' (कल्पलता, पृ, 150)

स्पष्टतः मानवतावादी द्विवेदी जी मनुष्य को ही साहित्य का लक्ष्य मानते हैं, उनकी दृष्टि में मनुष्य ही मुख्य है बाकी सब बातें गौण हैं। अलंकार, रस, छन्द का अध्ययन इस मनुष्य को समझने का ही साधन है। ये अपने-आपमें कोई स्वतन्त्र मान नहीं हैं। मनुष्य को पशु-सामान्य धरातल से ऊपर उठाने के लिए प्रयत्नशील उस प्राणी को जो त्याग, प्रेम, संयम और श्रद्धा को, छीना-झपटी, मारा-मारी, लोलुपता और घृणा से बड़ा मानता है-उसके लक्ष्य की ओर ले जाना ही साहित्य का मुख्य उद्‌देश्य है। इसके अलावा एक अन्य उद्‌देश्य साहित्य का वे यह मानते हैं कि, ''इस देश की कोटि-कोटि जनता को ज्ञान का आलोक देना, उसमें आत्मगौरव का संचार करना, रोग-शोक से, भूख और प्यास से उनका उद्धार करना ही साहित्य का चरम लक्ष्य है।'' (अशोक के फूल, पृ. 185) इस प्रकार द्विवेदी जी साहित्य को मानव के कल्याण के लिए दो तरह से उपयुक्त मानते हैं, एक तो वह उसे पशु-सामान्य धरातल से ऊपर उठाता है, दूसरा देश की कोटि-कोटि जनता के हृदय और मस्तिष्क की भूख मिटाता है।

साहित्येतिहास सम्बन्धी इन स्थापनाओं के परिप्रेक्ष्य में आचार्य द्विवेदी के पक्ष को देखा जाना चाहिए। आधुनिक मानवतावादी दर्शन से प्रभावित द्विवेदी जी मनुष्य धर्म के उपासक हैं, इसलिए वे समूची साहित्य-परम्परा को मनुजता की दृष्टि से देखने के पक्षपाती हैं। और महज युग-सन्दर्भ ही नहीं, बल्कि समूची विकास-परम्परा के परिप्रेक्ष्य को देखने पर बल देते हैं। ''हम मानते हैं कि संसार में कोई घटना अपने-आप में स्वतन्त्र नहीं है। पूर्ववर्ती और पार्श्ववर्ती घटनाएँ वर्तमान घटनाओं को रूप देती रहती हैं, इसलिए जिस किसी रचना या वक्तव्य वस्तु का हमें स्वरूप निर्णय करना हो उसे पूर्ववर्ती और पार्श्ववर्ती घटनाओं की अपेक्षा में देखना चाहिए।''

समाज को मनुष्य की सारी साधनाओं का केन्द्र और लक्ष्य माननेवाले द्विवेदी जी मानते हैं कि, ''मनुष्य की जीवनी-शक्ति बड़ी निर्मम है। वह सभ्यता और संस्कृति के वृथा मोहों को रौन्दती चली आ रही है...शुद्ध है केवल मनुष्य की दुर्दम जिजीविषा। वह गंगा की अबाधित, अनाहत धारा के समान सब-कुछ को हजम करने के बाद भी पवित्र है।'' हमारी समस्त साधनाएँ मनुष्य को बेहतर मनुष्य बनाने के लिए ही हैं। साहित्य, इतिहास, दर्शन, राजनीति, अर्थनीति आदि सभी का केन्द्र मनुष्य ही है। उनके अनुसार वह शास्त्र, वह रसग्रन्थ, वह कला, वह नृत्य, वह राजनीति, वह समाज-सुधार, वह पूजा-व्रत-तप जिनसे मनुष्य का कल्याण न होता हो, वे व्यर्थ हैं। वास्तव में मनुष्य तो देवता का ही विग्रह है। इसीलिए आधुनिक युग में मध्यकालीन आदर्शवाद उन्हें नहीं भाता, वर्तमान युग के मनुष्य की इच्छाएँ, अपेक्षाएँ और उन्हें पूरा करने के प्रयास प्रिय लगते हैं। अपने प्रगतिशील दृष्टिकोण का परिचय कराते हुए वे मनुष्य की सामूहिक मुक्ति की कामना करते हैं अर्थात् व्यष्टि नहीं समष्टि हित की भावना रखते हैं। उन्हें विश्वास है कि, ''अगला कदम सामूहिक मुक्ति का है-सब प्रकार के शोषणों से मुक्ति का।... जब-जब बड़े आदर्श के साथ मनुष्य का योग होता है, तब-तब साहित्य में नये काव्य-रूपों की उद्‌भावना करता है।'' (हिन्दी साहित्य उद्‌भव और विकास, पृ. 285) तात्पर्य यह कि जब-जब मनुष्य-शोषणों के दुश्चक्र के विरुद्ध खड़ा होता है, उसमें चेतना आती है, तब-तब उसकी सर्जनात्मक चेतना का भी विस्तार और उन्मेष होता है।

मानवता के समक्ष हर युग में अपने खतरे रहे हैं। आचार्य द्विवेदी विकासवादी दृष्टिकोण रखते हैं, इसलिए वे खतरों के सम्भावित संकट से घबराते नहीं बल्कि सावधान करते हैं और उनसे मुकाबिले के लिए प्रेरित करते हैं। इसके लिए वे कहते हैं कि, ''हमें अपने हृदय को उदार, संवेदनशील, बुद्धि को सूक्ष्म सारग्राहिणी, संकल्प को महान् और मंगलमय बनाना होगा।'' वर्तमान विज्ञानवादी दौर में मनुष्यता के समक्ष आते खतरे से आगाह करते हुए द्विवेदी जी कहते हैं कि मनुष्यता

को आघात पहुँचानेवाली समस्त ताकतें, व्यवस्थाएँ चुनौती जरूर हैं मगर मनुष्य की जीवनी शक्ति बड़ी निर्मम है। वे मानते हैं, कि, ''मानवीय संस्कृति की प्रतिष्ठा के बिना सभ्यता और उसके अस्तित्व को खतरा है, मनुष्यता और मनुष्य की अन्तर्निहित एकता को खतरा है, क्योंकि जातीय श्रेष्ठता का प्रतिपादन करनेवाला साहित्य घृणा और द्वेष का साहित्य होता है, जिसमें लोभ, मोह, क्रोध की उद्दाम वासनाएँ मनुष्य की मनुष्यता विरोधी हैं।'' इसके लिए जरूरी है कि सहृदय-सच्चरित्र मनुष्य का निर्माण करने का यत्न हो। और इसका एकमात्र साधन हो सकता है उदार और सरस साहित्य। उनकी दृष्टि में मनुष्य में पशु-सुलभ प्रवृत्तियाँ भी हो सकती हैं लेकिन वह पशु नहीं है। सुन्दर अतीत की अनवरत साधना से मनुष्य अपने भीतर त्याग, तप, सौन्दर्य, प्रेम, परदुःखकातरता आदि गुणों का विकास करता आया है। सच्चे अर्थों में मनुष्य के ये गुण-धर्म ही उसकी मनुष्यता की पहचान हैं।

साहित्य को मनुष्य की दृष्टि से देखने के पक्षपाती द्विवेदी जी साहित्य का उद्देश्य बहुत महान् मानते हैं। वे कहते हैं, ''जो साहित्य हमारी वैयक्तिक क्षुद्र संकीर्णताओं से ऊपर उठा ले जाये और सामान्य मनुष्यता के साथ एक करा कर अनुभव कराये, वही उपादेय है। उसके भावपक्ष के लिए किसी देश-विदेश की नैतिक आचार-परम्परा का मुँह जोहना आवश्यक नहीं है। हमें दृढ़ता से केवल एक बात पर अटल रहना चाहिए और वह यह कि जिसे काव्य, नाटक या उपन्यास-साहित्य कहकर हमें दिया जा रहा है वह हमें पशु-सामान्य मनोवृत्तियों से ऊपर उठाकर समस्त जगत् के सुख-दुःख को समझने की सहानुभूति की दृष्टि देता है या नहीं। हमें उस एक की अनुभूति में सहायता पहुँचा रहा है या नहीं, जिसे व्यक्ति ने अपने अनेक स्वार्थों के बलिदान के बाद उपलब्धि योग्य बनाया है।''

मानवतावादी सिद्धान्त के अनुसार ही द्विवेदी जी साहित्य ही नहीं, कला, संस्कृति, समाज, राजनीति सभी को देखते हैं। संस्कृति के सम्बन्ध में वे कहते हैं कि किसी देश-विशेष या जाति-विशेष की संस्कृति उसकी मौलिकता नहीं होती, सारे संसार के मनुष्यों की एक सामान्य संस्कृति होनी चाहिए, उसी की प्राप्ति के लिए प्रयत्न होते रहे हैं। वे इस सारे संसार के मनुष्यों की एक सामान्य मानव-संस्कृति की कल्पना करते हैं जो भारतीय मत 'वसुधैव कुटुम्बकम्' के अनुसार उचित भी है। इतिहास को वे मनुष्य के आवेगों, उद्वेगों और उल्लासों का स्पन्दन कहते हैं तो राजनीति को मनुष्य की लुका-छिपी का खेल बताते हैं। और चूँकि इन सबमें साहित्य ही वह माध्यम है जो मनुष्य के सर्वाधिक निकट होता है क्योंकि वह वास्तव में मनुष्य की मनुजता के ही जन्म-मरण, क्रिया-कलाप, हर्ष-द्वेष, उल्लास-सन्ताप की गाथा होता है, इसलिए उसी साहित्य को श्रेष्ठ मानते हैं जो मनुष्य समाज के रोग, शोक, दारिद्र्य, अज्ञान और परमुखापेक्षिता के निवारण तथा मनुष्य को और बेहतर

मनुष्य बनाने की साधना से सृजित होता है। उनकी दृष्टि में साहित्य की उत्पत्ति ही मनुष्य की मनुष्यता, उच्चता दर्शाने के लिए हुई है। इसी आधार पर उनकी यह काव्य परिभाषा देखें, ''मनुष्य की मनुष्यता जब उच्छलित होने लगती है, जब उसके अन्तर का आनन्द बाहर प्रकाशित होने लगता है, तब काव्य बनता है और काव्य ही जब तथ्य-जगत् के विभिन्न उपादानों का आश्रय लेता है तो अन्यान्य साहित्यांगों के रूप में प्रकट होता है।'' यही नहीं, चूँकि इसमें सारे मानव समाज को सुन्दर बनाने की साधना होती है, इसलिए मानवतावादी द्विवेदी जी मानते हैं कि, ''उच्छलित आनन्द के अतिरेक से उद्भूत साहित्य ही सच्चा साहित्य है और जिसे यह आनन्द मिलता है, वह अपने को दलित द्राक्षा के समान निचोड़कर 'महाएक' को समर्पित किये बिना रह ही नहीं सकता।''

साहित्य के तत्त्वों में रस को भारतीय काव्यशास्त्रीय परम्परा में मुख्य माना गया है। जितने भी भारतीय शास्त्रीय सम्प्रदाय हैं, वे सब कहीं-न-कहीं रस में अन्तर्भूत हो गये से लगते हैं। वजह यह है कि साहित्य का एकमेव लक्ष्य रस और आनन्द माना गया है। आचार्य द्विवेदी भी रसानन्द की सत्ता स्वीकार करते हैं लेकिन उसकी अलौकिकता को खारिज करते हैं। रस की लोकसामान्य मानवीय भूमि को साहित्य ही नहीं मनुष्यता के प्रसार के लिए आवश्यक मानते हैं। उनकी दृष्टि में मानवतावादी दर्शन ही साहित्य में रस रूप में परिणत होता है।

रस भारतीय काव्य चिन्तन का एक शाश्वत प्रतिमान माना गया है। द्विवेदी जी रस की सत्ता को स्वीकार करते हैं किन्तु वे मानते हैं कि यह अनुभव की चीज है विवेचना की नहीं। कवि कुल-गुरु रवीन्द्रनाथ का हवाला देते हुए कहते हैं- ''वाक्य जब सीधा खड़ा होता है तब केवल अर्थ को प्रकट करता है, परन्तु जब तिरछी भंगिमा से खड़ा होकर गतिशील हो उठता है तो साधारण अर्थ के अतिरिक्त और भी अनेक बातें प्रकाशित करता है। वह अतिरिक्त वस्तु क्या है, यह कहना कठिन है क्योंकि वह वचन के अतीत है और इसलिए अनिर्वचनीय है। हम जो कुछ देखते हैं, सुनते हैं, जानते हैं उसमें जब अनिर्वचनीय का योग होता है तो हम उसे रस कहते हैं अर्थात् वह वस्तु जिसे हम अनुभव करते हैं पर व्याख्या के द्वारा समझ नहीं सकते।'' काव्य-तत्त्वों यथा भाषा, छन्द, अलंकार आदि के बारे में भी द्विवेदी जी ने सैद्धान्तिक दृष्टि से विचार किया है। वे सहज, सरल भाषा के पक्षधर हैं, लोकभाषा उन्हें अधिक प्रांजल और मधुर लगती है। उनका कहना है कि, ''निःसन्देह मैं सहज भाषा का पक्षपाती हूँ। परन्तु सहज भाषा मैं उसे समझता हूँ जो सहज ही मनुष्य को आहार-निद्रा और पशु-सामान्य धरातल से उठा सके। सहज भाषा का अर्थ है सहज ही महान् बना देनेवाली भाषा। वह भाषा जो मनुष्य को उसकी दुर्गति, दरिद्रता, अन्ध संस्कार और परमुखापेक्षिता से न

बचा सके, किसी काम की नहीं है, भले ही उसमें प्रयुक्त शब्द बाजार में विचरनेवाले अत्यन्त निम्नस्तर के लोगों के मुख से संग्रह किये गये हों।'' (विचार और वितर्क, पृ. 194) इस प्रकार सहज भाषा से उनका मतलब है, सहज ही महान् बनानेवाली भाषा, रास्ते से बटोरकर संग्रह की हुई भाषा नहीं। साथ ही, ऐसी भाषा को वे न तो व्याकरण या भाषाशास्त्र से निर्मित मानते हैं, और न ही कोशों में प्रयुक्त शब्दों के आधार पर गढ़ा हुआ। छन्द और संगीत भाषा में लयात्मकता उत्पन्न करते हैं। द्विवेदी जी का मानना है कि छन्द और संगीत केवल शब्द और अर्थ की कसरत मात्र नहीं हैं, वे जीवन में सन्तुलन पैदा कर जीवन को ऊपर उठाने और नीचे गिरने से बचानेवाले आवश्यक उपादान हैं।

साहित्य के विविध रूपों व विविध वादों पर भी उनका विशद चिन्तन है। छायावाद को मानवतावाद का ही प्रतिरूप मानते हैं। मानवतावादी दृष्टिकोण से छायावादी कविता का प्राणत्व बतलाते हुए लिखते हैं-''मानवीय दृष्टि के कवि की कल्पना अनुभूति और चिन्तन के भीतर से निकली हुई, वैयक्तिक अनुभूतियों के आवेग की स्वतः समुच्छित अभिव्यक्ति बिना किसी आयास के और बिना किसी प्रयास के स्वयं निकल पड़ा हुआ भावस्रोत ही छायावादी कविता का प्राण है।'' प्रगतिवाद मार्क्स के तत्त्व दर्शन पर आधारित है। प्रगतिवादी समस्त सनातन परम्परा को रूढ़िवादी मानता है और उसे त्याज्य घोषित करता है। वह जन क्रान्ति का पक्षधर है। मार्क्सवाद की द्विवेदी जी इसलिए प्रशंसा करते हैं कि वह सिद्धान्त के रूप में चाहे जो कुछ भी अपनाता हो, पर साहित्य में वह मनुष्य को दृढ़चिन्तक बनाने का कार्य करता है। वे मानते हैं कि प्रगतिवाद ने मनुष्य को अधिक व्यापक आदर्श और अधिक प्रभावोत्पादक उत्साह दिया है। जब-जब ऐसे बड़े आदर्श के साथ मनुष्य का योग होता है, तब-तब साहित्य में नये काव्य-रूपों की उद्‌भावना होती है। प्रगतिवाद भी इसी नवीन आदर्श का प्रतिफलन है। पर इसे वे प्रगतिशील विचारधारा का एक अंग ही मानते हैं। और यह घोषित करते हैं कि यदि यह व्यर्थ के मोह में न पड़ा तो इसकी सम्भावनाएँ अपार हैं।

भारतीय साहित्य की प्राणधारा मनुष्यता और लोकधर्म माननेवाले आचार्य द्विवेदी सैद्धान्तिक ही नहीं व्यावहारिक दृष्टिकोण में भी शुक्ल जी से घोर असहमति दर्शाते हैं और उन पक्षों पर ध्यानाकर्षित कराते हैं जिन्हें अपने नैतिकवादी दृष्टिकोण के चलते आचार्य शुक्ल या तो उपेक्षित कर गये हैं या पूरी तरह नकार गये हैं। कहना न होगा आचार्य शुक्ल के अभिमत के आधार पर एक तरफ जहाँ मध्यकालीन भक्तिकाव्य के कई अल्पचर्चित कवि भी चर्चा के केन्द्र में आ गये थे वहीं दूसरी तरफ कई महत्त्वपूर्ण कवि चर्चा की परिधि तक से गायब हो गये थे, याकि उनकी छवि ऐसी बना दी गयी थी कि वे अमहत्त्वपूर्ण की श्रेणी में परिगणित किये जाने लगे

थे। आचार्य द्विवेदी इसे वितण्डा मानते हुए उन कवियों को ढूँढ़-ढूँढ़कर चर्चा के केन्द्र में लाये और साहित्य की प्राणधारा के विकास में उनके महत्त्वपूर्ण योगदान को रेखांकित किया जिनमें सूर और कबीर का नाम अग्रगण्य है।

द्विवेदी जी ने साहित्य समीक्षा के व्यावहारिक पहलू पर भी मानवतावादी दृष्टिकोण से विचार किया है। तथा समस्त वाङ्मय में लोकधर्म, लोकसंस्कृति व सौन्दर्य की खोज की है। अनादिकाल से अविरल गति से प्रवाहित भारतीय संस्कृति तथा सभ्यता के इतिहास में दबे-छुपे लोक तत्त्वों और लोक-जीवन के प्रसंगों को उद्घाटित किया है। उन्होंने अपनी व्यावहारिक समीक्षा के दौरान कई ऐसे बहुमूल्य साहित्य रत्नों से समाज को अवगत कराया है, जिन्हें किसी दृष्टिकोण विशेष के चलते या तो धूमिल मान लिया गया था या अविवेच्य मान लिया गया था।

लोकमंगल व लोकधर्म यद्यपि शुक्ल जी के आलोचनादर्श हैं, परन्तु शुक्ल जी ने अपने विशिष्ट दृष्टिकोण के चलते उन्हें आर्यशास्त्रानुमोदित रूप दे दिया है जिससे उनके लोकधर्म में गंगा के समान स्वच्छ, पवित्र, निर्मलधारा जैसा बहाव आया है मगर सागर जैसी गहराई व प्रवाह उसमें नहीं है, जो समस्त विश्व को अपने में बहा ले जाने की शक्ति रखता हो। जबकि आचार्य द्विवेदी जी का लोकधर्म ऐसी शक्ति रखता है, तभी वह आधुनिक ही नहीं, प्राचीन समाज के उन ऐतिहासिक तत्त्वों को भी खोज निकालते हैं जो भारतीय साहित्य की मुख्य धारा से किसी कारणवश या तो कटे रहे हैं या काट दिये जाते रहे हैं। द्विवेदी जी के लोकधर्म में जबरदस्त समन्वय की क्षमता है। उन्होंने भारतीय साहित्य की प्राणधारा लोकधर्म को मानते हुए मध्यकालीन धर्मसाधना के सम्बन्ध में उठायी गयी कई भ्रान्तियों का तर्कसंगत निवारण किया है। उनके लोकधर्म का मूलतत्त्व है-प्रेम। 'प्रेमा पुमर्थोमहान्' उनकी मानवतावादी दृष्टि का परिचायक है। कबीर व सूर के बारे में आचार्य शुक्ल ने उपेक्षा भाव बरता था, उसे द्विवेदी जी ने उपेक्षित करार देते हुए इन दोनों के काव्य के लोकतत्त्वों की तलाश की, और इन्हें प्रासंगिक बनाया।

सूर जिनके काव्य को आनन्द की सिद्धावस्था का काव्य मानते हुए आचार्य शुक्ल ने 'बैठे-ठाले का धन्धा' और 'चारपायी पर लेटे-लेटे करवटें बदलनेवाला' तक कह डाला था-उसे द्विवेदी जी की तलस्पर्शिनी शोध दृष्टि और मानवतावादी सोच ने 'प्रेमा पुमर्थोमहान्' कहते हुए लोकधर्म का काव्य कहा। शुक्ल जी ने सूर काव्य के प्रेमतत्त्व को एकान्तिक कहकर लोकबाह्य घोषित करार दे दिया था, द्विवेदी जी उसे लोकविरोधी नहीं, लोकोन्मुखी बताते हैं, वह "निष्प्राण नियमों और रीति-रिवाजों में बँधे हुए समाज से बाहर निकलने का प्रयास है। उस प्रेम की एकान्तिकता ही उसकी लोकोन्मुखता है और वैयक्तिकता ही सामाजिकता।" 'सूर साहित्य' नामक अपनी कृति में द्विवेदी जी ने भक्ति-आन्दोलन की चार विशेषताओं का जिक्र

किया है-(1) प्रेम ही परम पुरुषार्थ है (2) भगवान् के प्रति प्रेम बड़ी चीज है (3) भक्ति के बिना शास्त्र ज्ञान और पाण्डित्य व्यर्थ है (4) भक्त भगवान् से बड़ा है। यथार्थवादी आलोचक शुक्ल जी सूर काव्य के लीला-विधान की प्रशंसा नहीं कर पाते। उनकी स्वच्छन्द प्रेमाभिव्यंजना को तरजीह नहीं देते, जबकि द्विवेदी मानते हैं कि वे (सूरदास) भक्ति को सर्वोपरि समझते हैं। अगर भक्ति है तो तीर्थयात्रा की जरूरत नहीं-भगवान् की दृष्टि में जाति-पाँति, कुल-शील आदि कोई चीज नहीं है। और भक्ति प्रेम का ही प्रतीक है, एक तरह से प्रेममूलक ही होती है। केवल प्रेम चाहिए, प्रेम ही जीवन का सबसे महान् तत्त्व है वही जीवन की आत्मा है, संसार के सारे नाते उसी से जुड़े-बँधे हैं। 'हिन्दी साहित्य की भूमिका' में तो द्विवेदी जी सूर का मार्ग बतलाते हुए स्पष्ट कहते हैं, "सूरदास सुधारक नहीं थे, ज्ञानमार्गी भी नहीं थे, किसी को कुछ सिखाने का भान उन्होंने कभी किया ही नहीं। वे कहीं भी सम्प्रदाय, मतवाद या व्यक्ति-विशेष के प्रति कटु नहीं हुए। यह भी उनके सरल हृदय का ही दिग्दर्शक है।"

"सूरदास जिस समाज में पले थे उसका गृहस्थ-जीवन, विलासिता का जीवन था, मिथ्याचार और फरेब का जीवन था और यौवन-मद, जन-मद, धन-मद, विध-मद, भारी का जीवन था। इसलिए इस समाज से वैराग्य ग्रहण करना उनका मत था। वे तुलसीदास की भाँति दृढ़चेता सेनानायक नहीं थे जो समाज की कुरीतियों से कुशलतापूर्वक बाहर निकलकर उस पर गोलीबारी आरम्भ कर दें।...वे केवल श्रद्धालु और विश्वासी भक्त थे जो झगड़ों में पड़ने के ही नहीं।" (हि.सा.की.भू.-पृ. 97)

कबीर में भी आचार्य द्विवेदी लोकधर्म की प्रतिष्ठा पाते हैं। आचार्य शुक्ल ने कबीर की काव्य प्रतिभा के साथ भी न्याय नहीं किया था, उन्हें निम्नश्रेणी की जनता का कवि तथा उनकी भाषा को 'सधुक्कड़ी' कहकर बहुत हीन दृष्टि से देखा था। आचार्य द्विवेदी ने इसे शुक्ल जी की दृष्टि-सीमा मानते हुए कबीर के लोकधर्म की भूरि-भूरि प्रशंसा की है। कबीर पर उन्होंने एक स्वतन्त्र पुस्तक ही इस शीर्षक 'कबीर' से लिखी है -जिसमें कबीर को सन्तकाव्य ही नहीं बल्कि समूची हिन्दी भक्तिकाव्य परम्परा का महान् कवि बताया है। कबीर के विद्रोह और समाज-सुधारक रूप को वे सकारण मानते हैं। उनके अनुसार, "कबीर ऐसे क्रान्तिकारी कवि थे जिसने -जातिगत, कुलगत, धर्मगत, संस्कारगत, विश्वासगत, शास्त्रगत, सम्प्रदायगत बहुतेरी विशेषताओं के जाल को छिन्न करके ही वह आसन तैयार किया जहाँ एक मनुष्य दूसरे से मनुष्य की हैसियत से ही मिले।" (कबीर, पृ. 147) भारतीय धर्म-साधना में कबीर का उच्च स्थान माननेवाले द्विवेदी जी उन्हें न हिन्दू मानते हैं, न मुसलमान। निर्गुणिया सन्तों की परम्परा को भारतीय धर्मसाधना मार्गों नाथ और सिद्ध योगमार्ग से जोड़ते हुए द्विवेदी जी उनकी एकेश्वरवादी तथा निर्गुण-निराकारवादी

दृष्टि को भारतीय परम्परा का तत्त्व बतलाते हैं। उनके अनुसार, ''वे ही पद, वे ही राग-रागिनियाँ, वे ही दोहे, वे ही चौपाइयाँ कबीर आदि ने व्यवहृत की हैं, जो उक्त मत के माननेवाले उनके पूर्ववर्ती सन्तों ने की थी। क्या भाव, क्या भाषा, क्या अलंकर, क्या छन्द, क्या पारिभाषिक शब्द, सर्वत्र वे ही कबीरदास के मार्गदर्शक हैं।''(हि.सा.की.भू., पृ. 42)

द्विवेदी जी मानते हैं कि, ''कबीर की वाणी वह लता है जो योग के क्षेत्र में भक्ति का बीज पड़ने से अंकुरित हुई थी।' कबीर का ज्ञान भक्ति के आवरण में लिपटा हुआ है। आचार्य शुक्ल ने नाहक ही कबीर के रहस्यवाद में शुष्कता की तलाश की है। द्विवेदी जी के अनुसार उनकी भक्ति प्रेमरस से परिपूर्ण थी। भक्ति के अतिरेक में उन्होंने कभी अपने को पतित नहीं समझा क्योंकि उनके दैन्य में भी उनका आत्मविश्वास साथ नहीं छोड़ता। उनका मन ज़िस प्रेमरूपी मदिरा से मतवाला बना हुआ था वह ज्ञान के गुण से तैयार की गयी थी इसलिए अन्धश्रद्धा, भावुकता और हिस्टीरिक प्रेमोन्माद का उनमें अभाव था। एक ऐसे परिवार में पलित होने ज़ो समाज
में
समादृत नहीं था, क्योंकि न तो वह हिन्दू था और न मुसलमान, इसके बावजूद कबीर सिर से पैर तक मस्त मौला थे। वे सत्य के जिज्ञासु थे। उनके व्यक्तित्व का परिचय आचार्य जी इन शब्दों में कराते हैं, ''ऐसे थे कबीर! सिर से पैर तक मस्त मौला, स्वभाव से फक्कड़ आदत से अक्खड़, भक्त के सामने निरीह, भेषधारी के आगे प्रचण्ड, दिल से साफ दिमाग के दुरुस्त, भीतर से कोमल बाहर से कठोर, जन्म से अस्पृश्य कर्म से वन्दनीय।'' (कबीर, पृ. 134)

विद्रोही कबीर को वे युग-पुरुष और धर्म-गुरु मानते हैं। उन्हें तद्युगीन परिस्थितियों की अनुपम देन माना है। उनके अनुसार, ''कबीर समाज में व्याप्त रूढ़ियों को तोड़ने के लिए सब-कुछ को अस्वीकार करने का साहस लेकर अवतीर्ण हुए थे। कबीर की साधना का केन्द्र-बिन्दु प्रेम है। उनके व्यक्तित्व के बारे में द्विवेदी जी का कहना है कि, ''वे मुसलमान होकर भी असल में मुसलमान नहीं थे, वैष्णव होकर भी वैष्णव नहीं थे, योगी होकर भी योगी नहीं थे। वे कुछ भगवान् की ओर से ही सबसे न्यारे बनाकर भेजे गये थे।'' (कबीर, पृ. 144) उनके लिए प्रेम ही साधना है और प्रेम ही साध्य है। कबीर ने बाह्याचारों का खण्डन कर, हिन्दू और मुसलमान दोनों धर्मों-सम्प्रदायों की रूढ़ियों का समूल नाश करने का प्रयास किया। वे मूलतः भक्त थे समाज-सुधारक नहीं, मगर अपनी भक्ति-भावना से उन्होंने समाज के कल्याण के लिए निरन्तर प्रयास किया। स्वभाव से अक्खड़, आदत से फक्कड़ कबीर के बारे में द्विवेदी जी लिखते हैं ''कबीर ज्ञान के हाथी पर चढ़े हुए थे पर सहज का दुलीचा डाले बिना नहीं, भक्ति के मन्दिर में प्रविष्ट हुए थे पर 'खाला का

घर' समझकर नहीं, बाह्याचार का खण्डन किया था, पर निरुद्देश्य आक्रमण की मन्शा से नहीं, भगवद् विरह की आँच में तपे थे पर आँखों में आँसू भरकर नहीं, राम को आग्रहपूर्वक पुकारा था, पर बालकोचित मचलन के साथ नहीं-सर्वत्र उन्होंने एक समरसता (बैलेन्स) रखी थी।'' (कबीर, पृ. 176)

भारतीय धर्मसाधना में द्विवेदी जी कबीर का अनन्य स्थान मानते हैं। उनकी दृष्टि में वे एक ऐसे सन्त थे जिनका कोई सानी नहीं। 'जातिगत, कुलगत, धर्मगत, संस्कारगत, विश्वासगत, शास्त्रगत, सम्प्रदायगत बहुतेरी विशेषताओं के जाल को छिन्न करके ही वह आसन तैयार किया जा सकता है जहाँ एक मनुष्य दूसरे से मनुष्य की हैसियत से मिल सके।...कबीरदास ने इस महती साधना का बीज बोया था।' इसीलिए कबीर का व्यक्तित्व विलक्षण था, अपने कर्म से उन्होंने अपना ऐसा वन्दनीय स्थान बना लिया जिसकी बराबरी कोई सन्त, कवि और समाज-सुधारक नहीं कर सकता। उनके अनुसार, ''हिन्दी साहित्य के हजार वर्षों के इतिहास में कबीर- जैसा व्यक्तित्व लेकर कोई लेखक उत्पन्न नहीं हुआ। महिमा में यह व्यक्तित्व केवल एक ही प्रतिद्वन्द्वी जानता है तुलसीदास।' (कबीर, पृ. 170)

कबीर की भाषा को पंचमेल खिचड़ी और सधुक्कड़ी कहकर पूर्ववर्ती आलोचकों ने जो भाषा ज्ञान की कसौटी पर सवाल उठाये थे, उनका एक तरह से जबाब देते हुए आचार्य द्विवेदी ने कबीर की भाषा का वैशिष्ट्य इन शब्दों में निरूपित किया ''भाषा पर कबीरदास का जबरदस्त अधिकार था। वे वाणी के डिक्टेटर थे। जिस बात को उन्होंने जिस रूप में प्रकट करना चाहा है उसे उसी रूप में भाषा से कहलवा लिया-बन गया है तो सीधे-सीधे, नहीं तो दरेरा देकर। भाषा कुछ कबीर के सामने लाचार-सी नजर आती है। उसमें मानो ऐसी हिम्मत ही नहीं है कि वह इस लापरवाह फक्कड़ की किसी फरमाइश को नाहीं कर सके।'' (उप., पृ. 170)

उन्नीसवीं शताब्दी के प्रभावस्वरूप जिस नये राष्ट्रवाद का उदय हुआ, उसकी छाया भारतेन्दु आदि लेखकों में मिलती है, आगे चलकर उसी के गर्भ से स्वदेशी आन्दोलन और राष्ट्रीय अस्मिता का विचार दृढ़ होता गया। हिन्दी भाषा के विकास-प्रसार से हिन्दी साहित्य की विविध विधाओं में इसका अता-पता मिलता है। उपन्यास भी एक ऐसी सशक्त विधा रही जिसमें देश का मानवी और राष्ट्रीय स्वरूप झलकता है। उपन्यास सम्राट् मुन्शी प्रेमचन्द के साहित्य में भी द्विवेदी जी ने 'लोकधर्म' की खोज की है। उनके अनुसार, ''वे पद-पद पर लांछित और असहाय नारी जाति की महिमा के जबरदस्त वकील थे। गरीबों और बेबसों के महत्त्व के प्रचारक थे।'' (विचार और वितर्क: पृ. 50) उपन्यास सम्राट् मुन्शी प्रेमचन्द को मानवतावादी आलोचक द्विवेदी जी अपने समय का सर्वश्रेष्ठ कथाकार मानते हैं। 'प्रेमचन्द शताब्दियों से पददलित, अपमानित और निष्पोषित कृषकों की आवाज

थे।...अगर आप उत्तरी भारत की समस्त जनता के आचार-विचार, भाषा-भाव, रहन-सहन, आशा-आकांक्षा, सुख-दुःख और सूझ-बूझ जानना चाहते हैं तो प्रेमचन्द से उत्तम परिचायक आपको नहीं मिल सकता।'' प्रेमचन्द ऐसे कथाकार थे जिन्हें झोपड़ियों से लेकर राजप्रासादों, पेड़ों पर गुनगुनाते किसानों, अन्तःपुर में मान किये बैठी प्रियतमा, कोठे पर बैठी वारवनिता, समाज के ढोंगियों, अकर्मण्यों, ईर्ष्या-द्वेष, फरेब, नीचता आदि सभी की जानकारी थी। लोक-जीवन के वे इतने पारखी कथाकार थे कि, ''उनसे अधिक सच्चाई से दिखा सकनेवाले परिदर्शक को अभी हिन्दी उर्दू की दुनिया नहीं जानती।'' (हि.सा.:उ. और वि. पृ. 250)

आधुनिक साहित्य-विषयक उनका चिन्तन भी काफी उपयोगी है। उन्होंने 'आधुनिक हिन्दी साहित्य पर विचार' नामक स्वतन्त्र पुस्तक ही इस विषय पर लिखी है। जिसमें समसामयिक साहित्य के मुद्दों पर गहराई से विचार हुआ है। इसके अलावा 'साहित्यकारों का दायित्व', 'साहित्य का नया रास्ता', 'हमारी साहित्यिक समस्याएँ', 'महिलाओं की लिखी कहानियाँ' आदि निबन्ध उनके आधुनिक चिन्तन के प्रमाण हैं। इनमें द्विवेदी जी ने विशेषकर भावी समाज व भावी साहित्य तथा समसामयिक रचनाकारों के दायित्वबोध पर विचार किया है। वे मानते हैं, यदि हमें साहित्य को आगे बढ़ाना है तो नये रास्ते की तलाश करनी होगी, पुरानी लीक पीटना त्यागकर आगे बढ़ना होगा। (साहित्य सहचर, : पृ. 136)

प्रो. कृष्णदत्त पालीवाल ने आचार्य द्विवेदी के आलोचकीय व्यक्तित्व पर प्रकाश डालते हुए बिल्कुल ठीक लिखा है, ''पश्चिम का ज्ञान-विज्ञान उन्हें अभिभूत नहीं करता, नये ढंग से सोचने की दिशा देता है। सामाजिकता को आधार बनाकर वे ऐतिहासिक-सांस्कृतिक दृष्टियों का अनुसन्धान करनेवाले आचार्य अधिक हैं, सिद्धान्तकार कम। ...भारतीय काव्यशास्त्र की नवीन व्याख्याओं के द्वारा वे विश्वसनीय काव्य-प्रतिमानों की महत्त्व-प्रतिष्ठा करते हैं। कवि के काव्यास्वादन की प्रक्रिया से वे काव्य-प्रतिमानों को लाते हैं, उन्हें ऊपर से लादते नहीं हैं।'' (हिन्दी आलोचना का सैद्धान्तिक आधार-कृष्णदत्त पालीवाल, पृ. 482) जबकि डॉ. नन्दकिशोर नवल उनकी आलोचना-दृष्टि को हिन्दी आलोचना के विकास का एक प्रमुख स्तम्भ मानते हैं। द्विवेदी जी की प्रगतिशील दृष्टि उन्हें अपने समय का सबसे मान्य आलोचक ठहराती है। उनके शब्दों में, ''अपनी आलोचना से उन्होंने शुक्ल जी के बाद की हिन्दी आलोचना को किसी हद तक प्रभावित भी किया है। ऐसी स्थिति में आलोचक के रूप में उनका उल्लेख आवश्यक है। जहाँ तक आलोचक के रूप में उनकी प्रवृत्ति का प्रश्न है वे भी समन्वयवादी ही हैं, लेकिन वाजपेयी जी और नगेन्द्र से वे इस दृष्टि से भिन्न हैं कि उनकी मूल दिशा प्रतिक्रियावादी न होकर प्रगतिशील है।'' (हिन्दी आलोचना का विकास, नन्दकिशोर नवल, पृ. 201)

वस्तुत: द्विवेदी जी एक सर्जक हैं न कि आलोचक। इसलिए उनकी समीक्षा-दृष्टि भी मूलत: सर्जनात्मक है, रचनात्मक है। उनके इस दृष्टिकोण को समझने से ही उनके आलोचक रूप को समझा जा सकता है अन्यथा नहीं। एक सर्जक-आलोचक, साहित्य के लिए कोई मान निर्धारित कर इस क्षेत्र में नहीं कूदता, अपितु स्वयं रचना में आलोचना के मान ढूँढ़ता है। आचार्य द्विवेदी जी एक ऐसे ही आलोचक हैं। सर्जनात्मकता का रस होने से ही उनकी आलोचना में शास्त्रीय कठोरता की बजाय लचीलापन है। यही वजह है कि वे प्राचीन-अर्वाचीन, भारतीय-पाश्चात्य समस्त मतों, सिद्धान्तों को हृदयंगम करके ही आगे बढ़ते हैं। परस्पर विरोधी-सी लगनेवाली बातें उनके यहाँ देखी जा सकती हैं यथा एक तरफ अगाध-अथाह पाण्डित्य है तो दूसरी तरफ विलक्षण सरलता, एक तरफ पारम्परिक-सांस्कृतिक सोच है तो दूसरी तरफ युगीन-चेतना की झंकार, एक तरफ गम्भीरता है तो दूसरी तरफ उन्मुखता, ये परस्पर ऐसे बिन्दु हैं जो व्यक्ति के व्यक्तित्व को इतना 'काम्प्लीकेटेड' बना देते हैं कि उन्हें समझने में कभी-कभी अच्छे-अच्छे गच्चा खा जाते हैं। वे शुक्लोत्तर आलोचना के एक प्रमुख स्तम्भ माने गये हैं। अपनी सांस्कृतिक विरासत के प्रति, काव्यशास्त्रीय परम्परा के प्रति निष्ठावान् होते हुए भी वे एक जागरूक, सृजनधर्मी रचनाकार की तरह पिष्टपेषण में यकीन नहीं करते। हिन्दी आलोचना में उनका स्थान एक ऐसे सर्जक-आलोचक के रूप में है जिसने आलोचना को एक नया आयाम प्रदान किया। उनका आलोचनादर्श है-मानवतावाद। मानवतावादी-दर्शन को अपनाने के कारण ही उनकी आलोचना परम्परा से हटकर है।

## डॉ. नगेन्द्र

डॉ. नगेन्द्र आधुनिक हिन्दी आलोचना के एक प्रमुख स्तम्भ हैं। उन्होंने आलोचना को परम्परा और शास्त्र के आधुनिक सन्दर्भों में, पाश्चात्य मानदण्डों के समक्ष रखकर देखा। आधुनिक विचारकों में भारतीय काव्यशास्त्र व पाश्चात्य साहित्यशास्त्र का जितना व्यवस्थित व गहन अध्ययन नगेन्द्र जी का रहा उतना किसी अन्य का नहीं। पूर्व और पश्चिम के दृष्टिकोणों को ठीक प्रकार से समझने और आधुनिक युगीन आवश्यकताओं को गहराई से पहचानने के कारण ही वे न तो परम्परावादियों की तरह मात्र शास्त्र का पिष्टपेषण करते हैं और न ही भौतिकवादियों की तरह पुराना सब-कुछ त्याज्य मानते हैं। कहने का तात्पर्य यह कि उन्होंने प्राचीन सिद्धान्तों से ही आधुनिक प्रतिमान गढ़े हैं, दूसरे शब्दों में प्राचीन सिद्धान्तों की युगानुकूल व्याख्या की है। इस प्रकार वे प्राचीन व नवीन, भारतीय व पाश्चात्य के बीच एक सेतु के निर्माणकर्त्ता हैं।

उनके अनुसार सम्पूर्ण चराचर जगत् काव्य का विषय हो सकता है। उनका दृढ़ मत है कि कविता भारतीय दृष्टि से जिस गोचर विषय को लेकर चलती है उसका सम्बन्ध जीवन और जगत् से है, ब्रह्म की व्यक्त सत्ता से है, अव्यक्त सत्ता से नहीं। मनुष्य के ज्ञान क्षेत्र के भीतर ही उसका संचार होता है, यही उसकी प्रकृत भूमि है। यह भी कि, "काव्य का विषय सदा विशेष होता है, सामान्य नहीं, वह व्यक्ति सामने लाता है जाति नहीं।" और इसका कारण वे यह बतलाते हैं, "काव्य का काम है बिम्ब या मूर्त भावना उपस्थित करना और बिम्ब जब होगा तब विशेष या व्यक्ति का ही होगा, सामान्य या जाति का नहीं।" यह मत साधारणीकरण के भी अनुकूल लगता है।

नगेन्द्र जी का आलोचकीय व्यक्तित्व छायावादी संस्कारों में निर्मित हुआ। इसलिए उनकी आलोचना पर भी उसका खूब प्रभाव पड़ा है। यह उनके व्यक्तित्व

की विशेषता रही है कि वे सदैव ऐसा प्रतिस्पर्द्धी खोजते रहे हैं जिससे उन्हें शक्ति-परीक्षण करना पड़े। कहना न होगा कि आलोचना-साहित्य में उन्हें ऐसी हस्ती आचार्य शुक्ल ही मिले हैं। उन्हीं के प्रभाव के कारण ही काव्यशास्त्रीय चिन्तन की ओर मुड़े और उन्हीं के मतों से सर्वाधिक शक्ति-परीक्षण किया। डॉ. नगेन्द्र की आस्था और उनकी कर्त्तव्यनिष्ठा उनके चिन्तन-मनन में सर्वत्र लक्षित होती है। किसी बात को सच कहने का साहस ही नहीं बल्कि उसे सच साबित करने की अपार क्षमता भी उनमें थी । और अपने सिद्धान्तों के प्रति जैसी अदम्य दृढ़ता उनमें दिखती है वैसी बहुत कम ही आलोचकों में देखने को मिलती है। इसीलिए किसी आलोचक ने कहा है कि, ''उनके विचारों से मतभेद हो सकता है लेकिन निष्कर्षों से नहीं मुकरा जा सकता।''

अनुभूति व अभिव्यक्ति को काव्य की मुख्य प्रेरणा, माननेवाले नगेन्द्र जी ने स्पष्ट कहा है कि, ''किसी भी साहित्य के साहित्य होने की मुख्य बुनियादी शर्त है उसका अनुभूतिमय होना।'' उनकी दृष्टि में यही वह तत्त्व है जो देश-काल से परे काव्य-विवेचन का एक शाश्वत आधार हो सकता है।

डॉ. नगेन्द्र का सैद्धान्तिक व व्यावहारिक चिन्तन दोनों बहुत ही चर्चित और प्रासंगिक रहा है। पश्चिमी मनोविज्ञान से प्रभावित होने के कारण उन्होंने अपने सिद्धान्त वैज्ञानिक पृष्ठभूमि पर निर्मित किये हैं। कहा गया कि अनुभूति और आत्माभिव्यक्ति को उन्होंने साहित्य चिन्ता का मूल माना है। आत्माभिव्यक्ति के बारे में उनका कथन है, ''आत्माभिव्यक्ति ही वह मूल तत्त्व है जिसके कारण कोई व्यक्ति साहित्यकार और उसकी कृति साहित्य बन पाती है।'' (विचार और विवेचन, पृ. 53) वे सम्पूर्ण ललित वाङ्मय को आत्माभिव्यक्ति मानते हैं। इसी प्रकार अनुभूति पक्ष पर अधिक बल देने के कारण ही वे भाव को प्रमुख काव्य-व्यापार मानते हैं। उनके अनुसार काव्य का आस्वाद जिसे रस कहा जाता है मूलतः भाव का ही आस्वाद है। तथा अनुभूति और अभिव्यक्ति में कोई भेद नहीं है। उनका मानना है कि सही मायने में अनुभूति ही अभिव्यक्ति का आधार है। आत्मानुभूति की अभिव्यक्ति ही कृतिकार का ध्येय होता है। इसीलिए उस मान्यता का खण्डन भी करते हैं जिसमें सौन्दर्य-विधान कलाकार का लक्ष्य माना गया है। उनका कहना है कि, ''सौन्दर्य कोई निरपेक्ष वस्तु नहीं है। उसका निर्माण भी तो कलाकार की अपनी भावनाओं और धारणाओं के आधार पर होता है।'' (आलोचक की आस्था, पृ. 3) अर्थात् सौन्दर्य-विधान भी कलाकार की आनुभूतिक चेतना का ही प्रतिफल है। निश्छल अभिव्यक्ति को एक प्रकार से कलाकार के अहं के विसर्जन के रूप में देखते हैं तथा यह मानते हैं कि इसके उपरान्त ही उसके व्यक्तित्व का विसर्जन होता है और कला भी प्राणवान् बनती है।

डॉ. नगेन्द्र रस-सिद्धान्त के आधुनिक आख्याता हैं। उनके पूर्व यद्यपि आचार्य शुक्ल 'रस मीमांसा' नामक कृति के बहाने इसकी प्रतिष्ठा पर विचार कर चुके थे और यह बतला चुके थे कि, "हृदय की अनुभूति ही साहित्य में रस और भाव कहलाती है।" नगेन्द्र जी रस के आधुनिक आख्याता शुक्ल जी से सहमति-असहमति दर्शाते हुए 'रस-सिद्धान्त' नामक ग्रन्थ लिखते हैं जिसमें मनोवैज्ञानिक ढंग से रस पर पुन: विचार करते हैं और आधुनिक नयी कविता तक को रस चर्चा की परिधि में लाते हैं। रस-सिद्धान्त को भारतीय काव्य चिन्तन का सबसे प्रामाणिक सिद्धान्त मानते हुए वे यहाँ तक कहते हैं, "साहित्य की भूमिका में जब तक मानव संवेदना से अधिक रमणीय सत्य की उद्‌भावना नहीं होती, तब तक रस-सिद्धान्त से अधिक प्रामाणिक सिद्धान्त की प्रकल्पना भी नहीं की जा सकती।" रस-सिद्धान्त को एक व्यापक दर्शन माननेवाले नगेन्द्र जी की राय है कि इसमें विभिन्न मतों का अद्‌भूत समन्वय करने की क्षमता है। रस के व्यापकत्त्र को ही दृष्टिगत रखते हुए वे कहते हैं, 'विभावानुभाव व्यभिचारि संयुक्त स्थायी' अर्थात् रस परिपाक अवस्था का ही वाचक नहीं है वरन् उसमें काव्य की सम्पूर्ण भाव-सम्पदा का अन्तर्भाव है। पारिभाषिक रूप में वह काव्यगत भाव-सौन्दर्य का पर्याय है, शब्दार्थगत चमत्कार के माध्यम से भाव के आस्वाद का अथवा भाव की भूमिका पर शब्दार्थ के सौन्दर्य का आस्वाद ही वस्तुत: रस है। काव्य के अनुचिन्तन से प्राप्त रागात्मक अनुभूति के सभी रूप और प्रकार-सूक्ष्म और प्रबल, सरस और जटिल, क्षणिक और स्थायी, संवेदन, स्पर्श, चित्तविकार, भाव-बिम्ब, संस्कार, मनोदशा, शील सभी रस की परिधि में आ जाते हैं।

नगेन्द्र जी ने रस-सिद्धान्त को मनोवैज्ञानिक पीठिका पर व्याख्यायित किया है तथा अभिव्यंजनावाद और अभिव्यक्तिवाद से जोड़कर उसे आधुनिक सन्दर्भ प्रदान किया है। उनकी मान्यता रही है कि आज की, "शब्दावली में रस का पुनराख्यान कर आधुनिक काव्यालोचन के सभी मान उसकी परिधि में आ जाते हैं। यूरोप के आधुनिक सौन्दर्यवादियों की भाँति वह जीवन से असम्पृक्त नहीं है-वह तो जीवन के स्थायी भावों पर ही मूलत: निर्भर है। नैतिक मूल्य भी अपने उदात्त रूप में अन्तर्भूत है।...अतएवं मेरा विनम्र मत है-साहित्य का चरम मान रस ही है, जिसकी अखण्डता में व्यष्टि और समष्टि, सौन्दर्य और उपयोगिता, शाश्वत और सापेक्षिक का अन्तर मिट जाता है: अन्य कथित मान या तो रस के एकांगी व्याख्यान हैं या फिर असाहित्यिक मान हैं, जिनका आरोप साहित्य के लिए अहितकर है।" (विचार और विवेचन, पृ. 3) स्पष्ट है कि वे रस को व्यापक धरातल पर, जिसमें सम्पूर्ण भाव-सम्पदा का अन्तर्भाव है, स्वीकारने के पक्ष में हैं। वे इसे मानवीय अनुभूति से जोड़कर एक शाश्वत प्रतिमान सिद्ध करना चाहते है। क्योंकि, "रस अपने व्यापक अर्थ में

मानसिक अनुभूति ही है।'' (रस-सिद्धान्त, पृ. 346) और 'रस का मुख्य आधार अनुभूति, शुद्ध मानवीय अनुभूति ही है।'

रस को शुद्ध मानवीय मानसिक अनुभूति माननेवाले नगेन्द्र जी इसे लोकोत्तर या अनिर्वचनीय नहीं मानते। मनोवैज्ञानिक विचारक होने के नाते वे रस की मानसिक स्थिति मानते हैं और उसे मनुष्य की भाव संवेदना से जोड़कर देखते हैं। इसकी सत्ता का सम्बन्ध मनुष्य की रागात्मक चेतना से जोड़ते हैं। भट्टनायक की भाँति नगेन्द्र जी रस की स्थिति सहृदय में मानते हैं तथा उसे विषयगत या वस्तुगत नहीं विषयीगत मानते हैं। उनके अनुसार, ''रस सदा विषयीगत है। सहृदय की आत्मा में ही उसकी स्थिति है, वस्तु में नहीं, वस्तु तो केवल उसको उद्‌बुद्ध करती है।'' कवि, वस्तु और सहृदय इन तीनों की स्थिति काव्यास्वाद में मानी गयी है। नगेन्द्र जी कवि की अनुभूति को महत्त्व देते हैं। उनके अनुसार, ''कवि वह व्यक्ति है जो अपनी अनुभूति को संवेद्य बनाता है, वस्तु तत्त्वतः उसकी अनुभूति है और सहृदय वह व्यक्ति है जो कवि की इस संवेद्य अनुभूति को ग्रहण करता है।'' वे मानते हैं कि रस की सत्ता वस्तु में नहीं होती वह सहृदय में ही होती है, और चूँकि कवि भी एक सहृदय प्राणी ही है इसलिए वह अपनी अनुभूति की अभिव्यक्ति द्वारा सहृदय के मन में सुप्तावस्था में पड़े रस भाव को जागृत कर देता है। इसीलिए कहते हैं, ''इसमें सन्देह नहीं कि कविता पढ़कर या नाटक देखकर सहृदय को जो रसास्वादन होता है, उसकी मूल स्थिति उसी के हृदय में है, अर्थात् मूलतः वह उसी की अपनी अस्मिता का आस्वादन है। परन्तु यह तभी सम्भव है जबकि कवि अपनी अनुभूति को उस तक पहुँचाने में स्वयं रस ले सका हो अथवा अपनी अस्मिता का रस ले सका हो, नाटक में नट-नटी के विषय में भी यह सत्य मानना पड़ेगा।''

रस को सहृदय संवेद्य माननेवाले नगेन्द्र जी रस का स्वरूप संस्कृताचार्यों के हवाले से आनन्दमय ही मानते हैं। वे मानते हैं कि, ''जिस काव्य-प्रवृत्ति अथवा काव्य में जितनी रागात्मक समृद्धि होगी अर्थात् उसमें निहित अनुभूतियाँ जितनी अधिक सूक्ष्म-कोमल, प्रबल और व्यापक, भव्य और उदात्त होंगी, साथ ही उनकी अभिव्यक्ति जितनी अधिक परिपूर्ण होगी, उसका उतना ही अधिक मूल्य होगा।'' अर्थात् जिस कविता में सहृदय की संवेदना का परिष्कार और विकास करने की जितनी क्षमता होगी, उतना ही अधिक उसका मूल्य होगा। और सहृदय की संवेदना का परिष्कार रसात्मक बोध द्वारा ही सम्भव होता है। उनके अनुसार, ''रसात्मक बोध एक व्यापक और समाकलित काव्य-मूल्य है जिसका आधार है शब्द-अर्थ के माध्यम से मानव-व्यक्तित्व की सार्थकता की प्रतीति, और सिद्धि है आनंन्द।''

रस को भारतीय काव्यशास्त्रीय चिन्तन का मूल आधार माना गया है। प्राचीन व अर्वाचीन सभी आचार्यों व विद्वानों के मतों का पुनर्विवेचन कर नगेन्द्र जी इस नतीजे

पर पहुँचे हैं कि रस आस्वाद है न कि आस्वाद्य। तथा इसके आस्वादन को आनन्द-जन्य घोषित किया है। उनके मतानुसार आनन्द ही अखण्ड चेतना का साध्य है, इसीलिए रस को अखण्ड माना गया है। यूरोपीय सौन्दर्यशास्त्रियों की भाँति वे उसे जीवन से असम्पृक्त नहीं मानते, अपितु जीवन के ही स्थायी भावों पर निर्भर मानते हुए कहते हैं, "कला का मूल्य कलाकार की आत्माभिव्यंजना पर निर्भर है, उसकी आत्मा जितनी प्राणवान् और जितनी निष्कपट, तीव्र एवं सम्पूर्ण होगी, कला उतनी ही रसवती और जीवनप्रद होगी।" (विचार और अनुभूति, पृ. 14) इस प्रकार रसजन्य आनन्द को केवल मनोरंजन नहीं मानते। उनके शब्दों में उसका अर्थ है-अन्तर्वृत्तियों का सामंजस्य।

इस सम्बन्ध में साधारणीकरण के मत पर भी वे विचार करते हैं और विभिन्न आचार्यों के मतों का हवाला देते हुए तथा शुक्ल जी के मत का खण्डन करते हुए, कवि की अनुभूति के साधारणीकरण की बात कहते हैं। उनके अनुसार शुक्ल जी ने आचार्य विश्वनाथ और भट्टतौत के मत के आधार पर आलम्बनत्व धर्म के साधारणीकरण की बात की है जो कि सच नहीं है, सच है अभिनवगुप्त और भट्टनायक का मत। जिनके आधार पर वे कहते हैं कि साधारणीकरण कवि की अनुभूति का होता है। "जब कोई व्यक्ति अपनी अनुभूति की इस प्रकार अभिव्यक्ति कर सकता है कि वह सभी के हृदयों में समान अनुभूति जगा सके तो पारिभाषिक शब्दावली में हम कह सकते हैं कि उसमें साधारणीकरण की शक्ति वर्तमान है।" (रस-सिद्धान्त, पृ. 211) इस प्रकार यह कहा जा सकता है कि वस्तुतः इसकी शक्ति सभी में विद्यमान होती है परन्तु कवि वही होता है जो अपनी अनुभूति को लोक के हित में प्रति-संवेद्य बना सके। इसके आधार की विवेचना करते हुए आगे कहते हैं "साधारणीकरण का आधार है भाषा का भावमय प्रयोग। भाषा का भावमय प्रयोग प्रयोक्ता की भाव-शक्ति पर निर्भर करता है, जिसका आधार है मानवसुलभ सह-अनुभूति।" रस की स्थिति को विषयीगत मानते हुए काव्यास्वादन की तीन सत्ताओं का उल्लेख करते हैं, ये हैं-कवि, वस्तु और सहृदय। आधुनिक आलोचना की शब्दावली में कहते हैं, "कवि वह व्यक्ति है जो अपनी अनुभूति को संवेद्य बनाता है, वस्तु वस्तुतः उसकी अनुभूति है, और सहृदय वह व्यक्ति है जो कवि की इस संवेद्य अनुभूति को ग्रहण करता है।" (रीतिकाव्य की भूमिका, पृ. 49) यह भी ध्यातव्य है कि नगेन्द्र जी सौन्दर्य को रस का ही पर्याय मानते हैं। उनकी स्पष्ट मान्यता है कि सौन्दर्य की कल्पना बिना रस के सम्भव ही नहीं है। और सही भी है सुन्दर और सरस में भला भेद कैसा?

रस के सम्बन्ध में उठाये गये सवालों व आक्षेपों का जवाब नगेन्द्र जी ने दिया है जो उनकी मान्यता को और पुष्ट साबित करता है। नयी कविता के वकीलों ने रस

को एक तरह से अमान्य सिद्ध कर दिया था। उनकी रस-सिद्धान्त से कई शिकायतें हैं जैसे रस का आधार है समाहिति, अद्वन्द्व, जबकि नयी कविता द्वन्द्व और असामंजस्य की कविता है, नयी कविता का विषय क्षण की अनुभूति है जबकि रस का आधार वासना और स्थायी भाव है। नयी कविता का मूल स्वर बौद्धिक है न कि रागात्मक। इन सभी आक्षेपों का खण्डन करते हुए रस की महत्ता सिद्ध करते हुए नगेन्द्र जी कहते हैं, ''नयी कविता अनुभूति को आधार मानकर चलती है तो रस से उसकी मुक्ति नहीं है, रस के पाश से वह यह कहकर नहीं निकल सकती है कि हमारी अनुभूति शुद्ध मानव-अनुभूति है, आनन्दानुभूति नहीं है, क्योंकि प्रत्येक सच्ची अनुभूति की कलात्मक अभिव्यक्ति या प्रत्येक कलात्मक अनुभूति तीव्र-से-तीव्र द्वन्द्व प्रक्रिया में ही हो सकती है, परिणति में नही।' (रस-सिद्धान्त, पृ. 347) इस सम्बन्ध में डॉ. नामवर सिंह के आक्षेपों का जवाब श्री नगेन्द्र जी ने 'नयी समीक्षा : नये सन्दर्भ' में विस्तार से दिया है।

नयी कविता के आलोचकों ने रस की सत्ता को लगभग नकार दिया है क्योंकि नयी कविता रसानन्द की अनुभूति नहीं कराती, उसका उद्देश्य भी रसानन्द नहीं है। किन्तु डॉ. नगेन्द्र इसे नयी कविता के लिए शुभ नहीं मानते। उनके अनुसार, ''चालीस वर्ष पूर्व छायावाद ने भी रस का विरोध किया था, पर आज रस ही उसका प्राण सर्वस्व है, उसके प्राय: दो दशक बाद प्रगतिवाद ने उस पर प्रहार किया था, किन्तु आज उसका जितना भी अंश अवशिष्ट है वह रस के आधार पर ही जीवित है। इसलिए नयी कविता का भी कल्याण इसी में है कि वह इन रसमय बन्धनों को स्वीकार कर ले।''

रस को भावाभिव्यंजक शब्दार्थ से उद्‌बुद्ध आनन्दमयी चेतना माननेवाले नगेन्द्र जी काव्य का प्रयोजन आनन्द को ही मानते हैं। लोक-कल्याण व चेतना के संस्कार को भी वे काव्य प्रयोजन की कोटि में रखते हैं, पर उन्हें आत्यन्तिक प्रयोजन ही मानते हैं। अन्यत्र उन्होंने लिखा है ''साहित्य का कर्त्तव्य-कर्म है-व्यक्ति का जगत् के साथ रागात्मक सम्बन्ध स्थापित करना।'' (आलोचक की आस्था, पृ. 5) काव्य तत्त्वों के बारे में कहते हैं, ''काव्य के तीन सर्वमान्य तत्त्वों-भाव, कल्पना और बुद्धि में मैं भाव को ही आधार मानता हूँ। शेष दो उसके सहायक हैं। अत: काव्य का आस्वाद मूलत: भाव का आस्वाद है-इन्द्रियगम्य प्रकृत भाव का नहीं, वरन् कल्पनागम्य शुद्ध अथवा निर्वैयक्तिक भाव का।'' राग या भाव को प्रमुख मानते हुए यह भी स्पष्ट कहते हैं कि इतर तत्त्व कल्पना और विचार तभी कविता की सृष्टि कर सकते हैं, जबकि उस पर राग का रंग चढ़ा हो।

इसके साथ ही नगेन्द्र जी भाषा और शैली पर विचार करते हैं। भाव व भाषा का वे वही सम्बन्ध मानते हैं जो अनुभूति और अभिव्यक्ति में हैं। बिम्बविधान और

छन्द-योजना पर इसी के अन्तर्गत विचार करते हैं। इस पाश्चात्य प्रतिमान के बारे में उनका मत है, ''काव्य कला के सन्दर्भ में बिम्ब का प्रयोग आधुनिक ही है और यह अंग्रेजी शब्द 'इमेज' का पर्याय है।...कला की सर्जना वस्तुतः बिम्ब रचना का ही नाम है।'' (काव्यबिम्ब, पृ. 3) रस ध्वनि से इसका भेद निरूपित करते हुए आगे कहते हैं 'ध्वन्यर्थ सदा बिम्ब रूप नहीं होता, वस्तु ध्वनि तो बिम्ब रूप होती है परन्तु रस ध्वनि का स्वरूप बिम्बमय नहीं होता। रस-ध्वनि जिसके अन्तर्गत भाव-ध्वनि आदि का समावेश रहता है, निश्चय ही अनुभूतिमय होती है, बिम्ब उसका माध्यम अवश्य होता है, किन्तु उसका स्वरूप अनुभूतिमय ही होता है।'' (उप., पृ. 7) छन्द को लयात्मक बिम्ब मानते हैं तथा उसे कविता का नैसर्गिक परिधान घोषित करते हैं। उनका मानना है कि छन्द-योजना भाव और रस के अनुकूल हुआ करती है तभी भाषा में लावण्य आ पाता है। अनुभूति और अभिव्यक्ति की वाहिका शैली के बारे में कहते हैं कि, ''रीति या शैली अपने वास्तविक रूप में मनोविकारों की अभिव्यक्ति का नाम है।'' (रीतिकाव्य की भूमिका, पृ. 100) उनकी दृष्टि में यही तत्त्व है जो काव्य को शास्त्र से पृथक् करता है। इसी प्रकार विविध साहित्यिक विधाओं में वे कोई मौलिक अन्तर नहीं मानते। उनके अनुसार इनका 'कलेवर' सिर्फ बाह्य रूप से भिन्न-भिन्न है। तत्त्वतः ये सभी निश्छल अनुभूति व अभिव्यक्ति के ही विविध रूप हैं।

आधुनिक युग में विचारधारात्मक-संघर्ष ने कई नये 'वाद' खड़े किये हैं जिन पर साहित्यिकों में परस्पर वाद-विवाद होता रहा है। और कोई भी आलोचक इन वादों पर विचार किये बिना नहीं रह सका है। डॉ. नगेन्द्र भी साहित्यिक वादों पर गहराई से विचार करते हैं। सर्वप्रथम देखें छायावाद। छायावाद को लेकर प्राचीन व नवीन मान्यताओं में परस्पर विरोधाभास रहा है। डॉ. नगेन्द्र ने पहली बार तर्कसंगत ढंग से इसका समाधान प्रस्तुत करने का प्रयास किया, इसीलिए आचार्य शुक्ल को इस विधा को समझने-समझाने लायक पुस्तक नगेन्द्र जी की 'सुमित्रानन्दन पन्त' ही ठीक-ठिकाने की लगी थी। इस पुस्तक में नगेन्द्र जी ने छायावादी भावभूमियों का विश्लेषण करते हुए यह निष्कर्ष दिया है कि, ''छायावाद स्थूल के प्रति सूक्ष्म का विद्रोह है।'' (सुमित्रानन्दन पन्त, पृ. 2) सर्वात्मवादी दर्शन से अनुप्राणित छायावाद में वास्तव पर अन्तर्मुखी दृष्टि डालते हुए उसको वायवी और अतीन्द्रिय रूप देने की प्रवृत्ति ही उसकी मूल वृत्ति है। छायावाद ने सर्वात्मवाद के दो मूल तत्त्वों को सौन्दर्य और प्रेम के रूप में ग्रहण किया। सभी छायावादी कवियों की रचना के मूल में ये दोनों तत्त्व प्रवृत्तिगत रूप में मौजूद हैं। मनोविश्लेषणवादी नगेन्द्र जी का यह भी मानना है कि छायावाद एक विशेष प्रकार की भाव-पद्धति है, जीवन के प्रति एक विशेष भावात्मक दृष्टिकोण है। इस पर लगाये गये आध्यात्मिकता के आरोप का वे

खण्डन करते हैं और यह स्पष्ट करते हैं कि इसकी आध्यात्मिकता, कर्मकाण्डी धर्म से जुड़ी हुई नहीं है।

छायावाद द्विवेदीयुगीन स्थूलता के प्रति सूक्ष्म का विद्रोह था तो प्रगतिवाद छायावादी सूक्ष्मता के प्रति स्थूलता का विद्रोह। और प्रगतिवाद की स्थूल दृष्टि साम्यवाद पर आधारित थी। जिसमें व्यष्टि के स्थान पर समष्टि को केन्द्रक प्रदान किया गया है। इसके बारे में नगेन्द्र जी का विचार है, "वास्तव में अपने मूल रूप में जीवन का एक दृष्टिकोण होते हुए भी व्यावहारिक रूप में प्रगतिवाद एक विशेष राजनीतिक विचारधारा का ही उच्चार है जो बलपूर्वक साहित्य द्वारा अपनी प्रत्यक्षाभिव्यक्ति चाहता है।" यहाँ निश्चित रूप से नगेन्द्र जी का संकेत प्रगतिवाद के मार्क्सीय आधार को लेकर है जो कि अपने विशेष दृष्टिकोण से समस्त मानवीय मूल्यों को मापता है। डॉ. नगेन्द्र इस दृष्टिकोण को न्यायोचित नहीं मानते। वे कहते हैं "प्रगति का अर्थ है आगे बढ़ना। जो साहित्य जीवन को आगे बढ़ाने में सहायक हो वही प्रगतिशील साहित्य है। इस दृष्टि से विचार करेंगे तो तुलसीदास सबसे बड़े प्रगतिवादी लेखक प्रमाणित होते हैं... परन्तु आज का प्रगतिवादी इनमें से किसी को भी प्रगतिशील नहीं मानेगा ये सभी उसके मतानुसार प्रतिक्रियावादी लेखक हैं।" (आ.हि.क.की प्र., पृ. 105)

प्रयोगवादी कविता के बारे में नगेन्द्र जी की राय है कि, "ये कविताएँ अनिवार्य रूप से ही नहीं, सिद्धान्त रूप से भी दुरूह हैं।" इसके वे कई कारण भी मानते हैं। प्रयोगवाद का उदय भी छायावाद के विरोध में हुआ था, इसका अभीष्ट है वर्ण्यवस्तु, शैली सभी स्तर पर नव प्रयोग। इसीलिए प्रयोगवादियों को 'अन्वेषी' कहा गया है। इस वाद से उनकी शिकायत इसलिए है क्योंकि, "प्रयोगवादी कवि बुद्धि व्यवसायी है, अपनी अनुभूति पर उसे विश्वास नहीं है। परिणामतः यह सहजानुभूति में असमर्थ रहता है अर्थात् अपने सम्बन्ध को बिम्ब रूप में न तो ग्रहण कर सकता है और न ही प्रस्तुत कर सकता है-और इसके बिना काव्य-रचना सम्भव नहीं है।" (उप., पृ. 126)

वस्तुतः नगेन्द्र जी व्यावहारिक आलोचक के रूप में ही आलोचना के क्षेत्र में प्रवेश करते हैं। 'सुमित्रानन्दन पन्त' उनकी पहली कृति है जिसमें पन्त के काव्य का व्यवस्थित विवेचन-विश्लेषण युगीन प्रवृत्ति के आधार पर किया गया है। इस पुस्तक में पन्त जी के बहाने एक तरह से समूचे छायावाद का मूल्यांकन करने का प्रयास हुआ है।

कहा गया कि, डॉ. नगेन्द्र की सर्वप्रथम बहुचर्चित कृति थी 'सुमित्रानन्दन पन्त।' इस कृति में छायावादी कवि पन्त के मूल्यांकन के बहाने वास्तव में समूचे छायावाद का वैचारिक आधार प्रस्तुत हुआ है। आचार्य शुक्ल तक इस कृति से बड़े प्रभावित

हुए थे जो छायावाद को बहुत ही हेय दृष्टि से देखते थे। शुक्ल जी ने लिखा है "काव्य की छायावाद कही जानेवाली शाखा चले काफी दिन हुए। पर ऐसी कोई समीक्षा-पुस्तक देखने में न आयी जिसमें उक्त शाखा की रचना-क्रिया प्रसार की भिन्न-भिन्न भूमियाँ सोच-समझकर निर्दिष्ट की गयी हों। केवल प्रो. नगेन्द्र की 'सुमित्रानन्दन पन्त' पुस्तक ही ठिकाने की मिली।" (हिन्दी साहित्य का इतिहास, पृ. 385) इस कृति में नगेन्द्र जी ने छायावाद को द्विवेदीयुगीन नैतिकता, उपयोगिता और भौतिकवाद के प्रति भावात्मक विद्रोह बताया है-"स्थूल के प्रति सूक्ष्म का विद्रोह ही छायावाद का आधार है।"

डॉ. नगेन्द्र पन्त को 'साहित्यिक जागृति का हिन्दी कविता में मन्त्र फूँकनेवाले कवि' कहते है। उनके अनुसार पन्त की रचनाओं की तीन विशेषताएँ हैं-

1. वस्तुगतता या कविता से कवि व्यक्तित्व की निर्लेपता की व्यंजकता (Subjectivity)।

2. प्रकृति तथा कल्पना के संयोग से कविता का रुख उन्होंने एकान्तिकता की ओर किया।

3. अपने सभी विचारों तथा अनुभवों को चिन्तन के ताप में गलाकार उसे ऐसा एकसार तथा तरल बना लेते हैं कि वे बिना प्रयास के भाषा में ढल उठते हैं।

'साकेत : एक अध्ययन' उनकी आलोचना की दूसरी महत्त्वपूर्ण कृति है। इस कृति की विशेषता यह है कि इसमें रामकथा के बहाने विरहिणी उर्मिला के चरित्र को आलोकित किया गया है। डॉ. नगेन्द्र मानते हैं कि ऐसा इसलिए सम्भव हो सका क्योंकि गुप्त जी का गृहस्थ जीवन के सुख-दुःख से गहरा नाता है। उनके मतानुसार, "जिसने गुप्त जी के काव्यों का एक बार भी अध्ययन किया है वह अवश्य ही मान लेगा कि उनको गृहस्थ जीवन के चित्र खींचने में अद्वितीय सफलता मिली है।" उनके अनुसार गुप्त जी की कविता की मुख्य प्रवृत्ति यही है। रसवादी आचार्य नगेन्द्र जी अपने युगबोध से 'साकेत' को जोड़कर देखते हैं इसलिए उन्हें 'रामचरितमानस' की तुलना में 'साकेत' अधिक आधुनिक भावबोधसम्पन्न काव्य लगता है। उनके शब्दों में, "मानव को मानव के रूप में समझना इस युग की विशेषता है। इसको साकेत में जिस आग्रह के साथ ग्रहण किया गया है उस आग्रह के साथ मानस में नहीं।" साकेत की कथावस्तु और लेखक की पीड़ा को बड़ी गहराई से पकड़ा गया है। गुप्त जी को गृहस्थ जीवन का अद्वितीय चित्रकार मानते हुए इस कृति की महत्त्वपूर्ण उद्भावना उर्मिला के विरह को लक्ष्य कर नगेन्द्र जी कहते हैं, "उर्मिला के विरह वर्णन में आदर्श का गौरव और स्वार्थ का निषेध है। (यद्यपि व्यक्तित्व का लोप नहीं)...उर्मिला के विरह में मानवता की पुकार है-यह अधिक स्वाभाविक है। साथ ही गरिमा की न्यूनता नहीं है, यह विश्वव्यापी है।" (साकेत : एक अध्ययन, पृ. 58)

साकेत का मूल सन्दर्भ रामकथा से जुड़ा होने के बावजूद आधुनिक है। वस्तुत: वह भारतीय स्वाधीनता आन्दोलन और भारतीय नवजागरण की भूमिकाओं के बीच नारी की बदलती स्थिति और उसके महत्त्व से जुड़ा हुआ है। यही वजह है कि, उर्मिला के प्रति तो साकेतकार और जनमानस की श्रद्धा प्रकट होती ही है, कैकेयी भी 'मानस' की कैकेयी की भाँति न तो ग्लानि से गलती है और न ही उसे कोई कुटिला कहता है। कहने का तात्पर्य यह है कि, गुप्त जी आधुनिक सन्दर्भों में नारी की बदलती स्थिति को साकेत में रेखांकित करते हैं। डॉ. नगेन्द्र उनके इस पक्ष को उद्‌घाटित करते हुए इसे चरित्रप्रधान काव्य कहते हैं।

'रीतिकाव्य की भूमिका' डॉ. नगेन्द्र की एक चर्चित कृति है। इसमें रीतिकाल का मूल्यांकन ही नहीं किया गया है बल्कि भारतीय साहित्यशास्त्र के सैद्धान्तिक पक्षों पर गहन विचार किया गया है और रीतिकाव्य में उन सैद्धान्तिक आधारों का सुन्दर विवेचन किया गया है। साहित्य को जीवन की आन्तरिक वृत्तियों का रेखांकन माननेवाले नगेन्द्र जी रीतिकाव्य की उपेक्षा से घोर असहमत हैं। उन्होंने इस कृति की भूमिका में अपनी कार्ययोजना बताते हुए बड़े स्पष्ट शब्दों में लिखा है, "हिन्दी में रीतिकाव्य प्राय: उपेक्षा का ही भागी रहा है। द्विवेदी-युग के आलोचकों ने इस कविता को नीतिभ्रष्ट कहकर तिरस्कृत किया, छायावाद के प्रतिनिधि कवि लेखक इसको अतीन्द्रिय और स्थूल कहकर हेय समझते रहे और आज का प्रगतिशील समीक्षक इसको सामन्तवाद की अभिव्यक्ति मानकर प्रतिक्रियावादी कविता कहता है।" वे इस काव्य की विशेषताओं पर सैद्धान्तिक दृष्टि से विचार करते हैं और हिन्दी आलोचना की सैद्धान्तिकी के विकास के लिए जरूरी बताते हैं। हिन्दी आलोचना का शास्त्रीय आधार उनके अनुसार संस्कृत काव्यशास्त्र से रीतिकालीन शास्त्रीय चिन्तन के मार्ग से होकर ही निर्मित हुआ है। भक्तिकालीन ही नहीं, आदिकालीन कवि भी इस प्रवृत्ति से अनभिज्ञ नहीं थे। अर्थात् रीतिकाल में जो शास्त्र चर्चा मिलती है और जिससे आचार्य शुक्ल हिन्दी के लोगों को भी सीखने की सलाह देते हैं, उसका सीधा सम्बन्ध प्राचीन-भक्तिकालीन साहित्य से है। रीतिकाव्य अपनी श्रृंगारिकता के कारण उपेक्षा का नहीं, आदर का पात्र है। उनके अनुसार, "रीतिकाव्य भारतीय श्रृंगार-परम्परा का ही स्वाभाविक विकास है। उस पर बाह्य प्रभाव बहुत-कुछ पड़ा जरूर, लेकिन उसके मूल तत्त्व सर्वदा भारतीय ही रहे।' वास्तव में यह कविता अपने युग की सफलतम अभिव्यक्ति की कविता है। सामन्तीय वातावरण में इससे परे सोचा ही नहीं जा सकता था।

'देव और उनकी कविता' नगेन्द्र जी की सर्वाधिक प्रौढ़ समीक्षात्मक कृति है। यहाँ कृति व कृतिकार दोनों को लक्ष्यकर विवेचना हुई है। इस पुस्तक में देव के साहित्य का सर्वांगीण विवेचन हुआ है। यहाँ वे परम्परावादी दृष्टिकोण से हटकर

मनोवैज्ञानिक धरातल पर रसवादी दृष्टि से देव का नवमूल्यांकन करते हैं। इसी तरह 'आधुनिक हिन्दी कविता की प्रमुख प्रवृत्तियाँ' तथा निबन्ध संकलन 'विचार और अनुभूति' में छायावाद से लेकर प्रयोगवादी-नयी कविता तक की वैचारिक पृष्ठभूमि के साथ प्रमुख कवियों के कृतित्व का समुचित मूल्यांकन हुआ है। डॉ. गिरिजा कुमार माथुर नगेन्द्र जी के प्रिय कवि हैं, इन्हें वे छायावादोत्तर काल का प्रमुख कवि मानते हुए उनके काव्य की विशेषता बतलाते हुए लिखते हैं, "उन्होंने छायावाद की आशा को नया रूप प्रदान किया है। उनकी कविता अतीन्द्रिय या वायवी न होकर मांसल है। उसमें अनुभूति की कल्पना नहीं है, वरन् मधुर अनुभूति के एक लघु क्षण के ऊपर बारीकी के साथ कल्पना की रंजित तस्वीर अंकित की गयी है।" (आ.हि.क.की प्र., पृ. 135) प्रेमचन्द से उन्हें शिकायत है कि अपने आदर्शोन्मुख यथार्थवाद के कारण वे मानव चरित्र को सही रूप में पकड़ नहीं पाये हैं, उनमें मनोवैज्ञानिकता की कमी है। इसीलिए वे प्रेमचन्द को द्वितीय श्रेणी का कलाकार मानते हैं। इसी तरह अज्ञेय के शेखर के बारे में उनका कहना है "शेखर व्यक्ति का जीवन है समाज या युग का नहीं।" (विचार और अनुभूति , पृ. 148)

प्रेमचन्द अपने समय की विचारधाराओं से बहुत प्रभावित थे। समाजवाद (मार्क्सवाद) और गाँधीवाद उनके समूचे लेखन में समन्वित रूप में प्रस्तुत हुआ है। नगेन्द्र मनोवैज्ञानिक और रसवादी अर्थात् आधुनिक शास्त्रीय आचार्य हैं, लेकिन आधुनिक समय की इन आवाजों को प्रायः अनसुना कर जाते हैं। प्रेमचन्द के मूल्यांकन में तभी वे चूक कर बैठते हैं। उनके लेखे, "उनका (प्रेमचन्द) उपन्यास मानव-जीवन की ऊपरी सतह को छूकर नहीं रह जाता, वह उसके भीतर प्रवेश करता है। परन्तु चूँकि उसकी दृष्टि बहिर्मुखी है, सामाजिक जीवन पर ही केन्द्रित रहती है इसलिए उसकी भी तो पैठ सीमित ही माननी पड़ेगी। नीति और विवेक के प्राधान्य के कारण प्रेमचन्द का उपन्यास प्राण-चेतना के आर-पार नहीं देख पाता-विवेक को इसकी आवश्यकता ही नहीं पड़ती। विवेक की आँखें बीच में ही रुक जाती हैं, जीवन के अतल को स्पर्श नहीं कर पातीं।" कहना न होगा कि यह एकांगी दृष्टिकोण है जो भारतीय काव्यशास्त्र की एकांगिता का भी द्योतक लगता है। इससे नगेन्द्र की व्यावहारिक आलोचना-दृष्टि पर सवाल भी खड़े होते हैं।

निष्कर्षतः यह कहा जा सकता है कि सैद्धान्तिक व व्यावहारिक दोनों ही दृष्टियों से डॉ. नगेन्द्र का आलोचना-संसार काफी विपुल है। भारतीय साहित्य-सिद्धान्तों के मर्मज्ञ आलोचक के रूप में उन्होंने भारतीय व पाश्चात्य साहित्य-दर्शन को एक साथ रखकर देखा है और पूरे साहस के साथ प्रमाणित किया है कि रस से श्रेष्ठ प्रतिमान पौरस्त्य व पाश्चात्य दोनों साहित्यकोशों में दूसरा नहीं है। इसके साथ ही उनकी अपनी कुछ सीमाएँ भी हैं, जिस पर संक्षेप में दृष्टिपात करना जरूरी है।

फ्रायडीय काम सिद्धान्त से प्रभावित नगेन्द्र जी ने साहित्य को अतृप्त वासनाओं की अभिव्यक्ति माना है, जो कहीं-कहीं उनके दृष्टिकोण को बहुत संकुचित कर देता है। इसी तरह व्यक्तिवादी सोच के कारण वे सामाजिक धरातल पर अधिक विचरण नहीं कर पाते, फलस्वरूप सामाजिक बोध की कमी उनकी आलोचना में लक्षित होती है। यह मानना ठीक है कि व्यक्ति समाज की पहली इकाई है, पर आखिरकार है तो वह समाज का एक अंग, इसलिए समाज को महत्त्व न देकर सिर्फ व्यक्ति को लक्ष्य कर साहित्य जैसी संजीवनी का विवेचन-विश्लेषण सांगोपांग नहीं माना जा सकता।

प्रो. विश्वनाथ त्रिपाठी ने बिल्कुल ठीक लिखा है, "निर्भ्रान्त ढंग से अपनी बात को बलपूर्वक कहना डॉ. नगेन्द्र की शैली की विशेषता है। उनके पास सुचिन्तित तर्क-पाश होता है और वे एक के बाद एक तर्कों से क्रमशः आगे बढ़ते हुए अपना मत दृढ़ रूप में प्रकट करके ही रुकते हैं। मत और धारणा से मतभेद हो सकता है, लेकिन ढंग गम्भीर होता है।" डॉ. देवराज ने नगेन्द्र जी के आग्रहों पर कटाक्ष करते हुए ही कहा है 'उनकी लेखनी पर फ्रायड का प्रभाव तो दिखलायी पड़ता है किन्तु डार्विन का विकासवाद जिसने ऐतिहासिक दृष्टिकोण को भी अत्यधिक प्रभावित किया है या मार्क्स के द्वन्द्वात्मक भौतिकवाद का कोई प्रभाव नहीं दिखलायी पड़ता। सम्भवतः इसलिए वे सिद्धान्तों को सार्वभौम और शाश्वत घोषित करने में नहीं हिचकते।" इस तरह और भी कई बिन्दु हैं जिन पर नगेन्द्र जी से सहमत नहीं हुआ जा सकता। परन्तु कुल मिलाकर डॉ. रामचन्द्र तिवारी के शब्दों में कहा जायेगा कि, "विरोध शक्तिशाली का ही होता है और डॉ. नगेन्द्र हिन्दी आलोचना के क्षेत्र में सर्वाधिक समर्थ लेखक रहे हैं।" बेशक, नगेन्द्र जी का साहित्य-कर्म अकूत सम्भावनाओं की राशि है। उन्होंने कई तत्त्वों का उद्‌घाटन किया है तो कई गलत अवधारणाओं की वैज्ञानिक भूमिका पर युक्तियुक्त विवेचना कर उनकी प्रासंगिकता-अप्रासंगिकता प्रमाणित की है। भारतीय रस-सिद्धान्त व पाश्चात्य बिम्बवादी मत इसके प्रमाण हैं। डॉ. रामाधार शर्मा के निष्कर्षों से पूर्णतः सहमत हुए उनके शब्दों का उपयोग करते हुए सारांशतः यह कहा जा सकता है कि, "नगेन्द्र जी का महत्त्व इस बात में है कि उन्होंने रस-सिद्धान्त के मनोवैज्ञानिक आधार का, उसकी मूलभूत प्रेरणाओं का उद्‌घाटन किया है और रस मत को मनोवैज्ञानिक भूमि पर प्रतिष्ठित किया।... नगेन्द्र जी की समीक्षाओं में अधिकांशतः भारतीय साहित्यशास्त्र की नवप्रतिष्ठा का, उसके संशोधन और संस्कार का प्रयत्न लक्षित होता है।... वे मध्य मार्ग पर ही चलते हैं इसलिए वैयक्तिक अभिरुचियों के होते हुए भी उनका मत सन्तुलित है।"

# डॉ. रामविलास शर्मा

डॉ. रामविलास शर्मा हिन्दी आलोचना के ऐसे सर्वाधिक सन्दर्भवान् आलोचक हैं, जिन्होंने अपने युग-जीवन की व्यापक पैमाइश करते हुए न सिर्फ युगीन प्रवृत्तियों का तात्त्विक मूल्यांकन प्रस्तुत किया बल्कि अपने युगचेता रचनाकारों का सर्वांगीण मूल्यांकन भी किया। हिन्दी आलोचना में वे महज प्रगतिवादी आलोचक के नाते ही नहीं बल्कि एक ऐसे व्यावहारिक समीक्षक के रूप में भी अद्वितीय हैं जिन्होंने अपने पूर्ववर्ती कृतिकारों के वैशिष्ट्य का साक्षात्कार हिन्दी-जगत् को कराया और जातीय आधार पर उसका तारतमिक विकास दिखलाया। तुलसीदास, भारतेन्दु, महावीरप्रसाद द्विवेदी, निराला, आचार्य रामचन्द्र शुक्ल, प्रेमचन्द हिन्दी की ऐसी साहित्यिक विभूतियाँ हैं जिनका ऐतिहासिक मूल्यांकन डॉ. शर्मा ने किया और यह सिद्ध किया कि हिन्दी का आधुनिक काल कितना उर्वर, व्यापक और विशाल है।

डॉ. शर्मा एक प्रखर मार्क्सवादी विचारक हैं। उन्होंने मार्क्सवादी सिद्धान्तों के आधार पर हिन्दी साहित्य के विवेचन का प्रयास किया। उनकी दृष्टि में, "मार्क्सवाद समाज को समझने और उसे बदलने का विज्ञान है। जो भी वर्तमान व्यवस्था को बदलना चाहता है वह मार्क्सवाद के बिना नहीं रह सकता। मार्क्सवाद भारतीय समाज को समझने का एक दृष्टिकोण देता है।" (प्रगतिशील साहित्य की समस्याएँ, पृ. 141) उनके इस कथन से स्पष्ट है कि मार्क्सवाद को अपनाने का अर्थ है वैज्ञानिक समीक्षा-दृष्टि को अपनाना। कहना न होगा कि डॉ. शर्मा ने मार्क्सवाद को एक वैज्ञानिक दृष्टि के रूप में ही अपनाया है। वे मानते हैं कि, "मार्क्स ने ही विकास के नियमों का पता लगाया और इतिहास को बदलने का एक रास्ता दिखलाया।" वैज्ञानिक भौतिकवादी दर्शन द्वन्द्व पर आधारित है। और द्वन्द्व जीवन का नियम है, प्रत्येक पदार्थ, तत्त्व और स्थिति में, विनाश और सृजन की प्रक्रिया में द्वन्द्व विद्यमान है। इस द्वन्द्व में विकसनशील तत्त्व ही जीवित रहते हैं और वही वस्तु को, समाज को

नया स्वरूप प्रदान करते हैं। स्टालिन ने इसे स्पष्ट करते हुए लिखा है, ''इसे द्वन्द्वात्मक भौतिकवाद इसलिए कहा जाता है क्योंकि इसकी पद्धति प्राकृतिक तत्त्वों तथा उनकी प्रक्रियाओं का अध्ययन करने के द्वन्द्व पर आधारित है। यह भौतिकवादी इसलिए माना जाता है क्योंकि इस पद्धति का दृष्टिकोण तथा व्याख्या भौतिकवादी मान्यताओं पर आधारित है।'' (मार्क्सवादी काव्यशास्त्र की भूमिका, पृ. 25 से)

डॉ. शर्मा द्वन्द्वात्मक भौतिकवाद की मान्यता से बिल्कुल सहमत हैं। कुछ लोगों ने इसे यान्त्रिक दर्शन माना है, पर डॉ. शर्मा उनसे सहमत नहीं हैं, वे इसका खण्डन करते हैं। उनके अनुसार, ''फिजिक्स से वैज्ञानिक भौतिकवाद ने यान्त्रिकता न सीखी थी, बल्कि परिणाम से गुण में तब्दीली के सिद्धान्त के प्रमाण उसमें पाये थे।'' (प्रगतिशील साहित्य की समस्याएँ, पृ. 93) इस दर्शन के अनुसार कोई भी चीज शाश्वत या अपरिवर्तनीय नहीं है अपितु प्रत्येक चीज विकासमान व चिर परिवर्तनीय है। यह उत्पादन की परिस्थितियों के आधार पर ही मानव का विकास निर्भर मानता है। इसकी मान्यता है कि जनता के मनोभावों, आकांक्षाओं व बौद्धिक संघर्षों का नियमन इसी से होता है। उत्पादन के सम्बन्धों पर ही समाज का आर्थिक ढाँचा खड़ा होता है, जिस पर जीवन की समस्त स्थितियाँ निर्भर करती हैं। इसलिए जीवन के सम्बन्धों को समझने के लिए इस उत्पादन-उत्पादक शक्तियों के सम्बन्ध व संघर्ष को समझना जरूरी है। ये शक्तियाँ समाज में हमेशा रहती हैं कभी ये ही साम्राज्यवादी, सामन्तवादी नाम से जानी गयी थीं, आज यही पूँजीवादी दौर में शोषक के नाम से जानी जाती हैं। शोषक वर्ग ने उत्पादन पर कब्जा कर रखा है और असली उत्पादक श्रमिक वर्ग को गुलाम बना रखा है। मार्क्सवाद शोषक और शोषित के इन्हीं सम्बन्धों को मानवीय धरातल पर समाजशास्त्रीय आधार पर विवेचित करता है। यहीं से वर्ग-संघर्ष और अर्थ-वैषम्य की समस्या उपजती है, जिसका साहित्य और कला पर सीधा प्रभाव पड़ता है। डॉ. शर्मा मानते हैं कि, ''मनुष्य जाति का इतिहास आदिम गण समाजों के विघटन के बाद वर्ग-संघर्ष का इतिहास है। जब-जब शोषित वर्गों ने अपने अधिकारों के लिए, अपनी स्थिति सुधारने के लिए संघर्ष किया, तब-तब उनका यह संघर्ष उनके उत्तराधिकारी नये समाज के विधायकों के लिए महत्त्वपूर्ण साबित हुआ।'' (परम्परा का मूल्यांकन, पृ. 10)

ध्यातव्य है कि इस वर्गवाद में डॉ. शर्मा मार्क्स निर्देशित सर्वहारा वर्ग के साथ हैं। यह शोषित वर्ग है और यही समाज के सबसे बड़े वर्ग का नेतृत्व करता है। मजदूर-किसान अर्थात् श्रमिक इसी के अन्तर्गत आते हैं। लेनिन के मतों का हवाला देकर उन्होंने इसे समझाने का प्रयास किया है। इसके पार्टीजन सिद्धान्त के आधार पर शर्मा जी राजनीति को साहित्य से अलग नहीं मानते। उनका मत है, ''मनुष्य सामाजिक परिस्थितियों और ऐतिहासिक विकास की सीमाओं को लाँघ नहीं सकता।

वह स्थायी साहित्य तभी दे सकता है जब वह अस्थायी लगनेवाली परिस्थितियों का चित्रण करे। वर्ग-भेद के आधार पर चलनेवाले समाज में उसे प्रतिक्रियावादी और क्रान्तिकारी वर्गों को पहचानना होगा। पार्टीजन साहित्यकार बनकर ही हम ऐसे साहित्य का निर्माण कर सकेंगे।" (भाषा, साहित्य और संस्कृति, पृ. 148) यही नहीं, उनकी यह भी स्पष्टोक्ति है कि, "साहित्य गैर-राजनीतिक और सिद्धान्तहीन नहीं हो सकता।" इस प्रकार साहित्य को राजनीतिक चोला पहनाकर वे साहित्य को पार्टीवादी व प्रचारवादी बना देते हैं, जो कि कम-से-कम भारतीय परिप्रेक्ष्य में उचित नहीं लगता। इस सन्दर्भ में वे मध्यम वर्ग-पेटी बूर्जुआ, जो कि जनवादी-मार्क्सवादियों के समर्थन का पात्र माना जाता है, उसे मार्क्स, एंजेल्स के आधार पर टुटपुँजिया वर्ग कहते हुए गद्दार करार देते हैं, लिखते हैं, "इस निम्न पूँजीवादी जहनियत के बुद्धिजीवी अपने को जनवादी कहकर लोगों को धोखा देते हैं। वे मानववाद के नाम पर ऐसे लोगों का समर्थन करते हैं जो दरअसल मानवता के शत्रु हैं। वे प्रतिक्रियावाद की खुली हिमायत करते हैं, शुद्ध कला और शुद्ध साहित्य की नकाब डालकर चोरी और धोखे से यही काम करते हैं।" (स्वाधीनता आन्दोलन और राष्ट्रीय साहित्य, पृ. 57) वे इसे प्रगतिवादी व्यवस्था के लिए घातक भी मानते हैं।

शर्मा जी की साहित्यिक मान्यताएँ इसी आधार पर निर्मित हुई हैं। सौन्दर्य, जिसे आचार्य नन्ददुलारे वाजपेयी ने कला व साहित्य का चिरस्थायी प्रतिमान माना है उससे शर्मा जी भी लगभग सहमत हैं। फर्क सिर्फ इतना है कि वे इसे मार्क्सवादी चश्मे से देखते हैं। वे मानते हैं कि, "सौन्दर्य और उसकी अनुभूति का विवेचन उत्सुकता की शान्ति के लिए ही नहीं है, उसका उद्देश्य हमारी सौन्दर्य चेतना को उत्तरोत्तर विकसित करना, मानव-जीवन और उसके सामाजिक और सांस्कृतिक परिवेश को और भी सुन्दर बनाना है।" (आस्था और सौन्दर्य, पृ. 20) उनकी दृष्टि से सौन्दर्य की परिभाषा इन शब्दों में दी जा सकती है, "प्रकृति, मानव-जीवन तथा ललित कलाओं के आनन्ददायक गुण का नाम सौन्दर्य है।" (उप. पृ. 20) यहाँ सवाल हो सकता है कि इसके पहचानने का तरीका क्या है और असौन्दर्य किसे कहेंगे? डॉ. शर्मा इसके बारे में स्पष्ट करते हुए लिखते हैं, "कला में कुरूप और सुन्दर विवादी स्वरों के समान है जो राग के रूप को निखारते हैं। वीभत्स का चित्रण देखकर हम उससे प्रेम नहीं करने लगते। हम उस कला से प्रेम करते हैं जो हमें वीभत्स से घृणा करना सिखाती है।" अब यह मानव का स्वभाव है कि वह असुन्दर से घृणा करता है और सुन्दर से प्रेम। परन्तु इतना कहना होगा कि असुन्दर के बिना सुन्दर की कल्पना नहीं की जा सकती। फिर सौन्दर्य की वास्तविक स्थिति किसमें है-कवि में, प्रमाता में या वस्तु में, अर्थात् सौन्दर्य की सत्ता आत्मगत है या वस्तुगत, यह भी विचारणीय है। डॉ. शर्मा इसकी सत्ता वस्तुगत मानते हैं, उनका स्पष्ट कहना

है, ''जैसे मनुष्यों से बाहर सौन्दर्य की सत्ता नहीं है वैसे ही सुन्दर वस्तुओं से बाहर सौन्दर्य की सत्ता नहीं है।'' (लोकजीवन और साहित्य, पृ. 2) सौन्दर्य के ही साथ रस की सत्ता भी अनादिकाल से मानी जाती रही है। रस की महिमा शुरू से ही मान्य रही है। डॉ. शर्मा सौन्दर्य व रस को एक-दूसरे का विरोधी नहीं पूरक मानते हैं।'' (उप., पृ. 14) वे लिखते भी हैं, ''सौन्दर्य यानी सुन्दर वस्तु से हुई प्रेरणा (स्टिमुल्स) नारी नामक प्रेरणा केन्द्र पुरुष को चिरकाल से बाधित करता रहा है। नारी हुई 'कण्डीशण्ड स्टीमुल्स', पुरुष की अनुभूति हुई 'कण्डीशण्ड रिफ्लैक्स'। रस और सौन्दर्य का यहाँ मौलिक सम्बन्ध है।'' (प्रगतिवादी समीक्षा, पृ. 152 से उद्धृत) रसवादियों ने आनन्द को चरमावस्था मानकर इसे ही साहित्य-कला का साध्य बना दिया है। शर्मा जी इससे सहमत नहीं हैं। उनका अभिमत है, ''साहित्य से आनन्द मिलता है, यह अनुभव सिद्ध बात है, लेकिन साहित्यशास्त्र यहाँ समाप्त नहीं होता, बल्कि यही से उसका श्रीगणेश होता है।'' (लोकजीवन और साहित्य, पृ. 7)

साहित्य का उद्देश्य वे मानव-कल्याण मानते हैं। उनके अनुसार साहित्य वह चाहे किसी युग का, समाज का हो, जिस महान् उद्देश्य से परिचालित होता है वह है-मानव-कल्याण। डॉ. शिवदानसिंह चौहान के 'साहित्य की परख' की समीक्षा करते हुए साहित्य के उद्देश्य के बारे में बताते हैं, ''आज की परिस्थिति में साहित्य को शान्ति, स्वाधीनता और जनतन्त्र के लिए संघर्ष करने का उद्देश्य रखना चाहिए।'' (प्रगतिशील साहित्य की समस्याएँ, पृ. 18) उनकी यह भी स्पष्ट मान्यता है कि साहित्य का उद्देश्य थोड़े-से लोगों का मनोरंजन न होकर आर्थिक, राजनीतिक, सामाजिक स्तर पर नये समाज के निर्माण में सहयोग करना है। इस प्रकार वे साहित्य और समाज का अभिन्न सम्बन्ध मानते हैं। 'आस्था और सौन्दर्य' की भूमिका में उन्होंने लिखा है ''कलाकार जिस सौन्दर्य की सृष्टि करता है वह समाज निरपेक्ष किसी भी व्यक्ति की कल्पना की उपज नहीं है वरन् सामाजिक जीवन और सामाजिक विकास से उसका घनिष्ठ सम्बन्ध होता है।'' कहा जाता है कि, 'साहित्य समाज का दर्पण है' अथवा 'जीवन का अनुकरण है' शर्मा जी इसे भ्रान्त धारणा मानते हैं। उनके अनुसार, ''यदि साहित्य समाज का दर्पण होता तो संसार को बदलने की बात न उठती। कवि का काम यथार्थ जीवन को प्रतिबिम्बित करना ही होता तो वह प्रजापति का दर्जा न पाता। वास्तव में प्रजापिता ने जो समाज बनाया है उससे असन्तुष्ट होकर नया समाज बनाना कवि का जन्मसिद्ध अधिकार है।'' (स्वाधीनता आन्दोलन और राष्ट्रीय साहित्य, पृ. 78) वस्तुतः मानव सम्बन्धों के असन्तोष व संघर्ष ही उसे काव्य रचना की प्रेरणा देते हैं।

सिद्धान्ततः वे प्रगतिशील साहित्य उसे मानते हैं जो मानव-चेतना को जाग्रत करने में सहायक होता है। उनके शब्दों में, ''प्रगतिशील साहित्य वह है जो समाज

को आगे बढ़ाता है, मनुष्य के विकास में सहायक होता है।'' (प्रगति और परम्परा, पृ. 43) उन्होंने सायास यह सिद्ध किया है कि साहित्य में प्रगतिशील व प्रतिक्रियावादी दोनों ही तत्त्व रहते हैं, रहे हैं। इसी तथ्य के आधार पर वे प्रेमचन्द के इस कथन कि, 'साहित्यकार स्वभावतः प्रगतिशील होता है' तथा डॉ. शिवदान सिंह चौहान के ऐसे ही मत का खण्डन करते हुए कहते हैं,'' अगर कलाकार स्वभावतः प्रगतिशील होता है तो साहित्य में प्रगतिशील या प्रतिक्रियावादी का भेद करना निरर्थक है।'' अपनी बात को और स्पष्ट करते हुए कहते हैं, ''वास्तव में जो लोग कहते हैं कि साहित्य स्वभाव से ही प्रगतिशील होता है, वे अप्रत्यक्ष रूप से यह मानकर चलते हैं कि साहित्य प्रतिक्रियावादी भी होता है।'' (प्रगतिशील साहित्य की समस्याएँ, पृ. 1) और इसीलिए वे प्रगतिशील शब्द को सापेक्ष अर्थ का बोधक मानते हैं। अपने मार्क्सवादी दृष्टिकोण का परिचय देते हुए यहीं पर आगे कहते हैं कि, ''न तो साहित्यकार स्वभावतः प्रगतिशील होता है, न आलोचक। वे प्रगतिशील तभी होते हैं जब वे जन-साधारण का पक्ष लेते हैं।'' (उप., पृ. 4) इस प्रकार क्रिया-प्रतिक्रिया के नियम की भाँति समाज में प्रगति व प्रतिक्रियावादी द्वन्द्व बराबर चलता रहता है, साहित्य में यही द्वन्द्व चित्रित होता है। प्रगतिशील साहित्यकार के लिए वे दो चीजें आवश्यक मानते हैं एक तो समाज के परस्पर विरोधी सम्बन्धों की जानकारी और दूसरी उनके गर्भ से विकासमान् सम्भावनाओं की खोजपरक दृष्टि। जिस साहित्य में दोनों चीजें मिलती हैं, उसे वे प्रगतिशील मानते हैं।

साहित्य की जातीय परम्परा के अन्वेषक शर्मा जी आचार्य शुक्ल की भाँति तुलसी से अधिक प्रभावित हैं और उनकी प्रगतिशीलता को वे बड़े आग्रह के साथ प्रतिपादित भी करते हैं। बड़े दावे के साथ यह घोषित करते हैं कि, ''तुलसी, सूर, मीराँ और रसखान की लोकप्रियता का सबसे बड़ा कारण यह है कि धार्मिक ताने-बाने के बावजूद इनके गीत का वास्तविक तथ्य धार्मिक नहीं, सामाजिक है और सामाजिक भी ऐसा जो सामन्तशाही का पोषक नहीं है।'' कबीर के बारे में उनके विचार आचार्य शुक्ल की याद दिलाते हैं। जैसे-शुक्ल जी की तरह वे यह तो मानते हैं कि, ''उन्होंने निम्न वर्ग की सामाजिक चेतना को निखारा और उसे बल प्रदान किया।'' पर साथ ही उन्हें उनकी प्रतिभा ध्वन्सात्मक लगती है। उनके विचार उलझे हुए तथा उनके रहस्यवाद में रचनात्मकता की कमी महसूस होती है। इसके विपरीत तुलसी की प्रतिभा उन्हें स्थापनामूलक लगती है। शर्मा जी के शब्दों में, ''उनके लिए साहित्य न तो सामन्तों के मनोरंजन का साधन है, न निरुद्देश्य प्रयोग है। वह ऐसे साहित्य के पक्षपाती हैं जो जनता का हित करे।'' भक्तिकाल को सर्वप्रथम शर्मा जी ने ही सामन्तवाद के ह्रास और पूँजीवाद के अभ्युदय का युग कहा। कहने का मतलब यह कि भक्तिकाव्य को वे सामन्तवादी ह्रासकालीन

संस्कृति के विरुद्ध एक नयी चेतना का प्रकाश मानते हैं। 'तुलसी साहित्य' के सामन्त विरोधी मूल्य में उन्होंने अपनी इस बात को स्पष्टतया प्रमाणित भी किया है। डॉ. शर्मा दावे के साथ यह कहते हैं कि, "तुलसी हमारे जातीय जन-जागरण के सर्वश्रेष्ठ कवि हैं। उनकी कविता की आधारशिला जनता की एकता है।" (उप., पृ. 185) एक अन्य विभूति जायसी के बारे में लिखते हैं, "जायसी को सांस्कृतिक समन्वय का कवि न कहकर जन-संस्कृति का कवि कहना ज्यादा उचित होगा।... अवध की सरसता को किसी ने इस तरह नहीं पहचाना जिस तरह जायसी ने।" (लोकजीवन और साहित्य, पृ. 27) शर्मा जी रीतिकालीन साहित्य को सामन्ती संस्कृति का प्रतिफल मानते हैं। पर इस काल के कुछ अच्छे कवियों की तारीफ भी करते हैं। वे मानते हैं कि, "इन कवियों से आधुनिक हिन्दी कवि जो बात ज्यादा सीख सकते हैं वह है शब्द-चयन और शब्द-योजना। इनकी भाषा अत्यन्त सरल है, अस्पष्टता और दुरूहता का प्रायः अभाव है।...हिन्दी भाषा की कुछ जातीय विशेषताएँ जितनी यहाँ निखरी हैं उतनी आधुनिक हिन्दी कविता में नहीं।" (परम्परा का मूल्यांकन, पृ. 100)

भारतेन्दु और उनके युग के साहित्यकार उस काल के यशस्वी नक्षत्र हैं जिसे हिन्दी में नवजागरण-काल कहा जाता है। शर्मा जी हिन्दी साहित्य में आधुनिकता का आरम्भ नवजागरण से मानते हैं। इस युग को राष्ट्रीय स्वाधीनता आन्दोलन, तथा सामन्त विरोधी और साम्राज्यवाद विरोधी शक्तियों का युग बताते हुए भारतेन्दु और उनके मण्डल के साहित्यकारों का मूल्यांकन करते हैं। इनकी मौलिक मान्यताओं को रेखांकित करते हुए लिखते हैं-"भारतेन्दु हरिश्चन्द्र से लेकर महावीरप्रसाद द्विवेदी तक हिन्दी नवजागरण के सूत्रधार पुराने चर्खे-कर्धेवाले भारत का स्वप्न नहीं देखते। वे देश में आधुनिक उद्योग-धन्धों के पक्षपाती हैं।" भारतेन्दु-युग को हिन्दी नवजागरण की दूसरी मंजिल माननेवाले शर्मा जी भारतेन्दु-युग को राष्ट्रीय जातीय चेतना का युग कहते हैं। इसी प्रकार महावीरप्रसाद द्विवेदी के युग को नवजागरण की तीसरी मंजिल की संज्ञा देते हैं। द्विवेदी जी के साहित्यिक अवदान को रेखांकित करते हुए 'महावीरप्रसाद द्विवेदी और हिन्दी नवजागरण' नामक पुस्तक में लिखते हैं, "साहित्य में जो रीति विरोधी क्रान्ति शुरू हुई, उसका पहला चरण है द्विवेदी-युग और उसी का विकास छायावाद और प्रगतिवाद में होता है। ये तीनों युग एक-दूसरे से भिन्न हैं, साथ ही एक-दूसरे के पूरक भी हैं। द्विवेदी-युग की भूमिका आधुनिक साहित्य का मार्ग प्रशस्त करनेवाले अग्रदल की भूमिका है।" डॉ. शर्मा के अनुसार जो लोग प्रगतिशील चेतना के विरोधी हैं, वे ही द्विवेदी-युग को केवल इतिवृत्तात्मक कहकर छुट्टी पा लेते हैं। ऐसे लोग ही छायावाद को कल्पना विलास मानकर चलते हैं जबकि द्विवेदी जी का महत्त्व इस बात में है कि, "जैसे वे विज्ञान सम्बन्धी लेखों

द्वारा पुराने विचार बदलकर नयी सामाजिक चेतना का प्रसार करना चाहते थे, वैसे ही साहित्य द्वारा वे जनता के पुराने संस्कारों को बदलकर उसका मानस नये साँचे में ढालना चाहते थे।''

प्रेमचन्द हिन्दी के सर्वाधिक सशक्त उपन्यासकार हैं और डॉ. शर्मा प्रेमचन्द के सबसे सशक्त आलोचक। उन्होंने प्रेमचन्द का मूल्यांकन उस समय किया जब नैतिकतावादियों, सौन्दर्यवादियों का बोलबाला था। प्रेमचन्द को पहली बार उन्होंने प्रगतिशील दृष्टिकोण से मूल्यांकित किया और यह साबित किया कि वे एक सच्चे यथार्थवादी रचनाकार थे। उन पर लगाये गये आरोपों का तर्कसंगत जवाब देते हुए शर्मा जी ने उनके साहित्य का समाजशास्त्रीय और सौन्दर्यशास्त्रीय मूल्य बतलाया। वे मानते हैं कि तुलसी के बाद सर्वाधिक पढ़े जानेवाले हिन्दी के रचनाकार प्रेमचन्द हैं। इसी प्रकार कबीर के समक्ष उन्हें रखते हुए कहते हैं, ''कबीर के बाद किसी ने इतनी सच्चाई से ऐसे मर्मभेदी व्यंग्य से हिन्दू और इस्लाम दोनों धर्मों के ढोंगियों और पाखण्डियों का पर्दाफाश न किया था।'' (प्रेमचन्द और उनका युग, पृ. 32) इस प्रकार प्रेमचन्द को कबीर–तुलसी–भारतेन्दु की परम्परा से जोड़कर हिन्दी की जातीय परम्परा का उद्घाटन किया है।

प्रेमचन्द के प्रगतिशील विचारों के कारण शर्मा जी उन्हें आधुनिक काल का हिन्दी का सबसे सशक्त कथाकार मानते हैं। प्रेमचन्द पर भी उनकी स्वतन्त्र पुस्तक है–'प्रेमचन्द और उनका युग।' इस कृति की भूमिका में डॉ. शर्मा लिखते हैं, ''प्रेमचन्द की आवाज सुनकर हमें अपने देश की जनता पर गर्व होता है, उस जातीय संस्कृति पर गर्व होता है, जिसे प्रेमचन्द सँवार रहे थे। प्रेमचन्द की आवाज उस समय उठी थी जब पहले महायुद्ध में मानव ध्वन्सी तोपों की गडगड़ाहट हवा में गूँज रही थी। आज भी जब विश्व पर तीसरे महायुद्ध के बादल छाये हुए हैं उस स्वाधीनता–संग्राम के सैनिक की वाणी विश्वशान्ति की रक्षा के लिए जनता का आह्वान करती है। प्रेमचन्द की आवाज भारत की अजेय जनता की आवाज है। इसलिए प्रेमचन्द आज भी हमारे साथ हैं।'' प्रेमचन्द अपने समय के समाज की नब्ज पकड़नेवाले रचनाकार थे। उनका हाथ पकड़कर कोई भी पाठक पूरे भारतीय समाज की परिक्रमा लगा सकता है और विश्वास के साथ यह कह सकता है कि उसने अपनी नजरों से जो देखा है, वह ही सच है। प्रेमचन्द ने अपनी सशक्त लेखनी से लोगों में हिन्दी उपन्यास पढ़ने का चाव पैदा किया। आधुनिक शैली का उपन्यास जिसमें जन–जीवन बोलता हुआ चित्रित हुआ है–प्रेमचन्द के कथा–साहित्य में ही दिखता है। उन्होंने पाठकों की रुचि का संस्कार ही नहीं किया बल्कि जन रुचि के नये मानदण्ड कायम किये। भारतीय समाज का यथातथ्य चित्रण प्रेमचन्द के यहाँ मिलता है, उसे चाहे आदर्शोन्मुख कहें चाहे यथार्थोन्मुख आदर्शवाद, जीवन यथार्थ ही उनके चिन्तन और

चित्रण का केन्द्र है। समाज की विसंगतियों पर तो जितना और जैसा व्यंग्यात्मक प्रहार उन्होंने किया उतना अन्य लेखक नहीं कर सके।

निराला डॉ. शर्मा के सबसे प्रिय कवि हैं। निराला की साहित्य-साधना के वे विशिष्ट अध्येता रहे। एक जगह तो निराला से अपने प्रेम को जाहिर करते हुए उन्होंने यहाँ तक लिखा है कि, "यदि मेरे प्रिय कवि पर प्रहार न किये गये होते तो मैं आलोचना के क्षेत्र में सम्भवतः उतरता ही नहीं।" और जब शर्मा जी इस रणक्षेत्र में उतरे हैं तो निराला के व्यक्तित्व और कृतित्व से सारी दुनिया को भलीभाँति परिचित भी करा गये हैं। 'निराला की साहित्य साधना' के तीन खण्ड और 'कवि निराला' जैसी कृतियों में निराला काव्य और व्यक्तित्व के प्रायः सभी पक्षों पर गहराई से विचार किया गया है और छायावाद में निराला को एक अप्रतिम कवि घोषित किया गया है। निराला की प्रगति चेतना और जातीय-सांस्कृतिक दृष्टि से डॉ. शर्मा बहुत प्रभावित हैं। उनकी धारणा है कि, "निराला की गाथा हमारे हिन्दी साहित्य के आन्तरिक संघर्ष की गाथा है, जो सारी शक्ति हमारी हिन्दी भाषा और साहित्य की है, वह निराला में आकर जैसे केन्द्रित हो गयी हैं।" निराला साहित्य के वस्तु और शिल्प दोनों पक्षों की विशद विवेचना डॉ. शर्मा ने की है। और यह निष्कर्ष दिया है कि, "नये मानवतावाद के प्रतिष्ठापक निराला के साहित्य में मनुष्य वीर, क्रान्तिकारी योद्धा, कवि, निरन्तर संघर्षशील, साथ ही अन्तर्द्वन्द्व, ग्लानि और पराजय से पीड़ित साधारण मनुष्य भी हैं।" वस्तुतः निराला के काव्य ही नहीं, समूचे सृजन में जीवन के दोनों पक्ष सुख और दुःख, सौन्दर्य और उल्लास का जीवन्त चित्रण हुआ है।

निराला शर्मा जी के सबसे प्रिय कवि हैं, इतने प्रिय कि उन्होंने ही इन्हें कवि से आलोचक बना दिया। निराला का व्यक्तित्व और कृतित्व दोनों चरम विद्रोह की गाथा है। इस क्रान्तिद्रष्टा कवि के बारे में शर्मा जी का कथन है, "उनका साहित्य भारत पर अंग्रेजी की कटु आलोचना है, जनता की दरिद्रता और दुःखी जीवन की तस्वीरें, सभ्य अंग्रेजी शासन पर सबसे अच्छी टिप्पणी है।" एक संवाद में निराला के प्रति अपनी रुचि को व्यक्त करते हुए कहते हैं, "मैं निराला के वेदान्त को स्वीकार नहीं करता, पर मैं मानता हूँ कि वह तुलसीदास के बाद हिन्दी के सबसे बड़े कवि हैं।" निराला में यही सब-कुछ नहीं है जिसे छायावाद कहते हैं। जिसने अपने कवि-जीवन के आरम्भ में लिखा था-'जब कड़ी मारें पड़ीं दिल हिल गया', उस निराला से आधुनिकताबोधवाले कवि आज भी बहुत-कुछ सीख सकते हैं।" (आलोचना, अक्टूबर-दिसम्बर, 1967)

आधुनिक हिन्दी आलोचना के शिल्पी आचार्य रामचन्द्र शुक्ल की लोकवादी चेतना के कारण डॉ. रामविलास शर्मा उनसे उसी परिमाण में प्रभावित हैं और उनका वैसा ही मूल्यांकन भी किया है जैसा महावीरप्रसाद द्विवेदी, प्रेमचन्द और निराला का

किया है। आचार्य शुक्ल हिन्दी आलोचना के प्रमुख आधार-स्तम्भ हैं। अपने समय तक उपलब्ध साहित्य का उन्होंने विशद विवेचन किया है। भारतीय काव्यशास्त्र और पाश्चात्य आलोचनाशास्त्र का उन्होंने गहन अध्ययन करते हुए हिन्दी आलोचना का मार्ग प्रशस्त किया। डॉ. शर्मा के अनुसार, ''हिन्दी साहित्य में शुक्ल जी का वही महत्त्व है जो उपन्यासकार प्रेमचन्द या कवि निराला का। उन्होंने आलोचना के माध्यम से उसी सामन्ती संस्कृति का विरोध किया जिसका उपन्यास और कविता के माध्यम से प्रेमचन्द और निराला ने। शुक्ल जी ने न तो भारत के रूढ़िवाद को स्वीकार किया, न पश्चिम के व्यक्तिवाद को। उन्होंने बाह्यजगत् और मानव-जीवन की वास्तविकता के आधार पर नये साहित्य-सिद्धान्तों की स्थापना की और उनके आधार पर सामन्ती साहित्य का विरोध किया और देशभक्ति और जनतन्त्र की साहित्यिक परम्परा का समर्थन किया।'' (आचार्य रामचन्द्र शुक्ल और हिन्दी आलोचना) शुक्ल जी ने सर्वाधिक महत्त्वपूर्ण कार्य यह किया कि युगीन सन्दर्भों में भारतीय काव्यशास्त्रीय चिन्तन को व्याख्यायित किया, रस की सार्वकालिक प्रासंगिकता बताते हुए उसे अलौकिकता के अटाले से उतारकर लोक-हृदय से जोड़ा। डॉ. शर्मा मानते हैं कि, ''उनका व्यक्तित्व एक सहृदय और विनोदी साहित्य-प्रेमी और संसार-प्रेमी मनुष्य का है, पुस्तक सेवी संन्यासी का नहीं। उनकी निर्भीकता, दृढ़ता, गहन अध्यवसाय और आत्मविश्वास के गुण उनके काव्य-सिद्धान्तों और साहित्यालोचना की तरह हिन्दी-प्रेमियों के लिए शिक्षाप्रद और प्रेरणादायक हैं।''

उनकी दृष्टि में शुक्ल जी की सबसे बड़ी देन यह थी कि, ''उन्होंने हिन्दी की सैद्धान्तिक आलोचना को एक ठोस दार्शनिक आधार दिया।'' यहाँ पर शर्मा जी शुक्ल जी पर लगाये गये आरोपों का खण्डन करने के साथ उनकी सीमाएँ उद्घाटित करते हुए यद्यपि सांगोपांग मूल्यांकन का प्रयास करते हैं, मगर उसमें वे अपनी वैयक्तिक रुचि के कारण सफल नहीं हो पाये हैं, शुक्ल जी के कई दुराग्रहों को जान-बूझकर अनदेखा किया है। नये साहित्य व साहित्यकारों का भी वे मूल्यांकन करने का प्रयास करते रहे हैं। 'नयी कविता और अस्तित्ववाद' में नये कवियों पर दृष्टि गयी है तथा केदार-शमशेर-नेमि-अज्ञेय-माचवे-मुक्तिबोध आदि के बारे में उनके कुछ विचार सामने आये हैं। यह पुस्तक मूलतः खण्डन-मण्डन की शैली में लिखी गयी है जिसमें बरबस मार्क्सवाद को स्थापित करने का प्रयास देखा जा सकता है।

कहना न होगा, डॉ. रामविलास शर्मा हिन्दी साहित्य की उसी परम्परा के वाहक हैं, जिसकी आधारशिला भारतेन्दु-द्विवेदी-प्रेमचन्द-निराला और शुक्ल ने रखी थी। अपने समय की साहित्यिक अवधारणाओं और प्रवृत्तियों का उन्होंने प्रगतिवादी दृष्टिकोण से, लोकवादी दृष्टिकोण से न सिर्फ आकलन प्रस्तुत किया बल्कि युग-

निर्माता साहित्यकारों का मूल्यांकन भी किया। उनका चिन्तन और मूल्यांकन दोनों ही हिन्दी साहित्य में अपना अलग महत्त्व रखता है। अपनी बेलौस शैली के कारण हिन्दी साहित्य में उनका अविस्मरणीय स्थान है। वरिष्ठ आलोचक प्रो. विश्वनाथ त्रिपाठी का यह कथन बिल्कुल सही है कि, "इस खुशामदी और अवसरवादिता के युग में बिना लाग-लपेट के सच्ची बात कहने का जितना साहस डॉ. शर्मा में है उतना किसी में नहीं। उनका विवादी रूप भी हिन्दी की आन्तरिक शक्ति का, निर्भीकता का सच्चा प्रतीक है।" (हिन्दी आलोचना, पृ. 197) अपने विचारों के प्रति दृढ़ और प्रायः कट्टर दिखनेवाले रामविलास शर्मा की सबसे बड़ी देन यही है कि उन्होंने साहित्य को विचारधारात्मक संघर्ष की भूमि बनाया और आजन्म इस संघर्ष में जीवन के प्रगतिशील मूल्यों के पक्षधर बने रहे, कोई समझौता नहीं किया।

उनके बारे में यह कहना गलत न होगा कि, मार्क्सवाद की जितनी समझ और उस पर जितनी गहरी चिन्तना उनकी है, उतनी किसी अन्य मार्क्सवादी की नहीं है। संस्कृति, साहित्य और समाज तीनों को अपनी दृष्टि में रखते हुए उन्होंने मार्क्सवादी समीक्षा को समझा-समझाया। उनकी आलोचना-शैली पर शुक्ल जी व निराला का अत्यधिक प्रभाव है। इन्हीं के प्रभावानुरूप उनमें खण्डन-मण्डन की प्रवृत्ति बड़ी प्रबल है। इसी वजह से अक्सर वे आग्रहशील लगते हैं। और इसीलिए उनकी समीक्षा में एकांगिता की बात भी कहीं-कहीं स्वीकार की जा सकती है। 'पालिमिक्स आलोचक', 'पार्टीवादी आलोचक', 'कुत्सित समाजशास्त्री' जैसे 'लेबल' उनकी इन्हीं सीमाओं के चलते ही लगाये गये हैं। अब यह कहना तो मुश्किल है कि ये आरोप कहाँ तक पूरी तरह सही हैं, लेकिन इस तथ्य से तो इन्कार नहीं किया जा सकता कि शर्मा जी की सोच का अपना एक निश्चित दायरा है, उसे वे लाँघ नहीं पाये हैं और शायद वे चाहते भी नहीं। उनके निष्कर्ष इस बात के गवाह हैं।

## नामवर सिंह

'आलोचना केवल अपने समकालीन साहित्य का 'क्लियरिंग हाउस' नहीं है। आज जो लिखा जा रहा है उसमें क्या सार्थक है या कम सार्थक है या निरर्थक है, क्या अच्छा है क्या बुरा है-आलोचना केवल यही बतलाने का काम नहीं करती, बल्कि इसके दौरान आलोचना का एक और महत्त्वपूर्ण काम हर दौर में रहा है और आज भी है। वह यह कि आलोचना समय-समय पर अपनी परम्परा का पुनर्मूल्यांकन किया करती है, और इस हिसाब से अपनी समूची साहित्यिक परम्परा का जो नक्शा है, उस नक्शे को समय-समय पर सुधारती-बदलती रहती है।'' नामवर जी आलोचना के इसी बृहत् दायित्व को लेकर चले हैं। उनकी आलोचना-यात्रा में इसीलिए केवल समीक्षण-परीक्षण नहीं है बल्कि दिशा-निर्देश भी है, जो कि आलोचना का मूल कर्त्तव्य है।

नामवर सिंह प्रखर मार्क्सवादी विचारक हैं। अपनी महत्त्वपूर्ण कृति 'इतिहास और आलोचना' में वे इतिहास का नया दृष्टिकोण बताते हुए ऐतिहासिक भौतिकवाद की विवेचना करते हैं। यह बतलाते हैं कि साहित्यिक समझ के लिए द्वन्द्वात्मक भौतिकवादी प्रणाली ही सबसे कारगर पद्धति है। इस प्रणाली की विशेषताएँ उनकी दृष्टि में ये हैं-

1. ''द्वन्द्वात्मक प्रणाली की पहली विशेषता है किसी वस्तु, व्यक्ति, घटना या विचार को अन्य वस्तुओं, व्यक्तियों, घटनाओं और विचारों के अविभाज्य प्रसंग में देखना।

2. वस्तुओं, व्यक्तियों, घटनाओं और विचारों को गतिशील, परिवर्तनशील और क्रमबद्ध रूप में देखना। तथा,

3. वस्तुओं, व्यक्तियों, घटनाओं और विचारों में असंगति अथवा अन्तर्विरोध को पहचानना। (इतिहास और आलोचना, पृ. 140-141)

इसी आधार पर उन्होंने अपना दृष्टिकोण निर्मित किया है और साहित्य को देखने-समझने का मार्ग सुझाया है। इस प्रकार उन्होंने यह प्रस्तावित किया है कि, व्यक्ति हो या कि घटना अथवा विचार उसका मूल्य और महत्त्व समाज सापेक्षता में है। उनके अनुसार, ''परिवेश में और ऊँचे स्तर पर किसी समस्या को रखने का कार्य वही लेखक कर सकता है जिसका सम्बन्ध अधिक-से-अधिक व्यापक सामाजिक परिवेश से हो और इस सम्बन्ध के विषय में जिसकी समझ का स्तर भी काफी ऊँचा हो।'' चूँकि साहित्य व्यष्टि अनुभूति होते हुए भी समष्टि का चित्रण है इसलिए उसका मूल्य व्यक्तिगत नहीं सामाजिक है। जो रचनाकार इस अनुभूति के साथ सृजन कर्म में रत होते हैं उनकी नामवर जी जमकर तारीफ करते हैं और जो व्यक्तिवाद में उलझे रहते हैं उनकी उतनी ही खिंचाई भी करते हैं। नामवर सिंह यह मानते हैं कि सृजन एक सामाजि़क कर्म है जो लेखक इस कर्म में रत होते हुए जितना अधिक सामाजिक सरोकार से सम्बद्ध होता है, वह उतना ही महान् होता है और उसकी रचना का उतना ही अधिक स्थायी मूल्य होता है। गहरी सामाजिक प्रतिबद्धता ही लेखक को सृजन की तरफ प्रेरित करती है। इस प्रकार नामवर जी समाज और साहित्य का गहरा सम्बन्ध मानते हैं। इसलिए यह अपेक्षा रखते हैं कि साहित्य और समाज दोनों की गत्यात्मक शक्तियों की पहचान लेखक को होनी चाहिए। जहाँ इसका अभाव होता है वहाँ साहित्य समाज की अनुकृति मात्र बनकर रह जाता है।

रस भारतीय काव्यशास्त्रीय विवेचन का मूलाधार है। नामवर जी इसे मानते हैं परन्तु आज की परिस्थितियों में ध्वनि पर बल देते हैं किन्तु अर्थप्रतिपत्ति के नये व्याख्याकारों और खासकर डॉ. नगेन्द्र से उन्हें विशेष शिकायत है। वे कहते हैं कि नगेन्द्र जी ने भारतीय काव्यशास्त्रीय मतों की अवहेलना करते हुए रस की प्रतिष्ठापना की है जो कि निराधार है। आनन्दवर्द्धन, अभिनवगुप्त का हवाला देते हुए नामवर ने यह स्पष्ट किया है कि रस-निर्णय अन्ततः अर्थ-निर्णय पर निर्भर है। और अर्थ-निर्णय पाठक की कोरी अनुभूति का विषय नहीं है। रस-सिद्धान्त के दोनों पक्षों अर्थ-मीमांसा और तत्त्व-मीमांसा को समझाते हुए उन्होंने अर्थ-मीमांसा पद्धति को सम्प्रदाय निरपेक्ष मानकर उसे सार्वभौमिक करार दिया है। वे जोर देकर कहते हैं कि, ''आज के सन्दर्भ में रस-सिद्धान्त की प्रसंगानुकूलता का निर्णय करते समय युग सापेक्ष तत्त्ववाद और सम्भावनापूर्ण मीमांसा पद्धति का भेद करना आवश्यक है। इस विवेक के बिना समूचे सिद्धान्त से मुँह चुराना बचकानापन है।'' कहना तो उनका यहाँ तक है कि जब, ''नये प्रतिमान बनाते समय इंग्लैण्ड-अमेरिका की नव्य समीक्षा से सहायता ली जा रही है तो फिर अपनी परम्परा के रस-सिद्धान्त ने क्या बिगाड़ा है?''

'रस-ध्वनि' जो ध्वनिकारों का तर्क है, वही आगे चलकर काव्यशास्त्रीय चिन्तन में मान्य हुआ। नामवर जी आनन्दवर्द्धन और आचार्य शुक्ल दोनों के हवाले से

इसे समझने पर बल देते हैं। इसकी वर्तमानकालिक प्रासंगिकता पर उनका स्पष्ट कथन है, ''रस-सिद्धान्त ने उस सांस्कृतिक संकट की घड़ी में ब्रह्मानन्द जैसा आनन्द भले ही न दिया हो किन्तु इस आश्वासन के द्वारा उसने काव्य की कालजयी परम्परा को नष्ट होने से बचा लिया।'' (कविता के नये प्रतिमान, पृ. 51) यही नहीं, वे यहाँ तक कहते हैं, ''इस प्रक्रिया में प्राचीन रसशास्त्र ने सहृदयों को शिक्षित करने के लिए काव्य-कृतियों के वस्तुगत विश्लेषण का जो मार्ग दिखाया, वह दिशा-निर्देश के रूप में आज भी उपादेय हो सकता है।'' वे रस को काव्यास्वाद की एक प्रक्रिया या पद्धति मानने के पक्षधर हैं, जिसका आधार अर्थ मीमांसा है। आचार्य शुक्ल के आलावा डॉ. मनोहर काले की इस स्थापना का भी उल्लेख वे अपने मत की पुष्टि हेतु करते हैं कि, ''संस्कृत काव्यशास्त्र का रस-सिद्धान्त काव्य के आस्वाद की एक प्रक्रिया मात्र है।''

काव्य-मूल्यों को 'कमाया हुआ सत्य' माननेवाले डॉ. नामवर सिंह कविता की सम्पूर्ण रचना-प्रक्रिया को एक संघर्ष के रूप में देखते हैं, और प्राचीन काव्य के बनिस्बत समकालीन काव्य में उन्हें यह संघर्ष कुछ अधिक तीव्र महसूस होता है। इसीलिए कहते हैं कि पुराने प्रतिमान, जिन्हें वे 'पुराने संस्कार' की संज्ञा भी देते हैं, आधुनिक रचना का मूल्य निर्धारित नहीं कर सकते। ठीक भी है, आज की रचना-प्रणाली में आधुनिकता और उत्तर-आधुनिकता के प्रभावस्वरूप जो परिवर्तन आया है उसे रसवादी या आलंकारिक दृष्टि से कदापि नहीं आँका जा सकता। रचना आज आस्वाद की वस्तु मात्र नहीं है। अपितु वह द्वन्द्व और संघर्ष का, परिस्थितियों के घात-प्रतिघात का ऐसा दस्तावेज है जो सामाजिक चेतना के विकास का दिग्दर्शक है। यह संघर्ष, आत्मसंघर्ष होते हुए भी सामाजिक है। नामवर के ही मतानुसार मुक्तिबोध का काव्य इसका प्रमाण है। इधर के दौर में रचना और रचनाकार की अस्मिता का जो सवाल खड़ा हुआ है, वह भी विचारणीय है। कहने का तात्पर्य यह कि भाषा से लेकर भावबोध तक के जो विविध स्वर साहित्य-पटल पर फूटे हैं, आज के ज्वलन्त एवं जटिल यथार्थ की जो 'आब्जेक्टिव' अभिव्यक्ति साहित्य-पटल पर बिम्बित हुई है, और हो रही है, सड़े-गले मूल्यों व परम्पराओं को तोड़कर नये काव्य-मूल्यों का सृजन जिस स्तर पर किया जा रहा है, उसे पुराने प्रतिमानों से आँकना बेमानी होगा। सबसे पहले तो नहीं कहा जा सकता, पर सर्वाधिक-संगत रूप में इसे नामवर जी ने ही समझा-समझाया है। कविता के नये प्रतिमान या नयी कविता के प्रतिमानीकरण के इधर जो प्रयास हुए हैं, वे इसी तथ्य की तरफ संकेत करते हैं।

'कविता के नये प्रतिमान' नयी कविता के सन्दर्भ में खड़े किये गये हैं, जिसके केन्द्र में हैं मुक्तिबोध-नामवर की दृष्टि में। आज की कविता में मुक्तिबोध की स्थिति को छायावादी निराला के समतुल्य मानते हुए नामवर का कहना है ,

"(उन्होंने) युग के सामान्य काव्यों को प्रतिफलित करने के साथ ही उनकी सीमा को चुनौती देकर उस सर्जनात्मक विशिष्टता को चरितार्थ किया जिससे समकालीन काव्य का सही मूल्यांकन हो सका।" (उप. पृ. 8) मुक्तिबोध को केन्द्र में रखकर उन्होंने नयी कविता के मूल्यांकन के लिए जो प्रतिमान निर्धारित किये हैं वे काफी चर्चित रहे हैं। उन पर काफी वाद-विवाद भी हुआ है और चिन्तन-अनुचिन्तन भी। काव्यभाषा से लेकर भाव-बोध तक काव्य रचना को एक सापेक्ष इकाई के रूप में देखने के पक्षधर डॉ. नामवरसिंह ने सबसे पहले भाषा के प्रश्न को उठाया है और सृजनशीलता का सवाल खड़ा करते हुए, काव्यभाषा को कविता का सबसे विश्वसनीय और 'आब्जेक्टिव' प्रतिमान माननेवाले डॉ. रामस्वरूप चतुर्वेदी के मत का हवाला देते हुए, इस बात से सहमति जतायी है कि चतुर्वेदी जी ने एक सही बात सही वक्त पर उठायी है। पर ध्यान देने की बात यह है कि जहाँ चतुर्वेदी जी भाषिक विश्लेषण तक सीमित हैं और बिम्ब पर ही भाषा की सारी जिम्मेदारी छोड़कर इति समझ लेते हैं, वहाँ नामवर सिंह थोड़ा आगे बढ़कर अर्थपतियों पर भी जोर देते हैं। कथ्य की उपेक्षा कर सिर्फ कथन को ही महत्त्व देने की वे पैरवी नहीं करते, क्योंकि इससे उन्हें आलोचना के रूपवादी होने का खतरा नजर आता है। उनके शब्दों में, "जो जागरूक समीक्षक शब्द के गिर्द बननेवाले समस्त अर्थवृत्तों तक फैलते जाने का विश्वासी है, वह सन्दर्भ के अनुसार शब्द में निहित सभी अर्थपतियों को पकड़कर काव्यभाषा के आधार पर ही काव्य का पूर्ण मूल्यांकन कर सकता है।" (उप. पृ. 116)

भाषा से ही जुड़ा हुआ सवाल है काव्य-बिम्ब और प्रतीक का। बिम्ब व प्रतीकवादी भाषा की बजाय नामवर को सपाटबयानी ज्यादा रुचिकर लगती है। कविता में बिम्बों की शुरुआत, आलोचना के स्तर पर डॉ. केदारनाथ सिंह से मानी जाती है। उन्हें खुशी है कि छठवें-सातवें दशक तक आते-आते बिम्ब मोह टूट गया। अशोक वाजपेयी और लक्ष्मीकान्त वर्मा का हवाला देते हुए उन्होंने स्पष्ट लिखा है, "काव्यभाषा के लिए भी प्राय: बिम्ब-योजना हानिकारक सिद्ध हुई है। बिम्बों के कारण कविता बोलचाल की भाषा से दूर हटी है, बोलचाल की सहज लय खण्डित हुई है। ...काव्यभाषा की ताकत कम हुई है। इन कमजोरियों को दूर करने के लिए ही कविता में सपाटबयानी अपनायी जा रही है। जिसमें फिलहाल काफी सम्भावनाएँ दिखायी पड़ती हैं।" (उप, पृ. 139) प्रगीतात्मकता और नाटकीयता को लघु और लम्बी कविताओं का आधार मानते हुए ऐसे व्यापक प्रतिमान की स्थापना पर बल देते हैं जिससे समूचे काव्य को मूल्यांकित किया जा सके। उनकी शिकायत है कि प्रगीत को ही काव्य प्रतिमान मान लेने की वजह से लम्बी कविताएँ उपेक्षित हुई हैं। मुक्तिबोध का काव्य इसका प्रमाण है। 'अनुभूति की जटिलता' तथा 'ईमानदारी और प्रामाणिक अनुभूति' नयी कविता के सर्वाधिक चर्चित प्रतिमान हैं, भारतीय एवं

पाश्चात्य मतों का विश्लेषण करते हुए नामवर जी कहते हैं, ''अनुभूति की तथाकथित जटिलता का सम्बन्ध अन्तर्वृत्तियों की संख्या से नहीं बल्कि सन्दर्भ और सन्दर्भ से होनेवाले भावबोध की प्रकृति से है।'' आचार्य शुक्ल के 'विरुद्धों के सामंजस्य' को लक्ष्य कर कहते हैं -''ऐतिहासिक सन्दर्भ को देखते हुए कविता में आज द्वन्द्व और संघर्ष के मूल्य पर जोर देना अप्रासंगिक नहीं है।'' नयी कविता के आत्मसंघर्ष को मुक्तिबोध के हवाले से समझाते हुए कहते हैं कि, ''आज की कविता में सामंजस्य के बजाय द्वन्द्व अधिक है। इसीलिए उसके भीतर तनाव और घिराव का वातावरण है।''

कुछ आलोचकों ने साहित्य की अपनी विशिष्ट संस्कृति की खोज की है और उसे खेल-तमाशे का रूप दे दिया है। नामवर जी इस पर आपत्ति उठाते हुए किसी विशिष्ट संस्कृति की बजाय समूची सांस्कृतिक परम्परा को समझने पर बल देते हैं। और संग्रह और त्याग वृत्ति के आधार पर संस्कृति को पहचानने, परखने और अपनाने की वकालत करते हैं उनके अनुसार, ''संस्कृतिवाद एक ऐसी विचारधारा है जो जीवन की सारी समस्याओं को समेटकर संस्कृति की समस्या बना देती है क्योंकि उसके अनुसार जीवन की तमाम समस्याएँ सिर्फ संस्कृति की समस्याएँ हैं।'' (वाद-विवाद-संवाद, पृ. 47) वे मानते हैं कि ऐसी विचारधाराएँ संस्कृति का विस्तार नहीं करती बल्कि उसे भी संकुचित कर देती हैं, अपने मतलब के लिए संस्कृति की मनचाही व्याख्याएँ-मान्यताएँ निर्मित करने लगती हैं। ऐसे में खतरा यह होता है कि, ''संस्कृति एक जीते-जागते क्रिया-व्यापार की जगह कुछ अमूर्त मूल्यों की मालिका बनकर रह जाती है।'' ऐसे 'संस्कृतिवाद की संस्कृति ऐसी अनूठी वस्तु है जिसे किसी मानव-समाज ने नहीं बनाया, बल्कि जो मानव-समाज को बनाती है।''

कलावादियों ही नहीं, उन मार्क्सवादियों का भी वे विरोध करते हैं जो ऐसी संस्कृति का अमूर्तन करते हैं। नामवर के मतानुसार ऐसा करनेवाले मार्क्सवाद का मजाक उड़ाने का उपक्रम करते हैं। वे मानते हैं कि संस्कृति की अपनी स्वायत्त सत्ता है, जिसका नियमन और संचालन समाज करता है। उनके अनुसार समाज में जितने भी बड़े बदलाव हुए हैं उसके पीछे सांस्कृतिक चेतना की पीठिका रही है। इसलिए आज के सन्दर्भ में भी संस्कृति की मूलगामी चेतना का प्रवाह उन्हें जरूरी लगता है। उनके शब्दों में, ''आर्थिक विकास और जनतान्त्रिक राजनीति का विस्तार करने के साथ ही अपनी स्वाधीनता की रक्षा निश्चय ही प्रधान आवश्यकताएँ प्रतीत होती हैं, किन्तु इन सभी कार्यों को सम्पन्न करने के लिए देश की जनता को सांस्कृतिक चेतना से लैस करना भी उतना ही आवश्यक है।'' (उप, पृ. 8) मार्क्सवाद को एक विश्वदृष्टि मानते हुए उन्होंने कहा है, ''मार्क्सवाद केवल एक राजनीतिक सिद्धान्त

नहीं, बल्कि एक विश्व दृष्टि है-राजनीति जिसका एक पक्ष है, निस्सन्देह अत्यन्त महत्त्वपूर्ण पक्ष! यह विश्व दृष्टि लेखक को अपने समय की वास्तविकता को उसकी समग्र जटिलता के साथ समझने में सहायक होती है।'' (उप, पृ. 83)

उत्तरशती की आलोचना में विचारधारा का संकट एक प्रबल समस्या के रूप में उभरा है। परिणामस्वरूप आलोचना कर्म की कई बुनियादी समस्याएँ भी नये रूप में उदित हुई हैं जिनमें जनतन्त्र, स्वायत्तता, संस्कृति, राजनीति, तथाकथित प्रगतिशीलता और रचना की प्रासंगिकता का सवाल प्रमुख है। वाद-विवाद-संवाद को आलोचना की पहली शर्त माननेवाले नामवर सिंह इन पर गहराई से विचार करते हैं। विचारधारा एक ऐसा शब्द है जिसे कुछ लोग राजनीति से प्रेरित दुराग्रह या पूर्वाग्रह करार देकर साहित्य से बाहर खदेड़ने पर तुले रहते हैं, उनकी दृष्टि में सिद्धान्तों, धार्मिक मन्त्रों और दर्शनों तक ही विचारधारा का महत्त्व है, उसके आगे विचारधारा, विचारधारा न होकर 'विनाशधारा' हो जाती है। साहित्य में भी विचारधारा जैसी कोई चीज होती है, इसे वे कतई स्वीकार नहीं करते। और अक्सर आलोचना की स्वायत्तता की डिमाण्ड करते हैं। स्वायत्तता के नाम पर आलोचना को 'विचारहीन समवाय' घोषित करनेवाले ऐसे लोगों को विचारधारा की व्यापकता का बोध कराते हुए नामवरसिंह कहते हैं, 'विचारधारा, विचारमात्र नहीं है, बल्कि अनुभूतियों की ऐसी संरचना है जिसमें प्रतीक, मिथक आदि घुले-मिले रहते हैं। विचारधारा बहुत-कुछ संस्कार की तरह समूचे अस्तित्व का ऐसा अभिन्न अंग बन जाती है कि उससे आसानी से छुटकारा पाना सम्भव नहीं होता। इसलिए 'डॉग्मा' या मताग्रह से मुक्त हो जाने के बाद भी बहुत-से लोग एक ऐतिहासिक दौर की विचारधारा के वातावरण की गिरफ्त में पड़े रहते हैं। कहने की आवश्यकता नहीं कि आलोचना को विचारधारा के पाश से मुक्त कर स्वायत्त बनाने का विचार बालिश ही कहा जायेगा।'' (कविता के नये प्रतिमान, पृ. 37) उनका आरोप है कि स्वायत्तता के पुजारियों ने विचारधारा पर परदा डालकर एक तरह की विचारधारा का ही समर्थन किया है।

डॉ. नामवर सिंह ने प्राचीन व आधुनिक साहित्य का मूल्यांकन किया है। यद्यपि उनका प्रमुख कार्य छायावाद और उसके बाद के साहित्य को लेकर है, परन्तु अपभ्रंश भाषा पर विचार करते हुए उन्होंने प्राचीन साहित्य को भी नये ढंग से समझा-समझाया है। 'हिन्दी के विकास में अपभ्रंश का योगदान' तथा 'पृथ्वीराज रासो' में प्राचीन साहित्य-सम्बन्धी उनका दृष्टिकोण स्पष्ट हुआ है। उन्होंने आदिकालीन साहित्य की दो प्रमुख प्रवृत्तियों 'क्षीयमाण' और 'वर्द्धमान्' को 'वीरगाथा काव्य' और 'योग धारा' कहा है। वीरगाथाओं को 'क्षीयमाण' मनोवृत्ति का प्रतिबिम्ब मानते हुए, शुक्ल जी द्वारा रासो काव्यों को वीरगाथा कहने पर आपत्ति उठाते हुए कहते हैं- ''इसमें कोई शक नहीं कि रासो में कही-कहीं सामन्तों के शौर्य का सुन्दर प्रदर्शन

और उनकी रसिकता का भी मार्मिक चित्रण हुआ है। परन्तु उन सभी वर्णनों में पुरानी रूढ़ियों और परिपाटियों का इतना सम्भार है कि उनमें नवोन्मेष कम प्राचीन निष्प्राणता का संचय अधिक दिखायी देता है। ऐसी वीरगाथाओं को तत्कालीन जनता की चित्तवृत्ति का प्रतिफलन कैसे स्वीकार किया जा सकता है, जबकि बख्तियार खिल जी ने केवल दो सौ घोड़ों से समूचे अंग-बंग के राजाओं को एक लपेट में सर कर लिया और जनता के कानों पर जूँ नहीं रेंगी। जाहिर है कि सामान्य जनता की भावना का उन सामन्ती गाथाओं से कोई मतलब नहीं था।'' (हिन्दी के विकास में अपभ्रंश का योगदान, पृ. 237)

आधुनिक साहित्य की प्रमुख प्रवृत्तियों छायावाद, रहस्यवाद, प्रगतिवाद एवं प्रयोगवाद के बारे में लिखते हैं, ''निस्सन्देह इन चारों साहित्यिक प्रवृत्तियों के अन्दर आधुनिक युग का सम्पूर्ण हिन्दी साहित्य नहीं सिमट आता, किन्तु यह तथ्य है कि साहित्यिक आन्दोलन के रूप में कुछ दूर तक यही 'वाद' चले।'' (आधुनिक साहित्य की प्रमुख प्रवृत्तियाँ, भूमिका) छायावादी काव्य-सौन्दर्य के बारे में कहते हैं, ''यह सारा सौन्दर्य व्यक्ति की स्वाधीनता की भावना से उत्पन्न हुआ है और यह स्वाधीनता भी व्यक्ति के माध्यम से सम्पूर्ण समाज की स्वाधीनता की अभिव्यक्ति है।'' वे मानते हैं कि छायावाद किसी एक विशिष्ट प्रवृत्ति का नाम नहीं है बल्कि वह कई एक प्रवृत्तियों का पुंज है। छायावाद का स्वर आत्मीय है। 'मैं' उसकी शैली मात्र नहीं है, उसी में उसका सम्पूर्ण व्यक्तित्व प्रकट हुआ है। नामवर के अनुसार यह व्यक्तिवादी भावना वैज्ञानिकता के सहारे सामन्ती संकीर्णताओं को तोड़ते हुए हिन्दी साहित्य में अवतरित हुई है। अपनी सामाजिकता के बावजूद छायावाद क्यों अपनी ही मौत मर गया, इसका कारण नामवर जी उसकी व्यष्टिवादी प्रवृत्ति को ही मानते हैं। कहते हैं कि सामाजिक लड़ाई में व्यष्टिवादी नहीं, समष्टिवादी संगठित प्रवृत्ति होनी चाहिए। वे छायावाद को द्विवेदी-युगीन इतिवृत्तात्मकता की प्रतिक्रिया नहीं मानते, अपितु उसका स्वाभाविक विकास मानते हैं। रहस्यवाद को छायावादी कविता की एक प्रमुख प्रवृत्ति मानते हुए पं. नेहरू का हवाला देकर यह प्रमाणित करते हैं कि, ''आधुनिक हिन्दी काव्य का रहस्यवाद तत्कालीन राजनीतिक एवं सामाजिक रहस्यवाद का एक अंग है।'' यह न तो मध्ययुगीन सन्तों के रहस्यवाद का प्रभाव है और न यूरोप के 'मिस्टिसिज्म' का। उनके शब्दों में, ''कुल मिलाकर हिन्दी का आधुनिक रहस्यवाद अपने सामाजिक आधार एवं साहित्यिक अभिव्यक्ति में उक्त दोनों रहस्यवादों से भिन्न एवं विशिष्ट है।'' (उप, पृ. 46)

छायावाद को एक प्रवहमान् काव्यधारा माननेवाले नामवर जी इसकी व्यक्तिवादिता को आधुनिक वैज्ञानिक चेतना की वजह मानते हैं इसलिए इसे सामाजिक-ऐतिहासिक सन्दर्भ में देखने की बात करते हैं। भाववादी आलोचकों ने छायावाद को समाज से

काटकर प्रायः व्यक्ति की कुछ भाव-राशि का अंकन मात्र मान लिया था। छायावादी कवियों ने भी जहाँ इसी भाव को अपनाया है वहाँ वे समाज से दूर हो गये हैं, रहस्यवादिता उन पर हावी हो गयी है। आचार्य शुक्ल इसलिए इसकी खिंचाई करते हैं। नामवर जी भी उस पर अँगुली उठाते हैं। 'सामाजिक रूढ़ियों के विरुद्ध यदि सामूहिक विद्रोह होता तो इतना असन्तोष और निराशा का अनुभव न होता, किन्तु छायावादी कवि का विद्रोह वैयक्तिक था। इसलिए स्वभावतः उस एकाकी संघर्ष में उसे पद-पद पर पराजय और निराशा का अनुभव हुआ, दुःख उसका सहचर बन गया। छायावाद की आरम्भिक कविताओं में 'उच्छ्वास' और 'आँसू' का मूल्य इसलिए है।'' (उप. पृ. 22)

वस्तुतः नामवर जी छायावाद की मूल प्रेरणा व्यक्ति-स्वातन्त्र्य की भावना को मानते हैं। और इस स्वाधीनता की भावना को व्यष्टि के जरिये समष्टि से जोड़कर देखते हैं। उनके अनुसार, ''यह सारा सौन्दर्य (छायावादी काव्य-सौन्दर्य) व्यक्ति की स्वाधीनता की भावना से उत्पन्न हुआ है और वह स्वाधीनता भी व्यक्ति के माध्यम से सम्पूर्ण समाज की स्वाधीनता की अभिव्यक्ति है। जिस प्रकार राष्ट्रीय स्वाधीनता संग्राम का उत्तरोत्तर विकास होता गया है उसी प्रकार 'छायावाद' की काव्यात्मक अभिव्यक्ति भी निरन्तर विकसित होती गयी है। इसकी तुलना मध्ययुगीन काव्य चेतना से करते हुए वे लिखते हैं, ''जिस प्रकार बारहवीं-तेरहवीं सदी में शुरू होनेवाले मध्ययुगीन सांस्कृतिक पुनरुत्थान का चरमोत्कर्ष सोलहवीं सदी के भक्तिकाव्य में हुआ उसी प्रकार उन्नीसवीं सदी में शुरू होनेवाले आधुनिक सांस्कृतिक जागरण का चरमोत्कर्ष बीसवीं सदी के छायावादी काव्य तथा प्रेमचन्द के उपन्यासों में हुआ।'' (उप, पृ. 37)

छायावादी कविता की भाव प्रबलता और कल्पनाशीलता को भी वे व्यक्ति-स्वातन्त्र्य की अपेक्षा से जोड़कर देखते हैं। उनके अनुसार, ''छायावादी कवियों के लिए कल्पना बिल्कुल बुनियादी चीज थी-कल्पना उनके व्यक्तित्व का अभिन्न अंग थी, उनकी कल्पना-शक्ति को दबाने का अर्थ था स्वयं उनके व्यक्तित्व को दबाना। (उप, पृ. 23)...कल्पना छायावादी कवि के मन की आँख थी, वह उसकी स्वतन्त्रता, मुक्ति, विद्रोह, आनन्द आदि की आकांक्षाओं की प्रतीक थी। संक्षेप में छायावाद का स्थायी महत्त्व स्वीकार करते हुए उसके गतिशील तत्त्वों को रेखांकित करते हुए कहते हैं, ''छायावाद का स्थायित्व उसके व्यक्तिवाद में नहीं, उसकी आत्मीयता में है, काल्पनिक उड़ान में नहीं, आत्म प्रसार में है, समाजभीरुता में नहीं, प्रकृति प्रेम में है, प्रकृति पलायन में नहीं, नैसर्गिक जीवन की आकांक्षा में है, आवेगपूर्ण भावोच्छ्वास में नहीं, संवेदनशीलता में है, सौन्दर्य की कल्पना में नहीं, सौन्दर्य की भावना में है, स्वप्न में नहीं, स्वप्न की वास्तविक आकांक्षा में है, अज्ञात की जिज्ञासा में नहीं, ज्ञान

के प्रसार में है, आदर्श में नहीं, यथार्थ में है, कल्पना में नहीं, वास्तविकता में है, दृष्टिकोण में नहीं, दृष्टि में है, उक्ति वैचित्त्य में नहीं, अभिव्यंजना के प्रसार में है।''

छायावाद की भाँति प्रगति और प्रयोगवाद को भी वे आधुनिक काव्यधारा का स्वाभाविक विकास बताते हैं। यह जरूर है कि प्रगतिवाद उन्हें आकर्षित करता है जबकि प्रयोगवाद की वैयक्तिकता से उन्हें चिढ़ है। प्रगतिवाद को छायावाद के ही गर्भ से उत्पन्न मानते हैं। इसे विरोधी प्रभाव का परिणाम न मानकर अपनी सामाजिक-साहित्यिक चेतना का प्रतिफल मानते हैं। उनकी दृष्टि में, ''जिस तरह कल्पना-प्रवण अन्तर्दृष्टि छायावाद की विशेषता है और अन्तर्मुखी बौद्धिक दृष्टि प्रयोगवाद की, उसी तरह सामाजिक यथार्थ दृष्टि प्रगतिवाद की विशेषता है।''(उप, पृ. 72)

प्रगतिवाद को भी वे विदेशी विचारधारा मानने का विरोध करते हैं। हिन्दी प्रगतिवादियों से उनका यह प्रश्न पूछना विचारणीय है कि-''यदि प्रगतिवाद की माँ मार्क्सवाद है तो हिन्दी में प्रगतिवाद का जन्म उन्नीसवीं सदी में ही हो जाना चाहिए था क्योंकि उस समय यूरोप में मार्क्सवाद की धूम मची हुई थी, और हिन्दुस्तानी लोग यूरोप के सम्पर्क में अच्छी तरह आ गये थे। लेकिन वास्तविकता यह है कि हिन्दी में प्रगतिवाद पैदा हुआ 1930 के बाद।'' (उप, पृ. 83) स्पष्ट है कि प्रगतिवाद को वे अपनी ही जमीन में पैदा हुआ मानते हैं, यही कारण है कि वे अन्य मार्क्सवादियों की तरह प्रगतिवाद और प्रगतिशील में भेद नहीं मानते। प्रयोगवाद के बारे में तो उनका निष्कर्ष है, ''ऐतिहासिक दृष्टि से प्रयोगवाद उत्तर-छायावाद की समाज-विरोधी अतिशय व्यक्तिवादी मनोवृत्ति का ही बढ़ाव है।'' (उप, पृ. 130)

नामवर जी वस्तुतः व्यावहारिक समीक्षक ही हैं। सिद्धान्त स्थापन के फेर में वे वहीं पड़े हैं, जहाँ आवश्यक लगा है-कृतियों और कृतिकारों पर विचार करते हुए। प्रो. मैनेजर पाण्डेय ने ठीक ही कहा है, ''उनके निबन्धों या पुस्तकों में सैद्धान्तिक चिन्तन की प्रक्रिया यह है कि वे प्रारम्भ में किसी विचार को सूत्र रूप में रखते हैं और अन्त में निष्कर्ष के रूप में जो विचार प्रस्तुत करते हैं वे प्रायः उनके अपने सैद्धान्तिक निष्कर्ष होते हैं। वैचारिक स्थापना, विश्लेषण, उदाहरण, व्याख्या और निष्कर्ष की यह विचार-प्रक्रिया मूलतः आचार्य शुक्ल की है जिसका उपयोग डॉ. नामवर सिंह ने किया है।'' (हिन्दी आलोचना के नवरत्न, पृ. 73)

छायावाद से लेकर नयी कविता और उसके बाद लगभग सभी अद्यतन काव्यधाराओं, प्रवृत्तियों का उन्होंने गहन चिन्तन-विवेचन किया है। छायावादी कविता के अतिशय शब्दमोह और कल्पनाशीलता को लक्ष्य कर कहते हैं, ''भावोच्छ्वास की प्रधानता के कारण छायावादी वाक्य-प्रवाह में शब्दों का क्रम प्रायः गडबड़ा गया है। प्रसाद की भाषा में इस तरह के दूरान्वयवाले वाक्य बहुत

मिलते हैं।'' (आधुनिक साहित्य की प्रमुख प्रवृत्तियाँ, पृ. 31) छायावादी कविता में आयी छन्दमुक्तता को इसकी विशेषता बताते हुए भी उन्होंने कहा है, ''छायावादी कवियों ने इस बँधी परिपाटी के विरुद्ध पहली स्थापना यह की कि छन्द प्रकृति का मौलिक आधार है भाव-लय। छायावाद के भावुक कवि ने अनुभव किया कि पूर्ववर्ती कवियों की तरह छन्दों के साँचे के अनुसार भावों को मोहना भावों के साथ अन्याय करना है।'' छायावाद को नामवर जी प्रकृति याकि स्थूल काव्यमात्र नहीं मानते। उनका मानना है कि, ''छायावाद का व्यक्ति-स्वातन्त्र्य सामन्ती मर्यादाओं के विरुद्ध बहुत बड़ा कदम था।'' (उप, पृ. 33) लेकिन अपनी इस प्रतिज्ञा के बावजूद वह प्रकृति-प्रेम में इतना उलझा रहा कि अपनी कल्पना की दुनिया में ही विचरण करता रह गया, यथार्थ की भूमि पर उस रूप में नहीं आ सका जैसी अपेक्षा थी। इसलिए सामन्ती व्यवस्था के विरुद्ध उसका संघर्ष व्यक्तिवादिता की भेंट चढ़ गया, उसमें सामाजिकता की चिन्ता नहीं आ सकी। विप्लव के वीरों का आह्वान करनेवाले अकेले निराला ही सामाजिक सरोकारों के साथ खड़े दिखते हैं। आचार्य शुक्ल की आलोचना-दृष्टि को एक परिवर्तनकारी सामाजिक शस्त्र मानते हुए नामवर जी ने उन्हें हिन्दी आलोचना का सबसे अद्‌भुत व्याख्याकार बताया है। उनके शब्दों में, ''उन्होंने अपने सजग सौन्दर्यबोध और रस-ग्राहिणी शक्ति के द्वारा लेखकों और साधकों के मन में उच्चकोटि के साहित्य संस्कार अथवा रुचि का बीजवपन किया।'' साथ ही, ''उन्होंने अपने सौन्दर्यबोध और रसानुभूति को शुद्ध आनन्द की स्थिति से ऊपर उठाकर लोकमंगल की उदात्त सामाजिक पृष्ठभूमि पर प्रतिष्ठित किया।''

निराला के काव्य में दिखनेवाले संघर्ष को नामवर जी वैयक्तिक नहीं सामाजिक भूमि पर देखते हैं और उसे उनके युग का संघर्ष बताते हैं। उनके अनुसार निराला का जीवन अत्यन्त उथल-पुथल का, संघर्षों का जीवन रहा है, किन्तु उनकी कविताओं में केवल व्यक्तिगत संघर्षों का चित्र रहता तो उनका युगान्तरकारी महत्त्व न रहता। निराला का व्यक्तिगत संघर्ष उनके युग के संघर्ष का अंग रहा है। मुक्तिबोध, नामवर सिंह के काव्य-चिन्तन के केन्द्र में है। उन्हें छायावादोत्तर-काल में मुक्तिबोध का रचना-संसार सर्वाधिक महत्त्वपूर्ण और प्रासंगिक लगता है, उसमें उन्हें अपने युग जीवन की प्रतिध्वनि सुनायी देती है। 'कविता के नये प्रतिमान' नामवर जी की एक बहुचर्चित कृति है। इस कृति में प्रगति-प्रयोगवाद, नयी कविता पर विचार किया गया है। नये काव्य-मूल्यों की तलाश का यह एक उल्लेखनीय प्रयास है। वास्तव में कविता के नये प्रतिमान नयी कविता के प्रतिमानों के सन्दर्भ में उठाये गये हैं। कृति की भूमिका में ही नामवर जी ने साफ घोषित किया है, ''यह तथ्य अनदेखा नहीं किया जा सकता कि कविता के नये प्रतिमान के केन्द्र में मुक्तिबोध है।'' मूल्यों के, नये काव्य-मूल्यों के अन्वेषण के क्रम में उन्हें मुक्तिबोध का रचना-संसार ही ऐसा

दिखा है जो अपने युग-जीवन के गहरे संघर्ष को उभारता है। मुक्तिबोध की कविता 'अँधेरे में' की मीमांसा करते हुए उसे 'अस्मिता की तलाश' का काव्य कहते हैं। इस कविता में दिखनेवाले परस्पर विरोधाभासी स्वप्न चित्रों को मुक्तिबोध के काव्य व्यक्तित्व की विशेषता बताते हुए वे लिखते हैं, "अँधेरे में की संरचना की सबसे बड़ी विशेषता है परस्पर विरोधी भावचित्रों का धूप-छाँही मेल, जिसे आचार्य शुक्ल 'विरुद्धों का सामंजस्य' कहते थे। अन्धकार की गहरी पटभूमि पर एक आलोक रेखा खींचकर कालजयी काव्य-व्यक्तित्व का जो प्रतिमान किसी समय निराला की 'राम की शक्तिपूजा' ने उपस्थित किया था, 'अँधेरे में' के द्वारा मुक्तिबोध ने उसी तरह की दूसरी काव्यकृति प्रस्तुत की।" (कविता के नये प्रतिमान, पृ. 222) इस कविता की विशेषता यही है कि घोर अन्धकार में भी अस्तित्व की, अस्मिता की एक चिनगारी विद्यमान नजर आती है-

*रात्रि के श्यामल ओस से क्षालित*
*कोई गुरु-गम्भीर महान् अस्तित्व*
*चहकता है लगातार*
*अँधेरे में पता नहीं चलता।*

इस अस्तित्व या अस्मिता की तलाश नहीं बल्कि उसकी अभिव्यक्ति की खोज को नामवर जी मुक्तिबोध का मुख्य उद्देश्य बताते हैं, उनके अनुसार, "एक कवि के नाते उनके लिए परम अभिव्यक्ति ही अस्मिता है।" (उप, पृ. 228) कहना न होगा, एक रचनाकार के समक्ष अपने समय-सन्दर्भ में जो सबसे बड़ा संकट रहा है वह अभिव्यक्ति का ही रहा है। दौर कोई भी हो, उसकी अभिव्यक्ति की छटपटाहट ही वास्तव में रचनाकार को व्यग्र किये रहती है। उसके अन्तर्मन में चलनेवाला आत्मसंघर्ष इसी का नतीजा होता है। यद्यपि इस कविता पर अस्तित्ववाद तथा रहस्यवाद का मार्क्सवाद के साथ तालमेल करने का आरोप भी लगाया गया है, पर नामवर जी उसको खारिज करते हैं। और इसे नयी कविता की परम उपलब्धि बतलाते हैं।

युवालेखन पर बहस में भाग लेते हुए, उसका पूरा समर्थन करते हुए उसकी प्रवृत्ति के बारे में कहते हैं, "युवालेखन का रचना-संसार निस्सन्देह बेहद खूँखार, भयावह और अजनबी है, किन्तु अपनी सृजनशीलता के द्वारा यह भी व्यंजित कर देता है कि वह यथार्थ नहीं बल्कि यथार्थ का कलात्मक भ्रम है और यह मायावीपन उसकी कलात्मकता का रहस्य है।" (वाद-विवाद-संवाद, पृ. 127) युवालेखन मोहभंग का साहित्य नहीं है, उसमें प्राक्-प्रतिबद्धता (प्री-कमिटमेण्ट) है। उसके इस दावे को वे सही मानते हैं कि उसमें अपने पूर्वजों-सा ढोंग नहीं है। उसे वे एक

आन्दोलन के रूप में देखते हैं। और कहते हैं कि उसमें जो आत्मदया, असहायता, आक्रोश, उदासीनता, नकारात्मकता आयी है उसका कारण मात्र यह है कि अतीत, वर्तमान और भविष्य कहीं भी उसे अपनी रचनात्मक सक्रियता नहीं दिखायी देती। वह निर्माण के परिवेश से अपने-आपको सर्वथा कटा हुआ पाता है-मानता है।

काव्येतर साहित्य पर भी नामवर जी का व्यापक चिन्तन है। कथा साहित्य-उपन्यास और कहानी पर वे अक्सर लिखते-बोलते रहते हैं। 'कहानी-नयी कहानी' शीर्षक से उनकी एक पुस्तक भी आयी है। साठोत्तरी कहानी का उसमें वस्तुगत मूल्यांकन हुआ है। वे मानते हैं कि, "हिन्दी कविता की अपेक्षा कहानी में स्वस्थ सामाजिकता कहीं अधिक है और आज उपन्यास की तरह कहानी सामाजिक परिवर्तन के लिए जोरदार साहित्यिक शस्त्र का काम कर रही है।" (कहानी-नयी कहानी, पृ. 17) इसलिए इस बात पर जोर देते हैं कि जीवन के जिन मूल्यों पर हम उपन्यास व कविता का मूल्यांकन करते हैं उन्हीं के आधार पर कहानी की भी समीक्षा होनी चाहिए।

'कहानी-नयी कहानी' नामवर जी की कथा साहित्य विषयक प्रतिनिधि कृति है। यद्यपि इसके रचनाकाल तक नयी कविता के समान नयी कहानी नाम की कोई प्रवृत्ति नहीं उभर सकी थी किन्तु कहानी के कैनवास पर बदलाव जरूर नजर आने लगा था। उपन्यास की भाँति कहानी का दायरा भी बृहद् होने लगा था और वह लोकजीवन के अधिक करीब जाने का दावा करने लगी थी। नामवर जी तो यहाँ तक मानते हैं कि, "आज की कहानियों को देखते हुए यह निस्सन्देह कहा जा सकता है कि हिन्दी कविता की अपेक्षा कहानी में, स्वस्थ सामाजिक शक्ति कहीं अधिक है।" (उप, पृ. 17) उन्हें नये कहानीकारों में भीष्म साहनी सबसे सफल कहानीकार लगते हैं क्योंकि जीवन के अन्तर्विरोध को, द्वन्द्व को वे बड़ी गहराई से पकड़ते और अपनी कहानियों में उकेरते हैं। उनकी कहानियों में किसी-न-किसी प्रकार की विडम्बना छिपी होती है जो हमारे समाज के अन्तर्विरोध की ओर इशारा करती है। नये कहानीकारों ने जीवन के विशेषकर मध्यमवर्गीय जीवन के अन्तर्विरोधों, रूढ़िगत मान्यताओं, विसंगतियों को पूरी संवेदना के साथ उकेरा है। निर्मल वर्मा की कृति परिन्दे को नयी कहानी की पहली कृति मानते हुए नामवर जी ने लिखा है, "फक्त सात कहानियों का संग्रह, 'परिन्दे' निर्मल वर्मा की पहली कृति नहीं है बल्कि जिसे हम 'नयी कहानी' कहना चाहते हैं उसकी भी पहली कृति है। पढ़ने पर सहसा विश्वास नहीं होता कि ये कहानियाँ उसी भाषा की हैं जिसमें अभी तक शहर, गाँव, कस्बा और तिकोने प्रेम को ही लेकर कहानीकार जूझ रहे हैं। परिन्दे से यह कहानी दूर हो जाती है कि हिन्दी कथा साहित्य अभी पुराने सामाजिक संघर्ष के स्थूल धरातल पर ही मार्कटाइम कर रहा है। समकालीनों में निर्मल पहले कहानीकार हैं

जिन्होंने इस दायरे को तोड़ा है-बल्कि छोड़ा है और आज के मनुष्य की गहन आन्तरिक समस्या को उठाया है।'' (उप., पृ. 52) नामवर जी एक जागरूक, सजग, संघर्षशील, चिन्तक, सर्जक-आलोचक हैं। वाद-विवाद से कतराते नहीं बल्कि उसमें पूरी रुचि लेते हैं। पर जहाँ तक आलोचकीय निष्पक्षता का सम्बन्ध है, मेरे समझ से वह वाद-विवाद में सम्भव ही नहीं है। यह बिल्कुल साफ बात है कि वाद-विवाद में व्यक्ति एक पक्ष का समर्थन तो करेगा ही, द्विपक्षीय तो होगा ही नहीं, होगा तो वह अवसरवादी कहा जायेगा। कहने को तो उसे समन्वयवादी कहा जा सकता है मगर सामंजस्यहीन समन्वय के भी अपने खतरे होते हैं। और वाद-विवाद सामंजस्यवादी तो होता नहीं। कहने का तात्पर्य यह है कि नामवर ने जिसे आलोचना का बीज माना है यदि उस आधार पर हम उनका ही नहीं किसी भी 'नामवर' का विवेचन करें तो उनमें सीमाएँ खोजना कोई मुश्किल का काम नहीं हो सकता।

अत: कहने की आवश्यकता नहीं कि नामवर जी की भी अपनी सीमाएँ हैं। नयी कविता, नयी कहानी ही उनके विवेचन के केन्द्र में है, अत: उनकी समीक्षा को नयी समीक्षा कहना बेहतर होगा। और नयी समीक्षा की सीमाएँ उनमें हैं भी, बात चाहे प्रतिमानों को लेकर हो, चाहे प्रवृत्तियों को। उन पर यह आरोप लगाया जाता है कि आलोचकीय चंचलता या कहें आकाश में छाये रहने का शौक उन्हें इतना है कि वे अपना कोई नियत मूल्यबोध भी नहीं बना पाये हैं। उन पर लगाया जानेवाला यह आरोप कि उनका मूल्यबोध चलायमान् है, सच्चाई से बिल्कुल परे नहीं है। डॉ. विश्वम्भरनाथ उपाध्याय को तो उनमें सुसंगत बोध भी नहीं दिखता। मौजूदा आलोचकीय परिदृश्य को देखते हुए यह कहना तो जोखिमभरा हो सकता है कि किसमें कितना सुसंगत-असंगत बोध है, मगर एक बात नामवर जी के साथ जरूर है, जैसा कि मैंने स्वयं देखा है कि वे सदैव 'एण्टी क्लाइमेक्स' बनाने का प्रयास करते हैं। किसी भी मुद्दे पर बात करने के पहले उनकी दृष्टि यह पैमाइश करने पर लगी रहती है और अक्सर कर भी लेती है कि बात को किस ढंग से प्रस्तुत किया जाये जिससे कि बात मुख्य मुद्दे से अधिक उनके वक्तव्य पर आकर टिक जाये। कहना न होगा कि इस कला में वे सिद्धहस्त हैं।

बावजूद इसके, वे एक सफल आलोचक हैं। स्वातन्त्र्योत्तर आलोचना के विकास में उनका उल्लेखनीय स्थान है। आलोचना के मान-मूल्यों के निर्धारण में उनकी महती भूमिका है। जनवादी होने के कारण उनकी समाजवादी सोच अन्य वामपन्थियों से बिलकुल अलग है। अपने समसामयिक साहित्य में जितनी रुचि उनकी है उतनी शायद ही किसी 'महन्त आलोचक' की हो। और इस बात से भी इन्कार नहीं किया जा सकता कि अभी वे काफी सक्रिय हैं और हिन्दी समीक्षा को अभी भी उनसे

काफी आशा है। डॉ. विश्वनाथ त्रिपाठी का यह कथन बिल्कुल संगत लगता है कि, "डॉ. नामवर सिंह समसामयिक साहित्य रचना का महत्त्व मानकर आलोचना कार्य में प्रवृत्त रहनेवाले आलोचक हैं। जो लोग केवल महान् साहित्य पर ही कलम चलाते हैं वे बहुत जल्द जड़ हो जाते हैं।" (हिन्दी आलोचना, पृ. 208) कहने की जरूरत नहीं कि जनवादी नामवर कम-से-कम जड़वादी तो नहीं हैं। नामवर जी का समीक्षा-कार्य अपनी एक विशेष पहचान रखता है। उन्होंने व्यक्तिवाद का विरोधकर सामाजिकता को मुद्दा बनाने की जोरदार वकालत की है। आज की आलोचना जिन तत्त्वों पर अधिक बल दे रही है वह है-स्वाभाविकता, सहजता और साधारणता। नामवर ने समसामयिक साहित्य का मूल्यांकन करते हुए बराबर इन पर जोर दिया है। और इस तरह हिन्दी की जातीय चेतना को बराबर लोकोन्मुख बनाने में उनका सतत् सहयोग रहा है।

नामवर जी अपने समय के साहित्य का वस्तुगत मूल्यांकन करनेवाले सुधी आलोचक हैं। आज तक के साहित्य पर उनकी पैनी दृष्टि रहती है। पिछले लगभग 50-60 साल की आलोचना में वे एक चर्चित, विवादित और सर्वाधिक प्रासंगिक आलोचक बने हुए हैं। पुराने और नये-से-नये साहित्य सब पर सुचिन्तित मत रखनेवाले नामवर जी न तो परम्परा पोषण के नाम पर किसी प्रकार की रूढ़ि का समर्थन करते हैं और न ही नयेपन के प्रलापी स्वर और निरी सपाटबयानी का पक्ष लेते हैं। 'संग्रह त्याग न बिनु पहिचाने' उनकी सारग्राहिका दृष्टि का बोध वाक्य है। बकौल प्रो. मैनेजर पाण्डेय 'डॉ. नामवर सिंह के आलोचनात्मक विवेक की सार्थकता इस बात में है कि उन्होंने संश्लिष्ट समसामयिक बोध को परिभाषित और संगठित करने का प्रयत्न किया है। नये काव्य-सृजन में निहित सार्थक मूल्यों की पहचान का प्रयत्न 'इतिहास और आलोचना' में है और 'कविता के नये प्रतिमान' में भी।

# अज्ञेय

साहित्य को अधिकांश में अतृप्त या इच्छित विश्वास (विशफुल फीलिंग) माननेवाले अज्ञेय मूलतः कवि व कथाकार हैं, परन्तु उनकी गहन चिन्तनशीलता और आलोचनात्मक व्यक्तित्व ने उन्हें आलोचक बना दिया। उनकी मान्यता ही यह रही है कि, "आलोचना गौण या उपजीवी कर्म भले ही हो, कवि को उसकी आवश्यकता रहती है। आलोचना की अनुपस्थिति में वह मुरझाता है, उसकी प्रतिभा मलिन होती है।" (भवन्ति, भूमिका) ध्यातव्य है कि अपनी प्रतिभा को मुरझाने से बचाने के लिए ही वे आलोचना के समन्दर में कूदे हैं। और कूदे हैं तो मात्र गोता लगाने के लिए नहीं, बल्कि सीपियों की खोज के लिए। और कहना न होगा कि उन्होंने कुछ सीपियाँ खोजी भी हैं, भले ही परिमाण में उनकी संख्या कुछ भी हो, पर उनकी मूल्यवत्ता को खारिज नहीं किया जा सकता। उनके विवेचन का मूलक्षेत्र प्रयोगवाद–नयी कविता रहा है, इसमें भी विशेष रूप से उन्होंने अपनी कविता के माध्यम से कविता की भावभूमि और रचना-प्रक्रिया का विश्लेषण किया है। वे प्रयोगवादी हैं–रचना व आलोचना दोनों में, लेकिन वे स्वयं इससे इन्कार करते हैं, "प्रयोग कोई वाद नहीं है। हम वादी नहीं रहे, नहीं हैं। न प्रयोग अपने-आप में इष्ट है न साध्य है।...हमें प्रयोगवादी कहना उतना ही सार्थक या निरर्थक है जितना हमें कवितावादी कहना।" (कविदृष्टि, पृ. 73) स्पष्ट है अज्ञेय अपने को प्रयोगवादी नहीं मानते। फिर भी उनकी विचारधारा या दर्शन में प्रयोग शब्द बार-बार आया है और उन्होंने आलोचना में अपनी खोज में कुछ प्रयोग किये भी हैं।

अज्ञेय एक मनोवैज्ञानिक समीक्षक हैं। उन पर फ्रायड, एडलर, युंग आदि के साथ इलियट और लॉरेन्स जैसे पाश्चात्य समीक्षकों का गहरा प्रभाव पड़ा है। प्रो. रामस्वरूप चतुर्वेदी के अनुसार, "रचना और साहित्य-चिन्तन के बीच अज्ञेय की कुछ वैसी ही स्थिति है जैसी आधुनिक अंग्रेजी साहित्य में टी.एस. इलियट

की।'' (अज्ञेय और आधु. रचना की सम., पृ. 107) अज्ञेय की आलोचना में अतृप्ति, अहं, क्षण, निर्वैयक्तिकता, तटस्थता, साधारणीकरण व सम्प्रेषण जैसे मुद्दे प्रधान हैं। उन्होंने लीक से हटकर आलोचना को सर्जकीय माँग के रूप में देखा है।

अज्ञेय प्रयोगवाद और नयी कविता के कुशल रचनाकार रहे। उनकी रचनात्मक चेतना अपने युग, परिवेश से सम्पृक्त रही है। वे एक ऐसे रचनाकार आलोचक के रूप में भी जाने जाते हैं, जो शब्दों में नये अर्थ भरने का हिमायती रहा है। अर्थात् रचना-आलोचना दोनों को ही अज्ञेय शब्द और अर्थ की सार्थक खोज का बीज मानते हैं। अन्तर्वस्तु पर भी वे बल देते हैं लेकिन उसकी अभिव्यंजना को ज्यादा जरूरी मानते हैं। 'तारसप्तक' के 'पुनश्च' में वे लिखते हैं, ''आज भी मेरे सामने जो समस्या है जिसका हल पा लेना मैं अपने कवि-कर्म की चरम उपलब्धि मानूँगा, वह अर्थवान् शब्द की समस्या है।'' काव्य सबसे पहले शब्द है और सबसे अन्त में भी यही बात बच जाती है कि काव्य शब्द है। सारे कवि-कर्म इसी परिभाषा से निःसृत होते हैं। शब्द का ज्ञानशब्द की अर्थवत्ता की सही पकड़-ही कृतिकार की कृति बनाती है। ध्वनि, लय, छन्द आदि के सभी प्रश्न इसी में से निकलते और इसी में विलय होते हैं। इतना ही नहीं, सारे सामाजिक सन्दर्भ भी यहीं से निकलते हैं: इसी में युग सम्पृक्ति का और कृतिकार के सामाजिक उत्तरदायित्व का हल मिलता है, या मिल सकता है। कहना न होगा, अज्ञेय शब्द अर्थात् भाषा के ही जरिये न सिर्फ रचना की संरचना के तन्तुओं को तलाशने की बात करते हैं बल्कि रचनाकार के मन्तव्य और दायित्वबोध को भी उजागर करने का सर्वाधिक विश्वसनीय आधार मानते हैं। यही वजह है कि वे उसे कवि नहीं मानते जो शब्द के संस्कारों के प्रति सजग नहीं हैं। उनके अनुसार, ''प्रत्येक शब्द का प्रत्येक समर्थ प्रयोक्ता उसे नया संस्कार देता है। इसी के द्वारा पुराना शब्द नया होता है-यही उसका कल्प है। नये कवि की उपलब्धि और देन की कसौटी इसी आधार पर होनी चाहिए। जिन्होंने शब्द को नया कुछ नहीं दिया है, वे लीक पीटनेवाले से अधिक कुछ नहीं हैं।'' (तीसरा सप्तक, भूमिका)

जहाँ तक अज्ञेय की सैद्धान्तिक दृष्टि का सवाल है, उन्होंने जिन काव्य-मूल्यों की खोज की है, आलोचना के जो प्रतिमान स्थापित किये हैं, वे अधिकतर भाषिक संरचना को लेकर हैं। अज्ञेय की कला विषयक मूल मान्यता है, ''कला सामाजिक अनुपयोगिता की अनुभूति के विरुद्ध अपने को प्रमाणित करने का प्रयत्न-अपर्याप्तता के विरुद्ध विद्रोह है।'' इसी को वे कला व साहित्य की शाश्वत प्रेरणा मानते हैं। उन्होंने लिखा भी है, ''आज का हिन्दी साहित्य अधिकांश में अतृप्ति या कह लीजिये लालसा का, इच्छित विश्वास (विशफुल फीलिंग) का साहित्य है।'' (त्रिशंकु, पृ. 47) इसे वे एक सामान्य व्यक्ति का उदाहरण देकर समझाते हुए कहते हैं कि मौजूदा समाज व्यवस्था में अपने को 'मिसफिट' पानेवाला यह व्यक्ति समाज

की स्वीकृत रूढ़ियों व नियमों के प्रति विद्रोह करता है, नये सामाजिक मानदण्ड स्थापित करने की चेष्टा करता है। इस प्रकार वे यह प्रतिपादित करते हैं कि अपर्याप्तता की अनुभूति और उसके प्रति विद्रोह ही कला के जन्म का मूल स्रोत है। प्रत्येक कला की चेष्टा की जड़ में एक अपर्याप्तता की भावना काम करती है। इलियट की तरह वे भी मानते हैं कि, "कविता भावों का उन्मोचन नहीं है बल्कि भावों से मुक्ति है, वह व्यक्तित्व की अभिव्यंजना नहीं बल्कि व्यक्तित्व से मोक्ष है।" (उप. पृ. 36) और कलाकार जितना ही बड़ा होगा, उतना ही व्यक्ति जीवन और रचनाशील मन का यह अलगाव भी आत्यन्तिक होगा। उनके अनुसार, "रचना के लिए दो चीजें चाहिए–एक तो कलात्मक अनुभूति या संवेदना और दूसरे उसके प्रति वह तटस्थ भाव जो उसे सम्प्रेष्य बना सके।" (आत्मनेपद, पृ. 243) इस प्रकार वे इलियट के निर्वैयक्तिकता व तटस्थता सिद्धान्त से काफी सहमत लगते हैं।

निर्वैयक्तिकता और तटस्थता आत्मदान या समर्पण की अपेक्षा रखती हैं। अज्ञेय ने इसे ही अहं का विलयन माना है। उनके अनुसार, "काव्य रचना (किसा भी कला सृष्टि) का तभी आरम्भ होता है जब व्यक्तित्व का पूर्ण विलयन हो जाय।" आज की कविता को वे अहं की अभिव्यक्ति मानने के खिलाफ हैं। वे मानते हैं कि पुराने कवियों में अहं के विलयन का भाव था तभी वे कालजयी रचनाएँ दे सके हैं। आज के कवि से अपने को इसीलिए अलग करना चाहते हैं, लिखते हैं, "आज का कवि तो कविता को वरंच व्यक्तित्व को, व्यक्ति के अहं की प्रबलतर अभिव्यक्ति और उस अहं को पुष्ट करनेवाली रचना मानता है। मैं कहूँ कि इस चरम कोटि का कवि मैं नहीं हूँ। अधिक-से-अधिक उस श्रेणी में हूँ जो कविता को अहं के विलयन का साधन मानते हैं।" (उप. पृ. 34) इसके साथ ही अनुभूति की अद्वितीयता को भी रचनाकार के लिए वे आवश्यक मानते हैं। और इस पर भी विचार करते हैं कि एक की अनुभूति को दूसरे की अनुभूति कैसे बनाया जाय। भारतीय काव्यशास्त्र में इसके लिए साधारणीकरण का मत प्रस्तुत किया गया है और उस दृष्टि से स्वयं अज्ञेय की कविता को बहुत क्लिष्ट एवं जटिल माना गया है। पर अज्ञेय मानते हैं कि परिस्थितियों ने इसे कठिन एवं जटिल बना दिया है। रागात्मक सम्बन्धों के आधार पर ही साधारणीकरण की प्रक्रिया को अवस्थित माननेवाले अज्ञेय के मतानुसार, "हमारे मूल राग नहीं बदले हैं-प्रेम अब भी प्रेम है, घृणा अब भी घृणा है, यह साधारणतया स्वीकार किया जा सकता है। पर यह ध्यान में रखना होगा कि राग वही रहने पर भी रागात्मक सम्बन्धों की प्रणालियाँ बदल गयी हैं। और कविता का क्षेत्र रागात्मक सम्बन्धों का क्षेत्र होने के कारण इस परिवर्तन का कविकर्म पर बहुत गहरा असर पड़ा है।" (कविदृष्टि पृ. 75) इसी प्रकार उनका कहना है कि, "आज पुरानी

भाषा, मुहावरे अपना अर्थ खो चुके हैं, इसलिए भाषा में नयी अर्थवत्ता भरने का प्रयास कवि को करना चाहिए।''

साधारणीकरण से ही जुड़े सवाल प्रेषणीयता के बारे में अज्ञेय का कहना है, ''प्रेषणीयता अब भी बुनियादी साहित्यिक मूल्य है और सम्प्रेषण साहित्यकार का बुनियादी काम।'' कवि की मौलिकता इसी में है कि वह अपने मन्तव्य को कितनी सफलतापूर्वक सम्प्रेषित कर सका है। वे लिखते हैं-''विषय सम्प्रेष्य नहीं है वस्तु सम्प्रेष्य है। नये (पुराने विषय भी) विषय की, कवि की संवेदना पर प्रतिक्रिया और उससे उत्पन्न सारे प्रभाव जो पाठक-श्रोता ग्राहक पर पड़ते हैं और उन प्रभावों को सम्प्रेष्य बनाने में कवि का योग मौलिकता की कसौटी का यही क्षेत्र है।'' (उप., पृ. 84) निश्चित रूप से साधारणीकरण और सम्प्रेषण आज के रचनाकार के समक्ष सबसे बड़ा प्रश्न है। इस पर गहन सैद्धान्तिक चिन्तन की अपेक्षा आज भी बनी हुई है।

अज्ञेय का सबसे स्वस्थ चिन्तन है भाषिक सर्जनात्मकता को लेकर। उनके अनुसार यह आज के कवि की सबसे बड़ी समस्या है। आज भाषा में वह अर्थवत्ता नहीं रह गयी है जो कि युग के अनुरूप जरूरी है। इसीलिए अज्ञेय भाषा की सर्जना पर अर्थात् उसको अर्थवान् बनाने पर बल देते हैं। सभी कला माध्यमों में वे भाषा को सबसे कमजोर, सबसे लचीला, सबसे कृत्रिम मानते हैं। पर साथ ही यह भी कहते हैं कि यह उसकी अक्षमता नहीं बल्कि सक्षमता है। भाषा का मूल प्रश्न शब्द और अर्थ का है। इसलिए भाषा को शब्दों की खोज मानते हैं, ''कवि शब्दों का न केवल भरपूर प्रयोग करता है बल्कि कभी-कभी शब्दों या वर्णों का प्रयोग करके ही अर्थ की वृद्धि करता है, यही भाषा का श्रेष्ठ कलात्मक उपयोग है।'' इस प्रकार शब्दों के सहारे ही भाषा को समझा जा सकता है। शब्दों में नये अर्थ गर्भ का प्रयोग ही रचना की सार्थकता का प्रमाण है। उनका दृढ़ मत है कि, ''कविता शब्द में होती है, विचार भाषा में होता है।'' इसलिए शब्दों के संस्कार पर बल देना चाहिए।

कहा गया है कि अज्ञेय जी भाषा को शब्दों की खोज मानते हैं। पर यह ध्यान देना होगा कि वे यह भी स्वीकारते हैं कि, ''शब्द अपने में सम्पूर्ण या आत्यन्तिक नहीं हैं, किसी शब्द का कोई स्वयंभूत अर्थ नहीं है। अर्थ उसे दिया गया है। वह संकेत है जिसमें शब्दों के अर्थ की प्रतिपत्ति की गयी है।'' (उप., पृ. 83) वे मानते हैं कि शब्द का प्रत्येक समर्थ प्रयोक्ता उसे नया संस्कार देता है। इसी के द्वारा पुराना शब्द नया होता है। रचना-प्रक्रिया की इन जटिलतम इकाइयों का विचार करने के साथ उन्होंने साहित्य में उठनेवाले कुछ अन्य प्रश्नों पर भी विचार किया है। जैसे सुन्दर और शिव, नैतिकता-अनैतिकता, श्लीलता-अश्लीलता आदि।

शब्द अर्थात् भाषा, सम्प्रेषण का केवल एक माध्यम नहीं होती बल्कि संस्कार-ज्ञान को संचित और सवंर्द्धित करने का जरिया भी होती है। शब्द और अर्थ की सत्ता

इसीलिए सृष्टि में सबसे महत्त्वपूर्ण मानी गयी है। मानव-जीवन में इनसे परे किसी वस्तु की कोई सत्ता हो ही नहीं सकती। साहित्य, वह चाहे भावों-विचारों के अभिव्यक्तीकरण का माध्यम हो, चाहे मनुष्य के संचित ज्ञान को बचाये और बनाये रखने का आधार-शब्द ही उसे रूपाकार देता है। अज्ञेय कवि के सन्दर्भ में इसकी महत्ता को रेखांकित करते हुए कहते हैं, ''कवि शब्दों का न केवल भरपूर सार्थक उपयोग करता है, बल्कि कभी-कभी शब्दों या वर्णों का उपयोग न करके ही अर्थ की वृद्धि करता है-यही भाषा का श्रेष्ठ कलात्मक उपयोग है-जिसमें न केवल शब्दों के निर्हित और सम्भाव्य अर्थों का पूरा उपयोग किया जाता है बल्कि उन अर्थों का भी जो कि शब्दों के बीच के शब्दहीन अन्तराल में भरे जा सकते हैं। कविता भाषा में नहीं होती, वह शब्दों में भी नहीं होती, कविता शब्दों के बीच की नीरवताओं में होती है और कवि सहजबोध से जानता है कि उससे दूसरे तक पहुँचा जा सकता है: उससे संलाप की स्थिति पायी जा सकती है, क्योंकि वह जानता है कि मौन के द्वारा भी सम्प्रेषण हो सकता है।'' (आत्मनेपद) अर्थात् मौन भी अभिव्यंजना है।

अज्ञेय कला को इन शब्दों में परिभाषित करते हैं, ''कला सम्पूर्णता की ओर जाने का प्रयास है, व्यक्ति की अपने को सिद्ध प्रमाणित करने की चेष्टा है। अर्थात् वह अन्ततः एक प्रकार का आत्मदान है, जिसके द्वारा व्यक्ति का अहं अपने को अक्षुण्ण रखना चाहता है, सामाजिक उपादेयता यद्यपि भौतिक उपादेयता से श्रेष्ठ ढंग की उपादेयता का अनुभव करना चाहता है।'' (त्रिशंकु, पृ. 57) इसीलिए प्रत्येक कलाकार की यह चेष्टा होती है कि वह अपने युग की अनुगूँज को सुने और उसे अभिव्यक्ति दे। वह परिस्थितियों का दास नहीं होता, न ही विचार या विचारधाराओं का प्रवक्ता होता है। अपने-आप में वह एक ऐसा स्वतन्त्र चेता प्राणी होता है जो किसी विशिष्ट उद्देश्य से परिचालित होता है। अज्ञेय की इस सम्बन्ध में तीन स्थापनाएँ हैं-

1. कला की सामग्री को सीमित करना अनधिकार चेष्टा है।
2. परिस्थितियों को ध्यान में रखकर हम जैसी प्रेरणा चाहते हैं, वह यदि साहित्यकार में स्वभावतया नहीं है तो हम बलात् उसे पैदा नहीं कर सकते।
3. साहित्य में प्रेरक शक्ति हो सकती है, किन्तु वह साहित्यकार की आन्तरिक क्षमता का स्वयंभूत फल है। (त्रिशंकु, पृ. 101)

नयी कविता के कवि की एक विशेषता क्षणवादी होना भी है। अज्ञेय क्षण की अनुभूति को इसलिए जरूरी मानते हैं क्योंकि जटिल होते जीवन में वह साहित्यकार-कलाकार ही नहीं, प्रत्येक मनुष्य के जीवन का ऐसा समय है जो उसकी जीवनेच्छा से जुड़ा है। वे कहते हैं, ''मैंने क्षण पर जो बल दिया है वह अनुभूति के प्रति सच्चाई के रूप में ही, यानी रचना-प्रक्रिया के सन्दर्भ में। भोक्ता के द्रष्टा होने का परिवर्तन

क्षण अत्यन्त महत्त्वपूर्ण क्षण है, वही स्रष्टा होने की पहली शर्त है। ऐसा ही क्षण साहित्य का असल वर्तमान है।'' (लिखि कागद कोरे, पृ. 82)

सौन्दर्यबोध को वे मूलतः बुद्धि का व्यापार मानते हैं। उनके अनुसार, ''बुद्धि के द्वारा ही हम उन तत्त्वों को पहचानते हैं, मानव का अनुभव ही उन तत्त्वों की कसौटी है।'' (आधुनिक हिन्दी साहित्य, पृ. 10) और चूँकि अनुभव दिक् व काल सापेक्ष होता है अर्थात् इनके अनुसार वह बदलता रहता है, अतः हमारा सौन्दर्यबोध भी परिवर्तनीय है, विकासवान् है, जड़ नहीं। वे मानते हैं कि जो सुन्दर है वही शिव है, सुन्दर शिवेतर हो ही नहीं सकता। अज्ञेय के लेखन पर स्वयं अनैतिकता का आरोप लगाया गया है। अज्ञेय इससे इन्कार करते हैं। वे कहते हैं कि, ''सच्ची कला कभी अनैतिक नहीं हो सकती। उनके अनुसार नैतिकता की समस्या यान्त्रिकता की देन है और यह समस्या विकराल इसलिए हो गयी है क्योंकि प्राचीन शास्त्रीय, धार्मिक अथवा ईश्वर सम्भूत नैतिकता की प्रवृत्ति इस युग में क्रमशः कम होती जा रही है।'' (आत्मनेपद, पृ. 169) उनका यह भी कहना है कि नैतिकता का सवाल मूलतः व्यक्ति का है न कि समाज का। इसी प्रकार श्लीलता-अश्लीलता के बारे में उनका विचार है 'श्लील और अश्लील का प्रश्न' सामाजिक नैतिकता का प्रश्न है। साहित्य का प्रश्न वह नहीं है।'' साहित्य में सुन्दर-असुन्दर के रूप में इसका चित्रण होता है। यही नहीं, वे मानते हैं कि, ''अश्लीलता वस्तुतः लेखक या पाठक की दृष्टि में होती है अन्यत्र नहीं, ''अगर लेखक की दृष्टि उघड़ी (अतएव असाहित्यिक भी) तो अश्लीलता वहीं है और उससे उत्पन्न लेखन में भी, अगर पाठक की दृष्टि वैसी है तो।''

कहना न होगा, इसी जमीन पर अज्ञेय जी की साहित्य व कला विषयक स्थापनाएँ निर्मित हुई हैं। कविता के बारे में उनका कथन उल्लेखनीय है, ''साधारण का साधारण वर्णन कविता नहीं है, कविता तभी होती है जब साधारण पहले निजी होता है और फिर व्यक्ति में से छनकर साधारण होता है। जो इसको भूलते हैं उनके पद्य परम उद्देश्य पूर्ण होकर भी कविता नहीं बन सकते और चाहे जो कुछ हो जायें।'' (उप. पृ. 43)

अज्ञेय जी ने कुछ व्यावहारिक समीक्षाएँ भी लिखी हैं, जो भूमिकाओं के रूप में अथवा स्वतन्त्र लेख के रूप से संकलित हैं। मैथिलीशरण गुप्त जी के एक संकलन की भूमिका में लिखते हैं, ''गुप्त जी की काव्यदृष्टि और चेतना एक सांस्कृतिक राष्ट्रीयतावाद की थी। उसका आधार उतना राजनीतिक नहीं था जितना ऐतिहासिक था: वह स्थूल, स्पष्ट निरूपित भावी लक्ष्यों से नहीं, एक सूक्ष्म अस्मिताबोध से प्रेरित था।'' (कविदृष्टि, पृ. 99) यहाँ पर उन्होंने गुप्त जी को वाचिक परम्परा का अन्तिम बड़ा कवि माना है। छायावादी कवि पन्त और निराला के बारे में उनका मत

है "पन्त और निराला दोनों में सूक्ष्म शब्द-चेतना थी। उनकी कविता ने, कविता-सम्बन्धी वक्तव्यों ने भाषा को एक नया सौन्दर्य और गहराई दी और वाचक को नया बोध और संस्कार।" (आधुनिक हिन्दी साहित्य, पृ. 39) प्रगतिवादी जनवादियों का विरोध करते हुए वे कहते हैं कि, "विशुद्ध आर्थिक आधार पर निराला के व्यक्तित्व विकास और उनके कृतित्व का अध्ययन फलप्रद नहीं हो सकता।" उनके लेखे शिवमंगलसिंह 'सुमन' अपने जनवादी आग्रह के बावजूद उत्तरकालीन छायावाद से अधिक दूर नहीं गये हैं। नयी कविता पर एक परिचर्चा के माध्यम से अपने विचार व्यक्त करते हुए कहते हैं, "प्रगतिवाद एक राजनीतिक बिल्ला है और प्रयोगवाद एक गाली।" उनकी दृष्टि में, "नयी कविता सबसे पहले एक नयी मन:स्थिति का प्रतिबिम्ब है-एक नये मूड का-एक नये राग सम्बन्ध का।" अपनी बात को और स्पष्ट करते हुए आगे कहते हैं "सृष्टि और मानव जाति के सम्बन्ध के परिपार्श्व में मानव जाति और मानव का नया सम्बन्ध, यही नयी कविता की मूल विशेषता है।" (उप., पृ. 157)

कथा साहित्य पर भी उनका गहन चिन्तन है। आधुनिकता के फलस्वरूप जो नयापन कथा साहित्य में आया है उसके बारे में उनका कहना है-"आधुनिक उपन्यास नया उपन्यास है, लेकिन उसका नयापन न तो विषयवस्तु का नयापन है, न विधान का, न कथानक का, न रूपाकार का, वह मूलतः जीवन के प्रति दृष्टिकोण का नयापन है। यद्यपि वस्तु, शैली, विधान, कथा आदि का नयापन उसमें हो सकता है और होता भी है तथापि उसकी आधुनिकता की कसौटी वह नहीं है, कसौटी उसका नया दृष्टिकोण है।" (उप. पृ. 82) अज्ञेय के शब्दों में प्रेमचन्द आधुनिक इस अर्थ में हैं कि उन्हें आधुनिकता का, समकालीनता का, अपने समवर्ती समाज-जीवन की अन्त:शक्तियों का जीवित बोध है। प्रसाद भाववादी व प्रेमचन्द यथार्थवादी परम्परा के वाहक थे। अज्ञेय मानते हैं कि प्रेमचन्द की ही परम्परा आगे बढ़ सकी है। और जैनेन्द्र कुमार उसके एक सशक्त हस्ताक्षर हैं।

उपर्युक्त विवेचन के आधार पर यह कहना होगा कि अज्ञेय जी ने साहित्य-समीक्षा में कई मौलिक स्थापनाएँ की हैं, जो उनके गहन चिन्तन-अनुचिन्तन की परिचायक हैं। उनके मतों से असहमत हुआ जा सकता है, क्योंकि व्यक्तिवादी दृष्टिकोण से उन्होंने जो कुछ कहा है वह सर्वथा संगत भी नहीं है। इतना ही नहीं, व्यावहारिक धरातल पर वे स्वयं अपनी मान्यताओं पर कायम नहीं रह सके। यह भी कहना असंगत न होगा कि पाश्चात्य प्रभाव से अभिभूत होते हुए भी वे कहीं-कहीं परम्परा-प्रेमी होने का दिखावा करते जान पड़ते हैं। काव्य सर्जना की बात हो या साधारणीकरण की हो या सामाजिक चिन्तन की, उनकी दृष्टि में मौलिकता तो दिखती है, पर मौलिकता के नाम पर जो अतिरिक्त कसरत वे करते हैं वह उन्हीं की

मौलिकता व प्रासंगिकता पर प्रश्नचिह्न लगाने लगती है। उदाहरणस्वरूप हम साहित्य सर्जना की प्रेरणा को ही लें। अज्ञेय साहित्य सर्जना की मूल प्रवृत्ति अतृप्ति को मानते हैं और सभी साहित्यकारों में एक प्रकार की अतृप्ति देखते हैं। यह मान्यता निरी व्यक्तिवादी है। साहित्यकार सिर्फ आत्मतृप्ति की बात सोचे, यह धारणा न तो कभी मान्य रही है और न ही हो सकती है, यदि हो गयी तो साहित्य को अपनी परिभाषा भी बदलनी पड़ेगी। निर्वैयक्तिकता की पीठिका पर साधारणीकरण को स्थापित करना भी बालिश ही कहा जायेगा, क्योंकि दोनों परस्पर भिन्न हैं-एक सृजन से सम्बन्धित है तो दूसरा आस्वादन से। भाषिक सर्जना का उनका मत जरूर ठीक है, पर चमत्कारिक अर्थयुक्त भाषा की जो बात उन्होंने कही है, यह भारतीय वक्रोक्तिवाद के चमत्कार से विशेष भिन्न नहीं है। रचना को अहं के विलयन का साधन मानना भी अटपटा लगता है। अज्ञेयवादी साहित्य को भले ही अहं का विलयन बनाते फिरें, पर सूर, तुलसी, जायसी ही नहीं, रीतिकालीन कवियों में भी यह देखना मौलिकता का दम्भ भरना भर है। मानसिक उधेड़बुन में व्यस्त रहने के कारण ही चिन्तक अज्ञेय जी सामाजिक पक्ष को भी अपने विवेचन में स्थान न दे सके। व्यष्टि से समष्टि को देखने का उनका प्रयास एक तरीका हो सकता है, लेकिन आज की परिस्थितियों में जबकि जन (समाज) की महत्ता प्रतिस्थापित हो चुकी है, ऐसे में व्यक्तिवादी ढर्रे से ही सोचना, पिछड़ापन कहा जायेगा। यह भी देखा गया है कि उनमें अन्तर्विरोध भी है। अपने परवर्ती चिन्तन में काव्य-मूल्यों का जो सवाल उन्होंने उठाया है और उसमें जिन तत्त्वों पर विचार किया है, वे उनकी स्वस्थ दृष्टि के परिचायक हैं, अगर अपने इन्हीं दृष्टिकोणों पर वे चिन्तन करते तो निश्चित रूप से हिन्दी समीक्षा को उनसे उससे भी अधिक मिलता, जितना कि मिला है। इसके बावजूद उनकी दृष्टि स्वस्थ है और उनका चिन्तन गहरा है, इससे इन्कार नहीं किया जा सकता। उन्होंने साहित्य को परम्परा, परिस्थिति और युग की सापेक्षता में मूल्यांकित किया है। अपने विशिष्ट दृष्टिकोण के बावजूद उनके स्वर में हमेशा यही बात गूँजती रही कि जो व्यक्ति का अनुभूत है उसे समष्टि तक कैसे पहुँचाया जाये-यही पहली समस्या है, जो प्रयोगशीलता को ललकारती है। इस प्रकार रचना की केन्द्रीय समस्याओं को पकड़ने की कोशिश वे हमेशा करते रहे हैं, यही उनकी सबसे बड़ी उपलब्धि है।

## मुक्तिबोध

मुक्तिबोध की गणना यद्यपि सप्तकीय कवियों में की जाती है, परन्तु विचारों से वे मार्क्सवादी हैं। प्रगतिवादी समीक्षा में सबसे अधिक विवादास्पद स्थिति उन्हीं की है, इसका कारण यह है कि उनका चिन्तन अन्य प्रगतिवादियों से हटकर है। उन्होंने 'फैण्टेसी' जैसी एक बिल्कुल नयी चीज हिन्दी कविता को दी और उसे एक आलोचनात्मक 'मान' के रूप में भी प्रस्तुत किया। 'अँधेरे में' की रचना और 'कामायनी' की विवेचना उन्होंने इसी आधार पर की है। उन्होंने साहित्य को जीवन-सापेक्ष माना है और उसके सौन्दर्य, कला, उद्देश्य आदि को इसी आधार पर आँका है। कहा गया कि मुक्तिबोध विचारों से मार्क्सवादी हैं किन्तु कला व साहित्य में वे अन्य प्रगतिवादियों से भिन्न हैं। हिन्दी के प्रगतिवादियों से उनकी शिकायत है कि उनकी नासमझी से सम्पूर्ण नयी कविता की विरासत प्रतिपक्षियों को प्राप्त हो गयी, जबकि शुरू में प्रयोगवादी नयी कविता प्रगतिवाद के अधिक निकट थी। उनके शब्द हैं, "प्रगतिवादी और आदर्शवादी समालोचक पूरी नयी काव्य-शैली के विरोधी हैं। विरोध का उतना प्रश्न नहीं है, जितना इस बात का कि वह विरोध वे बनते हुए साहित्य की जीवनभूमि से असम्पृक्त रहकर साहित्यांकित जीवन और साहित्य सृजन की वास्तविक मानव-भूमि, इन दोनों के घनिष्ठ परस्पर सम्बन्धों के स्वरूप का, इन दोनों के अपने-अपने विशिष्ट-विशिष्ट स्वरूप का आकलन न करते हुए या छिछली सतही दृष्टि से उनका आकलन करते हुए न्याय निर्णय प्रदान करते हैं।"

मुक्तिबोध का आलोचनात्मक लेखन उनके रचनात्मक लेखन की भाँति ही व्यापक है। उन्होंने रचना की तरह ही आलोचना में भी अपनी मौलिक क्षमता का परिचय दिया है। उनकी आलोचना को निम्न बिन्दुओं के आधार पर समझा जा सकता है। ये बिन्दु हैं-रचना-प्रक्रिया, वस्तु और रूप का सम्बन्ध, फैण्टेसी, ज्ञानात्मक संवेदन और संवेदनात्मक ज्ञान, प्रतिबद्धता, ईमानदारी, सौन्दर्यानुभूति आदि। जीवन और जगत् के प्रति स्पष्ट दृष्टि रखनेवाले मुक्तिबोध मानते हैं कि जीवन का साहित्य

और कला के साथ अनुभवाश्रित सम्बन्ध होता है। लेखकीय संवेदना की इसमें महत्त्वपूर्ण भूमिका होती है। उनके लेखे, "साहित्य समीक्षा के मूल बीज वास्तविक जीवन में तजरुबे के बतौर उपलब्ध होनेवाले ज्ञान-संवेदन और संवेदन-ज्ञान में ही है। इस ज्ञान-संवेदन और संवेदन-ज्ञान के परे जानेवाली समीक्षा में न 'ईक्षा' यानी देखना या दृष्टि है, न सम्यकता।" कहना न होगा कि जब-जब समीक्षा किसी विचार या विचारधारा की गिरफ्त में गयी है और वही तयशुदा गज और पैमाने अपनाये हैं, तब-तब उसने साहित्य और पाठक दोनों के साथ अन्याय किया है। मनुष्यता के हित में ही कोई विचार या विचारधारा साहित्य को काम्य है। साहित्य जीवन की अभिव्यक्ति है, अतः आलोचना जीवन सम्पृक्त हो, यह आवश्यक है। वास्तव में आलोचक का कार्य जैसा मुक्तिबोध कहते है, "वस्तुतः कलाकार या लेखक से भी अधिक तन्मयतापूर्ण और सृजनशील होता है।" कारण यह है कि आलोचक को सिर्फ रचना में व्यक्त जीवन चित्रण में ही नहीं, बल्कि जीवन के वास्तविक अनुभवों के समुद्र में डूबना पड़ता है। अर्थात् अपने वर्ग, समाज के जीवन की वास्तविक समझ के बगैर वह रचना में अभिव्यक्त जीवन की सच्ची आलोचना नहीं कर सकता। इसीलिए यह अपेक्षित होता है कि आलोचक अनुभवसम्पन्न, संवेदनशील, जागरूक और विश्वचेतस् हो, लोकचेतस् हो।

आलोचक के दायित्व को वे आपद्धर्म नहीं मानते हैं। कलाकार (रचनाकार) और आलोचक दोनों को ही वे एक धरातल पर समान मानते हैं, वह है उसकी सृजनशीलता। किन्तु इस बात की वे ताकीद भी करते हैं कि सृजन कैसा? जिस प्रकार रचनाकार के लिए संवेदनक्षम, अनुभवक्षम और विश्वचेतस्, लोकचेतस् होना जरूरी है, उसी प्रकार आलोचक के लिए भी। बल्कि आलोचक के कार्य को वे लेखक से भी महान् बताते हैं, क्योंकि वह कलाकार द्वारा व्यक्त बिम्बों, प्रतीकों या वस्तुविधान की विवेचना ही नहीं करता, प्रत्युत उसमें आये जीवनबोध को उद्घाटित करता है, जिससे जीवन में उसकी मूल्यवत्ता सिद्ध हो सके। यही वजह है कि, आलोचक को भी वे रचना-प्रक्रिया की समझ होना जरूरी मानते हैं।

उनके अनुसार काव्य रचना-प्रक्रिया के तीन क्षण होते हैं-"पहला क्षण है उत्कट तीव्र अनुभव क्षण। दूसरा क्षण है इस अनुभव का अपने कसकते-दुखते हुए मूलों से पृथक् हो जाना और एक ऐसी फैण्टेसी का रूप धारण कर लेना, मानो वह फैण्टेसी अपनी आँखों के सामने खड़ी हो। तीसरा और अन्तिम क्षण है इस फैण्टेसी की शब्द-बद्ध होने की प्रक्रिया का आरम्भ और उस प्रक्रिया की परिपूर्णावस्था तक की गति मानता।" (समीक्षा की समस्याएँ, पृ. 11) उनकी दृष्टि में यह तीसरा क्षण सर्वाधिक महत्त्वपूर्ण हैं, क्योंकि यही भाषा और भाव के बीच द्वन्द्व का क्षण है। रचना-प्रक्रिया के प्राथमिक स्तर को लेखक के अन्तर्जगत् का संवेदनात्मक पुंज

माननेवाले मुक्तिबोध की दृष्टि में, "प्रत्येक साहित्य मूलतः और सारतः आत्मचरित्रात्मक होता है, भले ही बाहर-बाहर से वह चाहे जितना वस्तुवादी क्यों न दिखायी दे। और उसकी यह आत्मचरित्रात्मकता, मुख्यतः अभिव्यक्ति के लिए लाये जानेवाले अनुभवों के संवेदनात्मक महत्त्वबोध में है।" (एक साहित्यिक की डायरी, पृ. 16-17) इस तरह संवेदनात्मक उद्देश्य के सहारे ही लेखक के व्यक्तित्व को समझा जा सकता है, अन्यथा नहीं। उनकी शिकायत है कि प्रयोगवादी कविता के संवेदनात्मक उद्देश्यों को न समझने के कारण ही, उसके सम्बन्ध में बहुत-सी भ्रान्तियाँ फैलायी गयीं। आचार्य शुक्ल ने छायावाद का विरोध भी इसी कमजोरी के कारण किया। डॉ. रामविलास शर्मा को प्रयोगवादी नयी कविता में असुन्दरता तथा विद्रूपता इसीलिए दिखायी दी।

कहा गया कि, मुक्तिबोध रचना की समझ के लिए रचना-प्रक्रिया पर सर्वाधिक बल देते हैं। साहित्य और कला को वैविध्यमय जीवन के प्रति आत्मचेतस् व्यक्ति की संवेदनात्मक प्रतिक्रिया माननेवाले मुक्तिबोध का मानना है कि काव्य रचना एक सांस्कृतिक प्रक्रिया है। उसमें जो सांस्कृतिक मूल्य परिलक्षित होते हैं वे व्यक्ति की अपनी देन नहीं, समाज की देन हैं। इसीलिए वे कवि या कलाकार को आत्म-चेतन ही नहीं, विश्व-चेतन होने को कहते हैं। वे लिखते हैं, "कवि हृदय आज के जगत् के मूल द्वन्द्वों का अध्ययन करे अर्थात् अपनी सम्पूर्ण चेतना द्वारा आज की वास्तविकता की तह में घुसे और ऐसी विश्व-दृष्टि का विकास करे, जिससे व्यापक जीवन-जगत् की व्याख्या हो सके, और अन्तर्जगत् के महत्त्वपूर्ण आन्दोलनों का बोध हो। तभी उसका विषय-संकलन सम्बन्धी विवेक भी अधिक पुष्ट होगा। तभी हम आसपास फैली हुई मानव-वास्तविकता के मार्मिक पक्षों का उद्घाटन और चित्रण कर सकेंगे।" (नयी कविता का आत्मसंघर्ष, पृ. 36) रचनाकार को इसीलिए वे मात्र अभिव्यक्ति का एक जरिया नहीं मानते बल्कि उसे एक ऐसा सजग प्राणी मानते हैं जो अपनी प्रतिभा और संवेदना के ऐक्य से जगत् में प्राप्त जीवन-मूल्यों को समृद्ध ही नहीं करता अपितु संस्कारित भी करता है। हाँ, इसके लिए यह जरूरी है कि रचनाकार मात्र द्रष्टा नहीं हो बल्कि उन मूल्यों को पाने के लिए प्रत्यक्षतः संघर्षरत भी हो। यह संघर्ष भी आज एकायामी नहीं है।

काव्य रचना के तीन तत्त्व-बुद्धि, कल्पना और भावना को महत्त्वपूर्ण घटक मानते हुए भी मुक्तिबोध रचना-प्रक्रिया में रचनात्मक उद्देश्यों को अनिवार्य तत्त्व मानते हैं। वे रचना-प्रक्रिया को आभ्यन्तर और बाह्य की परस्पर क्रिया-प्रतिक्रिया से जोड़ते हैं। वे मानते हैं कि, "संवेदना, बोधशक्ति, कल्पना और इच्छाएँ यह मनुष्य की आभ्यन्तर शक्तियाँ हैं, उसकी अन्तर की चेतना की अंगभूत हैं। उन सभी शक्तियों या प्रवृत्तियों का बाह्य रूप में जब सम्मिलन होता है तब वह प्रक्रिया शुरू

होती है जिसे मैं बाह्य का आभ्यन्तरीकरण कहता हूँ।'' (मु.रच.भाग-5, पृ. 105) यह प्रक्रिया प्रत्येक मनुष्य में होती है और उसके जन्मकाल से ही शुरू हो जाती है। बाल्यकाल से ही मनुष्य बाह्य संसार का अनवरत आभ्यन्तरीकरण करता रहता है। और इस प्रकार वह उस आभ्यन्तरीकृत बाह्य को उन विशेषताओं से समन्वित और सम्पादित करता रहता है जो उसके 'स्व' की विशेषताएँ मानी जाती हैं। आभ्यन्तरीकरण की यह प्रक्रिया बड़ी जटिल होती है और लेखकीय ईमानदारी और प्रतिबद्धता की अपेक्षा रखती है। मुक्तिबोध के अनुसार, ''आभ्यन्तरीकरण की प्रक्रिया केवल विचार तक सीमित नहीं है, वह उससे ज्यादा गहरी, व्यापक और मानसिक है। जब तक लेखक अपने स्वयं के जीवनानुभवों से प्राप्त दृष्टि के रूप में उन्हें नहीं पाता, तब तक आभ्यन्तरीकरण की प्रक्रिया पूरी नहीं हुई, यह समझना चाहिए। सच्चा आभ्यन्तरीकरण तो तब होता है जब लेखक जिन्दगी में गहरा हिस्सा लेते हुए संवेदनात्मक जीवन-ज्ञान प्राप्त करके उसी भाव-दृष्टि तक स्वयं अपने-आप पहुँचता है, कि जो भाव-दृष्टि आग्रह रूप में बाहर से उपस्थित की गयी है।'' (नयी कविता का आत्मसंघर्ष, पृ. 65) चूँकि बाह्य स्थितियाँ परिवर्तनीय होती है, इसलिए रचनाकार-कलाकार की रचना-प्रक्रिया भी परिवर्तनीय होती है। इसीलिए मुक्तिबोध संवेदनात्मक उद्देश्यों को इस प्रक्रिया में सर्वाधिक महत्त्वपूर्ण मानते हैं। उनके अनुसार संवेदनात्मक उद्देश्यों से प्रेरित होकर ही कलात्मक अभिव्यक्ति होती है। इतना ही नहीं, ''रचनाओं में प्रकट इन संवेदनात्मक उद्देश्यों को ध्यान में रखकर ही कवि के अन्तर्व्यक्तित्त्व का, उसके अनुभवात्मक जीवन का, उसकी भाव-दृष्टि का, हमें अनुमान होता है।''

कहना न होगा कि संवेदनात्मक उद्देश्य ही रचनाकार की सृजन-प्रक्रिया को प्रभावित और नियन्त्रित करते हैं। उन्हीं के आधार पर न सिर्फ रचना का सृजन होता है बल्कि भावन-अनुभावन और आलोचन भी होता है। संवेदनात्मक उद्देश्यों को देख-परखकर ही यह पहचाना जा सकता है कि लेखक किस प्रकार का प्रभाव उत्पन्न करना चाहता है। 'नयी कविता के आत्मसंघर्ष' में मुक्तिबोध बताते हैं कि, ''संवेदनात्मक उद्देश्य विद्युत की वह धारा है जो अन्तर्व्यक्तित्त्व से प्रसूत होकर जीवन-विधान करती है, कला-विधान करती है, अभिव्यक्ति-विधान करती है। आत्मचरित्रात्मक और सृजनशील में संवेदनात्मक उद्देश्य, हृदय में स्थित जीवन्त अनुभवों को संकलित कर उन्हें कल्पना के सहयोग से उद्दीप्त और मूर्तिमान् करते हुए, एक ओर प्रवाहित कर देते हैं।'' दूसरे शब्दों में, ''संवेदनात्मक उद्देश्य अपने धक्के से हृदय में स्थित जीवनानुभवों अर्थात् ज्ञानात्मक संवेदन और संवेदनात्मक ज्ञान को जाग्रत और संकलित करके उन्हें, अपने दिशा में प्रवाहित कर देते हैं।''

सौन्दर्य के मानों को काल-सापेक्ष माननेवाले मुक्तिबोध का मानना है कि सृजनशीलता में संवेदनात्मक उद्देश्य हृदय में स्थित जीवन-अनुभवों को संकलित

कर उन्हें कल्पना के सहयोग से उद्दीप्त और मूर्तिमान करते हुए एक ओर प्रवाहित कर देते हैं। यही सौन्दर्य प्रतीति में भेद माननेवालों को 'दिमागी कीमिया की उपज' बताते हुए इन दोनों में परस्पर सम्बन्ध मानते हैं। एक आलोचक की दृष्टि में, "उनका विश्वास है कि सर्जक कलाकार की सौन्दर्य प्रतीति में ही उसकी सामाजिक दृष्टि अथवा चेतना अन्तर्भुक्त हुआ करती है। कलाकार की मूल्यांकनकारी शक्ति सामाजिक चेतना अथवा दृष्टि से असम्पृक्त हो ही नहीं सकती। उसके परिवेश और उसकी संस्कृति का अनिवार्य प्रभाव उसकी सौन्दर्य चेतना पर होता है।" (समीक्षा की समस्याएँ, पृ. 92) सौन्दर्यानुभूति और जीवनानुभूति को परस्पर पूरक मानते हुए इसके सम्बन्ध में वे कहते हैं-"सौन्दर्यानुभूति उच्चतर स्तर पर, अधिक उदात्त स्तर पर जीवनानुभूति का ही एक रूप है, जीवनानुभवों का ही यह एक कल्पनोद्भासित पुनः अनुभव है।"

जड़ीभूत सौन्दर्याभिरुचि के विरुद्ध पुरजोर आवाज उठानेवाले मुक्तिबोध मानते हैं कि, "सौन्दर्यानुभूति केवल कलाकार की निधि नहीं है। वह वास्तविक जीवन में, वास्तविक भावना और कल्पना का उच्चतर स्तर पर ऐसा एकाएक उत्स्फूर्त और विकसित विस्तार है, जिसमें मनुष्य की व्यक्ति-सत्ता का विलोपन हो जाता है। (उप., पृ. 46) दूसरे शब्दों में वे कहते हैं कि, "वास्तव में सौन्दर्यानुभूति उच्चतर स्तर पर अधिक उदात्त स्तर पर जीवनानुभूति का ही एक रूप है।" जीवनानुभवों का ही वह एक कल्पनोद्भासित पुनः अनुभव है। उसमें जीवनानुभवों का पुनः सृजन होता है। इसलिए सौन्दर्यानुभूति को एक स्तर पर वे वास्तविक जीवन की मनुष्यता की संज्ञा देते हैं तथा मानते हैं कि जिस लेखक में जीवन की पकड़ जितनी तगड़ी, सूक्ष्म और मार्मिक होगी उसमें सौन्दर्यानुभूति की क्षमता उतनी ही प्रगाढ और विशिष्ट होगी। उनके शब्दों में, "वस्तुतः सौन्दर्यानुभव के तत्त्व जीवन द्वारा, जीवनानुभव द्वारा प्रदत्त होते हैं, किन्तु वे विधायक कल्पना के हाथों निराला रूप धारणकर उद्दीप्त हो उठते हैं। संवेदनात्मक उद्देश्य विधायक कल्पना की क्रिया को चालित करते हैं। इन संवेदनात्मक उद्देश्यों के अनुसार जीवनानुभवों के तत्त्व कल्पना के संघटन-विधानकारी हाथों से निराले और तरह-तरह के रूप में प्रकट होते हैं।" (रचनावली, भाग-5, पृ. 208)

इस प्रकार हम देखते हैं कि मुक्तिबोध सौन्दर्य का आधार वस्तुगत जीवन-यथार्थ मानते हैं। सौन्दर्यानुभूति के क्षणों में उद्दीप्त कल्पना शक्ति जिस वस्तु को संवेदनात्मक उद्देश्यों की पूर्ति की ओर ले जाती है वह जीवनानुभव है। इसीलिए वे कहते हैं कि कला का प्रभाव सौन्दर्यानुभूति के ही क्षण में नहीं होता। सौन्दर्यानुभूति कहीं भी, किसी भी क्षण, किसी भी रूप में हो सकती है। अर्थात् सौन्दर्य की सत्ता कलात्मक अनुभूति तक सीमित नहीं है, वह वस्तुतः जीवन और जगत् के नाना रूपों

में विद्यमान है। उनके शब्दों में, ''यह सौन्दर्यानुभूति चलते रास्ते भी हो सकती है। किसी करुण दृश्य को देखकर हमारे हृदय में जो आन्दोलन होता है, वहाँ यदि मन का स्वतन्त्र-संचरण होने लगे, और कल्पना उद्दीप्त होकर उसमें क्षणभर के लिए ही क्यों न सही, हम डूब जायें, तो निःसन्देह वहाँ हमें सौन्दर्यानुभव प्राप्त होगा। (रचनावली, भाग-5, पृ. 262)

वैसे तो प्रत्येक रचना वस्तु और रूप का समन्वित आकार होती है, किन्तु मुक्तिबोध वस्तु को रूप से अधिक महत्त्वपूर्ण मानते हैं। कारण यह कि, ''रूप अपनी स्थिति के लिए तत्त्व पर ही अवलम्बित है। तत्त्व अपने प्रकट होने की प्रक्रिया में रूप निर्धारित और विकसित करता है।'' इसीलिए वे मानते हैं कि, ''कला का संघर्ष वस्तुतः तत्त्व का, तत्त्व के एकत्रीकरण, परिष्कार, विकास का संघर्ष है।'' अतः कलाकार का संघर्ष जिसे अभिव्यक्ति का संघर्ष्र कहा जाता है तत्त्व का ही है, उसी के लिए किया गया संघर्ष है। वस्तुतः अभिव्यक्ति पक्ष याकि रूप पक्ष तत्त्व की ही भाषिक काया है। मुक्तिबोध कहते हैं 'जिस प्रकार हम जीवन में बाह्य जीवन-जगत् को अपने अभ्यन्तर में संशोधित-सम्पादित कर आत्मसात् करते जाते हैं, उसी तरह हम शब्दों द्वारा आत्मसातीकृत को बाह्यगत करते जाते हैं, चाहे ये शब्द साधारण बातचीत में प्रकट हों, भाषणों में, लेखों में प्रकट हों अथवा छन्द-लय में उद्घाटित हों। बाह्य का आभ्यन्तरीकरण और आभ्यन्तरीकृत का बाह्यीकरण-यह एक चक्र है जो अविरत है'। (मु.रच. भाग-5, पृ. 102)

मुक्तिबोध लेखक की पक्षधरता-प्रतिबद्धता और ईमानदारी पर गहराई से विचार करते हैं। उनके लिए पक्षधरता और प्रतिबद्धता लेखक की निष्ठा और जीवन के प्रति, जगत् के प्रति उसकी ईमानदारी पर केन्द्रित होती है। यह लेखक के लिए आवश्यक होता है कि वह विश्व मानस को देखे-समझे और समाज की ह्रासशील और विकसनशील प्रवृत्तियों-शक्तियों के प्रति सचेत हो, उसके प्रति विद्रोह करनेवाली ताकतों को जाने-पहचाने और जनहित में उनका पक्षधर बने। लेखक की ईमानदारी इसी में निहित है कि, ''जिस अनुपात या जिस मात्रा में, जो भावना या विचार उठ रहा है, उसको उसी मात्रा में प्रस्तुत करना।' जो भाव या विचार जिस स्वरूप को लेकर प्रस्तुत हुआ है, उसको उसी रूप में प्रस्तुत करना लेखक का धर्म है। वे कहते हैं 'मैं सौन्दर्यानुभूति की भावार्द्र दशा में प्राप्त सम्पूर्ण अनुभवात्मक अन्तर्जगत् की तेजस्क्रिय सम्पन्नता की कलात्मक अभिव्यक्ति के पक्ष में हूँ। तभी आत्मपरक ईमानदारी और वस्तुपरक सत्यपरायणता प्राप्त हो सकेगी।' (समीक्षा की समस्याएँ, पृ. 53) उन्हें जीवन-सम्बन्धों, जीवन-मूल्यों की यथाशक्ति स्थापना में ही लेखक की ईमानदारी दिखायी देती है।

इसके लिए वे लेखक को अनुभवसम्पन्न और विश्वचेतस् होना जरूरी मानते हैं। जिस रचनाकार का ज्ञानात्मक संवेदन जितना गहन होगा, उसकी विश्वदृष्टि उतनी ही स्वस्थ और स्पष्ट होगी। उसकी सौन्दर्याभिरुचि उतनी ही निथरी और विस्तृत होगी। मुक्तिबोध के मतानुसार, "यदि आज लेखक ईमानदार है, तो उसे अपने प्रति और अपने युग के प्रति अधिक उत्तरदायी होना होगा। उसे अपनी सौन्दर्याभिरुचि के 'सेन्सर्स' जरा ढीले करने होंगे, विषय संकलन को स्वानुभूत विवेक के विश्वचेतस् हाथों में सौंपना होगा, अभिव्यक्ति क्षमता बढ़ाने के लिए अथक प्रयास करना होगा। अधिक साहस और अधिक हिम्मत से काम लेना जरूरी है।" (नयी कविता का आत्मसंघर्ष, पृ. 35)

कहना न होगा कि, कवि-कलाकार की अनुभव क्षमता लोकजीवन के प्रति उसकी अभिरुचि की सूचक ही नहीं होती, बल्कि उसकी चेतना का संस्कार भी करती है। इसीलिए यह अपेक्षा होती है कि, 'कविहृदय आज के जगत् के मूल द्वन्द्वों का अध्ययन करे' और 'ऐसी जीवनदृष्टि का विकास करे जिससे व्यापक जीवनजगत् की व्याख्या हो सके।' और यह तभी सम्भव है जबकि रचनाकार-कलाकार का उद्देश्य महत्, दृष्टि विश्वचेतस् और संवेदनक्षमता विशाल हों। कोई रचनाकार कितना भी आत्मचेतस् हो जाय, वह मानव-जीवन की वास्तविकताओं का चित्रण तभी कर सकता है, जबकि उसका बोध बृहद् हो और दृष्टि विश्वचेतस् हो। मुक्तिबोध के अनुसार तो बगैर विश्वचेतस् हुए आत्मचेतस् भी नहीं हुआ जा सकता। ठीक ही है, जो संकीर्ण, क्षुद्र स्वार्थों या अपने दृष्टि की परिधि में ही सीमित रह जाता है वह भला जीवन-जगत् की वास्तविकताओं को क्या खाक समझेगा? कहना यह है कि, मुक्तिबोध विश्वदृष्टि को रचना-विवेचना दोनों ही के लिए अपरिहार्य मानते हैं।

मुक्तिबोध की दृष्टि में साहित्य का वास्तविक उद्देश्य है जीवन-मूल्यों की स्थापना। वे मानते हैं कि साहित्य जनता के लिए होता है। लिखते हैं, "जनता के साहित्य से अर्थ है ऐसा साहित्य जो जनता के जीवन-मूल्यों को जनता के जीवन-आदर्शों को प्रतिष्ठापित करता हो, उसे अपने मुक्तिपथ पर अग्रसर करता हो। इस मुक्तिपथ का अर्थ है राजनैतिक मुक्ति से लगाकर अज्ञान मुक्ति तक। अतः इसमें प्रत्येक प्रकार का साहित्य सम्मिलित है बशर्ते कि यह सचमुच उसे मुक्तिपथ पर अग्रसर करे।" (नये साहित्य का सौन्दर्यशास्त्र, पृ. 125) इसीलिए साहित्य में जनवाद के प्रबल पक्षधर मुक्तिबोध का मानना है कि, "तुलसी के राम का आदर्श चाहे जितना ऊँचा हो, वह हमारे युग के महाकाव्य का यदि प्रधान नायक होना चाहता है तो प्रत्यक्ष-अप्रत्यक्ष रूप से उसे जनवादी आदर्शों से प्रेरित होना होगा।" (उप., पृ. 79)

मुक्तिबोध मानते हैं कि, ''किसी भी साहित्य को हमें तीन दृष्टियों से देखना चाहिए। एक तो यह कि वह किन सामाजिक और मनोवैज्ञानिक शक्तियों से उत्पन्न है, अर्थात् वह किन शक्तियों के कार्यों का परिणाम है, किन सामाजिक-सांस्कृतिक प्रक्रियाओं का अंग है? दूसरे यह कि उसका अन्तःस्वरूप क्या है, किन प्रेरणाओं और भावनाओं ने उसके आन्तरिक तत्त्व रूपायित किये हैं? तीसरे उसके प्रभाव क्या हैं, किन सामाजिक शक्तियों ने उसका उपयोग या दुरुपयोग किया है और क्यों? तथा साधारण जन के किन मानसिक तत्त्वों को उसने विकसित या नष्ट किया है?'' (नयी कविता का आत्मसंघर्ष, पृ. 103) कहना न होगा कि वे इन्हीं तीनों बुनियादों सवालों के साथ रचना, रचनाकार या रचना-प्रवृत्ति के आकलन-मूल्यांकन की न सिर्फ तरफदारी करते हैं बल्कि स्वयं भी इसी आधार पर रचना करते हैं। अपने समय ही नहीं, बल्कि रचनाकाल की तत्कालीन सामाजिक-सांस्कृतिक परिस्थितियों को गहराई से पकड़ने के आधार पर ही वे इस निष्कर्ष पर पहुँचते हैं कि, ''भक्तिकाल की मूल भावना साधारण जनता के कष्ट और पीड़ा से उत्पन्न है। यद्यपि पण्डित हजारीप्रसाद द्विवेदी का यह कहना ठीक है कि भक्ति की धारा बहुत पहले से उद्गत होती रही और उसकी पूर्व-भूमिका बहुत पूर्व से तैयार होती रही। किन्तु उनके द्वारा निकाला गया यह तर्क ठीक नहीं मालूम होता कि मध्ययुगीन भक्तों की भावना में जनता के सांसारिक कष्टों के तत्त्व नहीं हैं। पण्डित रामचन्द्र शुक्ल के इस कथन में हमें पर्याप्त सत्य मालूम होता है कि भक्ति आन्दोलन का एक मूल कारण जनता का कष्ट है। किन्तु पण्डित शुक्ल ने जनता के इन कष्टों के मुस्लिम-विरोधी और हिन्दू राजसत्ता के पक्षपाती जो अभिप्राय निकाले हैं, वे उचित नहीं मालूम होते। असल बात यह है कि मुसलमान, सन्तमत भी उसी तरह कट्टरपन्थियों के विरुद्ध था, जितना कि भक्तिमार्ग। दोनों एक-दूसरे से प्रभावित भी थे। किन्तु इस बात से इन्कार नहीं किया जा सकता कि भक्ति-भावना की तीव्र आर्द्रता और सारे दुःखों और कष्टों के परिहार के लिए ईश्वर की पुकार के पीछे जनता की भयानक दुःस्थिति छिपी हुई थी।'' (उप., पृ. 103)

मुक्तिबोध की सैद्धान्तिक समीक्षा से अधिक महत्त्वपूर्ण है उनकी व्यावहारिक समीक्षा। वे वस्तुतः नयी कविता के आलोचक हैं। प्राचीन कवियों पर भी कहीं-कहीं महत्त्वपूर्ण टिप्पणियाँ उन्होंने की हैं, लेकिन वह अपने मत की पुष्टि के लिए ही। अपने युगबोध का परिचय देते हुए पुराने साहित्य को ही लक्ष्य कर उन्होंने कहा है ''सारांश यह है कि पुराने साहित्य का केवल वही श्री सौन्दर्य हमारे लिये ग्राह्य होगा जो हमारे नवीन जीवन-मूल्यों के विकास में सक्रिय सहयोग दे, अथवा उसकी स्थिति में सहायक हो, किन्तु यदि ये जीवन-मूल्य स्वयं हमारी ह्रासग्रस्त दशा से उत्पन्न हैं तो हमारे नवीन भावों के अनुकूल वह श्रेष्ठ साहित्य न होने से हम उसका

आदर करते हुए भी उससे रस न ले पायेंगे।'' (नया आलोचक, जुलाई-सितम्बर, 1984, पृ. 58) इसी प्रकार रीतिकालीन साहित्य के बारे में उनका मानना है कि, ''हिन्दी का श्रृंगारी रीतिकाल तत्कालीन निम्न वर्गों की वृत्तियों को सूचित नहीं करता। उसकी वासनामूलक श्रृंगारिकता का जन्म तथा विकास एक विशेष सामन्त वर्ग की विशेष विकास-स्थिति से ही हुआ।'' (नये साहित्य का सौन्दर्यशास्त्र, पृ. 133)

आधुनिक साहित्य की प्रमुख प्रवृत्तियों की चर्चा मुक्तिबोध ने बड़े विस्तार से की है। और कमोबेश उनकी समस्त कृतियों का आधार भी नया साहित्य ही रहा है। छायावाद की प्रधान कृति 'कामायनी' को उन्होंने नये दृष्टिकोण से पुनर्मूल्यांकित किया है। उनका मानना है कि, ''छायावाद जीवन-यथार्थ के भीतर पले हुए मानव-हृदय की पर्सनल सिचुएशन की कविता है। इसीलिए उसमें कहीं आत्मालोचन है, तो कहीं बाह्य परिस्थिति और समाज पर व्यंग्य है, तो कहीं अधिक विवशताओं से उत्पन्न करुणा-भाव है, तो कहीं ग्लानि है, कहीं वैफल्यजनित विक्षोभ है तो कहीं जीवन आलोचन है।'' (उप, पृ. 120)

कामायनी के रचना-विधान पर विचार करते हुए, उसके गुण-दोषों को यथातथ्य मुक्तिबोध गिनाते हैं। कामायनीकार की इस कमजोरी को इंगित करते हुए भी कि, इसमें जीवन समस्याएँ जिस स्तर और क्षेत्र की हैं, उस स्तर और क्षेत्र का उसका दार्शनिक समाधान नहीं है, मुक्तिबोध कामायनी की दार्शनिकता या काव्यात्मकता को खारिज नहीं करते। उनके शब्द हैं, ''कामायनी अपनी काव्यात्मकता के लिए, जीवन-समस्याओं के काव्यात्मक चित्रण के लिए हमेशा प्रसिद्ध रहेगी। उसमें उत्कृष्ट काव्यात्मकता है। उसका दर्शन जीवन-समस्याओं पर अनवरत चिन्तन के फलस्वरूप है। अतएव वह जीवन-समस्याओं के निराकरण के रूप में प्रस्तुत हुआ है। उस दर्शन में, उस दर्शन के चित्रण में कोई दोष नहीं है। उसमें आडम्बर नहीं है। उसमें दर्शनिक दम्भ नहीं है। और बहुत-से स्थानों पर आधुनिक सभ्यता की कुछ मूल विषमताओं पर कठोर और प्रखर काव्यात्मक आक्रमण है।'' (समीक्षा की समस्याएँ, पृ. 166) जबकि इसके विपरीत दिनकर कृत उर्वशी में उन्हें दार्शनिक आडम्बर और अनपेक्षित काम भावना के दर्शन होते हैं, इसलिए उसे महत्त्वपूर्ण कृति नहीं मानते।

'नयी कविता' को लेकर विविध खेमों के आलोचकों की जड़ीभूत सौन्दर्याभिरुचि पर कटाक्ष करते हुए वे कहते हैं, ''आधुनिक भावबोध सम्बन्धी उनकी धारणा, जन-साधारण की उपेक्षा करके लघु-मानव की उनकी कल्पना, समाज और जनता को भीड़ कहकर उसका अपमान करने की उनकी प्रवृत्ति, पूँजीवादी समाज-रचना और साम्यवादी समाज-रचना दोनों को औद्योगिक सभ्यता कहकर उस औद्योगिक

सभ्यता के अन्तर्गत व्यक्तित्व के नाश की अनिवार्यता मानना और इस प्रकार मानव की विफलता और अगतिकता को मूलभूत और चरम मानकर अनास्था की प्रस्थापना करना-यह मुझे असंगत, अनुचित और हानिप्रद मालूम होती है।''

नयी कविता ही वास्तव में मुक्तिबोध की आलोचना के केन्द्र में है। वे नयी कविता के कवि है अतः जाहिर है नयी कविता की खूबियों-कमियों को वे बड़ी गहराई से समझते-पहचानते हैं। नयी कविता, उनके लिए ''वैविध्यमय जीवन के प्रति आत्मचेतस् व्यक्ति की संवेदनात्मक प्रतिक्रिया है।'' नयी कविता को लेकर आलोचना में बहुत वाद-विवाद हुआ है, उसके प्रतिमानीकरण की भी कोशिशें हुई हैं, आधुनिक भावबोध और भावसौन्दर्य को लेकर उसे आलोचकों ने अपने-अपने तरीके से व्याख्यायित करने का प्रयास किया है। किन्तु अधिकांश भें आरोप-प्रत्यारोप ही उसके मत्थे आया है। ठीक से समझने-समझाने की कोशिशें प्रायः कम ही हुई हैं। नयी कविता के कवि के नाते मुक्तिबोध इससे खिन्न भी हैं। किसी-किसी को नयी कविता रसहीन लगी है तो किसी-किसी को शब्दाडम्बर, तनाव, आशंका, निराशा, अहं का चित्रण मात्र। मुक्तिबोध कहते हैं, ''नयी कविता की आत्मा है आधुनिक भावबोध। आज का सुशिक्षित मनुष्य अपने परिवेश-परिस्थितियों से जो संवेदनात्मक प्रतिक्रियाएँ करता है, वे संवेदनात्मक प्रतिक्रियाएँ या उनका सामान्यीकरण नयी कविता में प्रकट होता है। ऐसे सुशिक्षित मनुष्य का दृष्टिकोण मध्ययुगीन धार्मिक दृष्टि से अथवा छायावादी भावुकता से परिपूर्ण कल्पना-प्रधान नहीं होता। विज्ञान के इस युग में, उसकी दृष्टि यथार्थोन्मुख तथा संवेदनशील होती है। वह यथार्थ सम्बन्धों को ग्रहण कर यथार्थबोध द्वारा संवेदनात्मक प्रतिक्रियाएँ करता है।'' (नयी कविता का आत्मसंघर्ष, पृ. 119)

नयी कविता में क्षण-चित्रों पर जोर जरूर दिया गया है। मुक्तिबोध मानते हैं कि यह भी आधुनिक भावबोध की ही एक 'डिमाण्ड' है। परन्तु ऐसा भी नहीं है कि क्षणवाद ही नयी कविता की मूल अन्तर्वस्तु बन गया है, केवल इसी पर दृष्टि गड़ाये रखनेवालों को इसीलिए मुक्तिबोध वास्तविक आलोचक नहीं मानते। उनकी मान्यता है कि नयी कविता के क्षेत्र में ऐसी बहुतेरी कृतियाँ हैं जिनमें जीवन के विस्तृत चित्र प्राप्त होते हैं। दरअसल नये कवि का संघर्ष भाव-विभाव तक सीमित नहीं है। उसका संघर्ष त्रिविध संघर्ष है। उनके अनुसार, ''उसके संघर्ष का त्रिविध स्वरूप यह है या होना चाहिए-(1) तत्त्व के लिए संघर्ष (2) अभिव्यक्ति को सक्षम बनाने के लिए संघर्ष 3) दृष्टि विकास का संघर्ष। प्रथम का सम्बन्ध मानव-वास्तविकता के अधिकाधिक सक्षम उद्‌घाटन-अवलोकन से है। दूसरे का सम्बन्ध चित्रण सामर्थ्य से है। और तीसरे का सम्बन्ध थियरी से है, विश्व-दृष्टि के विकास से है, वास्तविकताओं की व्याख्या से है।'' (वही, पृ. 144) कुल मिलाकर बदलते हुए समय-सन्दर्भ में

आज की कविता को देखने की पैरवी-मुक्तिबोध करते हैं, इसलिए यह चेताते हैं कि, ''आज का कवि एक असाधारण असामान्य युग में रह रहा है। वह एक ऐसे युग में है जहाँ मानव-सभ्यता सम्बन्धी प्रश्न महत्त्वपूर्ण हो उठे हैं। समाज भयानक रूप से विषमताग्रस्त हो गया है। चारों ओर नैतिक ह्रास के दृश्य दिखायी दे रहे हैं।'' जाहिर है साहित्य जीवन से ही अनुभव और दिशाबोध प्राप्त करता है, इसलिए इन विषम स्थितियों का कुप्रभाव तो उस पर पड़ेगा ही। लेकिन जागरूक आत्मचेतस् कवि और समीक्षक का यह दायित्व है कि वे इन स्थितियों के बीच रहते हुए जीवन के विकसनशील, उदात्त पक्षों को चित्रित करें, तलाशें जिससे जीवन सुन्दर और सम्भावनापूर्ण बने।

त्रिलोचन के काव्य-संघर्ष का मूल्यांकन करते हुए लिखते हैं, ''इसी संघर्ष ने उसकी चेतना को मात्र विकसित ही नहीं किया है, उसे प्रसरणशील भी बनाया है और जीवन के विविध अंगों को समझने की शक्ति भी दी है।'' उनकी टेकनीक और भाव दोनों को वे उच्चकोटि का मानते हैं। सुभद्राकुमारी चौहान की सफलता का रहस्योद्घाटन करते हुए उनके काव्य की सामाजिक-पारिवारिक-राष्ट्रीय अर्थात् जीवन की व्यापक परिधि को इसका श्रेय देते हैं, और छायावादियों से उन्हें उसी आधार पर श्रेष्ठ घोषित करते हैं। नये कवि शमशेर का काव्य-शिल्प उन्हें प्रभावित करता है। उनकी दृष्टि में शमशेर की मूलवृत्ति एक इम्प्रेशनिस्टिक चित्रकार की है। उन्हें एक मनोवैज्ञानिक यथार्थवादी और आत्मपरक कवि कहते हैं। मुक्तिबोध मानते हैं कि वे न सिर्फ रूप, स्पर्श, रस-गन्ध की संवेदनाएँ पहचानते हैं वरन् संवेदनाओं के रूप-स्पर्श, रस गन्ध का चित्रण करते हैं। उन्हें सम्भावनाओं का कवि मानते हुए लिखते हैं ''उनकी शक्ति को देखते हुए यह अपेक्षा की जानी चाहिए कि शमशेर आधुनिक अन्तरर्राष्ट्रीय भावना और राष्ट्रीय प्रगतिशील चेतना के और भी भाव प्रसंग प्रस्तुत करेंगे। शमशेर का काव्य एकदम खरा है, अपने विशेष गुणों के कारण मौलिक है, अपने शिल्प के कारण अद्वितीय है और ये ही बातें उन्हें श्रेष्ठ कवि सिद्ध करती है।''

मुक्तिबोध की समीक्षा-यात्रा उनकी काव्य-यात्रा का प्रतिरूप है। अपने भोगे हुए यथार्थ से सीख लेनेवाले, अपनी संवेदनाओं से समाज की संवेदनाओं की सिहरन को महसूस करनेवाले मुक्तिबोध का आलोचकीय व्यक्तित्व काफी ईमानदार है। उनकी आलोचना सम्भावनाओं से पूर्ण है। उन्होंने जो मानदण्ड लक्षित किये हैं, वे जीवनाधारित हैं। बावजूद इसके उनकी कुछ सीमाएँ भी हैं, जैसे कामायनी के मूल्यांकन को लेकर। कामायनी का मूल्यांकन उन्होंने जिस आधार पर किया है और जो निष्कर्ष दिये हैं उस पर डॉ. रामस्वरूप चतुर्वेदी व डॉ. रामविलास शर्मा दोनों ने आपत्ति उठायी है। किन्तु यह निर्विवाद है और यही मुक्तिबोध की सबसे बड़ी देन है

कि अभिव्यक्ति के लिए वे जीवनपर्यन्त संघर्षरत रहे। अभिव्यक्ति का संकट उन्हें खतरनाक होने के बावजूद आकर्षित करता रहा बल्कि यह कहें तो ज्यादा सार्थक होगा कि बाध्य करता रहा, अपने अनुभव को जगत् के साथ साझा करने के लिए। और ऐसे खतरे उठाने के लिए वे सदैव तत्पर रहे। वे कहते ही रहे कि, ''अभिव्यक्ति के खतरे उठाने ही होंगे/तोडने ही होंगे गढ़ और मठ सब।' नामवर सिंह ने इन लाइनों को रेखांकित करते हुए ठीक कहा है 'यहाँ जिस अभिव्यक्ति के खतरे उठाने की बात कही गयी है, वह केवल शब्दों की अभिव्यक्ति ही नहीं, बल्कि कर्म की भी अभिव्यक्ति है। पूर्वा पर सन्दर्भ से स्पष्ट है यहाँ अभिव्यक्ति से अभिप्राय कविता भी है और क्रान्ति भी, क्योंकि जिन मठों और गढ़ों को तोड़ने का संकल्प यहाँ किया गया है, वे केवल साहित्यिक मठ और गढ़ ही नहीं हैं।'' (कविता के नये प्रतिमान) डॉ. रामविलास शर्मा भी मुक्तिबोध के महत्त्व को रेखांकित करते हुए कहते हैं, ''मुक्तिबोध को इस बात का श्रेय है कि हिन्दी के बुद्धिजीवियों में जिस नये अवसरवाद का विकास हुआ, उन्होंने पहचाना। उन्होंने साम्राज्यवाद से उसके सम्बन्ध का उल्लेख एक से अधिक बार किया और उसकी प्रगति-विरोधी स्थापनाओं का खण्डन किया।'' (नयी कविता और अस्तित्ववाद, पृ. 232) इस तरह नयी कविता के पुरोधा आलोचक होने के नाते उसे स्थापित और मूल्यांकित करने में मुक्तिबोध का अतुलनीय योगदान है।

# रामस्वरूप चतुर्वेदी

प्रो. रामस्वरूप चतुर्वेदी नयी समीक्षा के सन्दर्भवान् आलोचक माने जाते हैं। उन्होंने नयी कविता और उसके बाद के साहित्य का अपने तरीके से नये ढंग से मूल्यांकन प्रस्तुत किया है। काव्यभाषा, जिसे नयी समीक्षा–पूर्व और पश्चिम दोनों समीक्षा का एक मुख्य आधार मानती है, प्रो. चतुर्वेदी का आलोचकीय मत उसी पर केन्द्रित है। दर्शन को संसार को समझने का, राजनीति को इसे बदलने का और साहित्य को इसकी पुनर्रचना करने का दायित्व माननेवाले प्रो. चतुर्वेदी ने 'हिन्दी साहित्य और संवेदना का विकास' में लिखा है, "आलोचना और इतिहास-विवेक समकालीन साहित्य के अध्ययन और उसकी परख से निःसृत होकर तथा युगीन सन्दर्भों से जुड़कर ही प्रामाणिक तथा गतिशील बनता है।" लेकिन साथ ही आलोचनात्मक मानों के निर्धारण को केवल अपने युग-सन्दर्भ से आबद्ध कर उसके पूर्व और बाद के साहित्य के लिए उसे नाकाफी मानने को स्वीकार नहीं करते। उनके लिए काव्य-सिद्धान्त और समीक्षा-कर्म ऐसा हो कि, "वह समकालीन परिस्थितियों के बीच से और उनकी टकराहट से विकसित हो, पर हर युग के साहित्य की साहित्य-यात्रा की व्याख्या और साक्षात्कार में सहायक हो सके।"

चतुर्वेदी जी आधुनिक समीक्षक हैं, आधुनिकतावादी भी इस अर्थ में हैं कि आधुनिक रचना की समस्या को ही उन्होंने मुख्यतः अपनी आलोचना-प्रक्रिया के केन्द्र में रखा है। आज की रचना अर्थात् आधुनिक रचना के समक्ष जो सबसे बड़ी चुनौती है वह यह है कि वह रचनाकार के समग्र अनुभव को सबके साथ कैसे साझा करे, और आलोचक के सामने चुनौती यह है उस रचना को समग्रता में वह कैसे ग्रहण करे और व्याख्यायित करे। इसके लिए चतुर्वेदी जी भाषा पर अधिक बल देते हैं। भाषा ही संवेदना के प्रकटीकरण का सबसे मुकम्मल माध्यम है इसलिए उनका आग्रह है कि, "मुख्यतः इसी दृष्टि से आज आलोचक को अपनी भाषा नियोजित

करनी है, रचनाकार की भाषिक सर्जनात्मकता और बिम्ब-वैशिष्ट्य की पहचान करनी है, और समकालीन रचना के मूल्यांकन के साथ-साथ पारम्परिक साहित्य का मूल्यांकन करते चलना है, अर्थात् समकालीन साहित्य को समूचे साहित्य-प्रवाह से एकरस कर देना है।'' उनका मानना है कि भाषा महज अर्थ-सृष्टि की वाहक नहीं है बल्कि अर्थ-सृष्टि की प्रक्रिया है, और इस तरह एक स्तर पर जीवन की ही प्रक्रिया है।

कहा गया कि, भाषिक सर्जनात्मकता के सहारे साहित्य को समझने की जोरदार वकालत करनेवाले, श्री अज्ञेय के साहित्य को केन्द्र में रखकर आलोचना कर्म में प्रवृत्त होनेवाले आलोचक प्रो. रामस्वरूप चतुर्वेदी की आलोचना-दृष्टि मूलतः भाषिक सर्जनात्मकता पर केन्द्रित है। आलोचना में वे भाषा की निर्मिति अर्थात्, संरचना पर अधिक बल देते हैं। यही वजह है कि वे अनुभूति और अभिव्यक्ति को न तो पृथक् मानते हैं और न ही भाषा से परे। आज रचना-आलोचना के समक्ष जो सबसे गम्भीर चुनौती है, उसे रचना की संश्लिष्ट संरचना को समझे बिना नहीं समझा जा सकता। चतुर्वेदी जी ने समकालीन आलोचना पर आयोजित एक संगोष्ठी में इस तथ्य की तरफ इशारा करते हुए कहा है, "आधुनिक रचना के सन्दर्भ में समीक्षा या आलोचना के सामने कई चुनौतियाँ हैं, जिनमें से प्रमुख है रचना को समग्रता में ग्रहण करना, और उसी रूप में व्याख्यायित करना।...आज आलोचक को अपनी भाषा नियोजित करनी है, रचनाकार की भाषिक सर्जनात्मकता और बिम्ब-वैशिष्ट्य की पहचान करनी है, और समकालीन रचना के मूल्यांकन के साथ-साथ पारम्परिक साहित्य का मूल्यांकन करते चलना है, अर्थात् समकालीन साहित्य को समूचे साहित्य-प्रवाह में एकरस कर देखना है।'' (आलोचना प्रक्रिया और स्वरूप, पृ. 123) स्वाभाविक है कि चतुर्वेदी आज की इन चुनौतियों का सामना करने का सबसे उपयुक्त माध्यम रचना और आलोचना की भाषा को मानते हैं। भाषा के द्वारा ही वे साहित्य की संवेदना, जिसे आचार्य शुक्ल ने 'चित्तवृत्ति' कहा है, को पकड़ने पर जोर देते हैं। 'भाषा और संवेदना' में उन्होंने यह घोषणा की है, ' 'आज की कविता को जाँचने के लिए जो अब सचमुच 'प्रास के रजत पाश' से मुक्त हो चुकी है, अलंकारों की उपयोगिता अस्वीकार कर चुकी है, और छन्दों की पायलें उतार चुकी है, काव्यभाषा का प्रतिमान ही शेष रह जाता है, क्योंकि कविता के संघटन में भाषा-प्रयोग की मूल और केन्द्रीय स्थिति है।'' (भाषा और संवेदना, भूमिका)

इस तरह भाषा को साहित्यालोचना का एक मानदण्ड मानते हुए चतुर्वेदी जी आलोचना की भाषा में भी एक क्रमबद्धता, सुसम्बद्धता और सरसता की अपेक्षा रखते हैं। इतिवृत्तपरक, आलंकारिक और पण्डिताऊ भाषा को सृजन और समीक्षण दोनों के लिए वे अच्छा नहीं मानते। जिस प्रकार रचनाकार की भाषा प्रासयुक्त, सरस

होनी चाहिए, उसी प्रकार आलोचक की भाषा होनी चाहिए और उसको समझने का भी मार्ग वही होना चाहिए। प्रो. चतुर्वेदी आलोचकों की भाषा में आनेवाले ऐसे पारिभाषिक शब्द प्रयोग के जरिये अपनी बात को समझाने का प्रयत्न करते हैं। 'शुक्ल जी के लोकमंगल की साधना और सिद्धावस्था' हजारीप्रसाद द्विवेदी के 'मानव की जययात्रा', अज्ञेय के 'व्यक्तित्व की खोज', मुक्तिबोध के 'ज्ञानात्मक संवेदन और संवेदनात्मक ज्ञान' जैसे शब्द प्रयोगों के पीछे इन आलोचकों की पूरी चिन्तन-प्रक्रिया परिलक्षित होती है।

चतुर्वेदी जी भाषा और संवेदना की स्थिति को संश्लेषणात्मक मानते हैं। उनके अनुसार युग संवेदना की सूक्ष्म पकड़ और उसे भाषिक धरातल पर सर्जनात्मक बनाने की पहल ही साहित्यकार-कलाकार का मूल धर्म है। भाषा ही मनुष्य को अन्य जीवधारियों से अलगाती है, उसे पशु-सुलभ धरातल से ऊपर उठाती है, मनुष्य बनाती है, अतः भाषा की भूमिका निस्सन्देह महत्त्वपूर्ण है। चतुर्वेदी जी लिखते हैं "आरम्भिक संवेदनों और सहज वृत्तियों पर निर्भरता से ऊपर उठा वयस्क मनुष्य भाषा में अपनी चेतना को सदैव सक्रिय पाता है, यहाँ तक कि सपने में भी उससे छुटकारा नहीं। तब क्या हम यह नहीं कह सकते कि मनुष्य भाषा में जीता है, जीने का अनुभव करता है और जब तक और जिस सीमा तक भाषा नहीं बनी थी तब तक और उस सीमा तक मनुष्य पशु ही था।" (सर्जन और भाषिक संरचना, पृ. 17) इस प्रकार यहाँ भाषा की महत्ता स्वयंसिद्ध है।

भाषा और संवेदना का अद्वैत सम्बन्ध माननेवाले चतुर्वेदी जी मानते हैं कि दोनों एक नहीं हैं, पर अलग-अलग होकर भी एक हो जाते हैं। इस अद्वैत के परिचालन के उपादान हैं प्रतीक और बिम्ब जैसे भाषिक रचनात्मक तत्त्व। उनके अनुसार भाषा की सर्जनात्मकता का सबसे महत्त्वपूर्ण पक्ष है उसका बिम्ब-विधान। जीवन के प्रतीकात्मक चित्रों को बिम्बात्मक रूप में प्रस्तुत कर देना ही किसी रचना की मुख्य चिन्ता होती है और इसके अर्थ संश्लेष को विवृत्त करना ही आलोचक की सबसे बड़ी जिम्मेदारी और कामयाबी होती है। 'सर्जन और भाषिक संरचना' में इसे समझाते हुए लिखते हैं "मुख्य बात यह है कि संश्लिष्ट गठन होने के कारण बिम्ब में उसके विभिन्न तत्त्वों के बीच सम्पर्क और टकराहट से एक द्वन्द्वात्मक प्रक्रिया परिचालित होती है जो अर्थ को विकसनशील बनाती है। इस तरह बिम्ब प्रधानतः और अनिवार्यतः एक अर्थ-संश्लेष है और इसलिए रचना में काव्यभाषा याकि काव्य बनने की मुख्य प्रक्रिया है।" प्रसाद की एक प्रतिनिधि कविता 'विषाद' का जिक्र करते हुए विषाद की छाया से सामीप्यता दिखाते हुए प्रो. चतुर्वेदी अर्थ-प्रक्रिया को इस तरह समझाते हैं- "वस्तुतः विषाद और छाया अथवा सन्ध्या-एक ही समग्र अनुभव के अंश हैं, एक अर्थ के दो सूक्ष्म स्तर हैं जो अपनी टकराहट में अर्थ की गहरी क्षमता विकसित करते

हैं। बिम्ब रचना द्वारा परिचालित यह अर्थ-की प्रक्रिया आधुनिक काव्य-विधान का अभिन्न अंग है और जटिलतर होते अनुभव अर्थ-संश्लेष को उसकी समग्रता में पकड़ने तथा व्यक्त करने का अचूक माध्यम है।''

अनुभूति की अद्वितीयता को सर्वजन सुलभ अर्थात् सम्प्रेष्य बनाना सृजनात्मकता के समक्ष सबसे बड़ी चुनौती है, जिसे अज्ञेय जी ने बार-बार उठाया। चतुर्वेदी जी मानते हैं कि अनुभव और अर्थ के जिस संश्लेष को रचनाकार प्रतीक-बिम्ब के माध्यम से, यानी भाषा के अधिकतम सर्जनात्मक रूप के सहारे व्यक्त करता है, उसे अपेक्षतया सीधी-सादी, सपाट भाषा में विश्लेषित और व्याख्यायित करने का दायित्व समीक्षक का है। और आलोचना की भाषा रचना के अनुभव को विस्तृत और समृद्ध करने में कहाँ तक समर्थ है, उनकी दृष्टि में यह जाँचने का सबसे अच्छा तरीक़ा यह होगा कि समीक्षक की प्रासयुक्त, विशिष्ट और केन्द्रीय शब्दावली को इस दृष्टि से परखा जाये कि वह अनुभव को किस नये और सार्थक ढंग से पकड़ सकी है। कहने की आवश्यकता नहीं कि चतुर्वेदी जी प्रतीक और बिम्ब का संश्लिष्ट अध्ययन इसके लिए आवश्यक मानते हैं। वे कहते हैं कि भाषा का सर्जनात्मक स्तर बिम्ब-विधान की स्थिति में सर्वाधिक विकसित होता है। उनके मतानुसार प्रतीक-विधान काव्य-भाषा का पहला स्तर है और बिम्ब-विधान दूसरा और सफल प्रतीक की अर्थवत्ता इसी में है कि वह सफल बिम्ब-विधान कर भाषा की सृजनशीलता को बढ़ाये। प्रतीक के बिम्ब या भावचित्र बनने की यह प्रक्रिया एक संश्लिष्ट प्रक्रिया है। रचनाकार या आलोचक का कार्य वस्तुतः सफल बिम्ब-विधान करना व समझना है। वे मानते हैं कि सफल बिम्ब रचना न होने पर प्रतीक 'कथानक रूढ़ि' बन जाता है और अपनी सर्जनात्मकता खो देता है। महाभारत-काल के एक प्रतीक 'चक्रव्यूह' का उदाहरण देकर उन्होंने अपनी बात को स्पष्ट किया है।

बिम्ब को 'अर्थ-संश्लेष' माननेवाले चतुर्वेदी जी चाक्षुष संवेदन अर्थात् दृश्यभाव को बिम्ब-विधान प्रक्रिया का एक गौण स्तर मानते हैं। उनके शब्दों में, ''चाक्षुष पक्ष यानी कि एक दृश्य-प्रतिमा का निर्माण कर सकना, वस्तुतः बिम्ब-विधान का एक प्राथमिक और गौण स्तर है। मुख्य बात यह है संश्लिष्ट होने के कारण बिम्ब में उसके विभिन्न तत्त्वों के बीच सम्पर्क और टकराहट में एक द्वन्द्वात्मक (डाइलेक्टिक) प्रक्रिया होती है, जो अर्थ को विकसनशील बनाती है। इस तरह बिम्ब प्रधानतः और अनिवार्यतः एक अर्थ-संश्लेष है और इसलिए रचना में काव्यभाषा याकि काव्य करने की मुख्य प्रक्रिया है।'' (उप., पृ. 48) अतः प्रतीक और विशेषकर बिम्ब ही कविता में अर्थ-संश्लेष को स्वायत्त और विकसनशील बनाते हैं। पश्चिमी विचारक केवल चाक्षुष संवेदन को इसका कारण मानता है, पर चतुर्वेदी जी इसकी एक संश्लिष्ट प्रक्रिया मानते हैं, जो निश्चय ही अधिक तर्कसंगत है। भारतीय साहित्य

चिन्तन में भी दृश्य-विधान पर बल दिया जाता रहा है। बिम्ब के माध्यम से अर्थ विकास की प्रक्रिया को यहाँ भी उपेक्षित किया गया है। दृश्य-पक्ष या शिल्पशास्त्र में भी जिसे 'विजुअल एड्स' कहते हैं, उसकी दृष्टि वहीं तक जा सकी। पर, वे मानते हैं कि आधुनिक विचारक आचार्य शुक्ल ने इस पर गहन विचार किया है।

'हिन्दी नवलेखन' चतुर्वेदी जी की चिन्तना की प्रथम महत्त्वपूर्ण कृति मानी जाती है, इसमें उन्होंने रचना-प्रक्रिया व रचनाकार दोनों पर गहराई से विचार किया है। आधुनिकता और समसामयिकता के घालमेल को सही ढंग से निरूपित करते हुए कहते हैं,, "प्रत्येक युग में आधुनिकता के सूचक उपकरण भिन्न-भिन्न रहे हैं। जो पहले आधुनिक है, वह शायद आगे न रह सके। दृष्टि में आधुनिकता का यह विकास भविष्य की सम्भावनाओं को ध्यान में रखकर होता है। इसीलिए समसामयिक और आधुनिक में बराबर अन्तर बना रहता है।" (हिन्दी नवलेखन, पृ. 226) इसी सन्दर्भ में उनकी आधुनिकता की अवधारणा भी व्यक्त हुई है "आधुनिकता का प्रश्न अपने-आप में बहुत उलझा हुआ है। फिर भी इतना तो कहा जा सकता है कि आधुनिकता एक जड़ स्थिति न होकर विकास की स्थिति है। उसकी प्रकृति सदैव गत्यात्मक रहती है। नवीन परिस्थितियों के सन्दर्भ में अपने-आपका संस्कार करना ही आधुनिकता है।...कुल मिलाकर आधुनिकता एक भविष्योन्मुख दृष्टि है, वर्तमान के सन्दर्भ में।" (उप., पृ. 13) आधुनिकता की प्रमुख प्रवृत्तियों का चित्रण उन्हें अज्ञेय के साहित्य में मिलता है। 'अज्ञेय और आधुनिक रचना' शीर्षक अध्याय में लिखते हैं, "विशिष्ट अर्थ में आधुनिक रचना के जो तत्त्व समझे जाते हैं-स्वचेतनता, बौद्धिकता, गैर रोमाण्टिक वृत्ति और भाषिक सर्जनात्मकता पर बल, जिसके फलस्वरूप मितकथन और अमूर्तन का विकास होता है-इनका आरम्भिक विकास हमें अधिकतर अज्ञेय के कृतित्व में मिलता है।" इसीलिए वे मानते हैं कि आधुनिक रचना की समस्या से जूझने का प्रथम और सर्वाधिक महत्त्वपूर्ण प्रयास अज्ञेय का ही है।

स्वचेतनता आधुनिक युग की प्रमुख विशेषता है, यथार्थ के प्रति जटिलतर होते सम्बन्धों के पीछे स्वचेतन वृत्ति का महत्त्वपूर्ण योग है। अतिरिक्त स्वचेतनता वृत्ति ने हमारे जीवन के अन्तर्सम्बन्धों को विवृत्त किया है, और मनुष्य को अधिक संवेदनशील बनाया है। यह भी सच है कि इसी वृत्ति ने मनुष्य को निर्वैयक्तिक और तटस्थ भी बनाया है। अस्तित्ववाद का जन्म इसी 'स्व' की वृत्ति से ही हुआ है। इसके साथ ही गैर-रोमाण्टिकता व्यक्ति को अधिक निर्वैयक्तिक बनाती है, और उसमें स्वातन्त्र्य का भाव पैदा करती है। परिणामस्वरूप चिन्तनशीलता और बौद्धिकता पनपती है। चतुर्वेदी जी बौद्धिकता को आज के परिवेश की एक अनिवार्यता मानते हुए कहते हैं "आज का मानव जिस परिवेश से प्रतिष्ठित है, उसकी समस्याएँ मुख्य रूप से बौद्धिक हैं। आवेग, आवेश, उत्साह तथा दया, सम्भवतः वर्तमान सन्दर्भ में अनावश्यक-

से हो चले हैं। लोकतन्त्र की आधारशिला तर्क-पद्धति है। भावुकता, फासिज्म, टोटेलिटेरियनिज्म, अधिनायकवाद अथवा एकतन्त्रीयता राज्य प्रणालियों के अधिक अनुकूल है। प्रजातन्त्र की मौलिक मान्यताओं से विकसित 'नयी कविता' को इसलिए मूलतः बौद्धिक रहना है।'' (उप., पृ. 80) नवलेखन के बारे में उनका मानना है कि, 'नव लेखन' की प्रवृत्तियाँ कमोबेश वही हैं जो पश्चिमी न्यू राइटिंग की हैं, पर दोनों पर्याय नहीं हैं। हाँ, वे यह अवश्य मानते हैं कि आज अन्तरर्राष्ट्रीय स्तर पर ऐसी प्रवृत्तियाँ पनप रही हैं जिनका कि परस्पर आदान-प्रदान हो सकता है, उससे उपजनेवाली संस्कृति के अध्ययन का समान मानदण्डों के आधार पर विवेचन हो सकता है। उनके शब्दों में, ''समस्त नये साहित्य का अध्ययन विदेशी प्रभावों के रूप में न होकर एक अन्तरराष्ट्रीय स्थिति के रूप में होना चाहिए।'' (उप., पृ. 212)

चतुर्वेदी जी ने अपने सिद्धान्तों को व्यावहारिक रूप देने के लिए अज्ञेय के साहित्य को चुना है-मुख्य रूप से। और अज्ञेय के साहित्य का विधिवत् मूल्यांकन किया है। अज्ञेय भाषिक संरचना पर अधिक बल देते हैं, इसे चतुर्वेदी जी ने बिल्कुल सही पकड़ा है और उनके बहाने आधुनिक रचना की समस्याओं पर गहराई से विचार किया है। अज्ञेय के बारे में उनका कहना ही यह है कि अज्ञेय को समझने के लिये ''हमें उन्हीं कविताओं को केन्द्र में रखना होगा जिनमें भावावेग का सहारा लिए बिना, प्रधानतः भाषिक सर्जनात्मकता के माध्यम से रचना सम्भव हुई है।'' (अज्ञेय और आधुनिक रचना की समस्या, पृ. 2) चतुर्वेदी जी ने अज्ञेय के साहित्य की बौद्धिक चेतना, मानवीयता, गैर-रोमाण्टिकता, स्वचेतनता आदि को सही पहचाना है, और इस बात की बिल्कुल सही खोजबीन की है कि, ''अज्ञेय ने अपने युग की मूल समस्या को ठीक-ठीक पहचाना है और स्वतन्त्रता, स्वायत्तता तथा सर्जनशील व्यक्तित्व के विकास पर बल दिया है।'' अज्ञेय की काव्यभाषा को उनकी एक प्रसिद्ध कविता-पंक्ति 'दुख सबको माँजता है' का जिक्र करते हुए 'माँजना' शब्द की विविध अर्थ-छवियों का उल्लेख चतुर्वेदी जी ने किया है। इस बारे में उनका निष्कर्ष ध्यातव्य है-''भाषा अज्ञेय के लिए अभिव्यक्ति मात्र नहीं, पहले साक्षात्कार का माध्यम है। इसलिए भाषा रचना है, पुनः सृजन है और सभी सर्जन केवल आँचल पसारकर लेना' है। इस दृष्टि से काव्यभाषा के माध्यम से अज्ञेय का अध्ययन रचना के एक पक्ष का अध्ययन न होकर एक प्रकार से समग्र रचनाकार का अध्ययन-अनुभावन है।'' (उप., पृ. 5) उनके 'शेखरः एक जीवनी के नायक को चतुर्वेदी जी ने राष्ट्रीय नायक माना है। तथा उनके उपन्यासों के केन्द्रीय तत्त्व की खोज करते हुए लिखा है, ''उपन्यासों में मानवीय व्यक्तित्व की परिपूर्णता की ओर क्रमिक यात्रा लेखक की चिन्तना का केन्द्रीय तत्त्व है। उनके उपन्यासों में उनकी जीवन-दृष्टि का सफल चित्रण हुआ है। उनके दर्शन का मूल सूत्र है-स्वातंत्र्य की

खोज।'' (उप., पृ. 115) चतुर्वेदी जी मानते हैं कि उनके कथा-साहित्य में यह खोज अधिक दृष्टिगत होती है।

अज्ञेय के अलावा, प्रसाद, निराला, मुक्तिबोध आदि का भी मूल्यांकन चतुर्वेदी जी ने किया है। और 'राम की शक्ति-पूजा', 'असाध्य वीणा', 'कामायनी' तथा 'अँधेरे में' को इस दौर की विशिष्ट कविता मानते हुए कहा है कि इन चारों की मूल समस्या सर्जनात्मक शक्ति की समस्या है। भाषिक धरातल पर ही चतुर्वेदी जी ने मध्यकालीन कवियों का अध्ययन कर उन्हें समझने का एक नया आधार प्रस्तुत किया है। प्राचीन कृतियों के पुनर्मूल्यांकन पर भी जोर दिया है। 'कामायनी' का पुनर्मूल्यांकन आपने युगीन आवश्यकता के कारण ही किया है। 'कामायनी' पर विद्वानों के मतों का उन्होंने विश्लेषण करते हुए बड़े तर्कसंगत ढंग से अपना मत प्रस्तुत किया है। 'कामायनी' को जीवन की पुनर्रचना माननेवाले मुक्तिबोध के मत को वे सार्थक मानते हैं, परन्तु उस पर मार्क्सवाद का गैरजरूरी प्रभाव भी देखते हैं। चतुर्वेदी की दृष्टि में 'कामायनी' की रचना के केन्द्र में मानवीय संस्कृति का विकास, उसके मान-मूल्यों की प्रक्रिया और उसके वर्तमान विभ्रमों का विश्लेषण है। वे मानते है,'' कि मानव-जीवन और संस्कृति के जटिल और संश्लिष्ट रूप को प्रसाद ने कामायनी में उसी जटिलता और संश्लिष्टता में अंकित किया है।'' (कामायनी का पुनर्मूल्यांकन, पृ. 27) यही नहीं, आज की ज्वलन्त समस्याओं पर भी चतुर्वेदी जी ने गहराई से विचार किया है। विचारधारा का संकट, मीडिया के बढ़ते प्रभावस्वरूप सांस्कृतिक संकट आदि के खतरों पर उनका चिन्तन चलता रहा है। शताब्दी के अन्तिम दशक में प्रकाशित उनकी पुस्तक 'कविता का पक्ष' में इन सारी समस्याओं पर उनके विचार देखे जा सकते हैं।

समकालीन आलोचकों से उन्हें यह शिकायत रही है कि, ''पण्डित (आजकल के डॉक्टर) आलोचकों की भाषा में अनुभव के प्रति विनम्रता का खुलापन नहीं, पाण्डित्य का कड़ापन और दम्भ है। वे शास्त्र से अनुभव को नापते हैं अनुभव से शास्त्र को नही।'' वे मानते हैं कि आलोचना की भाषा का मिजाज ऐसा होना चाहिए कि उसे पढ़ते समय रचना के अनुभव से सीधा साक्षात्कार होता चले। आचार्य रामचन्द्र शुक्ल की आलोचना को इसका आदर्श बताते हैं। उनके अनुसार जहाँ 'सूर, तुलसी, जायसी या आधुनिक कवियों से सम्बद्ध व्यावहारिक आलोचना है, वहाँ तो शुक्ल जी की कलम ने मूल रचना के अनुभव को समृद्धतर ही बनाया है।'' जयशंकर प्रसाद की 'कामायनी' का मूल्यांकन वे काव्यभाषा को आधार बनाकर ही करते हैं। क्योंकि वे मानते हैं कि कवि की मुख्य भाषा उसके बिम्ब-प्रयोग में से ही विकसित होती है। महाकाव्यत्व याकि रूपकत्व अथवा दार्शनिक चिन्तन के पक्ष से 'कामायनी' का किया गया मूल्यांकन उन्हें नाकाफी लगता है। निराला छायावाद के

ही नहीं, बल्कि आधुनिक काल के सर्वाधिक मर्मस्पर्शी और चर्चित कवि हैं। चतुर्वेदी जी ने निराला के काव्य-व्यक्तित्व को 'विरुद्धों का सामंजस्य' बतलाते हुए लिखा है 'निराला का सम्पूर्ण काव्य-व्यक्तित्व 'विरुद्धों का सामंजस्य' की उस अवधारणा में से विकसित हुआ है, जिसे कवि के समकालीन और प्रसिद्ध समीक्षक रामचन्द्र शुक्ल ने आनन्द की साधनावस्था की उच्चतम रचनाभूमि का कारक तत्त्व स्वीकार किया है। निराला हिन्दी में मुक्त छन्द के प्रवर्तक हैं और फिर सबसे कठिन तुक-विधान का पालन करते हैं। एक ओर 'राम की शक्ति-पूजा' तथा उनके गीतों में तत्सम शब्दावली का आग्रह है तो दूसरी ओर 'कुकुरमुत्ता' में अबे, सुन बे, गुलाब, आद्योपान्त देशी भंगिमा है।...निराला यहाँ बिना महाकाव्य लिखे सच्चे महाकवि हैं।'' वे मानते हैं कि निराला के काव्य-व्यक्तित्व में आधुनिक कविता का पूरा इतिहास सन्निहित है।

चतुर्वेदी ने शमशेर, नागार्जुन, मुक्तिबोध, केदारनाथ अग्रवाल आदि अनेक कवियों के सर्जनात्मक व्यक्तित्व का काव्यभाषा के जरिये मूल्यांकन किया है। इन कवियों को तुलसी और आधुनिक दौर में निराला की परम्परा से जोड़कर देखते हैं। उनके अनुसार, ''अज्ञेय और उनके सहयोगी कवि शमशेर बहादुर सिंह 'बात के कवि' हैं, गजानन माधव मुक्तिबोध 'खबर के या भयानक बात के'। इसीलिए उनकी कविता में नाटकीयता और रहस्य का वातावरण है। मुक्तिबोध में अँधेरे का चित्रण निराला के काव्य में लम्बी अवधि तक फैले अन्धकार की याद दिलाता है। दोनों कवियों में इस शब्द के तद्भव-तत्सम रूपों का अन्तर उनकी अर्थ प्रकृति से उपजता है। निराला के अन्धकार का प्राथमिक संकेत आध्यात्मिक स्तर पर है, जबकि मुक्तिबोध में अँधेरे का रूप सामाजिक सन्दर्भों से अधिक जुड़ा है।

प्रगतिवादी कवियों में चतुर्वेदी जी केदारनाथ अग्रवाल को सर्वाधिक कवि-हृदय मानते हैं। केदार का काव्य आधुनिक जीवन का काव्य है। उनके शब्दों में, ''केदार के काव्य में छायावाद की तरह प्रकृति और मनुष्य का समीकरण नही, साहचर्य है। प्रकृति भी यहाँ अपने विराट् रूप में उतनी नहीं जितनी सामान्य रूप में है।... आसपास की मैदानी प्रकृति उनके काव्य में उभरती है।...बिम्ब-विधान भी वैसा ही घरेलू है, मुरैठा बाँधे छोटा-सा चना जो साधारण जन के सहज आत्मविश्वास का प्रतीक है। साधारण जन और साधारण प्रकृति का यह साहचर्य केदारनाथ अग्रवाल की काव्य क्षमता का मुख्य स्रोत है।'' (उप., पृ. 191) सर्वेश्वरदयाल सक्सेना को वे नये कवियों में विशिष्ट भावसम्पन्न मानते हैं। उनके अनुसार, ''सर्वेश्वर ने नयी कविता के लिए वह किया जो आधुनिक खड़ीबोली काव्य के आरम्भिक युग में मैथिलीशरण गुप्त ने किया था। तद्भवत:, सार्वजनीनता और व्यापकता उनके कृतित्व के मूल गुण हैं।'' (उप., पृ 237)

निश्चय ही भाषा की सर्जनात्मकता के अन्वेषक और एक तरह से प्रस्तावक चतुर्वेदी जी का हिन्दी आलोचना में यह अप्रतिम योगदान है कि जीवनाभिव्यक्ति के माध्यम के तौर पर भाषा की सत्ता को उन्होंने केन्द्र में रखने पर बल दिया। प्रो. रामचन्द्र तिवारी के शब्दों में, ''कुछ भी हो, भाषा और अनुभूति के अद्वैत के प्रतिमान के आधार पर नये साहित्य का मूल्यांकन करके डॉ. चतुर्वेदी ने नयी समीक्षा को प्रतिष्ठित करने में महत्त्वपूर्ण योगदान किया है। इसे अस्वीकार नहीं किया जा सकता।''

भाषिक सर्जनात्मकता को आलोचना का मूल प्रतिमान मानना डॉ. चतुर्वेदी जी की शक्ति भी है और सीमा भी। यह सत्य है कि वर्तमान दौर में भाषा ही रचना-आलोचना को समझने का सबसे वस्तुनिष्ठ माध्यम हो सकती है, क्योंकि वही प्राथमिक इकाई है। लेकिन इस पर अतिरिक्त बल देने से समीक्षा के रूपवादी हो जाने का भी खतरा है। सिर्फ भाषा के आधार पर विचारों की गुत्थी सुलझाने का प्रयास एक महत्त्वपूर्ण कदम हो सकता है, लेकिन अन्तिम नहीं। और यह दिक्कत तब और लक्षित होती है जब ऐसे समीक्षक काव्येतर साहित्य पर विचार कर रहे होते हैं। चतुर्वेदी जी ने ही कथा-साहित्य को लेकर काव्यभाषा की तर्ज पर जो कथाभाषा की वकालत की है, वह सर्वथा असंगत है। बिम्ब को अर्थ-संश्लेषण प्रक्रिया का प्रमुख मानना भी एक हद तक ही ठीक है। अज्ञेय का उन्होंने विधिवत् मूल्यांकन किया है, लेकिन इस आरोप से वे नहीं बच सकते कि वे अज्ञेय की कमियाँ छुपाते हैं। कुल मिलाकर यह कहा जा सकता है कि भाषिक विश्लेषण के द्वारा उन्होंने जिस बुनियादी बात पर बल दिया है वह तब तक विचारणीय रहेगा, जब तक कि शब्द को रचना-कर्म से जोड़ा जाता रहेगा। यही उनकी सबसे महत्त्वपूर्ण उपलब्धि है। हम यह भी कहेंगे कि यद्यपि इस पर विचार पहले भी हुआ है, लेकिन वर्तमान स्वरूप में इसको उठाने का श्रेय चतुर्वेदी जी को ही जाता है।

# विजय देवनारायण साही

साही जी 'तीसरे सप्तक' के कवि तथा 'नयी कविता' के एक प्रमुख सिद्धान्तकार हैं। उन्होंने लिखा बहुत कम है, पर जो भी लिखा है, बहुत ही सारगर्भित है। यह नयी कविता और उसके परिवेश को समझने के लिए काफी महत्त्वपूर्ण है। राजनीति और साहित्य का विलक्षण समन्वय, वह भी जमीनी आधार पर उनकी पूरी सोच में विद्यमान है। अपने सप्तकीय वक्तव्य में उन्होंने साहित्य-सम्बन्धी अपने मत को 'पच्चीस शीलों' के रूप में व्यक्त किया है। ये शील निश्चित रूप से उनकी दृष्टि को समझने के आधार हैं। 'मेरी कविता का आधार आस्था है' तथा 'अवज्ञा परमोधर्म:' उनके इन दोनों वक्तव्यों में अन्तर्विरोध के बावजूद एक साम्य है, इसी से साही जी के चिन्तन सूत्र अनुस्यूत हुए हैं।

'छठवाँ दशक' साही जी की चिन्तन-दृष्टि का एक प्रामाणिक ग्रन्थ है। इसमें 'जनवादी साहित्य', 'नितान्त समसामयिकता का नैतिक दायित्व', 'शमशेर के काव्यानुभूति की बनावट' और 'लघुमानव के बहाने नयी कविता पर एक बहस', जैसे महत्त्वपूर्ण निबन्ध संकलित हैं, जो साही जी के साहित्यिक दृष्टिकोण के दस्तावेज हैं। राजनीति और साहित्य में अन्तर्सम्बन्ध माननेवाले साही जी मार्क्स के मत से सहमत होकर कहते हैं, "मार्क्सवाद साहित्य और कला को वर्ग-संघर्ष में केवल प्रचार और शिक्षा का अस्त्र मात्र नहीं मानता बल्कि वह उसे किसी वर्ग की कलात्मक, सौन्दर्यवान् और मानवोचित प्रवृत्तियों की सांस्कृतिक और मानसिक प्रगति का चरम प्रतिफल भी मानता है।...वह साहित्य को केवल पार्टी नहीं, पूरे वर्ग के सांस्कृतिक प्रयास की उत्पत्ति मानता है।...मार्क्सवादी साहित्यकार किसानों, मजदूरों के संघर्ष का सचेत गायक होता है। यह उसका तात्कालिक राजनीतिक पहलू है। साथ-साथ वह जनता की कलात्मक प्रवृत्तियों का उत्थान कर नयी संस्कृति का पथ प्रशस्त करता है, यह उसका स्थायी मूल्यों पर आधारित मानवोचित पहलू है।"

(छठवाँ दशक, पृ. 17-18) गौरतलब है कि उनकी दृष्टि में मार्क्सवाद को समझने की यह एक सही जमीन है। इसके विपरीत वे पार्टीवादी मार्क्सवादी आलोचकों का मखौल उड़ाते हैं, लिखते हैं, "जो आलोचक मार्क्सवाद के नाम पर साहित्य के प्रत्येक उतार-चढ़ाव को तात्कालिक राजनीतिक या आर्थिक परिस्थिति से ही सम्बद्ध करते हैं, वे मार्क्सवाद को यान्त्रिक बनाकर उसे बिगाड़ते हैं।" मार्क्सवादी समीक्षा की कम्युनिस्ट परिणति प्रस्तुत करनेवालों ने जनवादी साहित्य के नाम से एक नयी विचारधारा प्रवाहित की है। साही जी उनके 'जन' शब्द को ही भ्रामक मानते हैं। उनके मतानुसार, "वह क्या है जो साहित्य को साहित्य बनाता है, श्रेष्ठ साहित्य बनाता है, इस प्रश्न का कोई भी उत्तर जनवादी समीक्षकों के पास नहीं है।" ऐसे ही उत्साही मार्क्सपन्थी जनवादियों के साहित्य ने सामाजिक उपभोग को उपयोगितावादी दृष्टि प्रदान करने का उद्योग किया है। साही जी ऐसे जनवाद की पूरी नाप-जोखकर इस निष्कर्ष पर पहुँचे हैं कि, "हिन्दी में प्रचलित 'जनवादी साहित्य' का दृष्टिकोण मार्क्सीय नहीं है, वैज्ञानिक भी नहीं है, समाज को आगे बढ़ानेवाला तो नहीं ही है, कम्युनिस्ट भले ही हो।" (उप., पृ. 95) जाहिर है वे मार्क्सवाद से नहीं बल्कि उसकी कम्युनिस्ट परिणति से घृणा करते हैं। यह कहना असंगत न होगा कि कम्युनिस्टों ने मार्क्सवाद के सिद्धान्त को अपने-अपने ढंग से व्याख्यायित करने का प्रयास किया है, उसके आधारभूत तत्त्वों को लेकर उनमें मतैक्य नहीं बन पाया है। इसीलिए वे स्वयं आपस में एक-दूसरे पर छुरा चलाते रहे हैं। साही जी ने इस रहस्य को सही पकड़ा है।

प्रयोगवादी नयी कविता पर लगाये गये गतिरोध के आरोप से भी वे सहमत नहीं हैं। उनका मानना है कि प्रयोगशील कविता ने भाषा और भाव दोनों स्तरों पर नयी टेकनीक और अभिव्यंजना का मार्ग प्रशस्त किया। उसमें जो अदम्य उत्साह है, वह निर्माणात्मक है, ध्वन्सात्मक नहीं। क्योंकि उसमें क्रान्ति का पाठ पढ़ा है, रक्तपात में अन्धी होकर मानवमूल्यों का विस्मरण नहीं किया है। उनका स्पष्ट मानना है कि, "समाज में चाहे जितना संकट हो किन्तु साहित्य में संकट तभी आता है जब साहित्यकार वेदना को आत्मसात् करने में असमर्थ हो जाता है, जब उसका लोक-संवेदना से आन्तरिक सम्बन्ध विच्छिन्न हो जाता है, जब उसकी सामाजिक जड़ें उखड़ जाती हैं, और जब यह एक छोटे-से दायरे में सीमित हो जाता है।" (उप., पृ. 25)

'लघुमानव' जिसके प्रवर्तक नयी कविता के कवि-आलोचक लक्ष्मीकान्त वर्मा माने जाते हैं, को लेकर साहित्य में काफी गहमागहमी रही है। साही जी मानते हैं कि ऐसा इसलिए हुआ है क्योंकि लघु को महत् के सापेक्ष विपरीत अर्थ में लिया गया है तथा लघु-महत् के शब्दकोश के आधार पर इस अवधारणा को समझाने का प्रयास किया गया है, जो कि असंगत है। उनके अनुसार, "लघु की कल्पना मनुष्य में जो महत् है उसका निषेध नहीं है।" छायावाद से नयी कविता तक की कवितायात्रा का

उल्लेख करते हुए उन्होंने लिखा है 'शाब्दिक रूप में हम महत् की तीन अवस्थाएँ मान लें-छायावाद में उसका रूप लघु की महानता का है, तीसरे दशक में लघु की महिमा का है, और उसके बाद की कविता में लघु के महत्त्व का है।'' (उप., पृ. 316) इस प्रकार वे इस आधार पर न सिर्फ लघु की महत्ता स्थापित करते हैं अपितु एक पारम्परिक तारतम्यता की खोज भी करते हैं। और यह भी कहना असंगत नहीं होगा कि इसी आधार पर वे अज्ञेय और प्रसाद को एक ही परम्परा का कवि घोषित करते हैं। यह तथ्य विचारणीय है कि जिन प्रसाद को अज्ञेय ने, ''विश्वविद्यालयों का कवि कहा था उसे ही साही जी अज्ञेय से जोड़ते हुए कहते हैं, यदि परम्परा हमेशा परिवर्तन और वैपरीत्य की दिशाओं में फूटती हुई चलती है तो अज्ञेय आगे के इतिहासकार को, प्रसाद की परम्परा में ही दिखायी पड़ेंगे।'' इतना ही नहीं अपितु वे यह दावा भी करते हैं कि, ''दुनिया के क़िसी कवि से यदि अज्ञेय की निकटता दिखती है तो वह जयशंकर प्रसाद से। वे दोनों एक ही सिमिट्री की दो विपरीत दिशाएँ हैं जिसके 'बेस' में तीसरे दशक की खण्डित चेतनावाली मनोभूमि है।'' कहना न होगा कि यह तुलना अकारण नहीं है। ये दोनों ही युग प्रवर्तक कवि रहे हैं, अपने युग की धारा को दोनों ने मोड़ा है और युगीन अन्तरों के बावजूद दोनों की कल्पनाशीलता की बुनावट में बुनियादी समानता है। साही जी की यह तुलना भारतीय काव्य-परम्परा को समझने की नयी भूमि प्रस्तुत करती है। इतना ही नहीं, आगे के कवि बच्चन और भगवतीचरण वर्मा में भी उन्होंने इस महत् की प्रतिष्ठा देखी है। तीसरे दशक के साहित्य में सारी नैतिकता, आध्यात्मिकता, कल्पनाशीलता हवा हो गयी है। यही नहीं, मनुष्य का मन भी खण्डित हो गया है। आदमी द्विस्तरीय हो गया है-अन्दर से कुछ और बाहर से कुछ। असली मनुष्य की खोज का सिलसिला यही से शुरू हुआ। साही जी के अनुसार, ''यह असली मनुष्य हम सबके भीतर है और यही सहज मानव है। वही जब बन्धन तोड़कर आशा और निराशा के हिलकोरे खाता निकलता है तो तीसरे दशक की कविता जन्म लेती है।'' (उप., पृ. 316) सप्तकीय कवियों को इससे इस मामले में आगे बढ़ा हुआ मानते हैं कि, ''तीसरा दशक सत्य क्या है, यह तो पूछता है, परन्तु उत्तर की प्रतीक्षा नहीं करता, तारसप्तक के कवि सत्य क्या है, पूछते हैं और अत्यन्त आतुरता से प्रतीक्षा करते हैं। उत्तर की यह आतुर प्रतीक्षा ही उन्हें मंजिल पर पहुँचे हुए राही नहीं, राहों का अन्वेषी बनाती है।'' (उप., पृ. 286)

शमशेर के काव्यानुभूति की बनावट की चर्चा करते हुए उन्होंने पाश्चात्य कवि मलार्मे की कविता के सादृश्य रखकर उसे समझने-समझाने का प्रयास किया है। शमशेर की कविता की बनावट के कमोबेश सभी अंगों पर उन्होंने दृष्टि डाली है और इस बुनियादी प्रश्न पर ध्यान केन्द्रित कर कहा है कि नयी कविता की बहसों में

यह मान्यता अन्तर्भुक्त रही है कि न सिर्फ कविता का ऊपरी कलेवर बदला है, या नये प्रतीकों या बिम्बों या नयी शब्दावली की तलाश हुई है, बल्कि गहरे स्तर पर काव्यानुभूति की बनावट में ही परिवर्तन आ गया है। काव्यानुभूति की बनावट में आये परिवर्तन को साही जी ने शमशेर की कविता के माध्यम से समझाया है। वे लिखते हैं, "शमशेर की कविता में एक प्रतिगति है, उसी शून्य में, उसी न कुछ में वापस चले जाने की। गति और प्रतिगति-अभिव्यक्ति और संकोच के इस तनाव में एक तरह की स्थिरता सन्तुलन पैदा करती है। यह स्थिरता, यह अटकाव, यह स्थिति अनस्तित्त्व और अस्तित्व के बीच एक अन्तराल है-विशुद्ध सम्भावना का क्षण है। यह वह मनोभूमि है जहाँ कविता अपने अर्थ से आलोकित करती है।" (उप., पृ. 315) शमशेर की काव्यानुभूति में एक रवादारी है, इसी से उनके काव्य में वह सौन्दर्य है जो अप्रतिम है। इसीलिए साही जी उन्हें विशुद्ध सौन्दर्य का एकमात्र कवि मानते हैं। वे कहते हैं कि मार्क्सवाद या अतियथार्थवाद का चित्रण उनकी कविता में है, लेकिन उनके अपने विशिष्ट दृष्टिकोण से। उनके लिए अतियथार्थवाद उसी तरह शुद्ध आत्मपरक है जिस तरह मार्क्सवाद शुद्ध वस्तुपरक है। यही वजह है कि उनकी बिम्ब-योजना भी हटकर है। साही जी के शब्दों में, "शमशेर की काव्यानुभूति बिम्ब की नहीं, बिम्बलोक की अनुभूति है। इसी का निर्माण वे बार-बार करते हैं और विविध बिम्बों के बावजूद एक ही कविता लिखते हैं।" (उप., पृ. 197) दूसरे शब्दों में कहें तो यही शमशेर के शिल्प की मुख्य समस्या है। इस प्रकार साही जी ने शमशेर की काव्यानुभूति की भाव व शिल्प दोनों स्तरों पर विवेचना की है।

आलोचना को रेडियो की सुई को उचित लहरमान पर लाकर लगा देने का कर्म माननेवाले साही जी ने अपने विवेचन में यही कर्म किया है और बराबर इसी पर बल दिया है। उनके विवेचन की सीमाएँ भी हैं, और निश्चित ही वे भी उपेक्षणीय नहीं हैं। परन्तु इस बात से इन्कार नहीं किया जा सकता कि उनके संक्षिप्त-से विवेचन से नयी कविता को समझने में काफी सहायता मिलती है। 'लघुमानव' के आधार पर एक तरह से पूरी आधुनिक कविता-यात्रा की उनकी छानबीन और उनमें पारम्परिक एकरूपता दिखलाने का प्रयास प्रशंसनीय है। प्रसाद से अज्ञेय को जोड़कर देखने का उनका साहस और 'लघुमानव' के धरातल पर परम्परा की नवव्याख्या सम्भावनाओं से पूर्ण है। हिन्दी साहित्य के इतिहास में यह निश्चय ही विवेचनीय है। वैसे तो साही जी नयी कविता के आलोचक माने जाते हैं, परन्तु उनमें प्रगतिवादी सोच भी कम नहीं है। यह दीगर बात है कि प्रगतिवादी इसे नहीं मानते। गैरमार्क्सवादी होते हुए भी उन्होंने मार्क्सवाद को जिस तरह से समझा-समझाया है, वह मार्क्सवादियों के लिए ईर्ष्या का कारण भले हो, पर यह मानना होगा कि किसी भी गैर-मार्क्सवादी ने इतने व्यवस्थित ढंग से इसे न तो समझा और न ही समझाया है।

# अशोक वाजपेयी

अशोक वाजपेयी एक ऐसे साहित्यिक विचारक हैं जो साहित्य को दूसरों के विचारों का ऐन्द्रिक संस्करण या उपनिवेश अथवा विचार या विचारधारा की व्यंजना मानने के खिलाफ हैं। उनके लिए साहित्य की एक स्वतन्त्र, वैचारिक सत्ता है। वैचारिक संघर्ष और ज्ञानपरक आदान-प्रदान में साहित्य की जरूरी भूमिका है। साहित्यालोचना को इसीलिए वे वैचारिक हस्तक्षेप मानते हैं। आलोचक सुधीश पचौरी ने भी कहा है, ''आलोचना एक सामाजिक प्रक्रिया में हाथ डालना है, फटे में पाँव रोपना नहीं। आलोचना के जरिये रचना के केन्द्र में सक्रिय पूर्वग्रहों की पहचान की जाती है और रचना में पूर्वग्रह और रचाव के बीच आये तनाव एवं परिवर्तन लक्षित किये जाते हैं।'' सामाजिक सच को रचना में रूपान्तरित करने की जिद के पीछे प्रत्येक रचनाकार की कोशिश होती है कि वह सामाजिक सोच को पूरी ईमानदारी और निष्ठा के साथ उभार सके। जिससे कि उसके अपने समय की आवाज बन सके। उसकी गवाही पर उस समय, समाज और उसमें मनुष्य के हालात की पड़ताल की जा सके। 'फिलहाल' जो कि अशोक की बहुचर्चित आलोचना कृति है, उसकी भूमिका में ही उनकी यह आलोचकीय प्रतिज्ञा, विज्ञप्त हुई-''इस पुस्तक के मूल में आलोचना के बारे में मेरी यही धारणा है, और जहाँ तक बन पड़ा है, मैंने समकालीन कविता को समझने-बूझने और इस समझ से हमारे समय के मनुष्य की हालत के बारे में अपने अहसास को प्रासंगिक और गहरा करने की कोशिश की है। इस कोशिश के पीछे इस खोज का अचरज-भरा सुख भी है कि कविता भाषा, रचनात्मक संवदेना की हालत की पड़ताल तथा समकालीन मनुष्य की हालत की समझ और पहचान की ओर ले जाती है।''

कहना न होगा कि किसी भी समय का कोई भी महत्त्वपूर्ण साहित्य अपने समय का सबसे ठोस और प्रामाणिक साक्ष्य होता है। अशोक वाजपेयी कवि-

आलोचक हैं अर्थात् कवि पहले हैं आलोचक बाद में। यूँ कह सकते है कि सर्जकीय विवेकसम्पन्न आलोचक हैं। इसीलिए उनकी आलोचना में कविता ही केन्द्र में है। वे मानते हैं कि कविता मनुष्य के समय और समाज का सबसे विश्वसनीय साक्ष्य है। चूँकि कविता सीधी-सपाट नहीं होती बल्कि अपने समय से जूझती-उलझती एक वैचारिक जद्दोजहद होती है, इसलिए कविता की आलोचना हमेशा सबसे बड़ी कसौटी रही है। अशोक मानते हैं कि, "आलोचना के मूल में कहीं-न-कहीं जीवन-भर रचना सुगबुगाती रहती है। जिस आलोचना में रचना की यह बेचैन सुगबुगाहट बाकी नहीं रहती, वह अपनी जीवन्तता, गर्माहट और धार गँवा देती है।" इसीलिए यह आलोचना की जिम्मेदारी है कि वह रचना की सहचर बने और रचना में व्याप्त संघर्ष को परखे-पहचाने, केवल दाखिल-खारिज की प्रक्रिया मात्र बनकर न रह जाये।

आलोचना को सिर्फ रचना नहीं, अपितु उसके माध्यम से मनुष्य का साक्षात्कार मानने वाले अशोक जी रचना व आलोचना दोनों को सृजनात्मक मानते हैं। उनका कहना है कि, "जैसे रचना में वैसे ही आलोचना में रुचि और दृष्टि के बीच द्वन्द्व होता है। असल में यही द्वन्द्व उसकी मानवीयता का आधार होता है। उसके सार्थक जीवत्व का उद्गम।" (कुछ, पूर्वग्रह, पृ. 155) आलोचना की बुनियादी चुनौतियों की बात करते हुए संस्कृति, सभ्यता, विचारधारा, बहुलता, सम्प्रेषण, राजनीति आदि जिन मुद्दों को उन्होंने उठाया है, वे ही मानवता के समक्ष बुनियादी चुनौतियाँ हैं। इन सभी मुद्दों पर उन्होंने गम्भीर जिरह की माँग की है। उनके लेखे, "साहित्य की बुनियादी लड़ाई मनुष्य के अस्तित्व की बहुलता से प्रजातन्त्र को बचाये रखने की है।" (उप., पृ. 110) वे मानते हैं कि राजनीति हमारे समय की अपरिहार्य सच्चाई है, इसे दरकिनार कर समकालीन सच्चाई का कोई साक्षात्कार सार्थक और प्रासंगिक नहीं हो सकता। संस्कृति के प्रति जो उदासीनता छायी हुई है, उसी का परिणाम है कि हम अपनी परम्पराओं से कटते जा रहे हैं। हमारा सांस्कृतिक वजूद कायम रखनेवाली दो प्रधान चीजें धर्म और अध्यात्म को आज देश निकाला दे दिया जा रहा है। इससे चिन्तित वाजपेयी जी कहते हैं, "भारतीय अस्मिता की खोज धर्म और अध्यात्म की महान् परम्पराओं को भूलकर नहीं हो सकती।" (समास-एक, पृ. 3) इतना ही नहीं, उनकी यह भी हिदायत है कि, "हमें यह भी नहीं भूलना चाहिए कि अन्ततः कोई भी साहित्य अपनी संस्कृति का अतिक्रमण नहीं कर सकता। साहित्य संस्कृति से ही अर्थपूर्णता पाता है।" (कुछ पूर्वग्रह, पृ. 58)

कविता क्या है? यह एक शाश्वत सवाल है। हर दौर के हर आलोचक-विचारक ने अपने तईं इस पर जरूर विचार किया है। अशोक कविता को जीवन का सबसे महत्त्वपूर्ण साक्ष्य, संवेदनाभिव्यक्ति की सबसे जरूरी और जिम्मेदार इकाई

मानते हैं। उनके लेखे, "कविता किसी विचार या दृष्टि या अनुभव का विज्ञापन नहीं है, वह नैतिक उपदेश नहीं है, धार्मिक अनुष्ठान नहीं है, जीवन से रची-बिंधी होने के बावजूद वह वैकल्पिक या स्थानापन्न जीवन है। शब्दों में रची जाकर भी वह सिर्फ शब्दों का शिल्प नहीं है। उसका सच ऐसा नहीं है कि उसका सार संक्षेप किया जा सके। वह हमेशा जीवन्मृत होती है।" (पावभर जीरे में ब्रह्मभोज, पृ. 267) कविता ही वह एकमात्र साधन है, माध्यम है जिसमें व्यक्ति अपने समय के सच का पूरा ब्यौरा पा सकता है, वह भी बिना इतिहास की शुष्कता के। क्योंकि कविता महज ऐतिहासिक दस्तावेज नहीं है बल्कि संवेदना का ऐसा प्रलेख है जहाँ रोचकता भी है, जीवन-संघर्ष भी है और जीवन-यथार्थ को अभिव्यक्त करने की अकुलाहट भी। वे मानते हैं कि कविता इस नश्वर जीवन में जीवन को समझने का एक जरूरी अस्त्र है। "नश्वरता मनुष्य का एक चिरन्तन प्रश्न है। कविता उस नश्वरता के विरुद्ध एक असमाप्य संघर्ष है और उसकी अनिवार्यता का सहज स्वीकार भी। हम कविता लिखते हैं क्योंकि हम जीना चाहते हैं, मरना नहीं। अन्तर्विरोध यह है कि हर कविता एक तरह का अवसान है। वह जीने के साथ ही मरने को भी खुली आँखों देखना-पहचानना है। असल में वही जीता है जो मरते हुए जीता है। कविता एक तरह से मरते हुए जीना है, बीतते हुए खिलना है। जीवन नहीं, अतिजीवन है।" (उप., पृ. 58)

कविता के बारे में कहा जाता है कि वह सच का सन्धान करती है, वह सच को प्रतिस्थापित करने का एकमात्र अवलम्ब होती है। अशोक वाजपेयी कविता को महज कवि नहीं पूरे समाज और समुदाय की सामूहिक अभिव्यक्ति मानते हैं, व्यक्ति के माध्यम से समष्टि का स्वर वहाँ सुनायी पड़ता है। तभी वे कहते हैं कि कविता एक सामुदायिक ताकत है। वह हमको एक-दूसरे से जोड़ती है। हम एक-दूसरे से बात करना चाहते हैं इसलिए कविता लिखते हैं। इस अर्थ में कविता सामाजिक जुड़ाव का एक जरिया है। यही उसका मूल मकसद होता है। एक प्रयोजन यह भी होता है कि वह जीवनेच्छा की लौ बनाये रखती है। कठिन-से-कठिन समय में उजाले की एक आस का काम करती है। इस तरह कविता जीवन-संग्राम में कुछ अच्छा, कुछ नया, कुछ अनूठा होने की उम्मीद है, एक सहारा है।

साहित्य में विचार और विचारधारा के पहलू पर भी अशोक बेबाक राय रखते हैं। वे एक प्रखर बौद्धिक कवि हैं, जाहिर है साहित्य को कोरा मनोरंजन याकि वैचारिक समवाय अथवा महज फतवेबाजी मानने के खिलाफ हैं। उनके अनुसार, "कोई भी साहित्यकार मेरे जाने, जान-बूझकर पथ-प्रदर्शक या उपदेष्टा नहीं होता। वह साहित्य अक्सर इकहरा होता है जिसमें किसी एक विचार की प्रधानता हो, साहित्य में, अच्छे साहित्य में विचारों, कई बार परस्पर विरोधी दृष्टियों का तुमुल और द्वन्द्व होता है।" (उप. पृ. 268) परन्तु कविता को विचारों का जखीरा मानने

को वे तैयार नहीं हैं। उनके अनुसार बिना विचार के कविता हो सकती है यह संशयास्पद है, लेकिन विचार के नाम पर सरलीकरण घातक है। उनकी स्पष्ट धारणा है 'कविता में विचारों का आत्यन्तिक महत्त्व नहीं है। सवाल यह है कि वे विचार कुछ प्रासंगिक उजागर करते हैं। अगर नहीं, तो वे हस्तक्षेप होकर रह जा सकते हैं। लेकिन यह भी सच है कि बिना विचारों के यानी बिना किन्हीं विचारों में जड़ जमाये, कविता निरी ऐन्द्रिक फुरफुरी या तुच्छ खिलवाड़ भर रह सकती है। विचारहीन कविता कभी भी मनुष्य की हालत की कोई सार्थक पहचान या कोई समझ उत्तेजित नहीं कर सकती।'' (कवि कह गया है, पृ. 163) इसका कारण यह है कि, ''शुद्ध संवेदनात्मक स्तर पर, फिर संवेदना कितनी भी पैनी या धारदार क्यों न हो, आज के मनुष्य और उसकी जिन्दगी की जटिलताओं, तनावों और अन्तर्विरोधों को समझ पाना, बल्कि ठीक से पहचान पाना भी असम्भव है। कहना न होगा कि अशोक की यह दलील सच से परे नहीं लगती। आज के हालातों पर गौर करें तो साफ दिखता है निरी संवेदना के सहारे जीवन को समझ पाना कठिन है, क्योंकि आज का जीवन बहुस्तरीय है, बहुस्वरात्मक है। अपने समय के स्वरों को सामाजिक वैचारिकी को नजरअन्दाज कर नहीं समझा जा सकता। कारण यह कि, ''कवि संवेदना के बौद्धिक ही नहीं, मानवीय सन्दर्भ का एक महत्त्वपूर्ण भाग विचार और उनका टकराव है। उनसे कोई सरोकार न रखना या इस टकराव को नजरअन्दाज करना उस सन्दर्भ से कटना है, लगभग सन्दर्भहीन हो जाना है।'' (उप., पृ. 164)

समाज और संस्कृति के उन्नयन में साहित्य की अपनी जरूरी भूमिका होती है। कहना न होगा कि साहित्य लेखन एक सामाजिक कर्म है, सामाजिक दायित्व है। इसलिए यह इकहरा नहीं बहुआयामी है, बहुस्वरात्मक है, बहुलतावादी है। यह व्यष्टि के जरिये समष्टि की उपस्थिति है। बगैर समाज के साहित्य का कोई वजूद नहीं। क्योंकि साहित्य समाज के लिए समाज की ही निर्मिति है। अशोक के शब्दों में, ''साहित्य अपने स्वभाव से ही प्रजातान्त्रिक और बहुलतावादी है, उसके पास एक नहीं, अनेक रास्ते हैं। वह दुनिया और आदमी को उनके संघर्ष और सम्बन्ध को, प्रकृति और मृत्यु को, किसी एक दृष्टि से देखने का आग्रह नहीं करता। इसका आग्रह अगर है तो इस पर कि मनुष्य की कई दृष्टियाँ हैं और उन्हें किसी सत्य के, किसी एकीकृत या एकाग्र सत्य के लिए बलि नहीं दिया जाना चाहिए। साहित्य समाज की स्मृति है-याद भी और समझ भी।'' प्रकारान्तर से वे यह भी मानते हैं कि ऐसा कोई साहित्य नहीं हो सकता जिसकी अपनी कोई संस्कृति न हो, क्योंकि संस्कृति ही समाज की अधिशाषी होती है।

राजनीति, जिसे एक विचारधारा के लोग साहित्य का भी जरूरी उपादान मानते हैं, अशोक वाजपेयी उनसे मतभेद रखते हैं, वे साहित्य के लिए राजनीति

को उतना ही पोषक और जरूरी मानते हैं जितना समाज को। लेकिन साहित्य को राजनीति का उपनिवेश मानने को तैयार नहीं हैं। उनके लिए साहित्य राजनीति का पिछलगुआ नहीं हो सकता। यद्यपि वे मानते हैं कि आज यह एक केन्द्रीय मुद्दा है और इससे बचकर नहीं चला जा सकता। कहते हैं 'राजनीति आज का सच और साहित्य कल का सपना नहीं है-दोनों ही सपने हैं और राजनीति की ही तरह मनुष्य का कुछ आज का सच साहित्य के पास है, भले ही वह राजनीति के अपने मुकाबले छोटा सच लगता हो, पर तत्त्वतः वह बड़ा और अन्ततः सच है, और उसका दबाव दृश्य पर बना रहना चाहिए।'' (कविता का जनपद, पृ. 293) इस तरह यह कह सकते हैं कि वे साहित्य को राजनीति का प्रतिपक्षी मानते हैं। राजनीति के सर्वाधिकारवादी, वर्चस्ववादी प्रवृत्ति के विरुद्ध साहित्य ही वह एकमात्र विकल्प है जिसमें प्रतिकार ही क्षमता और सम्भावना है। यह तथ्य युगों-युगों से सिद्ध होता रहा है। इसलिए यह मानते हुए कि, ''राजनीति आज का सच है, भले ही वह खूँखार सच हो, बिना उससे दो-चार हुए नहीं चला जा सकता।'' लेकिन यह हिदायत भी देते हैं, ''राजनीति की अपनी जगह है और उसे वहाँ जो कुछ ठीक लगे करे, करने का पूरा अधिकार है। पर सृजन, विचार और आलोचना के ऊपर उसका शासन चले, यह सिर्फ साहित्य और विचार का ही नहीं, समूची मानवीयता का भी अवमूल्यन होगा।'' (उप., पृ. 294)

साहित्य कलाओं की स्वायत्तता, स्वतन्त्रता को लेकर जो बहस उन्होंने शुरू की है, उस पर काफी हो-हल्ला मचा हुआ है। कुछ लोगों ने इसे भारतीय काव्यशास्त्र का पिष्टपेषण करार देकर एक बचकाना मत माना है। साहित्य की स्वायत्तता या स्वराज की बात उनके गले नहीं उतरती, इसे वे पश्चिम की उत्तर-आधुनिक सोच का भारतीय संस्करण तक कह डालते हैं। एकबारगी उनकी बात सच हो भी सकती है, पर क्या महज इसीलिए वे मुद्दे हमारे साहित्य के लिए अस्पृश्य हैं। वस्तुतः देखा जाये तो आलोचक वाजपेयी साहित्य व कला के सन्दर्भ में जिस स्वायत्तता की बात करते हैं उनका जीवन से अटूट रिश्ता है और उसकी स्वायत्तता किसी अन्य स्वायत्तता का अतिक्रमण या दमनकर पायी गयी स्वायत्तता नहीं है। इतना ही नहीं, राजनीति जो कि आज जीवन संचालन का अंग है, साहित्य जिससे बिल्कुल अछूता नहीं है, उसमें भी स्वायत्तता की बात बेमतलब नहीं है। वाजपेयी जी साहित्य और राजनीति के बीच द्वन्द्वात्मक रिश्ता मानते हैं। उनका यह भी कहना गौरतलब है कि, ''कविता को राजनीति का समानधर्मी मानना और दोनों के बीच छुआछूत या ऊँच-नीच के विचार को मानना उस स्वायत्तता के अनिवार्य पहलू हैं जिन पर हमारा आग्रह है।'' (कुछ पूर्वग्रह, पृ. 198) ऐसे में साहित्य की स्वायत्तता से परहेज करना एकदम वाजिब नहीं है। जो राजनीति को साहित्य का अभिन्न अंग मानते हैं, उन्हें इस पर भी

गौर करना चाहिए। बहुलता का जो सवाल उन्होंने उठाया है, रचना व आलोचना के सन्दर्भ में, आज निश्चय ही विचारणीय है।

कहा गया कि, अशोक साहित्य की बहुलता और स्वायत्तता के पक्षधर रहे हैं। वे साहित्य के अपने जनतन्त्र के पैरोकार रहे हैं। बहुभाषा, बहुसंस्कृति हमारे देश की पहचान रही है। हमारे देश की यह बहुस्वरात्मकता ही हमारी अस्मिता का प्रतीक है। अशोक जी मानते हैं कि इस बहुलता को बनाये और बचाये रखने का सबसे सशक्त माध्यम है साहित्य। गौरतलब है कि अशोक की बहुलता उत्तर-संरचनावादी, उत्तर-आधुनिक बहुलता नहीं है जहाँ विखण्डन और अनेकतन्त्र की बात होती है, बल्कि सभ्यता और संस्कृति को समझने का एक उपक्रम है। उनके लिए बहुलता हमारा अतीत नहीं है, वह हमारा वर्तमान है और वही हमारा भविष्य भी है। हमारी सांस्कृतिक बहुलता सिर्फ एक अवधारणा भर नहीं है, एक शुद्ध ऐन्द्रिय तथ्य है।

अशोक मानते हैं कि विचारधारा-विशेष के प्रभाव और दुष्प्रचार ने हमारी अनेकता की पहचान को धूमिल किया है, हमारी बहुस्वरात्मकता को अनसुना कर दिया है। एकरूपता के आधिपत्य का जो ताण्डव आज दुनियाभर में हो रहा है, भूमण्डलीकरण के नाम पर जो विश्वग्राम बनाया जा रहा है, उससे सृष्टि के सबसे बुद्धिमान् प्राणी मनुष्य की विशिष्टता व बहुआयामी पहचान को धक्का लगा है, उसकी वैयक्तिकता और अद्वितीयता को इसने कठघरे में खड़ा कर दिया है। यद्यपि मार्क्सवादी विचारकों ने इसे नवपूँजीवादी रुझान और अमेरिकी साम्राज्यवादी सोच का प्रभाव मानते हुए इस पर सवाल खड़े किये हैं। डॉ. नामवर सिंह के अनुसार, "आज बहुलतावाद की वकालत में अशोक वाजपेयी जिस जेहादी भाषा और स्वर में बोलते हैं, उसमें कुछ-कुछ मैथ्यू अर्नाल्ड की गमक और गूँज सुनायी पड़ती है। बहुलतावाद विकल्प की जगह विकल्पों की हिमायत इसलिए करता है कि सीधे द्वन्द्व से बचना चाहता हैं।" (वाद-विवाद-संवाद, पृ. 34) एक यह भी आरोप है कि, "बहुलतावादी स्वयं किसी विचारधारा में आस्था नहीं रखते और इस नाते वे बहुलतावाद की कोई निश्चित विचारधारा भी नहीं मानते। किन्तु वस्तुतः बहुलतावाद मताग्रह और विचारधारा दोनों के तत्त्वों का विलक्षण संकर है। इसलिए बहुलतावादी अंशतः मताग्रही भी होता है और अंशतः विचारधारा का शिकार भी।" (उप., पृ. 37) यह तो माना ही जायेगा कि बहुलता भले ही भारतीय अस्मिता की द्योतक हो पर, उसका भी अपना एक सुनिश्चित पक्ष तो है ही, उसकी अपनी वैचारिकी तो है ही। यह दीगर बात है कि किस विचारधारा का कितना नजदीक का और दृढ़ सम्बन्ध रहा है, कौन-सी विचारधारा हमारी मिट्‌टी में रची-बसी है और किस हद तक!

साहित्य की स्वायत्तता के हिमायती अशोक यह मानते हैं कि कविता स्मृति और परम्परा से, वर्तमान और अतीत से, जीवन और कला से जीवत्व ग्रहण करते हुए अपनी स्वतन्त्रता के लिए जगह खोजती रहती है। साहित्य के स्वराज या स्वायत्तता की बात पर भी गहन चर्चा-परिचर्चा हुई है। अशोक के आलोचकों ने इसे साहित्य को समाज से काटने का षड्यन्त्र तक कहा है। उनकी निगाह में ऐसी माँग न सिर्फ समाज के लिए बल्कि साहित्य की अपनी अस्मिता के लिए भी घातक है। अशोक इसका प्रतिकार करते हुए कहते हैं, ''मैं कविता को महान् लक्ष्यों, विचारधाराओं आदि का उपनिवेश मानने के विरुद्ध रहा हूँ। कविता के स्वराज की बात मैंने इसके समाज विविक्त होने के अर्थ में नहीं, उसके विशिष्ट होने के अर्थ में की है। कविता को समाज-चाहिए, वह उससे प्रभावित भी होती है जैसे कि वह कवि व्यक्तित्व की निजता, उससे भी गहन सम्बन्ध रखती है। पर उसकी अपनी वैचारिक सत्ता है, उसका अपना जनपद है।'' (आलोचकों की आलोचना, पृ. 161 से उद्धृत) प्रगतिवादियों को अशोक का बहुलतावादी विचार भी एक अर्थ में विशिष्ट विचारधारा का पोषक और दूसरे अर्थ में अराजकतावाद का सूचक लगता है। उनका यह आरोप है कि, ''विकल्पों की सम्भावना अराजकता है और यह अराजकता उसके लिए अत्यन्त अनुकूल है जो राजसत्ता में है।'' (वाद-विवाद:-संवाद, पृ. 34) वाजपेयी ने इसको खारिज करते हुए बहुलता, स्वायत्तता, स्वतन्त्रता को जीवन के समान साहित्य के स्वास्थ्य के लिए हितकर माना है।

अशोक विचारक आलोचक हैं। वे आलोचना को बुद्धि व्यापार मानते हैं। साहित्य की विधाओं में कविता के बाद आलोचना की केन्द्रीय स्थिति मानते हैं। उनकी निगाह में आलोचना समकालीन परिदृश्य में हस्तक्षेप है। वे बताते हैं कि, ''आलोचना का काम सिर्फ पहले के या उसके समकालीन रचनाओं का विश्लेषण, मूल्यांकन, प्रवृत्ति निर्धारण-भर नहीं है, उससे कहीं आगे जाकर उसकी जिम्मेदारी समकालीन समाज में रचना के लिए जगह बनाना, उसकी स्वतन्त्रता, उसकी स्वायत्तता के लिए सम्भावना बनाये रखना, उन शक्तियों से लोहा लेना भी है जो साहित्य का शोषण करती हैं, या करना चाहती हैं।'' (अशोक वाजपेयी-चुनी हुई रचनाएँ, पृ. 16) ऐसा इसलिए जरूरी है क्योंकि आलोचना का काम रचना की इयत्ता-महत्ता का वस्तुपरक अंकन करना है, वैचारिक द्वन्द्व से जूझते हुए रचना की प्रासंगिकता को रेखांकित करना है। आलोचना उदासीन, तटस्थ या पूर्वग्रहहीन नहीं होती। अशोक की दृष्टि में पूर्वग्रहहीन शुद्ध मन तो एक मिथ भर है। उनके अनुसार, ''हमारी आलोचना में रुचि का केन्द्र प्राय: इन पूर्वग्रहों की पहचान और रचना से सामना होने पर उसमें आये तनाव और परिवर्तन होते हैं। यही आलोचना

को उसकी सार्थकता और बुनियादी मानवीयता प्रदान करता है।'' पूर्वग्रहों से उनका तात्पर्य कोई बनी-बनायी धारणा या सोच से नहीं है बल्कि रचनाकार की ही तरह आलोचक द्वारा, जीवन-संग्राम में कमाये गये सत्य से है। उनके अनुसार कुछ पूर्वग्रह अपनी अर्जित दृष्टि के अनुभव के होते हैं, कुछ समकालीन रचना से आते हैं और कुछ अपने परिवेश में आज की स्थिति के आकलन से उभरते हैं। इसलिए यह कोई परम या स्थायी मान नहीं है बल्कि विवेचन की एक प्रक्रिया है जो आलोचकीय विवेक को समृद्ध करती है। यह जरूर है कि प्रत्येक रचनाकार के लिए वे इसे आवश्यक मानते हैं।

सैद्धान्तिक मतवादों की तरह रचना की व्यावहारिक कार्यविधि पर भी अशोक गहराई से विचार करते हैं। अकादमिक आलोचना के बरक्स उन्होंने आलोचना की एक ऐसी परिपाटी निर्मित की है जिसमें रचना को अधिक महत्त्व दिया गया है। साठोत्तरी या कहें समकालीन कविता और आलोचना के वे एक महत्त्वपूर्ण हस्ताक्षर हैं। सर्जनात्मक आलोचना के प्रतिष्ठापकों में से एक हैं। अपने एक साक्षात्कार में उन्होंने रचना के विवेचन-मूल्यांकन की अपनी राह के बारे में बताया है, ''मूल्यांकन करते समय, गनीमत है मैं रचना को देखता हूँ-न व्यक्ति को, न समाज को। अब मेरी फितरत भी कुछ ऐसी है कि मैं रचना और आलोचना दोनों में भरसक सामान्यीकरण से बचता हूँ। जैसे रचना ऐन्द्रिय डिटेल्स से बुनी जाती है वैसे ही आलोचना भी। फिर व्यक्ति के बिना समाज को और समाज के बिना व्यक्ति को देखना सम्भव कहाँ है। मेरी कोशिश व्यक्ति की आवाज को पहचानने की होती है।'' कहना न होगा कि प्रत्येक कृति के विवेचन-विश्लेषण में उनकी यह कोशिश रही कि उसके मूल स्वर को पकड़ा जाये।

वाजपेयी मूलतः नयी कविता के समीक्षक हैं। आलोचना के समक्ष उठे प्रश्नों को उन्होंने जितनी तरजीह दी है, उससे कम प्रयास रचना के मनन-मूल्यांकन का नहीं किया है। नयी कविता के मूल्यांकन के सन्दर्भ में उनका दृष्टिकोण क्या है, पहले इसे देखें-''नयी कविता के मूल्यांकन का अर्थ नये कवियों का, उनकी स्वतन्त्र अद्वितीयता के पूरे स्वीकार के साथ मूल्यांकन होना चाहिए न कि एक प्रवृत्ति समुच्चय के अन्तर्गत परिगणित हो सकनेवाले कृतित्व मात्र का।'' (फिलहाल, पृ. 184) अपने इसी दृष्टिकोण से उन्होंने नये कवियों का मूल्यांकन किया है। नयी कविता की चारित्रिक विशेषता को उन्होंने इन शब्दों में आँका है, ''मानवीय तात्कालिकता नयी कविता की लगभग चारित्रिक विशेषता है।'' नयी कविता के सशक्त हस्ताक्षर मुक्तिबोध को वे एकीकृत संवेदना का कवि कहते हैं, जो मुक्तिबोध के काव्य वैविध्य को देखते हुए उचित जान पड़ता है। मुक्तिबोध के बारे में उनका यह कथन उनको समझने की एक नयी जमीन तैयार करता है कि,

''मुक्तिबोध ने सामाजिक यथार्थ के अपने गहन काव्यान्वेषण के लिए मार्क्सवाद का इस्तेमाल किया है, उसके विश्लेषणों और उसके रूपों का भी। लेकिन उन्हें मार्क्सवादी कवि कहना उनके काव्य के कलात्मक और मानवीय अर्थों और परिणतियों को अकारण सीमित, लगभग विकृत करना होगा। मार्क्सवादी कवि उनके लिए एक बिल्कुल अधूरी और अपर्याप्त संज्ञा होगी।'' (उप., पृ. 135)

धूमिल के बारे में उनका कहना है ''उनकी केन्द्रीय काव्य मुद्रा सम्बोधन की है।'' उनको विश्वास है कि, ''चालू मुहावरे और रिटौरिक से अगर बच सके तो धूमिल की कविता हमारे समय की एक युवा और विश्वसनीय पहचान का दस्तावेज बन सकती है।'' (उप., पृ. 34) अज्ञेय की कविताओं का संयोजन उन्हें तर्क जैसा लगता है, परन्तु उन्हें वे इसका श्रेय देते हैं कि उनकी आलोचना ने कविता को सैद्धान्तिक आधार और दिशा देने की चेष्टा की है। अकविता की गैर-जिम्मेदाराना रुमानियत को अच्छा नहीं मानते। उन्हें अकवियों की भाषा किताबी लगती है। युवा कवियों में रघुवीर सहाय, श्रीकान्त वर्मा और केदारनाथ सिंह में कुछ नवीनता नजर आती है, जबकि ज्यादातर युवा कवि एक नये किस्म की दकियानूसी के शिकार दिखते हैं। उनमें 'स्त्री का आतंक' और 'भीड़ का आतंक' यही दो घिसे-पिटे मुहावरे दिखते हैं। इसका कारण व परिणाम यह हुआ है ''विचारों से कटाव, बुद्धि-विरोध और समझ के अभाव का ही एक नतीजा बहुत-सारे युवा लेखन का छिछोरापन और तुच्छता है।'' (उप., पृ. 143)

कहना न होगा, नयी कविता और उसके बाद की समूची कविता अशोक की आलोचना के केन्द्र में रही है। अज्ञेय से लेकर विनोदकुमार शुक्ल तक की कविता उन्हें आकर्षित करती रही है। हालाँकि युवतर कवियों पर भी वे बराबर लिखते-बोलते रहे हैं। अज्ञेय, शमशेर, रघुवीर संहाय, मुक्तिबोध, श्रीकान्त वर्मा, विनोदकुमार शुक्ल की कविता से उन्होंने न सिर्फ बहुत-कुछ सीखा है बल्कि अपने आलोचकीय औजार भी निर्मित किये हैं। 'तारसप्तक' को पिछली अर्द्धशती की कविता का उद्‌गम स्थल मानते हुए उन बुनियादी बहसों को परखने की पहल की है जिनसे साहित्य समृद्ध हुआ है, यथा कवि और कविता की जवाबदेही, जिम्मेदारी और प्रतिबद्धता, कवि की आस्था का सवाल, कथ्य और शिल्प के द्वैत की बात, जनवादिता और कलावादिता का द्वन्द्व इत्यादि। 'तारसप्तक' से अशोक इसलिए भी प्रभावित हैं, कि वह उन्हें हिन्दी कविता का आखिरी सामूहिक सृजन लगता है। सात अलग-अलग राहों के अन्वेषी अपनी विशिष्टता और वैचारिक आग्रहों के बावजूद सामूहिक रूप से अपने कवि को एक जिल्द में रचते हुए नजर आते हैं। इसलिए अशोक वाजपेयी मानते हैं कि नयी कविता और उसके बाद के काव्य-संसार को समझने का मार्ग यहाँ से होकर निकलता है। उनके शब्दों में, ''शायद

'तारसप्तक' हिन्दी कविता में वह आखिरी सार्वजनिक मुकाम था जब राहों के अन्वेषी होकर भी वे सातों कवि एक ही कवि समय में लिख रहे थे। उनके लिए परम्परा और रूढ़ियाँ लगभग समान थीं, जिनमें वे अलग होने के लिए जूझ रहे थे। पर वे लिख कविता की परम्परा में ही रहे थे। आज की कविता का जो कि ज्यादातर स्मृति वंचित कविता है, सन्दर्भ न तो परम्परा है और न ही एक कवि-समय।''

अज्ञेय प्रयोगवादी, व्यक्तिवादी कवि माने जाते हैं। वे नयी कविता के पुरोधा कहे जाते हैं। अज्ञेय के काव्य-व्यक्तित्व को अशोक वाजपेयी 'अकेलेपन का वैभव' की संज्ञा देते हैं। उनकी राय है, ''कविता में अज्ञेय एक ऐसे व्यक्ति के रूप में हाजिर हुए जो संघर्ष के जीवन्त क्षणों में अपनी अद्वितीयता और गरिमा प्रकट करता है। जहाँ उनकी कविता इस संघर्ष को काव्यानुभव के रूप में चरितार्थ करने की कोशिश है, वहाँ उनकी आलोचना कविता को सैद्धान्तिक आधार और दिशा देने की चेष्टा है। दरअसल, अज्ञेय की कविता और काव्यशास्त्र में सरोकारों की एकता है और यह बात अज्ञेय के लेखकीय दिमाग की सम्पूर्णता का साक्ष्य है।'' (फिलहाल, पृ. 74) इसी प्रकार मुक्तिबोध जो कि नयी कविता के सर्वाधिक सशक्त कवि माने गये हैं, अशोक उन्हें विलक्षण प्रतिभा का कवि मानते हैं। मुक्तिबोध मार्क्सवादी विचारधारा से प्रभावित रहे हैं। पर अशोक के लिए उनका सामाजिक यथार्थबोध और सुचिन्तित दृष्टि अधिक मूल्यवान् और आकर्षक रही है। वे साफ कहते हैं, ''एक छद्म आभिजात्य, मध्यमवर्गीय सुरक्षा-भाव और साहस के अभाव के मिले-जुले दबावों के रहते नयी कविता में देखने की ऐसी मार्मिक और सच्ची कोशिश किसी ने नहीं की जैसी मुक्तिबोध ने।'' (उप., पृ. 117) इसीलिए तुलनात्मक रूप से नयी कविताकारों पर जब वे विचार करते हैं तो अज्ञेय भी मुक्तिबोध से कमतर जान पड़ते हैं। दोनों के दृष्टिबोध को रेखांकित करते हुए अशोक ने कहा है, ''अज्ञेय की दृष्टि जाने हुए को एक परिचित की सहायता से सेलिब्रेट भर करती है जबकि मुक्तिबोध एक परिचित बिम्ब के सहारे आत्मा की तथाकथित गरिमा को ध्वस्त कर उसके बारे में कुछ विचलित करनेवाला जाहिर करते हैं। अज्ञेय के बिम्ब में कोई तनाव नहीं है, बल्कि एक तरह की शालीनता है, जबकि मुक्तिबोध के बिम्ब में एक तरह की शाश्वत धारणा और उसके समकालीन संस्करण के बीच एक तनाव है जो उनकी कविता को अधिक सम्पन्न, अधिक काव्यात्मक और अधिक प्रखर बनाता है।''

शमशेर बहादुर सिंह अशोक वाजपेयी के सर्वाधिक प्रिय कवियों में हैं। इसका कारण यह है कि, ''शमशेर से अधिक ऐन्द्रिक कविता पिछले पचास वर्षों में किसी ने नहीं लिखी है और अज्ञेय के साथ वे इस दौर के ही नहीं, हिन्दी

कविता के सबसे प्रिय कवियों में हैं।'' कहना न होगा कि अशोक को ऐन्द्रिकता से विशेष लगाव है। वैसे भी शमशेर 'बात बोलेगी, हम नहीं' के पक्षधर हैं, मुखरता नहीं नीरवता और मौन के कवि हैं, अल्पकथन के कवि हैं। पर इसका मतलब यह नहीं कि उनका दायरा परिचित या अल्प है। अल्पशब्दों में अपनी बात जितनी बेबाकी से शमशेर ने रखी है, वह अनुकरणीय है। वे एक नया रेटारिक रचते हैं। इसलिए अशोक कहते हैं 'बीसवी शताब्दी के अधिकांश में जीते और अन्ततः विशेष होकर शमशेर ने जो छाप छोड़ी है वह हिन्दी के जातीय चित्त पर, उसकी काव्य-स्मृति पर बहुत गहरी और अमिट है। जब तक हिन्दी कविता के लिए समाज में जगह रहेगी, शमशेर उसमें रौशन शिखर रहेंगे जिन्होंने कविता और उसमें प्रकट जीवन को बदला, सुन्दरतर और चित्रमय किया। भारतीय कविता की आधुनिकता के वे एक प्रमुख स्थपति की तरह हमेशा स्मरणीय रहेंगे।'' (कवि कह गया है, पृ. 53)

इनके अलावा रघुवीर सहाय, साही, श्रीकान्त वर्मा, कुँवरनारायण, धूमिल, विनोदकुमार शुक्ल आदि अशोक की आलोचना के केन्द्रीय कवि हैं। इन सभी कवियों पर उन्होंने न सिर्फ विचार किया है, इनका नवमूल्यांकन किया है बल्कि हिन्दी की जातीय परम्परा के कवि के रूप में इनका महत्त्व अंकित किया है। संक्षेप में विनोदकुमार शुक्ल के बारे में उनके निष्कर्षों की जड़ में इन सभी की उपस्थिति महसूस की जा सकती है। देखें-''विनोद शुक्ल की कविता एक ठोस, जाना-पहचाना लेकिन अप्रत्याशित और विचलित करनेवाला संसार हमारे लिये खोजती-रचती है जो प्रामाणिकता और व्यापकता रखते हुए भी उनका है, अद्वितीय है और उदाहरण होने से बचा हुआ है, वह निश्चय ही हमारा भी है लेकिन अपनी पूरी सघनता, निर्भरता, वस्तुपरकता और ऐन्द्रिकता के साथ एक संसार है, इस-उस का उदाहरण नहीं।'' (उप., पृ. 151)

इसके अलावा कलाकारों और कलाकृतियों का भी अशोक वाजपेयी ने तात्त्विक मूल्यांकन किया है। वे हिन्दी के एक कला पारखी आलोचक के रूप में भी जाने जाते हैं। साहित्य और कला की सर्जनात्मकता उन्हें बरबस आकर्षित करती रही है। साहित्य और कला को अद्वितीय सृजन कर्म माननेवाले अशोक उसकी सामाजिक सम्पृक्ति को जरूरी ही नहीं, अपरिहार्य भी मानते हैं, लेकिन सामाजिक अभिलेख नहीं। उनकी दृष्टि में इसकी जीवन्तता में ही इसकी सार्थकता है। और जीवन्तता समाज निरपेक्ष सम्भव ही नहीं है। कुल मिलाकर हम कह सकते हैं कि अशोक वाजपेयी एक सुचिन्तित रचनाकार-आलोचक हैं, जिनके लिए साहित्य और समाज दोनों की स्वतन्त्र सत्ता है, पर साथ ही परस्परावलम्बित भी।

कुल मिलाकर श्री वाजपेयी की आलोचना-दृष्टि बहुत ही संयत और स्वस्थ है। प्रश्नों को उठाना भर नहीं, अपितु उनके सही-गलत होने को स्वीकार करने का जो साहस उनमें है, वह आज बहुत कम आलोचकों में देखने को मिलता है। पूर्वग्रहयुक्त होकर आलोचना कर्म में रत रहने के बावजूद उनमें दुराग्रह नहीं है। हाँ, यह जरूर कहना होगा कि अपने पूर्वग्रहों के चलते कहीं-कहीं वे सब-कुछ को नकारने का जो प्रयास करते हैं, वह एक सीमा के बाद खलता है। बात चाहे वामपन्थियों-जनवादियों की हो या अकादमिक आलोचकों के परम्परा प्रेम की, वे अपनी बौद्धिकता के समक्ष इनके अवदान को 'एप्रिशिएट' करने में हिचकते हैं। बहरहाल, इस तथ्य से इन्कार नहीं किया जा सकता कि हिन्दी-समीक्षा को उन्होंने सदैव एक ऊँचे मुकाम पर पहुँचाने की चेष्टा की है। आलोचना में वैचारिक क्रान्ति लाने में उनकी अग्रणी भूमिका है-खासकर छठवें दशक के बाद के साहित्य में। आज भी वे काफी सक्रिय हैं, और विविध माध्यमों से कला-साहित्य व संस्कृति की प्रगति के लिए प्रयासरत हैं, उनसे ऐसी ही अपेक्षाएँ भी हैं।

# रमेशचन्द्र शाह

"साहित्य के सवालों को शाह साहित्य में उगाकर साहित्य में ही नहीं काट लेते हैं। उनके लिए ये सवाल मानव संस्कृति के भी सवाल हैं। शाह अपने साहित्य-विमर्श में किसी रचना का तार छूते हैं और उससे उत्पन्न झंकृति मानव-नियति और मानव-अस्तित्व के क्षितिजों-सीमान्तों तक एक सघन और सजीव स्पर्श की-सी थरथराहट लिये दौड़ जाती है। उनका साहित्य चिन्तन इतिहास, संस्कृति और परम्परा का एक भरा-पूरा आर्केस्ट्रा है। सिर्फ साहित्य या कला की दुबली, एकल तान नहीं... शाह ने अपना साहित्य-विवेक संस्कृति-मन्थन की अपेक्षाकृत गहन-जटिल किन्तु अनिवार्य प्रक्रिया में गुजरकर अर्जित किया है। यह प्रक्रिया अभी खत्म नहीं हुई है। इसलिए उस विवेक में विचार-संवेदना की नयी-नयी क्यारियाँ निकलती जाती हैं, भाषा-व्यंजना के नये-नये कल्ले फूटते जाते हैं। तथ्य को तत्त्व से पकड़ने और तत्त्व में बदल डालने की उस प्रक्रिया के चलते...यह विवेक एक कसावट लिये हुए है, एक तनाव लिये हुए है।" **मलयज**

अपने दौर के एक सशक्त रचनाकार-आलोचक मलयज के इस कथन से बात शुरू करने का आशय मात्र यह रेखांकित करना है कि अपने समानधर्मा, सहचर रचनाकारों के बीच शाह के प्रति दृष्टिकोण कैसा रहा है। श्री शाह की आलोचना-दृष्टि पर विचार करते समय मलयज की ये पंक्तियाँ महत्त्वपूर्ण संकेत देती हैं। आलोचक-विवेक का परिचय ही नहीं कराती, उसका दायित्वबोध भी बताती हैं। साथ ही आलोचना पर छाये कुहासे को छाँटते हुए यह इंगित भी करती हैं कि अपनी विरासत अर्थात् संस्कृति, परम्परा और इतिहासबोध से सम्पन्न आलोचना-दृष्टि जो कि हर युग की दरकार होती है-आज भी श्री शाह के रूप में हमारे बीच है।

शाह जी अंग्रेजी के अध्यापक रहे लेकिन साही, अज्ञेय, रामविलास शर्मा, अशोक वाजपेयी जैसे अंग्रेजी के अध्यापकों की भाँति उनकी मूल वृत्ति हिन्दी

साहित्य में ही रची-बसी है। उनकी आलोचना-दृष्टि, परम्पराबोध, संस्कृतिबोध, आधुनिकताबोध, उत्तर-आधुनिकताबोध के समग्र चिन्तन-अनुचिन्तन से विकसित हुई है। वे ऐसे आलोचक हैं जो सैद्धान्तिक-निकषों के मकड़जाल में न उलझकर मुद्दों को उभारते हैं, उठाते हैं और मुद्दों पर ही बहस को आमन्त्रित करते हैं। उन्होंने प्राचीन-अर्वाचीन परिस्थितियों, मान्यताओं, अवधारणाओं के परिप्रेक्ष्य में ऐसे कई मुद्दे आलोचना के समक्ष रखे हैं जो गम्भीर साहित्यिक चिन्तन की अपेक्षा रखते हैं। बात चाहे रचना-प्रक्रिया की हो चाहे आस्वाद-प्रक्रिया की, रचना-आलोचना के पीछे निहित मन्तव्य पर बिना समूचे सांस्कृतिक परिवेश की पड़ताल किये, कोई मत देना वे दुराग्रह मानते हैं। धरती पर मानव ही वह प्राणी है जिसकी अपनी सभ्यता और संस्कृति है और वह उसी से परिचालित है। कोई भी जाति-समाज अपनी सांस्कृतिक अस्मिता से ही पहचाना जाता है। मनुष्य को उसकी संस्कृति और सभ्यता से काटकर कदापि नहीं देखा जा सकता। उसके सृजन और कर्म को भी नहीं देखा जा सकता। दूसरे शब्दों में उसके सृजन और कर्म की मूल्यवत्ता का निर्धारण भी उसके अपने सामाजिक-सांस्कृतिक परिवेश के अन्तर्गत ही सम्भव हो पाता है। शाह जी मानते हैं कि संस्कृति ही मनुष्य को सभ्य और सुसंस्कृत बनाती है। मनुष्य में मनुष्यत्वबोध पैदा करती है और यह संस्कृति भी कोई बनी-बनायी व्यवस्था नहीं है। मनुष्य के भीतर जो सृजनशील क्षमता है वही संस्कृति का निर्माण करती है। समाज और सभ्यता के विकास के साथ-साथ संस्कृति इसीलिए प्रवहमान् बनी रहती है क्योंकि वह कोई स्थिर या नियत व्यवस्था नहीं है बल्कि मूल्यान्वेषण की एक प्रक्रिया है। वह एक मूल्य-दृष्टि है। समाज-व्यवस्था के निर्धारण-संचालन में उसकी अपनी केन्द्रीय भूमिका है। रचना-आलोचना उसी को पोषक और प्रेषणीय बनानेवाली इकाइयाँ हैं।

धर्म, दर्शन और संस्कृति ये ऐसे त्रि-युग्म हैं जिन पर आज बात करना जटिल होता जा रहा है। शाह अपने समय के इस सच को समझते हैं, लेकिन साहित्य और समाज की बेहतरी के लिए यह जरूरी मानते हैं कि इन पर, इनसे जुड़े मुद्दों पर हम भिड़ें-सोचें-विचारे, क्योंकि बेहतर समाज-निर्माण का मार्ग इन्हें छोड़कर नहीं बनाया जा सकता कम-से-कम भारतीय सन्दर्भ में तो नहीं ही! शाह जी देश-विदेश के दार्शनिक चिन्तकों का हवाला देकर अपनी बात को पूरी प्रामाणिकता के साथ तर्कसंगत रूप में रखते हैं। गाँधी, अरविन्द, हेडेगर, कृष्णानन्द भटट्।चार्य, प्रो. मेहता, अज्ञेय, यशदेव शल्य, जयशंकर प्रसाद, रवीन्द्रनाथ टैगोर, विवेकानन्द, दयानन्द आदि भारतीय दार्शनिक उन्हें प्रभावित करते हैं। उनकी आलोचना में बार-बार इनके दृष्टान्तों का आना इसका सबूत है कि शाह इनकी थ्योरी को लेकर जिरह करते हैं, कोरी साहित्यिक बहसबाजी नहीं। इसी प्रकार टी. एस. इलियट, डब्ल्यू.बी.

येट्स, एफ.आर. लिविस, स्टाइनर आदि विदेशी विचारक उन्हें आकर्षित करते हैं। कहना न होगा कि आलोचना बौद्धिक व्यवसाय है अत: दर्शन निरपेक्ष होकर वह हो ही नहीं सकती, होगी तो सतही और गालबजाऊ होगी जो काल के चाक पर शायद ही टिक पायेगी। आलोचक की बौद्धिकता के पक्षधर शाह का जीवन और जगत् के प्रति दृष्टिकोण बुद्धि-विवेकसम्मत है। वे एक 'स्कॉलर' आलोचक की भाँति रचना के तह तक जाते हैं, उसकी निर्मिति के कारकों की तलाश करते हैं।

शाह की आलोचना के बीज शब्द हैं सांस्कृतिक बहुलता और आत्मविश्वास, वैचारिक स्वराज, सामाजिक दायित्वबोध, जातीय स्मृति, परम्परा, साहित्य का पक्ष और हस्तक्षेप। उनकी आलोचना-दृष्टि इन्हीं शब्दों के आसपास अपनी वैचारिकी निर्मित करती है। आलोचना का पक्ष बताते हुए उन्होंने कहा भी है, "आलोचना का पक्ष 'यूनिवर्सल इण्टेलिजेन्स' का, सार्वभौम बुद्धि वैभव का पक्ष है, वैचारिक स्वराज का, सांस्कृतिक आत्मविश्वास का पक्ष है।" (आलोचना का पक्ष, पृ. 178)

सृजन का परिवेश समाज और संस्कृति होती है। यही सर्जक को सृजन के लिए प्रेरित करते हैं। दरअसल यही उसकी सृजनात्मकता की मूल अन्तर्वस्तु भी होते हैं। उनके लेखे, "मनुष्य की बौद्धिकता का सर्वोच्च रूप उसके दार्शनिक चिन्तन में ही प्रकट होता है किन्तु भारत के सन्दर्भ में यह बात विशेष रूप से लागू होती हैं।" इसका प्रमाण है श्री अरविन्द का यह कथन कि, "भारत में सदा आध्यात्मिक-दार्शनिक आन्दोलन ही सृजन का मूल स्रोत होता है-वही नये विचारों और सम्भावनाओं को रचना का आवेग प्रदान करता है तथा भारतीय जीवन में परिवर्तनों का सूत्रपात भी।' कहना न होगा, विश्व संस्कृति को भारत का सर्वाधिक महत्त्वपूर्ण योगदान उसका दार्शनिक आध्यात्मिक चिन्तन ही रहा है। यही वजह है कि भारतीय संस्कृति और भारतीय आत्मा आधुनिक समय में भी देश ही नहीं, पूरी दुनिया के लिंए जिज्ञासा का, खोज का विषय रही।

साहित्य और दर्शन के सम्बन्ध को जरूरी माननेवाले प्रो. शाह सदैव अन्य ज्ञानानुशासनों के समक्ष साहित्य को रखकर देखते हैं। उनका स्पष्ट मत है, "साहित्य का सवाल सिर्फ साहित्य का ही नहीं होता बल्कि सारे ज्ञानानुशासनों से समृद्ध सवाल होता है।" क्योंकि साहित्य अन्य ज्ञानानुशासनों से सीधे जुड़ा होता है। यह कहना ज्यादा उपयुक्त होगा कि तमाम अनुशासनों के बीच साहित्य की केन्द्रीय स्थिति होती है। इस नाते भी साहित्य का स्वर बहुआयामी होता है। धर्म, संस्कृति, दर्शन ही नहीं विज्ञान के भी आयाम साहित्य में परिलक्षित होते हैं। जिस सांस्कृतिक बहुलता की बात शाह करते हैं, उसे भी इसीलिए सार्वभौम सच के रूप में देखते हैं। उन्हीं के शब्दों में, "सांस्कृतिक बहुलता मानव-जाति का यथार्थ है परन्तु आदर्श विश्व-मानव का वह महाभाव है जो संस्कृति के वृत्त का भी अतिक्रमण करके

बुनियादी मानव एकता का, आत्मिक एकता का सन्धान करता है और मनुष्य का जो सर्वोच्च श्रेय हो सकता है-उसे ईश्वर-प्राप्ति, मोक्ष या आत्म-साक्षात्कार कुछ भी कह लें, उसकी ओर अग्रसर करता है।'' (मधुमती, अगस्त-सितम्बर, 1999, पृ.9) दार्शनिकों के हवाले से उन्होंने सांस्कृतिक बहुलता, बहुवचन को व्याख्यायित भी किया है। भारतीय संस्कृति की बहुस्वरात्मकता का हवाला देते हुए, हिन्दी आलोचना का पाथेय बताते हुए उन्होंने कहा है, ''हिन्दी आलोचना का पक्ष भारतीय धर्म और संस्कृति की प्राणभूत इस विवेक चेतना का ही पक्ष है।'' हाँ, यह जरूर है कि सांस्कृतिक मूल्यों को वे रूढ़ि के रूप में अपनाने के पक्ष में नहीं हैं, उसे वे मानव जाति का कमाया हुआ सत्य मानते हैं। इसीलिए इसके सतत पुनर्मूल्यांकन की आवश्यकता जताते हैं। बाल्जाक के मत से इस सन्दर्भ से सहमत होते हुए वे कहते हैं, ''इसका अर्थ यही है कि सांस्कृतिक मूल्य भी कोई दी हुई आसान सुरक्षा नहीं है, वे भी निरन्तर शोध और आविष्कार और प्रयोग की अर्थात् सृजनात्मक आचरण की माँग करते हैं।'' (आलोचना का पक्ष, पृ. 15) सांस्कृतिक बहुवचन को उन्होंने दर्शन के ही आधार पर समझा-समझाया है। उनका स्पष्ट मानना है कि कोई भी विचार या विचारधारा फलसफाई विद्वत्ता से नहीं अपितु सांस्कृतिक क्रियाकलापों को अपने भीतर समेटते हुए ही विकसित होती है।

कविता क्या है अर्थात् काव्य की कसौटी क्या है? इसे लेकर प्रायः अपने समय में हर चिन्तक-विचारक-साहित्यिक विचार करने पर मजबूर रहा है। कविता का दायित्व, कवि की भूमिका सदैव एक सार्थक हस्तक्षेपकर्त्ता की मानी गयी है जिसे अपने समय की परिस्थितियों से उपजे अनुभवबोध का नतीजा माना गया है। लेखक की जिन्दगी से अर्थात् उसके भोगे हुए जीवन और बोध से ही कविता रूपाकार पाती रही है। यद्यपि कविता ही नहीं समूचा सृजन लेखक की वैयक्तिक और निजी अनुभूति का मसला होता है लेकिन शब्दबद्ध होने के बाद वह व्यक्ति की नहीं समष्टि की पूँजी होता है। अपने भाव संवेदन को सम्प्रेष्य बना देने की अकुलाहट ही सृजन की तरफ लेखक को प्रेरित करता है। इसीलिए साहित्य को एक स्तर पर सर्वाधिक वैयक्तिक तो दूसरे स्तर पर उतनी ही सामाजिक क्रिया कहा जाता है। दरअसल उसका लक्ष्य समूचे मानव समाज को सम्प्रेषित करना ही नहीं, बल्कि उसे उसमें शामिल करते हुए अपनी रागात्मक-आनुभूतिक एकता को वाणी देना होता है। बकौल शाह 'कविता एक ऐसी कला है जिसकी सारी सामग्री मनुष्य की अपने को अभिव्यक्त करने की छटपटाहट से ही उपजी है। जिन चीजों से कविता बनती है- स्वर, व्यंजन, लय, शब्द, वाक्य, शब्दान्तराल, श्रुतियाँ, स्मृतियाँ, राग-विराग, सुख-दुःख, रूप-गन्ध, शोर-संगीत आदि...उनमें एक भी चीज ऐसी नहीं है जो हममें से हरेक के अन्तर्बाह्य जीवन से सीधे जुड़ी न हो।'' (आधुनिक कवि, पृ. 16)

कविता वह माध्यम है जो अनकहे को कथनीय बनाती है। इसीलिए शाह जी कविता को आदमी की स्वत:-स्फूर्त भाषा कहते हैं और एक कुशल गद्यकार होने के बावजूद उसे गद्य से अधिक मार्मिक, तलस्पर्शी और संवेदनशील विधा मानते हैं। कविता को जीवन का संगीत शायद इसीलिए कहा गया है। शाह तो मानते हैं कि, ''हमारे द्वारा जिये गये जीवन की गुणवत्ता और सार्थकता की जो कसौटी है वही कसौटी अच्छी कविता की भी होनी चाहिए।'' (उप., पृ. 19) दरअसल कविता भावोन्मेष की रूपाकार अभिव्यक्ति है। जिस मन:स्थिति में कविता का जन्म होता है वह एक भाविक उद्वेग की मन:स्थिति होती है जो भाषा और समाज के बृहत्तर अनुभव कोश से जुड़कर वहीं से एक अपनी लयात्मक संगति और अर्थ भी खोजना-रचना चाहती है। शाह जी ने सच ही कहा है, ''कविता करना अपने अनुभव का अर्थोन्मेष पाना और रचना है। उसमें एक विन्यास, एक लयात्मक संगति का आश्वासन पाना है।''

काव्य परिभाषा के सम्बन्ध में आलोचक की दृष्टि को जरूरी बताते हुए प्रो. रामचन्द्र तिवारी ने लिखा है ''वस्तुत: किसी आलोचक द्वारा प्रस्तुत कविता की परिभाषा में ही उसकी दृष्टि की नवीनता, काव्यादर्श का स्वरूप, मूल्य की समझ और बोध का अलगाव संकेतित होता है। परिभाषा आलोचक की समग्र दृष्टि का बोध कराती है।'' (आलोचक का दायित्व, पृ. 3) इस परिप्रेक्ष्य में यह कहना है कि कविता के बारे में श्री शाह की परिभाषा उनकी आलोचना-दृष्टि पर प्रकाश डालती है। जब वे कहते हैं कि, ''मुझे लगता है कि कविता तो हमारे सबके निहायत नजदीक की चीज है उससे ज्यादा जरूरी और स्फूर्तिदायी खुराक आदमी के लिए भला और क्या हो सकती है।'' तो कविता की महत्ता ही नहीं कवि-कर्म से अपेक्षा और उसकी आवश्यकता की तरफ-भी कहीं-न-कहीं संकेत देते हैं। वे कवि-कर्म को महज अपने संवेद्य या भावोत्तेजन से निवृत्ति नहीं मानते बल्कि अपने समय-सन्दर्भ में एक जरूरी हस्तक्षेप मानते हैं। सीधा, सटीक और बेलौस हस्तक्षेप जो किसी लाभ-लोभ से निष्प्रभावी रहता है। तभी कहते हैं, ''उससे मिलनेवाली राहत महज राहत न होकर आत्मज्ञान और वस्तुज्ञान के गहरे स्तरों तक ले जानेवाली होती है। इसी कारण हर जाति, हर सभ्यता को कवियों की जरूरत पड़ती रही है। वही उसके संघर्ष और विकास-यात्रा के सबसे प्रामाणिक और अनिवार्य साक्षी भी बनते रहे हैं।'' (आधुनिक कवि, पृ. 17) भारतीय समाज में तो काव्य की भूमिका बहुत ही महत्त्वपूर्ण रही है। भारतीय मनुष्य की भाव-दीक्षा और सांस्कृतिक शिक्षण का वह सबसे सशक्त माध्यम रही है। यही नहीं अपने यहाँ तो धर्म संस्थापना जैसा समाज को परिचालित और नियमित करनेवाला कार्य भी उसी के माध्यम से सम्पन्न होता आया है। भक्तिकाव्य की अभूतपूर्व लोकप्रियता का राज आखिर और क्या है? रीतिकालीन कविता की यह शिक्षा कि-

*नहिं पराग नहिं मधुर मधु, नहीं विकास इहिं काल।*
*अलि कली में ही बंध्यौ, आगे कौन हवाल॥*

निराला, अज्ञेय, मुक्तिबोध, रघुवीर सहाय, साही, कुँवरनारायण, मलयज आदि के हवाले से शाह ने इसे बाकायदा रेखांकित किया है। यद्यपि शाह को लगता है कि, ''कला और साहित्य की मौजूदा गतिविधियों की कोई भी सार्थक चर्चा मुझे लगता है अब बिना वैचारिक स्वराज के सवाल को उठाये सम्भव ही नहीं है।'' (भूलने के विरुद्ध, पृ. 216) पर इधर उभरी विचारहीनता का ही परिणाम है कि भारतीय मनीषा आधुनिक भावबोध से प्राय: आक्रान्त रही जबकि इसकी कोई विशेष वजह नहीं समझ में आती, सिवाय इसके कि राजनीतिक दृष्टि से हमारा देश वर्षों गुलामी की जंजीरों में जकड़ा रहा। परन्तु इसी के बीच से ही हमारे वे बुद्धिजीवी, दार्शनिक, चिन्तक, साहित्यिक आये हैं, जिन्होंने भारतीय भावबोध को गौरवान्वित किया है। विवेकानन्द, अरविन्द, टैगोर, गाँधी, प्रसाद, निराला, अज्ञेय, मुक्तिबोध, यशदेव शल्य तक एक नहीं दो-दो पीढ़ियाँ हैं जो भारतीय दार्शनिक-आध्यात्मिक, सांस्कृतिक, साहित्यिक चिन्तन की पताका फहराती रही हैं। मगर कुछेक तात्कालिक दबावों के चलते पश्चिमी बुद्धिवाद इधर ज्यादा हावी होता गया, यह सच है। परिणाम यह हुआ कि औसत भारतीय मानस ही नहीं, चिन्तक भी आत्महीनता से ग्रस्त होता गया। अपनी वैचारिक विरासत को पश्चिम के मुकाबले रखने का उसका माद्दा, क्षमता घटती गयी। जिसके दुष्परिणाम इधर के वर्षों में अधिक साफ दिखने लगे हैं। शाह के अनुसार भारतीय नवजागरण प्रसूत आधुनिक आलोचकीय दृष्टि तथा छायावादी कवियों के यहाँ चित्रित जातीय स्मृति का विकास और विस्तार करने की अपेक्षा हम पश्चिमी चकाचौंध में धँसते गये। नतीजा यह हुआ कि हम वैचारिकहीनता, आत्महीनता से ग्रस्त होते गये। इस बात को रवीन्द्रनाथ और गाँधी के हवाले से शाह सिद्ध करते हुए इस पक्ष पर जोर देते हैं कि बिना वैचारिक स्वराज को हासिल किये पश्चिमी बुद्धिवाद और उसके निष्कर्षों को चुनौती नहीं दी जा सकती और न ही जैसी श्री अज्ञेय की कल्पना रही-'आलोचक राष्ट्र का निर्माण' किया जा सकता है। आचार्य हजारीप्रसाद द्विवेदी के हवाले से रवीन्द्रनाथ का उल्लेख करते हुए शाह लिखते हैं, ''भारतवर्ष में जो दुर्गति सर्वाधिक उग्रता से सिर उठाकर खड़ी है, वह केवल अन्न, वस्त्र, शिक्षा और आरोग्य का अभाव नहीं है, वह है भारतवासी के भीतर अत्यन्त नृशंस आत्म-विच्छेद-अलगाव की भावना।...यह विदेशी सभ्यता हमारा क्या लूट ले गयी, यह मैं जानता हूँ।' यही बात 'हिन्द स्वराज' में गाँधी जी भी कहते हैं, 'हिन्दुस्तान का यह संवेदनहीन बुद्धिजीवी वर्ग हार्ड-हार्टेड इण्टेलिजेंसिया' मेरे लिये मेरे जीवन का सबसे लम्बा और सबसे विकट दु:स्वप्न है। (अज्ञेय का कविकर्म, पृ. 57)

इसी परिप्रेक्ष्य में परम्परा और इतिहास के सवाल को भी देखना लाजिमी होगा। पश्चिमी बुद्धिवाद से आक्रान्त भारतीय बुद्धिजीवियों का एक विशाल वर्ग भी इसका शिकार रहा है। भारतीय परम्परा को ठीक से न समझने और उसकी दार्शनिक-आध्यात्मिक-सामाजिक भूमिका को न परखने का ही दुष्परिणाम यह हुआ कि हम पर इतिहासबोधहीनता का आरोप जड़ा जाता रहा। शाह मानते हैं कि परम्परा या इतिहास की चिन्ता हमारे यहाँ पश्चिम की तरह नहीं हुई है और इसका कारण स्वभावत: विचारों की बजाय अनुशासन पर अधिक जोर देना रहा है। लेकिन इसका तात्पर्य यह कदापि नहीं कि हमारा समाज इतिहास से अनभिज्ञ रहा हो। श्री अज्ञेय के हवाले से अपनी बात को स्पष्ट करते हुए कहते हैं, ''अवस्थिति का अद्वितीय बोध भारतीय चरित्र की बहुत बड़ी विशेषता है और यह बहुत हद तक उस कमी को पूरा कर देता है जिसका आरोप हम पर लगाया जाता रहा है-इतिहासबोध की कमी का।'' (भूलने के विरुद्ध, पृ. 15) यद्यपि परम्परा और इतिहास दोनों एक ही नहीं हैं-यह सच है और अपने यहाँ इतिहास को लेकर वैसा चिन्तन नहीं हुआ, किन्तु परम्परा जो कि हमारी थाती है, जिसमें हमारी सभ्यता के विकासमान् सूत्र संयोजित रहे हैं, वह कोई रूढ़िगत अथवा जड़ चीज नहीं है। इसीलिए शाह पुन: अज्ञेय को याद करते हैं और गर्व से कहते हैं, ''इतिहास से मुक्ति हमारी परम्परा की सबसे बड़ी देन है।'' उनका स्पष्ट आरोप है कि, ''आउट साइडर' की दृष्टि से देखने के कारण ही पश्चिमी विचारकों टी. एस. इलियट इत्यादि का दृष्टिकोण भारतीय परम्परा के प्रत्याख्यान में गलत सूचना देता है।''

आज का समय ही नहीं, शायद कोई भी समय रचना के अनुकूल नहीं रहा होगा, तभी तो रचना को सदैव प्रतिरोध और हस्तक्षेप माना गया है। अपने युग की विडम्बनाओं, चिन्ताओं, सवालों को उठाने का जितना सार्थक और सुलभ हेतु साहित्य रहा है उतना शायद ही कहीं और 'स्पेस' रहा हो। यह दीगर बात है कि समय के आलोड़न-विलोड़न के मध्य यह प्रतिरोध, हस्तक्षेप की धार कभी-कभी कुन्द होती रही है। प्रो. शाह का मानना है, ''अन्य अनुशासनों की अपेक्षा साहित्य की विशेष महत्ता और उपयोगिता इसी में मानी गयी है कि वह सत्य को-अनुभव के तथ्यों को और अस्तित्व के 'फाइनल फैक्ट्स' को मात्र बौद्धिक ही नहीं, बल्कि भाविक-सांवेदनिक यथातथ्यता में पकड़ता और प्रकट करता है। सत्य को 'इमोशनल प्रिसिजन' के साथ मूर्त करते हुए उसे सम्भाव्य क्षेत्र में घटित करने का यह काम उस तरह कोई और नहीं कर सकता।'' (सबद निरन्तर, पृ. 12) साहित्य स्रष्टा से इसीलिए बड़ी अपेक्षाएँ होती हैं समय को भी और समाज को भी। जहाँ साहित्य अपनी जिम्मेदारी से चूकता है वहाँ समाज में विद्रूपता फैलने लगती है। प्रो. विश्वनाथ प्रसाद तिवारी भी कहते हैं, ''अपने समय की वास्तविकताओं का भोक्ता

और साक्षी होने के कारण लेखक की रचना अपने समय का महत्त्वपूर्ण सत्य होती है। जो रचना अपने समय के लिए सच नहीं होती वह किसी समय के लिए सच नहीं होती। लेखक जब लिखता है तो यह समझकर लिखता है कि जिस समय वह उसे लिख रहा है उस समय का सबसे महत्त्वपूर्ण सत्य लिख रहा है।...मगर रचना की सार्थकता अपने युग का दर्पण या प्रतिबिम्ब मात्र होने में नहीं है, वह अपने युग को आगे भी ले जाती है, उसे बदलने की कोशिश भी करती है।'' (रचना के सरोकार, पृ. 31-32)

कहने की गरज नहीं अपने समय के सत्य की बेबाक अभिव्यक्ति की छटपटाहट ही साहित्य को अन्य अनुशासनों से अलग दिखलाती है। मानव-जीवन के सूक्ष्म संवेदनों की पकड़ साहित्य में जिस कदर रची-बसी होती है वैसी अन्यत्र दुर्लभ होती है। ऐसे अराजक माहौल में जहाँ सामाजिक मूल्य और मान्यताओं पर संकट के बादल मँडरा रहे हों, साहित्य की भूमिका विशेष रूप से अर्थवान् हो जाती है। शाह के शब्दों में, ''ऐसा न केवल इसलिए कि वह मूल्यों के संकट का प्रामाणिक और यथातथ्य अन्तः साक्ष्य रच सकता है, बल्कि इसलिए भी, कि जीवन-मूल्यों का जो परम्परागत स्रोत यहाँ कमोबेश एक लम्बे अरसे तक प्रवाहित रहा है, वह न केवल काफी कुछ अवरुद्ध हो चुका है, प्रत्युत दिशाहीन राजनीति और उपभोक्ता संस्कृति के तन्त्र के पीछे ओझल भी हो गया है।'' (सबद निरन्तर, पृ. 17) जागरूक-संवेदनशील विचारक इस स्थिति से चिन्तित हैं, इसे समाज के लिए, राष्ट्र के लिए खतरनाक स्थिति मानते हैं। चारों तरफ इस स्थिति से उबरने की पुकारें सुनायी पड़ रही हैं, जीवन के कुंठित और भ्रष्ट हो गये अर्थ को, खोये हुए अर्थ को फिर से पाने की लालसा तो दिख रही है लेकिन राजनीति और अर्थनीति की महत्ता ऐसी बना दी गयी है याकि मान ली गयी है कि सार्थक हस्तक्षेप-जो कि केवल और केवल साहित्य और कला के जरिये सम्भव है-का मार्ग अवरुद्ध किया जा रहा है।

जाहिर है ऐसे में लेखक का सामाजिक दायित्व पहले से कहीं अधिक है। क्योंकि साहित्य अपने समय का सच कहता है, और कहता ही नहीं है, बल्कि उसके बहुआयामी पक्षों को अनावृत्त कर यह जतलाने की कोशिश भी करता है कि बेहतर समाज निर्माण के लिए किन बुनियादी सरोकारों पर उसे दृष्टि केन्द्रित करनी चाहिए। प्रेमचन्द के हवाले से शाह कहते हैं, ''साहित्य का सबसे ऊँचा आदर्श यह है कि उसकी रचना केवल कला की पूर्ति के लिए की जाये...जब साहित्य की रचना किसी सामाजिक, राजनीतिक और धार्मिक मत के प्रचार के लिए की जाती है तो वह अपने पद से गिर जाता है, लेकिन आजकल परिस्थितियाँ इतनी तीव्र गति से बदल रही हैं, इतने नये-नये विचार पैदा हो रहे हैं कि कदाचित् अब कोई लेखक साहित्य के आदर्श को ध्यान में रख ही नहीं सकता।'' (वागर्थ, पृ. 57) यह द्वन्द्वात्मक स्थिति

प्रेमचन्द ही नहीं हर रचनाकार के समक्ष होती है। इधर के दौर में तो यह द्वन्द्व और ज्यादा गहराता गया है, जटिल होता गया है। और यह जितना जटिल होता जायेगा, साहित्यकार से अपेक्षाएँ उतनी ही बढती जायेंगी, क्योंकि केवल साहित्य से ही अपेक्षा की जा सकती है राजनीति आदि अनुशासनों से नहीं।

साहित्य को एक सार्थक हस्तक्षेप माननेवाले शाह लेखक के सामाजिक दायित्वबोध को रचना-प्रक्रिया का एक अनिवार्य घटक मानते हैं, उसकी अन्तर्वस्तु मानते हैं। उनके शब्द हैं 'साहित्यकार का सामाजिक दायित्वबोध कोई ऐसी सहज विश्लेष्य चीज नहीं है जिसे उसके कृतित्व से अलग करके बताया जा सके या निर्दिष्ट किया जा सके। जो कुछ समाज मन में घट रहा है, साहित्यकार को उसकी आहट सबसे पहले मिलती है: सृजनात्मक ज्ञान और ज्ञान के और तमाम अनुशासनों के बीच यह बुनियादी अन्तर है।'' (उप., पृ. 56) अन्यत्र उन्होंने लिखा है, ''साहित्य केवल समाज का आईना भर नहीं होता, वह हमेशा आईने से कुछ अधिक होता है। बल्कि जो सर्जनात्मक साहित्य की प्रगतिशील अवधियाँ हैं उनके बारे में यही ज्यादा सच है।'' (उप., पृ. 85) कवि-कर्म को किसी समाज की आन्तरिक गतिशीलता के अभाव की क्षतिपूर्ति माननेवाले शाह का मत है कि मौजूदा दौर में समाज में आयी स्वचालित गत्वरता साहित्य के लिए भी सबसे खतरनाक है। इसी का परिणाम है कि न सिर्फ बुद्धिजीवियों की बौद्धिकता पर प्रश्नचिह्न लगे हैं, अपितु उनकी मानसिक स्वतन्त्रता पर भी सवालिया निशान उठे हैं। धर्म, दर्शन और अध्यात्म का अस्तित्व सवालों के घेरे में है। सार्थक चिन्तन का न होना और संवाद का एकालापी होते जाना, इसी का परिणाम है। कहना गैरजरूरी न होगा कि दर्शनशास्त्रियों के हवाले से जिस वैचारिक स्वराज की बात शाह ने उठायी है वही एकमात्र माध्यम हो सकता है- वर्तमान परिस्थितियों से उबरने का। साहित्यिक-सामाजिक गतिरोध दूर कर पुनः सार्थक संवाद स्थापित करने का प्रयास भी तभी सम्भव हो सकता है।

प्रो. शाह यह मानते हैं कि बड़ी और गहरी सृजनात्मकता ही बड़ी और गहरी आलोचना को उकसाती है। इसीलिए वे रचना से गुजरते वक्त इस बात का खासा ध्यान रखते हैं कि रचनात्मकता का कोई पहलू अछूता न रह जाये। व्यावहारिक आलोचना के लिए यह बहुत जरूरी है कि, ''एक विशिष्ट साहित्यिक कृति की अन्तरंगता हासिल करने की चेष्टा में हम पहले उसकी आस्वाद प्रक्रिया और उसके साथ जानेवाली आन्तरिक अध्ययन विधि में अधिक रमें।'' (भूलने के विरुद्ध, भूमिका) बात चाहे छायावाद की प्रासंगिकता की हो, जयशंकर प्रसाद की हो अथवा नयी कविता और नयी कहानी के अपने नितान्त समकालीन परिवेश की, सहभागिता के अनुभव के आख्यान की या युवा और युवतर सर्जकों-आलोचकों के मूल्यांकन की, शाह साहब की दृष्टि में आस्वाद व रचना-प्रक्रिया दोनों विद्यमान रहती हैं। और

अक्सर उन्होंने सांस्कृतिक विरासत के दायरे में परम्परा के मूल्यांकन से ही बात शुरू की है। प्राचीन-मध्यकालीन काव्य से लेकर इस सदी के अन्त तक की कविताओं का मनन-मूल्यांकन उन्होंने किया है। भक्तिकाल में नाम-निरूपण और नाम जतन के माहात्म्य का उल्लेख करते हुए तुलसी की 'मेटाफिजिकल' संकल्पना व कवि-कर्म के बारे में कहते हैं, "यह सामान्य कवि-कर्म नहीं था: यह तो कवि-कर्म के माध्यम से कवि-कर्म के साधनों से और कवि-कर्म के धरातल पर ही धर्म संस्थापन जैसा कार्य था-एक समूची सभ्यता के जीवन-मूल्यों के पुनराख्यान, पुनर्भाष्य और पुनर्प्रतिष्ठा का कार्य।" (आलोचना का पक्ष, पृ. 22) तुलसी के कवि-कर्म की इस महनीयता के साथ ही उन्होंने समूचे भक्तिकाव्य का भी मूल्यांकन इन शब्दों में किया है, "अरूप को रूप देने का, निर्गुण को सगुण और अनिर्वचनीय को भी वचनीय बनाने की विकलता क्या व्यास, क्या तुलसी, क्या कबीर सभी को व्यापती है। सच पूछा जाये तो जिसे हम भक्तिकाव्य या सन्तकाव्य कहते हैं, उसकी मूल प्रेरणा यही है।" (उप., पृ. 24)

कविता के कारखाने में छायावाद को देखने की उनकी मंशा से साफ जाहिर होता है कि वे साहित्य को उसकी परम्परा की पीठिका पर ही रखकर देखने के पक्षधर हैं। इस सन्दर्भ में उनका यह कथन द्रष्टव्य है, "वाल्मीकि और व्यास ने जो केन्द्रीय हैसियत कविता को और कवि को दिलायी थी, अपनी सभ्यता और संस्कृति के इतिहास में, उसे ऐसा प्रतीत होता है कि बाद के कवि निभा नहीं पाये। परवर्ती युगों की कविता उस दायित्व से स्खलित हो गयी। उसकी वह महिमा नहीं रही। भक्तिकाल में यह दुश्चक्र टूटा तो सही, पर जल्द ही फिर जुड़ गया।" (छायावाद की प्रासंगिकता, पृ. 15) छायावाद, पुनर्जागरण का प्रतिफलन है। इस काव्यान्दोलन ने, "जहाँ एक ओर कवि की निजी वैयक्तिक स्मृति को उत्तेजित किया, वहीं दूसरी ओर उसमें इस वैयक्तिक स्मृति की नवजात सक्रियता के साथ-साथ जातीय स्मृति का भी सहज उद्रेक हो सका था और उस युग की कविता को नये रूपाकार दे सका था।" प्रसाद को विश्वविद्यालयों का कवि कहकर हिन्दी-संसार ने उनकी उपेक्षा की है। जबकि शाह जी मानते हैं कि प्रसाद को समझने की शुरुआत वस्तुतः विश्वविद्यालय से निकलने के बाद शुरू होती है। वे मानते हैं कि प्रसाद भारतीय-संस्कृति और जातीय स्मृति के सन्दर्भवान् चिन्तक हैं। "हमारे जातीय-सांस्कृतिक इतिहास की सबसे प्रखर आत्मवेदना प्रसाद में ही मिलती है।" (उप., पृ. 26) इसीलिए वे यह घोषणा करते हैं कि प्रसाद की भारतीयता निराला, अज्ञेय और रवीद्रनाथ की अपेक्षा कहीं अधिक जिम्मेदार, आधिकारिक और विशाल थी। वे ब्राह्मणों के ब्राह्मण और बौद्धों के भी बौद्ध थे। प्रसाद पर लगाये गये आरोपों का खण्डन करते हुए वे कहते है 'प्रसाद की दुरूहता भाषा की नहीं भाव की है।' वे

रहस्यवादी कवि नहीं बौद्धिक कवि हैं। पलायनवादी या अतीतजीवी नहीं, सच्चे अर्थों में सांस्कृतिक कवि हैं।'' प्रमुख छायावादी कवियों का मूल्यांकन करते हुए उनका यह कहना विचारणीय है कि, ''शिल्प का सजग अध्यवसाय और उत्साहमय प्रयोगशीलता हमें प्रसाद की अपेक्षा पन्त और निराला में ज्यादा स्पष्ट देखने को मिलती है।'' (उप., पृ. 11) यह भी कि, ''पन्त जीवन-संवेदना से अधिक शिल्प-संवेदना के कवि है'', ''निराला भाषा के किसान हैं। उनके लिए कोई धरती परती नहीं, हर खेत में उनके भाव की जड़ गड़ जाती है।'' (उप., पृ. 68) प्रसाद-निराला-पन्त का यह मूल्यांकन इन कवियों को समझने के लिए नयी जमीन तैयार करता है। छायावाद की बृहत्त्रयी के बारे में उनका तुलनात्मक आकलन देखें, ''अनुभूति की तीव्रता और सान्द्रता निराला की पहचान है। प्रसाद में अपनी चित्तवृत्तियों के प्रति एक विशेष चौकन्नापन है। पन्त जी में जो कमी सबसे ज्यादा खटकती है वह है मार्मिकता और द्रवणशीलता।'' (उप., पृ. 91) भाषा की काव्यमुक्ति के प्रणेता वे प्रसाद को मानते हैं। प्रसाद के बाद निराला ने छन्दों के बन्धन तोड़कर भाषा को नयी अर्थवत्ता प्रदान की। शाह जी मानते हैं कि, ''निराला अपने परवर्ती कवियों के लिए सबसे ज्यादा सन्दर्भवान् कवि हैं। इसका कारण है उनकी भाषा, साधना और जीवन-संघर्ष और यही नये कवियों को उनसे सीखने को चीजें भी हैं।'' (आलोचना का पक्ष, पृ. 36)

कहने की आवश्यकता नहीं कि प्रसाद के बाद शाह के सबसे प्रिय कवि हैं अज्ञेय। अज्ञेय के काव्य को समझने की भूलें कम नहीं हुई हैं। उनकी बौद्धिकता को स्वीकारने की बजाय उन्हें अस्तित्ववादी, क्षणवादी और पाश्चात्य अनुकरणकर्त्ता तक करार दे दिया गया है। शाह मानते हैं कि, ''अज्ञेय में भी प्रसाद की तरह सांस्कृतिक बोध है, भारतीयता भी है। उनके शब्दों में, ''अज्ञेय की कविता में अगर पूरब और पश्चिम मिलते हैं तो उत्तरोत्तर पूरब की शर्तों पर मिलते हैं, पश्चिम की शर्तों पर नहीं।' (वागर्थ, पृ. 85) यह भी कि, ''अज्ञेय अपनी संवेदना में निश्चय ही आधुनिक हैं, किन्तु आधुनिकतावादी उस तरह नहीं। इलियट से वे प्रभावित अवश्य हुए किन्तु केवल उसके परम्परा विषयक चिन्तन से, उसके काव्य से उस तरह नहीं।'' (भूलने के विरुद्ध, पृ. 56) जड़ीभूत सौन्दर्याभिरुचि के खिलाफ नयी कविता में जो सपाटबयानी का आग्रह आया है, उसमें काव्यगत तर्क और औचित्य का निर्वाह उन्हें सर्वाधिक विपिन अग्रवाल में मिलता है। धूमिल के बारे में उनका कहना है... ''धूमिल की कविता, हिन्दी कविता के 'व्यक्तित्व की खोज से अस्तित्व की खोज तक' की अनिवार्य यात्रा का एक जरूरी पड़ाव है।'' (वागर्थ, पृ. 115) कुँवरनारायण के कवि-कर्म की चर्चा करते हुए उन्हें मुक्तिबोध, सर्वेश्वर, केदारनाथ सिंह से कहीं अधिक आधुनिक भावबोध सम्पन्न कवि बताते हैं। उनकी

दृष्टि में कुँवरनारायण की कविता, ''नैतिक पूर्णतावादी अहंकार से प्रेरित नहीं, बल्कि मानवीय स्खलन के आयाम को यथातथ्य स्वीकार कर और पचा कर चलनेवाली कविता है, इसलिए मनुष्य में उसका विश्वास भी जोखिम से निखरा हुआ विश्वास है, सत्-चित्-वेदना का विश्वास है।'' (आलोचना का पक्ष, पृ. 110)

कुल मिलाकर, प्रस्तुत विवेचन के आलोक में यह कहा जा सकता है कि श्री रमेशचन्द्र शाह ने पिछले चालीसेक साल की आलोचना में अपना एक महत्त्वपूर्ण स्थान बनाया है। उनकी आलोचना-दृष्टि संस्कृति, परम्परा और आधुनिक भावबोध को आत्मसात् करते हुए विकसित हुई है। उन पर गाँधीवादी दर्शन का विशेष प्रभाव पड़ा है। गाँधी के मेटाफिजिकल चिन्तन को ही उन्होंने भारतीय एवं पाश्चात्य दर्शनों के निचोड़ के रूप में स्वीकार किया है। प्रसाद-अज्ञेय -साही की चिन्तनदृष्टि का भी उन पर गहरा प्रभाव है। छायावाद, खासकर प्रसाद को लेकर उनका मूल्यांकन निश्चय ही नये तथ्य सामने लाता है। आलोचना की संस्कृति को जिस आधार पर वे समझने-समझाने की माँग करते हैं वह निश्चित रूप से विचारणीय है। उनके मतों से असहमति हो सकती है लेकिन आलोचना की संस्कृति को यदि जीवित रखना है, आलोचना कर्म को गतिमान् बनाये रखना है तो निश्चय ही उसके सांस्कृतिक पक्ष या कहें सभ्यता पक्ष को भुलाया नहीं जा सकता। शाह जी जैसे समीक्षक इस नाते निश्चय ही सन्दर्भवान् रहेंगे कि उन्होंने पुनः मुद्दों के आधार पर आलोचना-प्रणाली को समझने पर बल दिया। अन्त में प्रो. कृष्णदत्त पालीवाल के शब्दों में, ''हिन्दी में शाह जी की आलोचना सौन्दर्यमूलक सत्याग्रह है जो कभी कला और कुमारस्वामी के पास जाती है कभी बी.एस. नायपाल के पास। कभी अज्ञेय और इलियट को मथकर हृदय संवाद, फिर बौद्धिक संवाद करती है। समकालीन वास्तविकता और भाषिक सम्प्रेषण, मीडिया तन्त्र और उत्तर-आधुनिकता की चिन्ताएँ उन्हें घेरती हैं लेकिन वे पश्चिम के आतंक से मुक्त स्वाधीन मेधा के आलोचक हैं। उनकी आलोचना पढ़कर शमशेर की कविता याद आती है''-'काल तुमसे होड़ है मेरी।' (हिन्दी आलोचना : समकालीन परिदृश्य, पृ. 118)

# आलोचना की प्रमुख प्रवृत्तियाँ

**प्रभाववादी आलोचना**

इसे आत्मप्रधान या आत्माभिव्यंजक आलोचना भी कहा जाता है। ऐसी प्रवृत्ति आलोचना में किन्हीं मान-मूल्यों को स्थिर नहीं मानती और व्यक्तिगत रुचि को महत्त्वपूर्ण मानते हुए व्यक्ति-मन पर पड़े प्रभावों के आधार पर आलोचना के मान नियत करती है। इसके लिए साहित्य का इतिहास, परम्परा, मनोविज्ञान याकि बने-बनाये शास्त्रीय मत अथवा सौन्दर्यशास्त्रीय नियमों का कोई महत्त्व नहीं होता है। यह साहित्य को महज अपनी रुचि की तुला पर आँकती है। बाबू श्यामसुन्दरदास के अनुसार, "स्वतन्त्र या आत्मप्रधान, आलोचना, जिसमें आलोचक आलोच्य विषय की विवेचना करता हुआ उसमें इतना तल्लीन या उससे इतना विमुख हो जाता है कि विवेचन को छोड़कर भाव-लहरी में बह चलता है। आलोच्य रचना या विषय उसके भावों का आलम्बन बन जाती हैं। ऐसी आलोचनाएँ रचनात्मक साहित्य की कृतियाँ हो जाती हैं।" दूसरे शब्दों में प्रभाववादी आलोचना एक प्रकार की कृतिक्षा है जिसमें आलोचक की प्रीति-अप्रीति का प्रकाशन होता है।

प्रभावात्मक आलोचना में तीन तत्त्व प्रधान होते हैं लेखक-आलोचक का व्यक्तित्व, भाव प्रवणता और कल्पना प्रवणता। इसकी प्रवृत्ति भावात्मक और सर्जनात्मक होती है इसलिए इसमें निबन्ध जैसा लालित्य मिलता है। ऐसी आलोचना एक प्रकार से भावात्मक निबन्ध जैसी लगती है। ऐसी आलोचना रचना के औचित्य-अनौचित्य पर विचार नहीं करती, बल्कि आलोचक पर कैसा प्रभाव पड़ता वह महत्त्वपूर्ण होता है। इसमें भिन्न-भिन्न आलोचकों पर एक ही कलाकृति का अलग-अलग प्रभाव पड़ सकता है। अर्थात् प्रत्येक आलोचक अपनी-अपनी रुचि से एक ही कृति पर अलग-अलग राय दे सकता है।

इस मत के समर्थक स्पिनगार्न के अनुसार समीक्षा का नितान्त स्वाभाविक रूप वही है जिसमें पुस्तक की साहित्यिक विशेषताओं, कलात्मकता और गुणों की अपेक्षा आलोचक के ऊपर पड़े हुए प्रभावों एवं आत्मानुभूतियों को अधिक महत्त्व दिया जाता है। यूरोप में प्रभाववादी समीक्षा को कोई महत्त्व नहीं दिया गया। वहाँ इसे वाग्विलास की श्रेणी में रखा गया। आचार्य रामचन्द्र शुक्ल ने इस प्रवृत्ति पर टिप्पणी करते हुए कहा है, ''इस प्रकार, किसी पाठक के हृदय पर पड़े अच्छे प्रभाव को सुन्दर तथा सरस भाषा में प्रतिक्रियात्मक रूप से व्यक्त कर देना मात्र आलोचना नहीं हो सकती।'' इस परम्परा के हिन्दी आलोचकों में पद्मसिंह शर्मा, कृष्णबिहारी मिश्र, शान्तिप्रिय द्विवेदी, भगवतशरण उपाध्याय आदि के नाम लिये जाते हैं। इस समीक्षा का ही कमाल है जो देव और बिहारी की महत्ता नापने में मिश्रबन्धुओं ने अपनी सारी ऊर्जा लगा दी थी।

प्रभावात्मक समीक्षा के दो उदाहरण प्रस्तुत हैं–

(1) ''यदि सूर-सूर तुलसी शशी उडगन केशवदास हैं तो बिहारी पीयूषवर्षी मेघ हैं, जिनके उदय होते ही सबका प्रकाश आच्छन्न हो जाता है, फिर उसकी दृष्टि से कवि-कोकिल कुहकने, मन-मयूर नृत्य करने और चातक चहकने लगते हैं। फिर बीच-बीच में जो लोकोत्तर भावों की विद्युत् चमकती है, वह हृदयच्छेद कर जाती है।''

(2) ''वाह रे अन्धे कवि सुरदास? तुमने क्या कमाल किया है। तुमने रस, रूप और भाव-सौन्दर्य अपनी बन्द आँखों से देख लिया जो लोग अपनी खुली आँखों से नहीं देख पाते।''

### शास्त्रीय/परम्परावादी आलोचना

शास्त्रीय आलोचना की आधारशिला भारतीय काव्यशास्त्रीय परम्परा है। परम्परावादी आलोचकों ने संस्कृत साहित्य की विपुल शास्त्रीय चिन्तन की परम्परा को युगीन यथार्थ के समक्ष रखकर देखा और उसे सन्दर्भवान् बनाया। परम्परा शब्द का प्रयोग यहाँ रूढ़िगत अर्थ में नहीं हुआ है, यद्यपि हम यह मानते हैं कि परम्परा रूढ़िवादी अर्थ का बोधक भी सामान्य तौर पर माना गया है। परन्तु परम्परा से यहाँ हमारा अर्थ यह है कि परम्परा अवलम्ब होती है यदि उसे विकासवादी दृष्टि से देखा जाये तो, और कहने की आवश्यकता नहीं कि अधिकतर परम्परावादी आलोचकों ने इसे इसी दृष्टि से देखा है।

डॉ. विद्यानिवास मिश्र ने लिखा है, ''परम्परा के स्वीकार करने का अर्थ बन्धन नहीं, अनुशासन का स्वेच्छा से वरण है, विध्यात्मक उदारता के लिए अपनी समस्त हत्याओं का समर्पण है। इसलिए वह इतिहास से बड़ी है और हमारे लिये तो

अपरिहार्य है. वही हमारी शक्ति है। परम्परा अपने को ही काट-तोड़कर आगे बढ़ती है, इसलिए वह निरन्तर मनुष्य को अनुशासित रखते हुए भी स्वाधीनता के नये-नये आयामों में प्रतिष्ठित करती चलती है। परम्परा बन्धन नहीं है, वह मनुष्य की मुक्ति (अपने लिये ही नहीं, सबके लिए मुक्ति) की निरन्तर तलाश है।'' (परम्परा बन्धन नहीं, पृ. 15) कहने की आवश्यकता नहीं कि परम्परावादियों ने परम्परा को इसी विस्तृत अर्थ में स्वीकार किया है। परम्परा का तात्पर्य निस्सन्देह केवल अतीत से नहीं है। सही अर्थों में परम्परा अतीत से वर्तमान को जोड़ने की कड़ी का नाम है। अतीत परम्परा की पृष्ठभूमि है, तो वर्तमान उसका पल्लवित रूपाकार। हम इससे सहमत हैं कि, ''परम्परा एक ऐतिहासिक बोध है जो अतीत के व्यतीत का नहीं, उसकी वर्तमानता का दर्शन है।'' (शब्द और कर्म, पृ. 86) आलोचना में परम्पराबोध को लेकर एक प्रवृत्ति शुरू से ही अनवरत् चलती रही है जो कि आज भी प्रवहमान् है। शुक्ल जी की तरह परवर्ती कुछ आलोचक, जो कि उनके समय ही साहित्य-पटल पर पदार्पण कर चुके थे, उन्होंने अपनी परम्परा का नवीन सन्दर्भों में अध्ययन किया और युग के अनुसार उसे व्याख्यायित किया, तो कुछ ने समसामयिक सोच के बावजूद भी परम्परानुमोदित चिन्तन की प्रक्रिया को ही अपने चिन्तन का आधार बनाया। उन्होंने पौर्वात्य और पाश्चात्य् दोनों का गम्भीर अनुशीलन कर अपना मार्ग बनाया। एक कथन इस सन्दर्भ में उल्लेखनीय है, ''अक्सर कहा जाता है कि यह नवीन भवन विदेशों की नकल पर बना है। इसमें पाश्चात्य मध्यमवर्गीय उत्थान काल के आदर्श और 'डिजाइन' की अनुकृति है। इस सम्बन्ध में मेरा कहना इतना ही है कि ईंट, चूना गारा और मिट्टी जब स्वदेशी है तब डिजाइन विदेशी होने से क्या! और वह भी इसी अर्थ में विदेशी कहीं जा सकती है कि विदेशों में उससे मिलती-जुलती इमारतें बन चुकी थीं।'' (हिन्दी साहित्य : बीसवीं शताब्दी, पृ. 15) यही दृष्टिकोण लगभग समस्त परम्परावादियों का है, इनमें आचार्य नन्ददुलारे वाजपेयी, आचार्य हजारीप्रसाद द्विवेदी, डॉ. नगेन्द्र, डॉ. देवराज, डॉ. विद्यानिवास मिश्र, डॉ. राममूर्ति त्रिपाठी और डॉ. आनन्दप्रकाश दीक्षित आदि हैं।

## तुलनात्मक आलोचना

'तुलना' से तात्पर्य है दो चीजों का आपस में समानता-असमानता की दृष्टि से मिलान। साहित्य में जब किसी कृति, विचार या विषयवस्तु की विवेचना उसके ही समानधर्मी से की जाती है और उनमें प्राप्त समानता-असमानता के आधार पर विचार किया जाता है तो ऐसी प्रवृत्ति को तुलनात्मक आलोचना कहते हैं। इसका क्षेत्र अत्यन्त व्यापक है। एक पंक्ति से लेकर विशालकाय ग्रन्थों, धाराओं, प्रवृत्तियों, इतिहास दृष्टि, अन्तर्भाषी, बहिर्भाषी किसी भी आधार पर तुलना हो सकती है। संस्कृत साहित्य में सूक्ति के रूप में कालिदास एवं भारवि, बाणभट्ट एवं श्रीहर्ष की तुलनाएँ

मिलती हैं। रीतिकाल में तो यह सूक्ति बहुप्रचलित ही रही कि, ''सूर सूर तुलसी शशी उडगन केशवदास।''

इस प्रवृत्ति में कवियों, लेखकों की रचनाओं की तुलना उसी भाषा अथवा अन्य भाषा के कवियों, लेखकों की रचनाओं से की जाती है और परस्पर साम्य-वैषम्य के आधार पर उनका महत्त्व रेखांकित किया जाता है। सामान्यत: इस पद्धति में तुलना के आधार पर एक की न्यूनता अथवा सीमा और दूसरे की श्रेष्ठता सिद्ध की जाती है। तुलना करते समय प्राय: आलोचक सन्तुलित दृष्टि नहीं अपनाता जो कि इस प्रवृत्ति के आलोचक की अपनी कमजोरी मानी जा सकती है। आलोचक को न्यायाधीश की भाँति तुलनात्मक रूप से सभी पक्षों पर विचार करना चाहिए और निष्पक्ष राय देनी चाहिए। यदि ऐसा आलोचक पूर्वग्रहों से मुक्त नहीं है तो उसकी आलोचना निष्पक्ष और न्यायसंगत नहीं हो सकती। हिन्दी समीक्षा में प्रारम्भिक दौर में जो देव-बिहारी की आलोचना को लेकर विवाद खड़ा हुआ था वह ऐसी पूर्वग्रहयुक्त तुलनात्मक सोच से ही उपजा था। कृष्णबिहारी मिश्र की स्थापना 'देव बिहारी' का उत्तर लाला भगवानदीन ने 'बिहारी और देव' के माध्यम से दिया था।

आधुनिक हिन्दी समीक्षा के आविर्भाव काल से ही यह प्रवृत्ति मिलती है। आचार्य महावीरप्रसाद द्विवेदी ने इस प्रवृत्ति का सार्थक उपयोग करते हुए साहित्य और भाषा के बहुत-से कचरे को साहित्य मन्दिर में प्रविष्ट होने से रोका था। इस प्रवृत्ति के आलोचक को बहुत ही गुरु -गम्भीर, अध्ययनशील, साहित्यिक-ऐतिहासिक दृष्टिसम्पन्न होना चाहिए। साथ ही निष्पक्षता, निर्भीकता और ईमानदारी भी आलोचक में होनी चाहिए। आलोचक का ज्ञान यदि विशद और व्यापक नहीं है तो इस प्रवृत्ति की आलोचना के साथ वह न्याय नहीं कर सकता। छायावाद-युग में भी तुलनात्मक आलोचना का बोलबाला रहा। आचार्य नन्ददुलारे वाजपेयी, डॉ. नगेन्द्र प्रभृति समालोचकों ने इस प्रवृत्ति के श्रेष्ठ उदाहरण प्रस्तुत किये। आगे चलकर इसका क्षेत्र केवल आलोचना तक सीमित नहीं रह गया, बल्कि अनुसन्धान का एक प्रमुख आयाम बन गया। तुलनात्मक समीक्षा का एक उदाहरण बाबू गुलाबराय की निम्नलिखित पंक्तियों में देखा जा सकता है-

''सूर और तुलसी के उपासना भेद से उनकी भक्ति-भावना में भी अन्तर था। सूर ने अपने भगवान् के माधुर्य पक्ष को अपनाया था तो तुलसी ने अपने इष्टदेव के ऐश्वर्य पक्ष को। सूर ने नियम और मर्यादा की अपेक्षा प्रेम को प्रधानता दी, तुलसी ने नीति और मर्यादा को। सूर ने भगवान् के लोकरंजक रूप पर अधिक बल दिया तो तुलसी ने इसके लोकरक्षक रूप को। इसका यह अर्थ नहीं कि सूर ने उनके लोकरक्षक रूप की उपेक्षा की हो। श्रीकृष्ण जी ने, अघासुर, बकासुर और कंस का दमन किया था। तुलसी ने राम के बाल सौन्दर्य का तथा वनगमन समय की

माधुर्यमयी छटा का बड़ा मनोरम वर्णन किया है। दोनों ही ने भगवान् की शरणागत वत्सलता पर विश्वास किया, दोनों ही ने भगवत्कृपा का आश्रय लिया है। दोनों में समानता अवश्य है, किन्तु दोनों के दृष्टिकोण में भेद है।''

**प्रगतिवादी आलोचना**

मानव सभ्यता के विकास में शुरू से ही दो धारणाएँ प्रधान रूप से मान्य रही हैं एक चेतनावादी, दूसरी पदार्थवादी धारणा। कालान्तर में इन्हीं को भाववादी और भौतिकवादी चिन्तनधारा माना गया। ऐतिहासिक भी इस मत से सहमत रहे हैं कि मानव सभ्यता का विकास इन्हीं दोनों चिन्तनधाराओं द्वारा निर्धारित और निर्देशित होता आया है। इनमें पहली चिन्तनधारा अध्यात्मवादी है वह संसार को गूढ़ रहस्यों से भरा हुआ मानती है और इसे समझने में ही अपनी चरितार्थता मानती है। यह धारणा सारी वस्तुओं, उनके रूपों, किस्मों को अपरिवर्तनीय मानती है। दूसरी ओर पदार्थवादी या भौतिकवादी धारा संसार को विकसनशील और परिवर्तनशील मानती है। उसकी दृष्टि में कुछ भी शाश्वत नहीं, सारी चीजें युगानुकूल परिवर्तित होती रहती हैं, और इस परिवर्तन के पीछे विशुद्ध उपयोगितावादी दृष्टिकोण कार्य करता है। डार्विन का विकासवाद इसका वैज्ञानिक धरातल पर अनुमोदन भी करता है। इस धारा का यह भी मानना है कि प्रत्येक वस्तु में उसके विकास के तत्त्व सम्मिलित रहते हैं, जो परस्पर द्वन्द्वात्मक अवस्था में होते हैं और 'सरवाइवल ऑफ द फिटेस्ट' की प्रक्रिया उनमें अनवरत चलती रहती है।

मार्क्सवाद, प्रगतिवाद जिसका भारतीय संस्करण है, दूसरी धारणा को मानता है। मार्क्सवादी चिन्तन का मूलाधार है समाज। वह समस्त लोकोत्तर धारणाओं का खण्डन करता है तथा समस्त चिन्तन को जीवन और जगत् से जोड़कर देखता है। इसके अनुसार पदार्थ, वस्तु, प्रकृति, जीवन आदि की सत्ता हमारी चेतना के बाहर अपनी स्वतन्त्र और वस्तुगत स्थिति रखते हैं। इस प्रकार वह यह मानता है कि पदार्थ की सत्ता पहले है और वही वास्तव में हमारी संवेदनाओं, विचारों या चेतना का स्रोत है, बिना उसके विचारों या चेतना की कल्पना निराधार है। इसी आधार पर यह तर्क दिया गया है कि मनुष्य की चेतना उसके अस्तित्व को निर्धारित नहीं करती अपितु उनका सामाजिक अस्तित्व ही उसकी चेतना को निर्धारित करता है। और इस प्रक्रिया में जो दृष्टिकोण काम करता है वह है उपयोगितावाद, जो कि अर्थ-सम्बन्धों पर आधारित है।

प्रख्यात विचारक नम्बूदरिपाद के अनुसार, ''अपने जीवन के सामाजिक उत्पादन के दौरान मनुष्य ऐसे सुनिश्चित सम्बन्धों में प्रवेश करता है जो अपरिहार्य और उनकी अपनी इच्छा से स्वतन्त्र होते हैं, मतलब यह कि उत्पादन के सम्बन्ध जो अपनी

भौतिक उत्पादन शक्तियों के विकास के सुनिश्चित स्तर के सहवर्ती होते हैं। इन उत्पादन सम्बन्धों का समूचा योग समाज के आर्थिक ढाँचे की उस मूलाधार की रचना करता है, जिस पर एक कानूनी और राजनीतिक अधिरचना खड़ी होती है और जिसकी सापेक्षता में सामाजिक चेतना के सुनिश्चित रूप निर्धारित होते हैं। भौतिक जीवन की उत्पादन पद्धति सामाजिक, राजनीतिक और बौद्धिक सभी जीवन-प्रक्रियाओं को सामान्य तथा नियमित करती है।'' उत्पादन सम्बन्धों के आधार पर टिका होने के कारण साहित्य और कला की रचना-आलोचना में समाज के आर्थिक आधार का ही प्रतिबिम्ब होता है। उत्पादन सम्बन्धों के आधार पर ही समाज शोषक और शोषित दो खेमों में बँटा होता है। इन दोनों खेमों में, वर्गों में परस्पर संघर्ष चलता रहता है। इतिहास गवाह है कि आदिम व्यवस्था से लेकर पूँजीवादी व्यवस्था तक वर्ग-संघर्ष कायम रहा है और आज भी है। और जब तक आर्थिक समानता नहीं आ जाती, समाज में समानता की भावना नहीं पैदा हो जाती तब तक यह वैषम्य कायम रहेगा। मार्क्स दर्शन इस संघर्ष में शोषित वर्ग, सर्वहारा वर्ग का पक्षधर है। साहित्य में वह इसी वर्ग का प्रतिनिधित्व करता है। साम्यवादी विचारक लेनिन ने तो साहित्य को समाजवाद का हथियार ही घोषित कर दिया है। लेनिन ने अपने, "Party Organisation and Party Literature" शीर्षक निबन्ध में साहित्य को साम्यवादी दल तथा सर्वहारा वर्ग के हित साधन का एक आवश्यक अंग माना है। यह बात हिन्दी में प्रगतिशील साहित्य की आवश्यकता महसूस करनेवाले हमारे प्रगतिवादी विचारक भी मानते हैं। डॉ. शिवदानसिंह चौहान ने लिखा है 'मनुष्य सामाजिक परिस्थितियों और ऐतिहासिक विकास की सीमाओं को नहीं लाँघ सकता। वह स्थायी साहित्य तभी दे सकता है जब वह अस्थायी लगनेवाली परिस्थितियों का चित्रण करे। वर्ग-भेद के आधार पर चलनेवाले समाज में उसे प्रतिक्रियावादी और क्रान्तिकारी वर्गों को पहचानना होगा। पार्टीजन साहित्यकार बनकर ही हम ऐसे साहित्य का निर्माण कर सकेंगे जो अगली पीढ़ियों के लिए मूल्यवान् हों।'' इस आधार पर हम यह कहते हैं कि साहित्य चित्रण ही नहीं, मूल्यांकन में भी रचनाकार आलोचक की तीन बातों को दृष्टिगत रखना चाहिए-पहला युग के आर्थिक आधार का विश्लेषण, दूसरा तद्‌युगीन समाज में वर्गीय-संघर्ष की स्थिति और तीसरा उसमें सर्वहारा वर्ग की पक्षधरता।

मार्क्सवाद में समाजवादी यथार्थवाद को विशेष मान्यता मिली है। ''समाजवादी-यथार्थवाद समाजवादी व्यवस्था का समर्थक है। इसके तहत काम करनेवाले लेखकों के लिए आवश्यक है कि वे मार्क्स, लेनिन के वैज्ञानिक-समाजवाद और द्वन्द्वात्मक-भौतिकवाद को पूर्णतः आयत्त करते हुए वर्ग-संघर्ष का विशद चित्रण करें और सर्वहारा को विजय के प्रति आशान्वित बनायें। सर्वहारा के प्रति प्रतिबद्ध होना इसकी

अनिवार्य शर्त है। यह जरूरी नहीं है कि रचना में सर्वहारा घोषित रूप से विजयी बने ही, किन्तु इस हार में भी संघर्ष तथा परिवर्तन के प्रति उसके मनोबल में कमी नहीं आनी चाहिए।'' गोर्की ने आलोचनात्मक यथार्थवाद के विरुद्ध इसे प्रतिपादित किया और लूकाच ने सौन्दर्यवादी आधार पर इसकी प्रतिष्ठापना की। कहने की जरूरत नहीं कि चूँकि मार्क्स-दर्शन जीवन और जगत् से सीधे सम्बद्ध है और उसकी दृष्टि सामाजिक गतिविधियों पर टिकी हुई है इसलिए उसमें यथार्थ पर जोर अधिक दिया जाता है, काल्पनिकता या वायवीयता का उसमें कोई स्थान नहीं है। डॉ. शिवकुमार मिश्र के अनुसार, ''समाजवादी यथार्थवाद यथार्थ की एक समग्र दृष्टि है जो ऐतिहासिक परिप्रेक्ष्य में वस्तुगत यथार्थ को पूरी समग्रता में देखने के साथ उस भविष्य का रूप भी उद्‌घाटित करती है, जिसका जन्म वर्तमान के बीच से ही होना है, जिसके बीज वर्तमान व्यवस्था में ही छिपे हैं।'' समाजवादी-यथार्थवादी यथार्थ को द्वन्द्वात्मक विधि से देखने का पक्षधर हैं। इसके प्रवक्ता मैक्सिम गोर्की के शब्दों में, "Socialist realism proclaims that life is action, creativity. Whose aim is the unfetterd developments of man's most valuable abilities for his victory over the forces of nature, for his health and longevity for the great happiness of living on earth, which he uncofirmly with the constant growth of his requirements, wishes to cultivative as a magnificient habitation of a mankind united in one family."

समाजवादी-यथार्थवादी लेखक युग-जीवन को इसी महत् उददेश्य से देखता है और भविष्य में आनेवाले जीवन की आशावादी व्याख्या करता है। अनातोली लुनाचार्स्की ने भी लिखा है, ''समाजवादी यथार्थवादी यथार्थ को विकास के रूप में, गति के रूप में; विकासों के अनवरत संघर्ष के रूप में देखता और समझता है। किन्तु वह सिर्फ स्थिरतावादी ही नहीं होता है, वह भाग्यवादी भी नहीं होता, वह अपने को इस विश्वास, इस संघर्ष में सम्मिलित हुआ पाता है, वह तय करता है कि उसकी वर्गीय स्थिति क्या है, किस वर्ग से वह जुड़ा हुआ है या इस वर्ग से जुड़ने का उसका रास्ता क्या होगा, वह अपने को एक ऐसी सक्रिय शक्ति का रूप देता है जिसकी कोशिश होती है कि प्रक्रिया इस ढंग से घटे न कि किसी और ढंग से। वह अपने को एक ओर ऐतिहासिक प्रक्रिया की अभिव्यक्ति के रूप में और दूसरी ओर ऐसी सक्रिय शक्ति के रूप में प्रकट करता है, जो इस प्रक्रिया के सारे क्रम का निर्धारण करती है।'' मार्क्सवादी सौन्दर्यशास्त्र के स्थापक जार्ज लूकाच का भी मानना है कि यथार्थ के सही चित्रण को जितनी केन्द्रीयता मार्क्सवाद में प्राप्त है, उतनी किसी भी सौन्दर्यशास्त्र में नहीं। (In no other aesthetics does the truthful depiction of reality have so central a place as in Marxism.)

संक्षेपत: हम कह सकते हैं कि मार्क्सवादी दर्शन द्वन्द्वात्मक भौतिकवाद, जीवन और जगत् या कहें समाज की यथार्थ स्थिति का चित्रण करता है। वर्गीय स्थिति, उत्पादन सम्बन्धों के आधार पर वह समाज की सच्ची व्याख्या प्रस्तुत करता है।

हम कह चुके हैं कि हिन्दी की प्रगतिवादी आलोचना मार्क्स-दर्शन को ही आधार मानकर चली है या कहें उसी का भारतीय संस्करण है। हिन्दी में प्रगतिवाद का अर्थ इसी रूप में लिया जाता है। भगवत्स्वरूप मिश्र से शब्द लेते हुए हम यह कह सकते हैं कि, ''मार्क्सवादी जीवन-दर्शन के आधार पर साहित्य की श्रेष्ठता, उपादेयता और स्थायित्व का मूल्यांकन करना प्रगतिवादी समीक्षा है।''

हिन्दी प्रगतिवादी आलोचना-दृष्टि की मूलभूत मान्यताएँ मार्क्स-एंजेल्स व लेनिन की विचारधारा को आधार बनाकर निर्मित हुई हैं। मार्क्स-एंजेल्स की विचारधारा का मूलाधार है-अर्थ। अत: अर्थगत आधार पर ही उसकी मान्यताएँ निर्मित हुई हैं और उसी के आधार पर वर्ग-संघर्ष, समाजवादी यथार्थवाद, राजनीति, समाजनीति और साहित्य व कला की मर्यादाएँ निर्धारित हुई हैं। ये ही हिन्दी की प्रगतिवादी समीक्षा के भी आधारस्रोत हैं। समाजवादी यथार्थवाद मार्क्सवादी आलोचना का सबसे अधिक प्रचलित व मान्य प्रतिमान है। यह दृष्टिकोण सामाजिक यथार्थ पर बल देता है और साहित्य का लक्ष्य समाजगत वैषम्यों का चित्रण मानता है। यह मानता है कि ऐसा करके साहित्यकार, कलाकार सामाजिक विकास में अपनी अग्रणी भूमिका निभा सकता है, तथा समाज को विकासवाद की तरफ ले जाने का मार्ग प्रशस्त कर सकता है। डॉ. मक्खनलाल शर्मा ने लिखा है, ''साहित्य में समाजशास्त्रीय दृष्टिकोण जहाँ एक और ह्रासशील तत्त्वों को नष्ट करने का प्रयास करता है वहाँ दूसरी ओर विकास पथ पर अग्रसर करनेवाले प्रगतिशील तत्त्वों को गतिशील बनाने के लिए कृत संकल्प होता है। आज की समाज-व्यवस्था में जो सामन्तवादी-पूँजीवादी तत्त्व हैं उनके गतिरोध को प्रकट करना...इसके अन्तर्गत आता है। साथ ही जो समाजवादी तत्त्व विकसित हो रहे हैं और उनके पीछे जो भावी समाज की सुन्दर कल्पना है, उन्हें उभारकर सामने लाना आज के प्रगतिवादी साहित्य का उद्देश्य हो सकता है। मार्क्सवाद की द्वन्द्वात्मक भौतिकवादी दृष्टि समाज में व्याप्त प्रगतिशील तत्त्वों को सामने लाने का प्रयत्न करती है। पूँजीवादी व्यवस्था में व्याप्त अन्तर्विरोधों और सामाजिक वैषम्यों को उद्घाटित कर यह दृष्टिकोण साहित्य की सामाजिक भूमिका भी बतलाता है।''

प्रगतिवाद एक ऐतिहासिक दृष्टिसम्पन्न विचारधारा है। इसकी मान्यता है कि देश और काल के अनुसार प्रगति के तत्त्व भिन्न-भिन्न रहे हैं और हर युग अपने पूर्व युग की अपेक्षा अधिक उदार और प्रगतिशील रहा है। आदिम व्यवस्था से लेकर

पूँजीवादी-साम्यवादी तक का अध्ययन वह इसी आधार पर दिक् और काल को दृष्टिगत रखते हुए करता है। प्रगतिवाद का जो भौतिकवादी कलेवर है उसको लेकर यह भ्रम बना हुआ है कि भौतिकवादी दृष्टिकोण से सब कालों के साहित्य को कैसे विवेचित किया जा सकता है? परन्तु ध्यातव्य है कि मार्क्स की मान्यता भौतिकवादी जरूर है मगर वह दिक् और काल को भी उतना ही महत्त्वपूर्ण मानता है और उसी के अन्तर्गत प्रगतिवादी-विकासवादी तत्त्वों की खोज करता है। यह भी सच है कि कुछ प्रगतिवादी इस दृष्टिकोण को नहीं मानते, वे सर्वत्र मार्क्सवाद के नाम पर भौतिकवादी दृष्टिकोण अपनाते हैं। कहना न होगा कि ऐसे ही लोगों ने तुलसीदास को प्रतिक्रियावादी घोषित कर रखा है। अब उनसे कौन पूछे कि महाशय तुलसी के युग में आप या मार्क्स पैदा हुए होते तो कौन-सी दृष्टि अपनाते?

हिन्दी में मार्क्सवादी विचार-दर्शन का प्रादुर्भाव वैसे तो आधुनिक युग के आरम्भिक चरणों में होने लगा था, परन्तु उसका वास्तविक स्वरूप सन् '36 के बाद ही निरूपित हो पाया। और उसे विचारधारात्मक दर्शन लेखन के रूप में मान्यता मिली सन् '36 के प्रगतिशील लेखक संघ के अधिवेशन के बाद। इस संघ के प्रथम अध्यक्ष हिन्दी के प्रगतिशील रचनाकार मुंशी प्रेमचन्द, जो कि, ''प्रगतिशील' नाम को ही अनुपयुक्त मानते थे, क्योंकि उनकी दृष्टि में साहित्कार या काव्यकार स्वभावत: प्रगतिशील होता है, उन्होंने समयानुकूल प्रगति की आवश्यकता पर बल देते हुए कहा, ''हमारे लिए कविता के वे भाव निरर्थक हैं जिनसे संसार की नश्वरता का आधिपत्य हमारे हृदय पर और दृढ़ हो जाये, जिनसे हमारे हृदयों पर नैराश्य छा जाय।...हमें उस कला की आवश्यकता है जिसमें कर्म का सन्देश हो।...अत: हमारे पथ में अहंवाद अथवा अपने व्यक्तिगत दृष्टिकोण को प्रधानता देना वह वस्तु है जो हमें जड़ता, पतन और लापरवाही की ओर ले जाती है और ऐसी कला की आवश्यकता हमारे लिये न व्यक्ति रूप में उपयोगी है, न समुदाय रूप में।'' इतना ही नहीं, प्रगतिशीलता की कसौटी निर्धारित करते हुए इसी क्रम में उन्होंने आगे कहा, ''हमारी कसौटी पर केवल वही साहित्य खरा उतरेगा जिसमें उच्च चिन्तन हो, स्वाधीनता का भाव हो, सौन्दर्य का सार हो, सृजन की आत्मा हो, जीवन की सच्चाइयों का प्रकाश हो, जो हममें गति, संघर्ष और बेचैनी पैदा करे, सुलाये नहीं, क्योंकि अब और ज्यादा सोना मृत्यु का लक्षण है।'' प्रेमचन्द जी के ये वक्तव्य इस तथ्य के प्रमाण हैं कि हमारा प्रतिनिधि रचनाकार युग की माँग को कितनी सूक्ष्मता और गहराई से पकड़े हुए है। प्रेमचन्द का साहित्य कितना भी आदर्शवादी क्यों न हो उसमें सामाजिक यथार्थ की जो तस्वीर प्रस्तुत की गयी है, वह प्रगत्यात्मक है। प्रगति के बुनियादी लक्षणों को उनके साहित्य में साफ देखा जा सकता है।

प्रेमचन्द ही नहीं, छायावाद के प्रकृति के लाड़ले, सुकुमार कवि पन्त तक की वाणी में प्रगतिशीलता के तत्त्व झलकने लगे। सपनों के महलों से उतरकर छायावादी कवि यथार्थ की ठोस खुरदरी धरती पर विचरने लगे। उन्होंने कविता की जीवन्तता के लिए यह आवश्यक समझा कि उसे जीवन की ठोस, कठोर यथार्थ से परिचय कराया जाये। पन्त जी ने लिखा, ''हमारा उददेश्य उस इमारत में थूनियाँ लगाने का कदापि नहीं है, जिसका कि गिरना अवश्यम्भावी है। हम तो चाहते हैं उस नवीन के निर्माण में सहायक होना, जिसका प्रादुर्भाव हो चुका है। वह नवीन समाजवैज्ञानिक विचारों और आदर्शों से पुष्टि पाता हुआ असंख्य जनता के कल्याण को ही अपना ध्येय मानता है। यदि हममें सत्य के प्रति वास्तविक आग्रह है तो हम अपने महान् उत्तरदायित्व की अवहेलना नहीं कर सकते। हमारा निश्चित ध्येय प्रगति की शक्तियों को सक्रिय सहयोग देना ही होगा।''

यह निस्सन्देह उस वैज्ञानिक चिन्तन का परिणाम था, जो रूस में जन्मा हुआ था। मुल्कराज आनन्द और सज्जाद जहीर जैसे युवा चिन्तकों ने जिसे भारतीय साहित्य में एक आन्दोलन का स्वरूप प्रदान किया था। मार्क्सवाद-प्रगतिवाद की यह स्थापना कि साहित्य का निर्माण सोद्देश्य है, वह सुख-दुःखात्मक अनुभूति या अभिव्यक्ति नहीं अपितु सामाजिक यथार्थ का वस्तुगत उद्घाटन है, ने साहित्य रचना और आलोचना के मान-मूल्य ही बदल दिये। यह आज सर्वज्ञात सच्चाई है कि सन् 1935 के आसपास ऐसी परिस्थिति निर्मित हुई कि समूचा हिन्दी साहित्य इस नवीन आन्दोलन से आन्दोलित हो उठा। इस नये प्रगतिवादी आन्दोलन ने रचना और आलोचना में नवीन दृष्टिबोध, सौन्दर्यबोध और विधान-कौशल को प्रस्तुत किया। समाजाधारित होने की वजह से तथा मनुष्य कल्याण की भावना से आपूरित होने के कारण बड़ी जल्दी ही हिन्दी संसार में छा गया। प्रगतिशील लेखक संघ के घोषणापत्र वामपन्थी पार्टी के 'एजेण्डा' के प्रतिरूप होने के बावजूद अपनी प्रगतिशील दृष्टि के चलते जनसामान्य में चर्चा के पात्र बने। इसने साहित्य को शाश्वत-चिरन्तन और अलौकिक-अनिर्वचनीय के शब्द-जाल से निकालकर उसे मानव भूमि पर प्रतिष्ठापित किया, युग और जीवन से जोड़ा। समाजवादी-यथार्थवाद को प्रमुख प्रतिमान मानते हुए इसने रूढ़ियों और अद्भुत धारणाओं पर प्रश्नचिह्न लगा दिया। द्वन्द्वात्मक-भौतिकवाद और ऐतिहासिक-भौतिकवाद जो कि मार्क्स के मूलाधार हैं, उसने आध्यात्मिक तथा आधिभौतिक मान्यताओं को निर्मूल साबित कर दिया और वैज्ञानिक धरातल पर यह प्रतिपादित किया कि सृष्टि का उद्भव और विकास उसमें व्याप्त द्वन्द्वात्मकता का ही प्रतिफल है। मार्क्स का यह मानना कि मनुष्य की चेतना वस्तुजगत् का नियमन नहीं करती, वरन् वस्तु-जगत् ही मानव-चेतना एवं विचारों के रूप में आन्तरिक होता है-ईश्वर के अस्तित्व पर ही सवाल खड़ा करता है।

हिन्दी के प्रगतिवादी आलोचक आज इसी तथ्य के समर्थक हैं। इतना ही नहीं, जो प्रगतिवाद के 'वाद' से अपने को अलग रखते हैं, परम्परा की दिन-प्रतिदिन नवीन व्याख्या कर उसकी प्रासंगिकता का दावा करते हैं, वे भी इस आन्दोलन के कई तत्त्वों से पूरी तरह प्रभावित हैं। शुक्लोत्तर आलोचना का कोई ऐसा स्तम्भ नहीं है जो प्रगतिवाद से अप्रभावित रहा हो। और इसका एकमात्र कारण है इसकी वैज्ञानिक सामाजिक दृष्टि। कुछ समय तक यह भ्रम भी फैला या फैलाया गया कि मार्क्सदृष्टि या प्रगतिवादी-दृष्टि सामाजिक यथार्थ का उल्था मात्र प्रस्तुत करती है, वह वर्तमानजीवी है, अतीत उसके लिए प्रतिक्रियावादी साहित्य का कोश है, परन्तु जल्दी ही यह भ्रम टूट गया। और प्रगतिवाद के प्रवक्ताओं ने गहन अनुशीलन के उपरान्त ऐतिहासिक-भौतिकवादी दृष्टिकोण अपनाते हुए, अतीत के साहित्य में भी प्रगति के तत्त्वों को मार्क्सीय आधार पर खोजा। तथा यह मान्यता दृढ़ हुई कि, ''प्रगतिवाद जिसका दर्शन मार्क्सवाद है, भिन्न-भिन्न युगों के साहित्यों को उन युगों की वास्तविकताओं के आधार पर परीक्षित करता है।'' इस प्रकार नवीन साहित्य के साथ प्राचीन साहित्य का भी मूल्य और योगदान प्रगतिवादी आलोचकों ने माना और युगीन दृष्टि से वाल्मीकि, भवभूति, कालिदास, तुलसीदास का आकलन-मूल्यांकन प्रस्तुत किया। आचार्य वाजपेयी ने इसके अवदान की चर्चा करते हुए बहुत सही कहा है, ''हिन्दी समीक्षा को उसने दो वस्तुएँ मुख्य रूप से दी हैं प्रथम यह कि काव्य-साहित्य का सम्बन्ध सामाजिक वास्तविकता से है, और वहीं साहित्य मूल्यवान् है जो उक्त वास्तविकता के प्रति सजग और संवेदनशील है। द्वितीय, यह कि जो साहित्य सामजिक वास्तविकता से जितना ही दूर होगा, वह उतना ही काल्पनिक और प्रतिक्रियावादी कहा जायेगा। न केवल सामाजिक दृष्टि से वह अनुपयोगी होगा, साहित्यिक दृष्टि से भी हीन और ह्रासोन्मुख होगा।''

समकालीन प्रगतिवादी आलोचना के आदर्श श्री गजानन माधव 'मुक्तिबोध' ने समीक्षा की समस्याएँ बतलाते हुए लिखा है, ''किसी भी प्रवृत्ति-विशेष के स्वरूप का अध्ययन तब हो सकता है, जब उस साहित्य-प्रवृत्ति की आन्तरिक विशेषताओं के अध्ययन के साथ-ही-साथ उस प्रवृत्ति के भीतर झलकती हुई व्यक्ति-स्थिति, वर्ग-स्थिति, समाज-स्थिति और उन सबके परस्पर अन्तःसम्बन्ध हम आत्मगत करें और उन सबके स्वरूप का वस्तुगत विश्लेषण करते हुए, हम उस प्रवृत्ति-विशेष का प्रतिनिधित्व करनेवाली मुख्य-मुख्य और कुछ-कुछ गौण कलाकृतियों का सर्वांगीण अध्ययन करें, व्यापक जीवन-दृष्टि से।''(समीक्षा की समस्याएँ, पृ. 36) कहना न होगा कि मुक्तिबोध की यह मान्यता प्रगतिवादी समीक्षा में ही चरितार्थ हुई है। यह मानने में भी कोई संकोच नहीं होना चाहिए कि समीक्षा का वस्तुगत, वैज्ञानिक सामाजिक दृष्टिसम्पन्न दृष्टिकोण प्रगतिवाद ने ही दिया। जीवन के यथार्थ को

साहित्य का विषय पहली बार उसी ने व्यापक रूप में बनाया तथा साहित्य को सामाजिक दृष्टिकोण से उपयोगितावादी सिद्ध किया।

शुक्लोत्तर आलोचना में जो वैचारिक दृष्टिभेद पनपा, निश्चित रूप से उसका कारण केवल एक अनजान दृष्टि से अपरिचित होना नहीं था, अपितु जीवन के मूलभूत ढाँचे में आया परिवर्तन भी था। प्रथम विश्वयुद्ध के बाद और द्वितीय विश्वयुद्ध के पहले की जो समयावधि है, उसने सारी दुनिया के सामाजिक, राजनैतिक, साहित्यिक परिदृश्य पर गहरा प्रभाव डाला। अपने देश में जो कि गुलाम था, फिर भी उन स्थितियों का प्रभाव पड़ा। भारतीय नवजागरण की भूमिका भी उस सम्बन्ध में उल्लेखनीय है। तीसरे दशक में बेशक छायावाद की कई अति महत्त्वपूर्ण कृतियाँ आयीं परन्तु यह भी देखना होगा कि अपने 'पीक' पर (चोटी पर) होने के बावजूद छायावाद इन्हीं दिनों अपने अवसान की ओर भी अग्रसर होने की सूचना देने लगा था। कुछ ही समय बाद छायावाद के लाडले, प्रकृति के चितेरे कवि पन्त ने स्वयं 'युगान्त' लिखकर इसकी पुष्टि कर दी कि छायावाद का अन्त हो चुका। 'कुकुरमुत्ता' के कवि निराला भी उनके साथ दिखे। इसी बीच डॉ. देवराज ने 'छायावाद का पतन' भी दिखला दिया। कहने का तात्पर्य यह है कि प्रगतिवाद के बीज केवल विदेशी चिन्तनधारा के प्रवाह से ही नहीं आये हैं, अपितु उनके लिए भारतीय मानस में भी वैसी परिस्थितियाँ बन चुकी थीं, कुछ हद तक तो इसके बीज भी पड़ चुके थे। परन्तु उनका स्फुरण निश्चय ही सन् '36 के बाद ही हुआ। आन्दोलन के रूप में इसके उपस्थित होने पर इसके मान-मूल्य भी निश्चित होने लगे, मार्क्सवादी विचारधारा के आधार पर सिद्धान्त निर्माण होने लगे। डॉ. शिवदानसिंह चौहान, डॉ. प्रकाशचन्द्र गुप्त, डॉ. रामविलास शर्मा, डॉ. नामवर सिंह आदि ने इसकी भूमिका बनाने में महत्त्वपूर्ण योगदान दिया।

प्रगतिवादी दृष्टि के आगमन के बाद साहित्य के पारम्परिक मान-मूल्यों में परिवर्तन की आवश्यकता महसूस की जाने लगी। अपनी समाजोन्मुख दृष्टि के कारण इस विचारधारा ने साहित्य में भाववादी दृष्टिकोण या आत्मवादी दृष्टिकोण के आगे प्रश्नचिह्न लगा दिया। इसने बड़े जोर-शोर से यह प्रमाणित किया कि साहित्य सोददेश्य है और उसका यह उद्देश्य है-जीवन यथार्थ का उद्घाटन तथा रसानन्द से आगे बढ़कर उसने सिद्ध किया कि जिये जानेवाले और भोगे जानेवाले यथार्थ का संवेदनात्मक चित्रण ही साहित्य व कला का लक्ष्य है। रसवादी दृष्टिकोण की भाँति ही कलावादी दृष्टिकोण को भी इसने श्रेयष्कर नहीं माना।

इस समीक्षा-पद्धति ने जो मान-मूल्य निर्धारित किये हैं वे निश्चित रूप से अन्तिम सत्य नहीं हैं और हो भी नहीं सकते, होंगे तो वह स्वयं मार्क्सवाद की प्रगतिवादी मान्यता के विरुद्ध होगा। प्रगति का अर्थ ही है निरन्तर विकास और

विकास का मूल गुण है परिवर्तन-मार्क्सीय दृष्टि से क्रान्ति। अतः स्पष्ट है कि प्रगतिवाद के भी मानदण्ड युगानुकूल बने हैं और उनमें युगानुकूल परिवर्तन की भी सम्भावनाएँ हैं। इस जमीन पर बने कुछेक प्रतिमान विवाद के केन्द्र अवश्य रहे हैं, लेकिन उसके कारण भी कुछ रहे हैं जैसे यथार्थ व सौन्दर्य को देखा जा सकता है। इन दोनों को लेकर स्वयं प्रगतिवादियों में दृष्टि-भेद देखा जा सकता है। आलोचनात्मक यथार्थवाद, समाजवादी यथार्थवाद, जादुई यथार्थवाद आदि न जाने कितने यथार्थ के स्वरूप उभरे हैं। इसी प्रकार सौन्दर्य को लेकर भी विवाद की स्थिति रही है, किसी-किसी को मार्क्सवाद की जमीन पर सौन्दर्यशास्त्र रचने में खतरा-ही-खतरा नजर आया तो किसी-किसी ने विधिवत् इस दिशा में प्रयास किया और मार्क्सवादी सौन्दर्यशास्त्र रचकर 'बाउमगार्टेन' की उपाधि ग्रहण की। ऐसे लोगों ने लूकाच और कॉडवेल के मतों का हवाला देकर अपने मतों की तथ्यता भी सप्रमाण साबित की। मार्क्सवादी सौन्दर्यशास्त्रियों ने सौन्दर्य को आभिजात्यवादी सोच से उतारकर जनसामान्य की भावभूमि पर प्रतिष्ठित किया और भाववादियों व कलावादियों के दृष्टिकोणों का खण्डन कर, जनजीवन की यथार्थ सच्चाइयों में सौन्दर्य का स्वरूप खोजा और उसे ही असली सौन्दर्य की संज्ञा दी। डॉ. रमेश कुन्तल मेघ का प्रयास इस सन्दर्भ में हिन्दी में उल्लेखनीय है।

**समाजशास्त्रीय आलोचना**

साहित्य और समाज का अविच्छेद्य सम्बन्ध होता है। यद्यपि समाजशास्त्र अध्ययन का एक अलग विषय है, परन्तु साहित्य को समझने में उससे भी काफी मदद मिलती है। मार्क्सवाद के उदय के बाद चिन्तकों का ध्यान इस ओर बड़ी तेजी से गया है। परन्तु ध्यान रखना चाहिए कि यहाँ समाजशास्त्रीय आलोचना का प्रयोग मार्क्सवादी आलोचना के उपजीव्य के रूप में नहीं किया जा रहा है। वस्तुतः दोनों में काफी-कुछ मूलभूत असमानताएँ हैं। मार्क्सवादी साहित्य दृष्टि और समाजशास्त्रीय आलोचना-दृष्टि दोनों का मूलाधार समाज है, परन्तु मार्क्स के चिन्तन का आधार समाज का वर्गजनित आधार है, जबकि समाजशास्त्रीय आलोचना का आधार वह सम्पूर्ण समाज है, जिसमें जलवायु, भूगोल और जाति सभी का अध्ययन किया जाता है।

समाजशास्त्र की ही तरह साहित्य का मुख्य सरोकार होता है-मनुष्य का स्वाभाविक जगत्, उस जगत् के प्रति उसकी अनुकूलता और उसे बदलने की इच्छा। जिस तरह समाजशास्त्र में सामाजिक संस्थाओं और मनुष्य की अन्तःक्रियाओं का अध्ययन किया जाता है, उसी तरह साहित्य को भी एक सामाजिक संस्था के रूप में देखा जाता है। समाजशास्त्रीय समीक्षा-दृष्टि साहित्यगत संरचनाओं और सामाजिक संरचनाओं में समानान्तरता के आधार पर उसका मूल्यांकन करती है। वह साहित्य को

एक सामाजिक दस्तावेज के रूप में देखती है। समाजशास्त्रीय आलोचक का मानना है कि साहित्य समाज का दर्पण होता है। फ्रान्सीसी दार्शनिक लुई द बोनाल ने कहा ही है, ''किसी राष्ट्र के साहित्य को ध्यान से पढ़कर यह बताया जा सकता है कि उसकी जनता किस प्रकार की थी।'' इस मान्यता से यह स्पष्ट कहा जा सकता है कि साहित्य का मुख्य क्रिया-व्यापार समाज को दृष्टिगत रखकर चलता है। और इसीलिए इस आधार पर यह कहना असमीचीन नहीं होगा कि साहित्य में समाज का बिम्ब प्रतिबिम्बित होता है, अत: समाज के विभिन्न अवयवों का अध्ययन साहित्य के अध्ययन द्वारा बहुत ही प्रामाणिक रूप में किया जा सकता है।

वस्तुत: समाजशास्त्रीय समीक्षा एक ऐसी पद्धति या प्रवृत्ति है जो किसी रचना के गुण-दोष या उसकी विशेषताओं का ही विवेचन नहीं करती, बल्कि उसकी विषयवस्तु और रूप को प्रभावित करनेवाले तथ्यों तथा समाज पर पड़नेवाले उसके प्रभाव का भी विवेचन-विश्लेषण करती है। यह लेखक की मानसिक स्थिति ही नहीं, बल्कि उसके साहित्य के प्रकाशन-विक्रय, लोकप्रियता, स्वीकृति के कारणों की भी तफ्तीश करती है। यद्यपि इससे साहित्य का सौन्दर्यशास्त्रीय विवेचन नहीं हो पाता, परन्तु सामाजिक भूमिका और उपादेयता रेखांकित की जा सकती है।

जहाँ तक इस अध्ययन में आलोचक के विषय-विवेचन का सवाल है, एक समाजशास्त्रीय आलोचक के शब्दों में यह कहा जा सकता है कि, ''यह साहित्य के समाजशास्त्री की जिम्मेदारी है कि वह लेखक के काल्पनिक पात्रों के अनुभव और स्थितियों का सम्बन्ध उस ऐतिहासिक वातावरण से जोड़े, जिससे वे लिये गये हैं। उसे विषयों और शैलीगत साधनों के वैयक्तिक समीकरणों को सामाजिक समीकरण में रूपान्तरित करना पड़ता है।'' (साहित्य का समाजशास्त्रीय चिन्तन, पृ. 3) इस चिन्तन-पद्धति को सही परिप्रेक्ष्य पहले-पहल फ्रांसीसी दार्शनिक और आलोचक ईयातील तेन ने प्रदान किया। उनके पश्चात् हर्डर और मदाम द स्ताल का नाम भी सादर लिया जाता है। इन आलोचकों ने सामाजिक अध्ययन के तत्त्वों के रूप में जलवायु, भूगोल और जाति को प्रमुख माना और उससे साहित्य का कार्य-कारण सम्बन्ध स्थापित किया।

समाजशास्त्रीय आलोचकों ने जो मानदण्ड अध्ययन के स्थापित करने का प्रयास किया उससे दो वर्ग साफ दिखायी देता है-एक वह जिसमें तेन, मदाम द स्ताल, ज्याँ मारे गुया, हर्डर आदि हैं तो दूसरे में लूकाच, गोल्डमन, रेमण्ड विलियम्स आदि। पहला वर्ग मार्क्सवादी समाजशास्त्र की मान्यताओं को अस्वीकार करता है, वह केवल सामाजिक संघर्षों के आधार पर अध्ययन-विवेचन की अपेक्षा सामाजिक संरचना के विविध पक्षों, सम्बन्धों, प्रवृत्तियों और संघर्षों, दूसरे शब्दों में समाज की संरचना और बुनावट को सामूहिक रूप में अध्ययन का विषय मानता है। तेन ने

प्रजाति, क्षण और परिदृश्य इन तीनों के अध्ययन द्वारा साहित्य विवेचन की वकालत की है। मदाम ने अपना दृष्टिकोण स्पष्ट करते हुए लिखा है कि, ''मेरा प्रयास धर्म, रीति-रिवाज और कानून का साहित्य पर तथा साहित्य का धर्म, नीति, रीति-रिवाज और कानून पर पड़े प्रभावों का आकलन करना रहा है।'' (हिन्दी आलोचना के बीज शब्द, पृ. 126)

जबकि दूसरा वर्ग जो कि मार्क्सवादी समाजशास्त्र से प्रभावित है वह लेखक की सामाजिक स्थिति की रचना के बजाय उत्पादन पक्ष पर अधिक बल देता है। साहित्य के समाजशास्त्रीय अध्ययन के लिए उत्पत्तिमूलक संरचनावाद के प्रस्तावक गोल्डमन का कहना है, ''उत्पत्तिमूलक संरचनावादी चिन्तन इस अवधारणा पर अवस्थित है कि मानव विज्ञानों में उपस्थित समस्त प्रतिच्छाया समाज के भीतर से ही होती है और यह समाज के बौद्धिक जीवन एवं उसके द्वारा सम्पूर्ण सामाजिक जीवन का अंश होती है।'' इस प्रकार वह कृति की उत्पत्ति के कारणों की खोज कर विषय-विषयी और व्यक्ति-समूहों के द्वन्द्वात्मक सम्बन्धों को अपने विवेचन का आधार बनाता है।

इन दोनों में अतिवादी दृष्टिकोण परिलक्षित होता है। जहाँ पहला दृष्टिकोण साहित्य को महज वर्णनात्मक चित्रण साबित कर देता है, वहीं दूसरा दृष्टिकोण कुल मिलाकर वर्गों की उत्पत्ति और विकास तक सीमित लगता है। वस्तुत: साहित्य न तो जीवन और जगत् का वर्णनात्मक आख्यान है और न ही वर्गचरित्रों का उपस्थापन। निर्मला जैन से सहमत होते हुए यह कहा जा सकता है कि, ''समाजशास्त्र का दायित्व साहित्यिक रचनाओं में केवल ऐतिहासिक और सामाजिक प्रतिबिम्ब की खोज करना मात्र नहीं है, बल्कि साहित्यिक रचनाओं में अन्तर्निहित उन मूल्यों की प्रकृति को स्पष्ट करना है, जिन्हें रेमण्ड विलियम्स ने भाव की संरचना कहा है।''

एक प्रवृत्ति के रूप में इसका उदय मार्क्सवादी विचारकों की समाज विषयक धारणाओं से हुई। उन्होंने साहित्य और समाज के अन्तर्सम्बन्धों पर प्रकाश डालते हुए साहित्य को सामाजिक परिवर्तन का एक कारक माना और यह भी घोषित किया कि सामाजिक स्थितियों का भी प्रभाव साहित्य-सृजन पर पड़ता है। हिन्दी में यद्यपि समाज और साहित्य के अन्तर्सम्बन्धों की पड़ताल प्राय: नहीं की जाती है, साहित्यिकों ने समाज को साहित्य-सृजन की आधारभूमि अवश्य माना है। आचार्य रामचन्द्र शुक्ल ने इसे जनता की चित्तवृत्ति का प्रतिबिम्ब माना ही है, बालकृष्ण भट्ट ने तो 'जनसमूह के हृदय का विकास' ही कहा है। प्रेमचन्द हों या अन्य साहित्यकार सभी ने यह माना है कि साहित्य सोद्देश्य रचना है और उसका यह प्रमुख उद्देश्य है समाजहित।

समाजशास्त्रीय प्रवृत्ति यह मानती है कि साहित्य अपने युग के समाज की निर्मिति है, अत: दोनों का अभिन्न सम्बन्ध है। इसलिए बगैर सामाजिक तत्त्वों को समझे साहित्य की विवेचना नहीं हो सकती। वैसे भी यह माना जाता है, साहित्यिक रचना का एक अनिवार्य गुण उसकी सामाजिक प्रतिबद्धता है। समाजशास्त्रीय चिन्तन समाज की समस्याओं, चुनौतियों, शक्तियों की अभिव्यक्ति को ही साहित्य का मूल कथ्य मानती है। यह मानती है कि साहित्य के सामाजिक सन्दर्भों को समझे बिना कृति के उद्देश्य को नहीं समझा जा सकता और न ही उसका वस्तुगत मूल्यांकन किया जा सकता है।

समाज़शास्त्रीय समीक्षा-पद्धति साहित्य को समाज की देन मानते हुए भी किसी कृति के गुण-दोष तथा विशेषताओं तक ही अपने को सीमित नहीं रखती, बल्कि रचना की पृष्ठभूमि, उसके विषयवस्तु और रूप को प्रभावित करनेवाले कारकों तथा समाज पर पड़नेवाले उनके प्रभावों का विश्लेषण करती है। इसके अनुसार लेखक का कार्य केवल सामाजिक सत्य को प्रतिबिम्बित भर कर देना है। यह आलोचक से यह अपेक्षा करती है कि, वह साहित्य के सामाजिक सन्दर्भों को समझते हुए सामाजिक सत्य के रूप में प्रतिबिम्बित कथ्य की पड़ताल करे। इसीलिए यह पद्धति मानती है कि, आलोचक की सबसे बड़ी जिम्मेदारी यह है कि, वह साहित्य के काल्पनिक संसार में अंकित स्थितियों बाह्य यथार्थ जगत् से जुड़े रचनाकार के मन्तव्य, भाषा, शिल्प आदि की सामाजिक संरचना के सन्दर्भ में व्याख्या करे। यद्यपि इस पर यह आरोप लगता है कि, यह पद्धति किसी युग या समाज के सन्दर्भ में ही कृति को रखकर देखती है इसलिए अन्य देश-कालों में उस कृति की प्रासंगिकता का निर्णय करना आसान नहीं होता। यह भी आरोप है कि यह समीक्षा साहित्येतर प्रतिमानों पर अधिक बल देती है जिससे रचना की साहित्यिक विशेषता और सौन्दर्यशास्त्रीय गुण उपेक्षित हो जाते हैं।

जहाँ तक हिन्दी आलोचना का सम्बन्ध है, निर्विकल्प भाव से यह मानना होगा कि हिन्दी में मार्क्सवादी समाजशास्त्र को लेकर कुछ चिन्तन जरूर सामने आया है, परन्तु विशुद्ध समाजशास्त्रीय समीक्षा का दर्शन उस रूप में अभी तक नहीं हुआ है, जिस रूप में पश्चिम में हुआ है। कुछेक कृतियाँ आयी हैं, जिसमें साहित्य के समाजशास्त्र को समझने-समझाने का प्रयास हुआ है, परन्तु पद्धति निर्माण में कोई उल्लेखनीय योगदान हिन्दी के आलोचकों ने नहीं दिया है। पर हाँ, इतनी उपलब्धि अवश्य है कि नगेन्द्र जैसे वैयक्तिक विचारक भी साहित्य के समाजशास्त्र की तरफ मुड़े हैं। कुछ चिन्तकों ने अपनी मौलिक सोच का परिचय भी दिया है। कुछ शोधकर्त्ताओं ने भी इसमें रुचि दिखायी है। हम यह भी कहना चाहेंगे कि हिन्दी आलोचना में इसके बीज आचार्य शुक्ल के हाथों ही पड़ चुके थे। शुक्ल जी के काव्य

में लोकमंगल की अवधारणा के पीछे समाज की चिन्ता प्रमुख है, वही साहित्य को मनुष्य की दृष्टि से देखने के पक्षपाती हजारीप्रसाद द्विवेदी जी ने भी साहित्य और समाज के सम्बन्धों पर विचार किया है। लेकिन यह सच है कि इसके वर्तमान रूप से हिन्दी आलोचक बहुत बाद में परिचित हुआ। बच्चनसिंह, डॉ. देवराज, निर्मला जैन, डॉ. नगेन्द्र, डॉ. मैनेजर पाण्डेय आदि ने उल्लेखनीय प्रयास किया है। यहाँ डॉ. देवराज का मत द्रष्टव्य है, ''समाजशास्त्रीय आलोचना किसी साहित्य कृति के बारे में दो प्रश्न करती है। एक यह कि उस कृति को जो विशेष रूप प्राप्त हुआ है, उसका उस कृति के निर्माण-काल की सामाजिक वास्तविकता से क्या सम्बन्ध है, अर्थात् कहाँ तक उसके उस रूप की व्याख्या तत्कालीन सामाजिक यथार्थ द्वारा हो सकती है। यहाँ व्याख्या से मतलब है कार्य-कारण रूप व्याख्या का। सामाजिक यथार्थ साहित्यिक कृतियों के विशिष्ट रूपों का कारणभूत होता है। दूसरा प्रश्न जो समाजशास्त्री आलोचक उठाता है यह है-कृति-विशेष या आलोच्य कृति का तत्कालीन समाज पर क्या प्रभाव पड़ा है? उसने सामाजिक जीवन की दिशा को किस प्रकार प्रभावित किया है?'' (आधुनिक समीक्षा की समस्याएँ, पृ. 17)

कुल मिलाकर यह कहा जा सकता है कि समाजशास्त्रीय आलोचना साहित्य को एक नये रूप में देखने का आधार देती है। वह साहित्य को मात्र आनन्ददायी रचना तक सीमित नहीं करना चाहती, उसकी दृष्टि साहित्य को आनन्द का नहीं, ज्ञान का साहित्य बनाती है। साहित्य की समाजशास्त्रीय अवधारणा साहित्य की मूल्यवत्ता स्थापित करने का एक नया आयाम प्रस्तुत करती है। वास्तव में समाजशास्त्रीय आलोचक साहित्य को सामाजिक तथ्य के रूप में देखता हुआ उसे बोधगम्य बनाना चाहता है, जिससे उस मानव को जागृत किया जा सके, जिसके लिए साहित्य की साधना होती है। यही इस आलोचना-पद्धति का मूलभूत लक्ष्य है।

### सौन्दर्यशास्त्रीय आलोचना

सौन्दर्यशास्त्र कला-मीमांसा का एक आधुनिक आयाम है। यद्यपि भारत में इसके पर्याय रूप रस, अलंकार की शुरुआत बहुत पहले से ही मानी जाती है, परन्तु पश्चिम में इस शब्द के प्रयोगकर्त्ता इतालवी चिन्तक बाउमगार्टेन हैं। और इसको आधुनिक सन्दर्भों में प्रतिष्ठित करने का श्रेय हीगेल को दिया जाता है। वस्तुतः ये पश्चिमी चिन्तक मूलतः दार्शनिक थे और दर्शन की एक शाखा के रूप में ही सौन्दर्यशास्त्र की रचना उन्होंने करनी चाही, परन्तु अधिक सफल हुआ यह साहित्य के क्षेत्र में। आज सौन्दर्यशास्त्र को उसी रूप में पश्चिमी साहित्य-चिन्तन की रीढ़ मानते हैं जिस रूप में भारतीय रस-ध्वनिवाद को।

सौन्दर्यशास्त्र अंग्रेजी शब्द 'एस्थेटिक्स' का अनुवाद है। हिन्दी में इसे लालित्य, माधुर्य, लावण्य आदि के अर्थ में प्रयुक्त किया जाता है। आचार्य हजारीप्रसाद द्विवेदी

ने कालिदास की सौन्दर्य-चेतना का अन्वेषण करते हुए 'कालिदास की लालित्य योजना' नामक ग्रन्थ लिखा है। उन्होंने मनुष्य निर्मित सौन्दर्य को लालित्य की संज्ञा दी है। पश्चिमी विचारक सौन्दर्यशास्त्र को लेकर काफी मत-वैभिन्य रखते हैं। कोई उसे सुन्दर का विज्ञान कहता है, कोई आस्वादन का दर्शन, तो कुछ ललित कलाओं का विज्ञान और अभिव्यक्ति का विज्ञान कहने की वकालत करते हैं। पश्चिमी विचारक इस नव शास्त्र को लेकर मोटे तौर पर वस्तुवादी और आत्मवादी दो विपरीत धारणाएँ रखते हैं। आस बार्न ने इसकी परिभाषा करते हुए लिखा है-। "Aesthetic is the branch of knowledge whose function is to investigate what to be asserteted when we write or talk correctly about beauty. It is concerned logically to elucidate the notion of beauty as the distinguishing feature of work of art and to propound the valid principles which underline all aesthetic judgement"

मार्क्सवादी विचारक सौन्दर्यशास्त्र की आदर्शवादी परिभाषा को अमान्य ठहराता है। जहाँ आदर्शवादी धारणा के अनुसार सौन्दर्य पूर्णरूप से विषयीगत वस्तु समझी गयी है, वहाँ मार्क्सवादी धारणा इसके विषय पक्ष को महत्त्वपूर्ण मानती है। उसकी दृष्टि में प्रकृति और उसके उपकरण अपने-आप में न तो सुन्दर हो सकते हैं न असुन्दर, सौन्दर्य की भावना तो मनुष्य में ऐतिहासिक परिस्थितियों के फलस्वरूप पैदा होती है। मार्क्सवादी मानता है कि सौन्दर्य की भावना शुद्ध रूप से चेतन की विषयीगत अवस्था ही नहीं बल्कि प्रकृति, वस्तु और मनुष्य के सामाजिक जीवन में प्राप्त निश्चित विषयगत गुणों के कारण होती है।

प्रो. निर्मला जैन भारतीय रसशास्त्र और पश्चिमी सौन्दर्यशास्त्र में पाश्चात्य सौन्दर्य शास्त्रीय चिन्तन-परम्परा का अवलोकन करते हुऐ जो निष्कर्ष देती हैं वह इस सन्दर्भ में बहुत विचारणीय है। वे लिखती हैं, ''पाश्चात्य सौन्दर्यशास्त्र का समूचा इतिहास इस प्रकार द्वन्द्वों के समाहार का कठिन प्रयास है। इस द्वन्द्व के ही कारण पश्चिम में अनेक ऐकान्तिक सिद्धान्तों की सृष्टि हुई। जिस सौन्दर्य को पश्चिम ने कला सम्बन्धी चिन्तन का केन्द्र बनाया उसके स्वरूप और उसके ग्रहण के प्रति पश्चिमी विचारकों के मन में इतनी दुविधा रही है कि आज भी उसे ठीक से परिभाषित नहीं किया जा सका। सौन्दर्य के समान ही 'रूप' (फार्म) अथवा 'शुद्ध रूप' (प्योर फार्म) नामक दूसरी अवधारणा है जिसके गिर्द पाश्चात्य सौन्दर्यशास्त्र का अधिकांश चिन्तन बहुत दिनों तक चक्कर लगाता रहा । इस दृष्टि से कभी-कभी ऐसा प्रतीत होता है कि पाश्चात्य सौन्दर्यशास्त्र मूलतः बाह्यार्थवादी है कला की आत्मा तक उसकी पहुँच नहीं हो सकी।'' (रस-सिद्धान्त और सौन्दर्यशास्त्र)

और जहाँ तक हिन्दी आलोचना का सम्बन्ध है हिन्दी आलोचना की धुरी

संस्कृत काव्यशास्त्र में सौन्दर्य की सत्ता शुरू से ही मान्य रही है। हमारा संस्कृताचार्य कहता है 'सुष्ठुन्नति आर्दी करोति चित्तिमिति सुन्दरम्'। और कहना न होगा कि साहित्य को मन को आर्द्र करने का वह प्रमुख माध्यम मानता है। दूसरी तरफ पण्डितराज कहते हैं 'रमणीयार्थ प्रतिपादक: शब्द: काव्यम्।' इस प्रकार हमारे रसवादी चिन्तक तो सौन्दर्य की सत्ता मानते ही हैं, ध्वनिवादी जब शब्द व्यंजना की बात करते हैं, तो वे भी उससे सौन्दर्य की सृष्टि स्वीकार करते हैं। हिन्दी का साहित्यशास्त्र इसी पीठिका पर आधृत है, फलत: हिन्दी में चाहे रसवादी हों या गैर रसवादी सभी सौन्दर्य की सत्ता मानते हैं। हाँ, यह जरूर है कि हमारे यहाँ पश्चिम की तरह सौन्दर्य साहित्य चिन्तन का मुख्य आधार नहीं रहा है, हमने रस और अलंकार, ध्वनि आदि को प्रमुखता दी है।

हिन्दी आलोचना की पीठिका तय करनेवाले भारतीय आलोचकों के समक्ष पश्चिम का साहित्यशास्त्रीय चिन्तन रहा जरूर होगा, परन्तु उन्होंने भारतीय काव्यशास्त्रीय परम्परा को अधिक उपयुक्त माना। आचार्य शुक्ल, द्विवेदी, वाजपेयी, नगेन्द्र आदि सभी प्रमुख आलोचक रसवाद के ही साक्ष्य पर सौन्दर्य की सत्ता मानते हैं। इसीलिए डॉ. कुमार विमल ने कहा है, ''इस प्रसंग में यहाँ तक कहने का साहस किया जा सकता है कि सौन्दर्यशास्त्र काव्यशास्त्र का ही विकसित और कला-चैतन्य से समन्वित रूप है।'' (सौन्दर्यशास्त्र के तत्त्व, पृ. 16)

भारतीय चिन्तक रसशास्त्र को सौन्दर्यशास्त्र का स्थानापन्न मानता है। इस सन्दर्भ में प्रो. ए. सी. शास्त्री का यह कथन ध्यातव्य है-"Let us see what is meant by 'ras'. It should at once be made clear that what is called rasa in the east is called beauty in the west".

डॉ. दासगुप्ता ने रसशास्त्र के व्यापकत्व की चर्चा करते हुए यहाँ तक लिखा है कि, ''सौन्दर्य की दृष्टि से रस विचार सौन्दर्य को विषयगत और विषयीगत दोनों मानता है और सामाजिक उपादानों को भी आध्यात्मिक स्थिति के साथ समान महत्त्व प्रदान करता है। वह रीझनेवाले तथा रिझानेवाले दोनों की स्वीकृति में विश्वास रखता है और सौन्दर्यानुभूति को एक उच्चतर स्तर पर प्रतिष्ठित करके लौकिक अनुभूति से उसकी पृथक्ता प्रदर्शित करता है।''

पश्चिम के प्रभाव से सौन्दर्यशास्त्र धीरे-धीरे भारत में भी स्वतन्त्र रूप में स्थापित होता गया। कई रसवादी चिन्तकों तक ने उसकी सत्ता को स्वीकृति दी और भारतीय सौन्दर्यशास्त्र के रूप में उसे प्रतिष्ठित किया। सौन्दर्यशास्त्र पर कई पुस्तकें रची गयीं। फतहसिंह-'भारतीय सौन्दर्यशास्त्र की भूमिका', डॉ. नगेन्द्र-'भारतीय सौन्दर्यशास्त्र की भूमिका', कुमार विमल-'सौन्दर्यशास्त्र के तत्त्व', रमेश कुन्तल

मेघ–'अर्थातो सौन्दर्य जिज्ञासा', निर्मला जैन–'रस–सिद्धान्त और सौन्दर्यशास्त्र', सूर्यप्रसाद दीक्षित, आनन्द प्रकाश दीक्षित आदि के कार्य महत्त्वपूर्ण हैं। ये चिन्तक यह मानते हैं कि सौन्दर्य–दृष्टि के बिना कला का सृजन नहीं होता। चाहे भाव सौन्दर्य हो या रूप सौन्दर्य, सौन्दर्य की प्रतिष्ठा साहित्य व कला में आद्यन्त विद्यमान रहती है।

आलोचना में सौन्दर्यशास्त्र का लक्ष्य सौन्दर्य–विधान और सौन्दर्यानुभूति दोनों है। डॉ. रामविलास शर्मा के अनुसार, ''सौन्दर्यशास्त्र का विवेच्य विषय साहित्य तथा अन्य ललित कलाओं के अतिरिक्त प्रकृति और मानव–जीवन का सौन्दर्य भी है। सौन्दर्य और उसकी अनुभूति का विवेच्य उत्सुकता की शान्ति के लिए ही नहीं है, उसका उद्देश्य हमारी सौन्दर्य–चेतना को उत्तरोत्तर विकसित करना, मानव–जीवन और उसके सामाजिक तथा प्राकृतिक परिवेश को भी सुन्दर बनाना है।'' (आस्था और सौन्दर्य, पृ. 19)

डॉ. निर्मला जैन ने पाश्चात्य सौन्दर्यशास्त्रीय अवधारणा को 'रस–सिद्धान्त और सौन्दर्यशास्त्र' में विशद रूप से समझाया है। उन्होंने बेबाक शब्दों में भारतीय रसवाद और पश्चिमी सौन्दर्यशास्त्र की समीक्षा कर अपने निष्कर्ष दिये हैं। इस ग्रन्थ में निर्मला जी का तुलनात्मक दृष्टिकोण बड़ा ही सन्तुलित और स्वस्थ है, ऐसे तुलनात्मक अनुशीलन की आज महती आवश्यकता है। पूर्व और पश्चिम के अन्तर को पाटने में ऐसे ग्रन्थों का उल्लेखनीय स्थान है।

कुमार विमल ने 'सौन्दर्यशास्त्र के तत्त्व' और 'छायावाद का सौन्दर्यशास्त्रीय अध्ययन' नाम से इस विषय पर दो पुस्तकें प्रकाशित करवायीं। उनके अध्ययन में भारतीय रसवाद और पश्चिमी सौन्दर्यवाद की स्वस्थ परम्परा की सुसंगत विवेचना देखने को मिलती है। उन्होंने सौन्दर्यशास्त्र के सैद्धान्तिक और व्यावहारिक दोनों पक्षों पर खुले मन से विचार किया है और हिन्दी सौन्दर्यशास्त्रीय चिन्तन की आधार–शिला स्थापित की है। उनका प्रयास पाण्डित्यपूर्ण और प्रामाणिक है। इस क्षेत्र में अन्य महत्त्वपूर्ण समीक्षकों में डॉ. सूर्यप्रसाद दीक्षित का नाम लिया जाता है। उन्होंने सौन्दर्यशास्त्रीय चिन्तन से ही मूलतः अपनी साहित्यिक यात्रा शुरू की। अपने शोध–प्रबन्ध में छायावादी कवियों के सौन्दर्य–विधान की गहन छानबीन करते हुए दीक्षित जी ने सौन्दर्यशास्त्र के तत्त्वों को स्पष्ट किया, और उनका व्यावहारिक अध्ययन कर उनकी प्रामाणिकता व प्रासंगिकता पर भी प्रकाश डाला है। डॉ. नगेन्द्र, मुक्तिबोध, आनन्द प्रकाश दीक्षित, रमेश कुन्तल मेघ आदि ने भी इस पर मूलतः सैद्धान्तिक दृष्टि से विचार किया है। मेघ जी ने 'अथातो सौन्दर्य जिज्ञासा' में मार्क्सवादी दृष्टिकोण से इसे परिभाषित करने की अच्छी कोशिश की है।

निष्कर्ष रूप में यह कहा जा सकता है कि सौन्दर्यशास्त्र पश्चिमी जमीन की उपज होने के बावजूद हिन्दी के आलोचकों को आकर्षित करता रहा है। ज्ञान के विनिमय की प्रक्रिया के लिए यह जरूरी भी है। भारतीय आलोचकों ने पूरी तल्लीनता के साथ इस पर विचार किया है। हिन्दी में सौन्दर्यशास्त्रीय आलोचना अभी तक भले ही बहुत पुष्ट न हो पायी हो, परन्तु इसकी अवधारणा निश्चित रूप से निरन्तर स्पष्ट होती गयी है।

**मिथकीय आलोचना**

हिन्दी आलोचना की अद्यतन प्रवृत्तियों में मिथकीय आलोचना का महत्त्वपूर्ण स्थान है। चिन्तन की यह दृष्टि वैसे तो प्राचीन है, परन्तु अपने वर्तमान स्वरूप में यह बिल्कुल भिन्न है-प्रयोग और परिकल्पना दोनों में। वर्तमान समीक्षकीय प्रणाली के रूप में इसकी जन्मस्थली पश्चिम है। पश्चिम में यह 19वीं शताब्दी से ही व्यवहार में आने लगी थी। काण्ट, नीत्शे, वर्गसॉ आदि इसके प्रारम्भिक प्रस्तुतकर्त्ता थे। परन्तु इसे एक पद्धति के रूप में इसके वर्तमान स्वरूप में अपनाने का श्रेय नार्थ फ्राई को दिया जाता है। कला को उत्पादन माननेवाला फ्राई यह मानता है कि कविता आदिम बिम्बों की ही सृष्टि है। मिथक के सम्बन्ध में कई मत-मतान्तर हैं। एक मत के अनुसार, ''मिथक आदिम मनुष्य की भाषा है जिसके माध्यम से वह जीवन और प्रकृति के रहस्यों के प्रति अपनी प्रतिक्रियाओं को अलौकिक गाथाओं के रूप में अभिव्यक्त करता था। यह आदिम यथार्थ के प्रति सामूहिक चेतना का सहज स्फूर्त बिम्बात्मक सृजन है। सूर्य का उगना, चन्द्रमा की शीतलता, बादलों की उमड़-घुमड़, बिजली की चमक, फसलों का उगना आदि उसकी दृष्टि से विस्मयात्मक रोमांचकारी और रहस्यात्मक व्यापार थे। इन्हीं व्यापारों के इर्द-गिर्द मिथक-चक्र घूमा करता था।'' (हिन्दी आलोचना के बीज शब्द, पृ. 83)

'मिथक' शब्द साहित्य में नया नहीं है, परन्तु आजकल इसे नये रूप में, समकालीन विसंगतियों के सन्दर्भ में नये अर्थ में प्रस्तुत किया जा रहा है। मिथकों के सहारे ही आलोचना में एक पूरा मिथकशास्त्र ही खड़ा करने का प्रयास चल रहा है। मिथकीय आलोचना के प्रवक्ताओं में नार्थ फ्राई, विको, रिचार्ड, चेज, मोडगिन आदि के नाम उल्लेखनीय हैं। रेलवेलेक महोदय के अनुसार, ''इसका विकास सांस्कृतिक मानव-विज्ञान और उपचेतन के युगीय संस्करण से हुआ है जो मानवता के आद्यबिम्बों के सामूहिक भण्डार में विद्यमान है। मिथकीय आलोचना में बिम्ब व प्रतीक का बहुतायत प्रयोग होता है। वैसे इसे विविध दृष्टिकोणों से देखा गया है, परन्तु आलोचना में मनोविज्ञान और नृतत्त्वशास्त्र ही इसके प्रमुख आधार हैं। मनोविज्ञान के स्वप्न और नृतत्त्वशास्त्र के अनुष्ठान और फन्तासी के सिद्धान्त पर यह आधारित है। मिथकीय आलोचक साहित्य कला व मिथक का बहुत गहरा सम्बन्ध मानते हैं।

चेज महोदय तो कविता और मिथक को एक-दूसरे के पर्याय ही घोषित करते हैं। "Myth is literature and must be considered as an artistic creation of human imagination."

हिन्दी में डॉ. रमेश कुन्तल मेघ ने इस दिशा में उल्लेखनीय कार्य किया है। आज वह हिन्दी आलोचना का एक बीज शब्द माना जाने लगा है। डॉ. बच्चन सिंह के मतानुसार, ''मिथक आदिम मनुष्य की भाषा है जिसके माध्यम से वह जीवन और प्रकृति के रहस्यों के प्रति अपनी प्रतिक्रियाओं को अलौकिक गाथाओं के रूप में अभिव्यक्त करता था। वह आदिम यथार्थ के प्रति सामूहिक अचेतन मन का सहज स्फूर्त बिम्बात्मक सृजन है।''

मिथक से तात्पर्य है मनगढ़न्त कथा और आख्यान। अर्थात् मिथक का सीधा सम्बन्ध कथात्मकता से होता है। विभिन्न संस्कृतियों-सभ्यताओं में प्रचलित पौराणिक दन्त कथाएँ एक तरह से मिथकीय ही कही जा सकती हैं। भारतीय संस्कृति में मिथकों की सुदृढ़ परम्परा रही है। ऐसा माना जाता है कि मिथकों की उत्पत्ति उन रहस्यों को समझने-समझाने से हुई होगी जिन्हें मनुष्य अपनी मेधा द्वारा व्याख्यायित न कर सकने के कारण काल्पनिक आधार पर अति मानवीय शक्तियों का रूप देकर समझाने का प्रयास करता रहा होगा। इस प्रकार इनका सम्बन्ध विशेषकर दैवीय या धार्मिक शक्तियों के वर्णन से है।

इस प्रकार मिथक का रास्ता मूलभूत मानवीय क्रियाओं से होकर जाता है। मिथक मानवीय क्रिया-व्यापार के ही चित्र होते हैं। इसे भारतीय एवं पाश्चात्य दोनों साहित्य चिन्तकों ने अपने-अपने ढंग से परिभाषित किया है। कैसिरर के अनुसार, ''मिथक का स्वरूप द्विमुखी होता है। एक ओर इसका धारणात्मक पक्ष होता है तो दूसरी ओर होती है इसकी प्रत्यक्षीकृत संरचना। मिथक केवल अव्यवस्थित और भ्रमपूर्ण विचारों का समूह मात्र नहीं है, वरन् यह प्रत्यक्ष ज्ञान की निश्चित रीति पर आधारित होता है अर्थात् इसमें कथा का घटनाक्रम प्रमुख नहीं होता अपितु उसका तत्त्व प्रमुख होता है। घटनाओं के माध्यम से व्यक्त सत्य महत्त्वपूर्ण होता है।'' (नयी कविता के मिथक काव्य, पृ. 11 से उद्धृत)

जबकि हेनरी मरे के अनुसार, ''मिथक किसी अनुमानित, विलक्षण अथवा प्राकृत घटना का बोधात्मक तथा नाटकीय प्रतिवस्तु स्थापना है। यह घटना किसी महत्त्वपूर्ण विचार-वस्तु को धारण करती है जो सर्वप्रथम मस्तिष्क में प्रतिबिम्बित होती है और तत्पश्चात् शब्दों में, कार्यों में या किसी कलात्मक रूप में अभिव्यक्ति पाती है।'' (उप., पृ. 12) मिथक की इसी मूल्यवत्ता को देखते हुए पश्चिम के सुप्रसिद्ध आलोचक आई.ए.रिचर्डस् ने कहा था कि, ''मिथक के बिना मनुष्य

आत्मा-रहित क्रूर पशु की तरह हो जायेगा। यदि मनुष्य द्वारा अर्जित इन मिथकीय परम्पराओं को एकाएक समाप्त कर दिया जाये तब भी वह नये-नये मिथक गढ़ लेगा।''

भारतीय मिथक कथा के आधुनिक प्रवक्ता आचार्य हजारीप्रसाद द्विवेदी इसे भाषा से जोड़कर देखते हैं। उनके अनुसार, ''मिथक तत्त्व वास्तव में भाषा का पूरक है। सारी भाषा इसी के बल पर खड़ी होती है। आदि मानव के चित्त में संचित अनेक अनुभूतियाँ मिथक के रूप में प्रकट होने के लिए व्याकुल रहती हैं।...मिथक वस्तुत: उस सामूहिक मानव की भाव-निर्मात्री शक्ति की अभिव्यक्ति है जिसे कुछ मनोवैज्ञानिक आर्केटाइपल इमेज (आद्यबिम्ब) कहकर सन्तोष कर लेते हैं।'' (हजारीप्रसाद द्विवेदी ग्रन्थावली-खण्ड 7, पृ. 85)

मिथकीय प्रवृत्ति यह मानती है कि किसी कृति की विवेचना का आधार मिथक तत्त्व ही है। यहाँ रचना में निहित आदिम प्रतीकों का सन्धान करते हुए रचना के मूल अर्थ और अभिप्राय को विश्लेषित किया जाता है। मिथकों की प्रतीकात्मकता, बिम्ब-विधान, आद्यरूप और विश्वास आदि रचना की विवेचना में सहायक होते हैं। इस प्रकार यह प्रवृत्ति साहित्य की निर्मिति के कारकों में मिथक को प्रमुख मानते हुए साहित्यानुशीलन की पैरवी करती है। भारतीय साहित्य में मिथकों का प्रमुख स्थान रहा है। पौराणिक आख्यान ही नहीं, आधुनिक सन्दर्भों में भी इनका बहुतायत में प्रयोग होता है।

मिथकीय आलोचना यह मानती है कि, मिथक और साहित्य दोनों का मूल स्रोत मानव का मन है। दोनों ही यह मानते हैं कि, मानव अपने मन पर पड़नेवाली बाह्य जगत् की प्रतिक्रियाओं को अभिव्यक्त करता है। एक मान्यता के अनुसार मिथक का जन्म व्यक्ति के नहीं, बल्कि समूह के मानस में होता है-वह भी चेतन मन में नहीं, अचेतन मन में। इसके अनुसार किसी मानव समाज के सामूहिक मानस में परम्परा से प्राप्त अनुभव संवेदना में ढलकर बिम्बों का रूप ले लेते हैं। युंग ने इन्हें ही आद्यबिम्ब कहा है। देवी-देवता, अलौकिक शक्तियाँ, स्वर्ग-नरक सम्बन्धी धारणाएँ, जादू-टोने आदि को लेकर अनेक आद्यबिम्ब समाज के अवचेतन में गहराई में स्थित रहते हैं। दरअसल मिथकों में कथाओं के रूप में इन बिम्बों का संयोजन होता है। ये बिम्ब उस समाज की अभिव्यक्ति के प्रतीक बन जाते हैं। साहित्य की भाँति मिथक को भी मानव की अनुभूति की अभिव्यक्ति का माध्यम माना जाता है। उदाहरण के लिए भारतीय परम्परा में गणपति सम्बन्धी मिथक को देखा जा सकता है। यहाँ हाथी से एक स्थूलकाय देवता का बिम्ब सामने आता है।

इससे स्पष्ट है कि मिथक का सम्बन्ध मानवीय चेतना से है, मानवीय क्रिया-व्यापार की वह एक निश्चित और स्वीकृत इकाई है। उसके द्वारा हम युग-युगान्तर तक की चेतना, ज्योति का स्वरूप समझ सकते हैं। वर्तमान दौर में मिथक जीवन के

अधिक करीब आते गये हैं क्योंकि भौतिक प्रगति ने जीवन में जो एक नीरसता और खोखलापन भर दिया है, अनस्तित्त्व का भय पैदा कर दिया है, उसने मानव को पुन: अपनी परम्पराओं की तरफ शक्ति संचय के लिए प्रेरित किया है। समाजशास्त्री, नृतत्त्ववेत्ता, मनोविज्ञानी और साहित्यिक भी मिथकों के अध्ययन पर आज इसीलिए बल दे रहे हैं कि वह मानवीय क्रिया-व्यापारों का शक्ति पुंज होता है। मिथक कोई आख्यान या कथा नहीं है बल्कि वे मनुष्य की शाश्वत प्रवृत्तियों, मानवीय अस्तित्व से जुड़ी हुई जिज्ञासा तथा समाज एवं समूह-विशेष की सांस्कृतिक भिन्नता के परिचायक हैं। हर युग और समाज में उनकी अनिवार्यता और प्रासंगिकता इसलिए बनी रही है, क्योंकि वे मानव-जीवन को परिभाषित करने के तत्त्व हैं।

कहने का आशय यह है कि साहित्य चेतना में मिथक के प्रयोग पर इसीलिए बल दिया जाता है क्योंकि मिथक के प्रयोग द्वारा साहित्य अतीत और वर्तमान में अविच्छेद्य सम्बन्ध दर्शाता है। इस समीक्षा-प्रणाली में कृति की समीक्षा करते समय सर्वप्रथम कृति के प्रतीकों पर ध्यान केन्द्रित किया जाता है और उनके अन्वयार्थ ढूँढ़ने का प्रयास किया जाता है। कृति में चित्रित पात्रों और घटनाओं की समकालीन प्रासंगिकता का अन्वेषण करते हुए कृतिकार की भाव संवेदनाओं का अध्ययन किया जाता है। मिथक चूँकि कई आधारों पर रचे होते हैं, अत: यहाँ उनके आधारों को दृष्टिगत रखते हुए उसके निर्माण भूमि में स्थित सामाजिक-सांस्कृतिक चेतना का निरीक्षण-परीक्षण किया जाता है। डॉ. नगेन्द्र के मतानुसार, ''मिथकीय समीक्षा आद्य-बिम्बों के आधार पर मानव और सृष्टि के बीच अनन्त काल से स्थापित रागात्मक सम्बन्धों का विश्लेषण कर साहित्य के मूल रूप का उद्घाटन करती है।'' कहना न होगा कि इस पद्धति में मनोविज्ञान और नृतत्त्वशास्त्र का महत्त्वपूर्ण स्थान होता है।

हिन्दी आलोचना में यह शब्द अधिक पुराना नहीं है। अपने यहाँ अनेक शब्द मिथ के पर्यायवाची के रूप में प्रयुक्त होते रहे हैं यथा देवकथा, पुराणकथा आदि। परन्तु ये शब्द मिथक के केवल एक पक्ष अतिमानवीय, अलौकिक या दैविक पक्ष को ध्वनित करते हैं। आज साहित्यालोचना में जिन अर्थों में मिथक का प्रयोग हो रहा है, वह इनसे काफी विशद है। सही मायने में मिथक व्यक्ति और समाज के संचित अनुभव, विश्वास, आस्था को सम्प्रेष्य बनाने के साधन हैं, वे समाज के उच्च सांस्कृतिक मूल्यों को जीवन्त और प्रवहमान् बनाये रखने के माध्यम हैं। वस्तुत: इसमें कथातत्त्वों की महत्ता न होकर उसके जरिये व्यंजित तत्कालीन युग-सत्य की महत्ता होती है। क्योंकि वास्तव में मिथक किसी कथा के जरिये किसी जाति, जनसमुदाय की सामाजिक-संस्कृतिक स्थिति की रागात्मक चेष्टाओं की प्रतीकात्मक अभिव्यक्ति होता है। आलोचकों का ध्यान मिथकों के अध्ययन के माध्यम से युग

और समाज को व्याख्यायित करने पर तो रहता ही है, उसके द्वारा वे अपने समकालीन समाज को भी परिभाषित करते हैं। जीवन की प्रासंगिकता, सृजनात्मकता और मानवीय कल्पना जिन आद्यबिम्बों का सृजन करती है उनका प्रतीकत्व मिथक के रूप में अनुशीलन कर जीवन और प्रकृति के बीच के सम्बन्धों को परिभाषित कर आलोचक उनकी चिरकालिक प्रासंगिकता और मूल्यवत्ता स्थापित करता है। हिन्दी में रचनात्मक साहित्य में मिथकों का जमकर प्रयोग हुआ है, लेकिन आलोचना साहित्य में एक तरह से अभी इसका अभाव ही है। साहित्य-चिन्तन का यह नया मार्ग सम्भावनाओं भरा है, गहन अनुशीलन से निश्चय ही यह जीवन की जटिलता को समझने-समझाने का एक उपयुक्त मार्ग हो सकता है।

**मनोविश्लेषणवादी आलोचना**

मनोविश्लेषणशास्त्र के प्रवर्तन का श्रेय सिग्मण्ड फ्रायड को दिया जाता है। उनके सहयोगी एडलर और युंग ने इसकी मान्यताओं को और अधिक स्पष्ट किया। यह पद्धति यह मानती है कि, साहित्य और कला का अध्ययन मूल्यांकन वस्तुतः मनोवैज्ञानिक विश्लेषण के द्वारा ही सम्भव है। इसकी मान्यता है कि कला यौन भावनाओं की विकृतियों से मुक्ति का साधन है, कला की शक्ति उदात्तीकरण की है, यह एक प्रकार की फैण्टेसी है, कला में प्रयुक्त बिम्बों, प्रतीकों और लयों के विवेचन से मानवमन का विश्लेषण किया जा सकता है।

मनोवैज्ञानिक या मनोविश्लेषणात्मक (साइकोलॉजिकल) प्रवृत्ति, फ्रायड, एडलर व युंग तथा अर्नेस्ट जोन्स, मारी बोनापार्ट व लकान के मतों से प्रभावित है। इन लोगों ने साहित्य को मनुष्य की दमित वासनाओं का प्रतिफलन माना है। इसके जनक फ्रायड यह मानकर चलते हैं कि साहित्य-सृजन की भूमिका अन्ततोगत्वा साहित्यकार के अवचेतन मन में बैठी उन ग्रन्थियों के प्रकटीकरण में है, जो शैशवावस्था में शिशु के माता-पिता से सन्दर्भित दमित यौन-इच्छाओं से जन्म लेती हैं। इस बात को 'इन्साइक्लोपीडिया ब्रिटानिका' में इन शब्दों में कहा गया है-"A basic libido of sex drive (life force) which when checked may produce odipus complex, distorted it, not broken lives. Thus it sets love (the chief topic in poetry modern drama etc) at the root of all human actions".

मनोविश्लेषणात्मक सिद्धान्तों पर आधारित यह पद्धति मनुष्य के अन्तर्मन की खोजबीन तक ही अपना कार्य मानती है और वही साहित्य सर्जना व विवेचना का लक्ष्य भी निर्धारित करती है। इसकी दृष्टि में साहित्य मानव-मन की ग्रन्थियों का प्रकटन मात्र है, यही साहित्य सृजन की मूल प्रेरणा है। यह प्रवृत्ति व्यक्ति के परिवेश, उसके व्यक्तित्व के निर्माणक तत्त्वों आदि किसी पर भी विचार करना अनावश्यक मानती है, जो कि इसकी मूलभूत कमजोरी है। यह ठीक है साहित्य मानवीय

भावनाओं की अभिव्यक्ति है, मगर इतना ही बड़ा सच यह भी है कि मानवीय भावनाओं के निर्माणक तत्त्वों पर भी विचारणा उतनी ही जरूरी है जितनी कि व्यक्ति के अन्तर्मन पर। हिन्दी आलोचना में इसकी शुरुआत एक तरह से प्रयोगवाद के मसीहा अज्ञेय से मानी जाती है। इलाचन्द्र जोशी इसके सर्वाधिक मान्य व्याख्याता माने जाते हैं। इनके अतिरिक्त डॉ. देवराज उपाध्याय का नाम भी इसी कड़ी में जोड़ा जाता है।

मनोविश्लेषण, मनोविज्ञान के अध्ययन की एक पद्धति है। मनोविज्ञान में मानव-मन की विभिन्न क्रियाओं, इच्छाओं और अवस्थाओं का अध्ययन किया जाता है। साहित्यिक धरातल पर इनके अध्ययन की शुरुआत फ्रायड, एडलर और युंग से होती है। ये मनोविश्लेषणशास्त्री मनोविज्ञान और साहित्य दोनों से परिचित थे, इन्होंने साहित्य को मानव-मन में प्रसुप्त या दमित विभिन्न क्रियाओं, इच्छाओं का प्रतिफलन माना है। इन्हें ही कुण्ठा और हीनता ग्रन्थि आदि भी कहा गया है। शुरू-शुरू में ये चिन्तक यौन इच्छाओं तक ही सीमित रहे, परन्तु धीरे-धीरे इन्होंने यौन इच्छाओं के अलावा जैविक, सामाजिक, सांस्कृतिक तथा सृजनात्मक वृत्तियों को भी चिन्तन का विषय बनाया। युंग की रचनाओं में जिस 'लिबिडो' की संकल्पना की गयी है उसमें सम्पूर्ण मानव-जीवन को दृष्टिगत रखा गया है। लकान तक आते-आते इस समीक्षा-पद्धति ने अपनी अवधारणा को और पुष्ट किया और मनोरुग्णता या हीनता ग्रन्थि से आगे बढ़ी। इस प्रकार उत्तरोत्तर मनोविश्लेषणात्मक आलोचना-पद्धति अपनी अवधारणा को स्वस्थ और पुष्ट करती रही, परन्तु खेद की बात है कि नयी समीक्षा की मूल प्रतिज्ञा पाठ (Text) तक आ जाने के बावजूद भी जीवन और जगत् की कुछ मूलभूत सच्चाइयों से अछूती रहने के कारण यह आलोचना जगत् में समादृत नहीं हो सकी।

कहा जा चुका है कि इसके जनक फ्रायड थे। उन्होंने तथा उनके दो शिष्य एडलर और युंग ने इसके सिद्धान्त निर्मित किये। इन विश्लेषकों ने मूलतः चार शब्दों पर जोर डाला है, ये है-लिबिडो जिसे फ्रायड मनोरुग्णता का स्रोत मानता था, अचेतन, स्वप्न और फैण्टेसी। इन्हीं चारों शब्दों पर समूचा मनोविश्लेषणशास्त्र टिका हुआ है। फ्रायड ने मानव-मन के तीन स्तरों चेतन, अर्द्धचेतन और अवचेतन की कल्पना की है और इनमें अवचेतन को सृजन के लिए प्रमुख माना है। वह मानता है कि अवचेतन मन हमारी सभी दमित, निर्वासित एवं अतृप्त इच्छाओं का कोष है। उसका कहना है कि मानव-मन की अनेक इच्छाएँ और वासनाएँ सामाजिक, धार्मिक या अन्य प्रतिबन्धों के कारण अतृप्त रह जाती हैं। ये अतृप्त वैयक्तिक वासनाएँ नष्ट नहीं होती हैं अपितु हमारे अन्तर्मन के अतल में दब जाती हैं। जिसे अवचेतन कहते हैं। यहाँ से वे बराबर चेतन क्षेत्र में आने का प्रयत्न करती रहती हैं। परन्तु सामाजिक विरोध के

कारण उनका यथावत् प्रकटन नहीं हो पाता। फ्रायड ने इसके लिए Sublimative शब्द का इस्तेमाल किया है; नगेन्द्र जी ने इसे ही 'आत्म संस्कार' कहा है। फ्रायड की दृष्टि में सभी बौद्धिक क्रियाएँ–नीतिशास्त्र, कला, विज्ञान आदि में हम इसीलिए प्रवृत्त होते हैं क्योंकि हम बाधित और दमित प्रवृत्तियों की क्षतिपूर्ति चाहते हैं। इसीलिए यह कहा गया है कि, "फ्रायड के सिद्धान्तों के अनुसार मस्तिष्क के वास्तविक कर्म तर्क से नहीं, प्रवृत्ति और आवेग से संचालित होते हैं। मस्तिष्क, स्पन्दनों, विचारों, ज्ञानबोध और तार्किक क्रमों या कुछ निश्चित आध्यात्मिक सारों का समुच्चय नहीं है बल्कि वह एक गहरा और उर्मिल सिन्धु है जिसके रहस्यमय तत्त्व उसके चेतन स्तर या तर्क में उपलब्ध नहीं होते बल्कि वे पूर्ण अवचेतन और प्रवृत्तियों की गहराई में ही प्राप्त होते हैं।" (हिन्दी समीक्षाः स्वरूप और सन्दर्भ, पृ. 289)

फ्रायड की भाँति उसके शिष्य एडलर ने मानव-मन का अध्ययन किया है और उसे ही कला व विज्ञान का मूल स्रोत माना है। उनके अनुसार अवचेतन में कला-वासना से अधिक महत्त्वपूर्ण, वे अतृप्त वासनाएँ होती हैं जो मनुष्य को कुण्ठित करती हैं, उन्हीं वासनाओं की पूर्ति वह साहित्य या कला के माध्यम से करता है। वह मानते हैं कि मनुष्य में अभाव की अनुभूति उसमें हीनता-ग्रन्थि को जन्म देती है, परिणामस्वरूप मानव आत्मग्लानि से त्रस्त हो जाता है। मनुष्य जितना वैचारिक और प्रतिभासम्पन्न होता है उसमें यह आत्म ग्लानि उतनी ही तीव्र होती है और वही उसे सृजन की तरफ प्रेरित करती है। युंग ने जीवनेच्छा को ही प्रधान माना है। उसके अनुसार मानव की प्रबल जीवनेच्छा ही उसे सृजन की तरफ प्रेरित करती है। समग्रतः यह कहा जा सकता है कि फ्रायड ने साहित्यकार के अवचेतन के रहस्यों में, विशेषकर कामवासना में रुचि ली, एडलर ने अतृप्तता और हीनता को प्रधान माना, तो युंग ने जीवनेच्छा को प्रेरक शक्ति मानकर अवचेतन की ग्रन्थियों को और विस्तृत कैनवास प्रदान किया, जिससे मनोविश्लेषण पद्धति मनोरुग्णता से चलकर जीवन-मूल्यों की सृजनात्मकता तक पहुँची।

उपर्युक्त मतों के आधार पर यह कहा जा सकता है कि मनोविश्लेषण पद्धति साहित्य चिन्तन में एक नवीन दृष्टिकोण की तरफ इशारा करती है। परन्तु इस नवीन दृष्टिकोण की कई सीमाएँ हैं। यह अवधारणा एक तो आज तक बहुत स्पष्ट नहीं हो पायी है, उसका कारण मूलतः यह रहा है कि इसमें साहित्य सृजन और विवेचन के अन्य महत्त्वपूर्ण पहलुओं की सर्वथा उपेक्षा की गयी है। अपने समय और समाज से कोई साहित्य अलग नहीं होता। यद्यपि प्रकारान्तर से यह माना गया है कि अवचेतन में समय, समाज और परिवेशगत वर्जनाओं की ही सत्ता होती है, परन्तु जोर मानव-मन की पर्तों को खोलने और उधेड़ने-बुनने पर ही दिया गया है। दूसरे शब्दों में

समय, समाज और परिवेशगत अभाव या अतृप्तता को भी एकांगी दृष्टि से देखा गया है, सर्वथा वैयक्तिक धरातल पर उसकी चिन्ता हुई है। अपनी इन सीमाओं के बावजूद इस सिद्धान्त में कुछ सच्चाई भी है, उसे नकारा नहीं जा सकता। यथा, अन्तर्मन की शक्तियाँ मानव के व्यक्त जीवन को प्रभावित करती रहती हैं, और मूल प्रेरक न सही, जीवन की सहप्रेरक शक्तियों में उनका स्थान तो होता ही है। कथा सम्राट् मुंशी प्रेमचन्द ने तभी तो कहा है कि, "सबसे उत्तम कहानी वह होती है, जिसका आधार किसी मनोवैज्ञानिक सत्य पर हो।" कुल मिलाकर यह कहना होगा कि यह पद्धति साहित्य-चिन्तन का एक नया आयाम प्रस्तुत करती है।

हिन्दी साहित्य में मनोविश्लेषण का प्रभाव रचना के धरातल पर जितना पड़ा उतना आलोचना के धरातल पर नहीं पड़ा। इसको लेकर जो वैचारिक चिन्तन हुआ वह ज्यादातर कथा-कहानियों के माध्यम से ही सामने आया, आलोचना के रूप में इस पर मूल रूप से बहुत ही कम लिखा गया। डॉ. नगेन्द्र ने जो कि रसवादी आचार्य के रूप में जाने जाते हैं, फ्रायड के मनोविश्लेषण के सहारे अपने को स्थापित करने की कोशिश अवश्य की, परन्तु इसकी कुछ सीमाओं के चलते इसे वे हिन्दी साहित्य में स्थापित नहीं कर सके। साहित्य के पीछे आत्माभिव्यक्ति की प्रेरणा को वे स्वीकृति अवश्य दिला सके, परन्तु काम-कुण्ठाओं को स्वस्थ साहित्य की भाव-भूमि सिद्ध नहीं कर सके।

उनके साथ अज्ञेय, जैनेन्द्र और इलाचन्द्र जोशी ने भी इस नव-ज्ञानकोष को समझने-समझाने का प्रयास किया, परन्तु कहना न होगा कि ये लेखक कथाकार के रूप में जितने स्थापित हुए उतने आलोचक के रूप में नहीं। तात्पर्य यह कि इन पर मनोविश्लेषण का जो प्रभाव पड़ा वह उपन्यासों, कहानियों के रूप में सामने आया न कि आलोचना के रूप में। आलोचना के रूप में जोशी और अज्ञेय के कुछ विचार उनके कुछ निबन्धों में यत्र-तत्र मिलते हैं, उनके आधार पर इस आलोचना-पद्धति को लेकर कोई पुष्ट धारणा नहीं बनती। इलाचन्द्र जोशी के निबन्धों में 'कला और नीति', 'जनसाधारण के साहित्य का आदर्श', 'साहित्य सम्बन्धी कतिपय तथ्य', 'साहित्य में वैयक्तिक कुण्ठा', 'साहित्य में वैयक्तिक स्वतन्त्रता *बनाम* सामाजिक चेतना' आदि मनोविश्लेषण-पद्धति की सैद्धान्तिकी की झलक दिखाते हैं। 'कला और नीति' के बारे में उनका कथन विचारणीय है, "कला का मूल उत्स आनन्द है। आनन्द प्रयोजनातीत है। सुन्दर फूल से हमें आनन्द प्राप्त होता है, पर उससे हमारा कोई स्वार्थ या प्रयोजन सिद्ध नहीं होता। प्रभात की उज्ज्वलता और संध्या की स्निग्धता देखकर चित्त को एक अपूर्व शान्ति प्राप्त होती है। पर उससे हमें कोई शिक्षा नहीं मिलती। न कोई सांसारिक लाभ ही होता है। कारण आनन्द का भाव समस्त लौकिक शिक्षा तथा व्यवहार से अतीत है। उसमें कोई बहस नहीं चल सकती।' (नये

विचार-नयी दृष्टि, पृ. 109) उनके अनुसार आनन्द का अनुभव ऐसा है 'जो गूँगे मीठे फल को रस अन्तर्गत ही भावे'।

फ्रायडीय मनोविश्लेषण से जोशी जी सहमत नहीं हैं, उनकी दृष्टि में कुण्ठा या अतृप्त वासना मानव-मन की स्वतः उत्पत्ति नहीं है बल्कि सामाजिक विकृतियों का प्रतिफल है। वे लिखते हैं, "इसमें सन्देह नहीं कि पिछले कुछ युगों से बाहरी परिस्थितियों का दबाव सामूहिक और वैयक्तिक मानव पर इस हद तक पड़ा है कि कुण्ठा की भावना ने एक प्रकार से वंशानुक्रमिक रूप धारण कर लिया है। पर यह वंशानुक्रमिकता भी किन्हीं भीतरी कारणों से विकसित नहीं है, बल्कि बाहरी परिस्थितियों के उत्तरोत्तर विकृतीकरण की सामूहिक क्रिया का ही परिणाम है।" (उप., पृ. 40) यही नहीं, महाकवि कालिदास से रवीन्द्रनाथ तक का हवाला देते हुए बड़े स्पष्ट शब्दों में कहते हैं, "समाज की बाहरी परिस्थितियाँ ही व्यक्ति की कुण्ठा को जन्म देती और उसका विकास या ह्रास करती हैं और उन्हें व्यापक सामाजिक पृष्ठभूमि में रखने से ही उनका निराकरण या उन्नयन हो सकता है।" (उप., पृ. 49) अन्यत्र वे यह भी कहते हैं कि, "दमित प्रवृत्तियों के उदात्तीकरण द्वारा ही मनुष्य स्थूल पशु-चेतना की स्थिति से ऊपर उठा और मानव-मन में काव्यात्मक सौन्दर्य-चेतना तभी जगी, किसी दूसरे कारण से नहीं।" इसीलिए वे यह मानते हैं कि सच्चे साहित्य ने बाह्य जीवन की एकांगी प्रगति को कभी आदर्श नहीं माना है और न मान सकता है। अन्तर्जीवन के उत्तरोत्तर विकास से साहित्य का घनिष्ठ सम्बन्ध बराबर रहा है और रहेगा। पशु-जीवन की प्रगति और मानव-जीवन की प्रगति में साहित्य यही अन्तर पाता है। पशु-जीवन की प्रगति बराबर बहिर्मुखी रही है। पर मनुष्य केवल इस कारण पशु से मनुष्य बना है कि बुद्धिजगत् के साथ-ही-साथ अन्तर्जगत् की सूक्ष्म वृत्तियों के द्वन्द्व, परिष्करण और विकास की ओर उसका ध्यान बराबर रहा है। इस प्रकार हम देखते हैं कि जोशी मनोविश्लेषणवादी आलोचना के काफी स्वस्थ रूप के समर्थक हैं।

अन्य मनोविश्लेषणवादी आलोचकों में अज्ञेय का नामोल्लेख किया जाता है। अज्ञेय की तीन प्रमुख आलोचनात्मक कृतियाँ हैं-'त्रिशंकु', 'आत्मनेपद' और 'आधुनिक साहित्य'। इन पर फ्रायड की अपेक्षा एडलर का अत्यधिक प्रभाव पड़ा है। उनके सिद्धान्त 'परिस्थिति और साहित्यकार', 'कला का स्वभाव और उद्देश्य', 'सौन्दर्यबोध', 'साहित्यबोध-आधुनिकता के तत्त्व', तथा रचना-प्रक्रिया जैसे निबन्धों में देखे जा सकते हैं। अज्ञेय ने मनोविश्लेषण को 'वाद' के रूप में कम एक दृष्टिकोण के रूप में अधिक लिया है। उन्होंने जीवन की सच्चाइयों से उसे जोड़कर देखा है। अज्ञेय साहित्य को ही आलोचना का विषय मानते हैं और इसके लिए रचनाकार के व्यक्तित्व का अध्ययन भी जरूरी मानते हैं, क्योंकि उनकी दृष्टि में

साहित्य कलाकार के अवचेतन मन में प्रस्थित अतृप्ति का शाब्दिक चित्रण है। वे स्पष्ट कहते हैं 'आज का हिन्दी साहित्य अधिकांश में अतृप्ति या कह लीजिये लालसा के इच्छित विश्वास (विशफुल फीलिंग्) का साहित्य है।'' ...आज के लेखकों को लक्ष्य करते हुए कहते हैं, ''अपनी स्त्री का आदर्शीकरण, स्त्री के नाम से कहानियाँ छपाकर, लेखिका स्त्री पाने की इच्छापूर्ति, ये सब प्रवृत्तियाँ इसी प्रकार समझी जा सकती हैं, लेकिन ये सब हमारे साहित्य में व्याप्त होनेवाली कुण्ठा का ही एक पहलू है।'' (आधुनिक हिन्दी साहित्य, पृ. 20)

'त्रिशंकु' में उन्होंने लिखा है 'कला सामाजिक अनुपयोगिता की अनुभूति के विरुद्ध अपने को प्रमाणित करने का प्रयत्न, अपर्याप्तता के विरुद्ध विद्रोह है।'' (त्रिशंकु, पृ. 23) यहाँ स्पष्टत: वे एडलर से प्रभावित दिखायी देते हैं। वे मानते हैं कि सच्ची कला कभी भी अनैतिक नहीं हो सकती, क्योंकि वह एक नैतिक मान्यता-इथिकल वैल्यू-पर आधारित होती है।

मनोविश्लेषणवादी आलोचना पर अज्ञेय और इलाचन्द्र जोशी के अलावा कुछ महत्त्वपूर्ण चिन्तन डॉ. देवराज उपाध्याय ने किया है। उन्होंने अपने शोध-प्रबन्ध 'आधुनिक हिन्दी कथा-साहित्य और मनोविज्ञान' में मनोविज्ञान के सिद्धान्तों को सश्रम समझाते हुए हिन्दी कथा-साहित्य को उसके आधार पर विवेचित करने की कोशिश की है। उपाध्याय जी के तर्क का मूलाधार है जोन्स द्वारा की गयी 'हैमलेट' की मनोवैज्ञानिक व्याख्या। जोन्स एक मनोविश्लेषणशास्त्री था। वह मानता था कि मनोविश्लेषणात्मक आलोचना का काम साहित्यिक कृति के व्यक्तित्व को उभारने का है। उसकी दृष्टि में मूल्यवान् रचना वह होती है, जिसमें चरित्र-चित्रण स्वाभाविक, सन्तुलित और तर्कपूर्ण होता है। मनोविश्लेषण के निष्कर्ष पर जो रचना जितनी सुलझी हुई होती है, वह उतनी ही महान् होती है। उसने यह प्रमाणित किया है कि हैमलेट का व्यक्तित्व शेक्सपियर के अचेतन मन में पैठी इडिपस ग्रन्थि का प्रतिबिम्ब है। ऐसा लगता है, उपाध्याय जी की प्रेरणा का स्रोत जोन्स का यह तर्कपूर्ण विश्लेषण ही है क्योंकि इस व्याख्या को उन्होंने आधार रूप में सश्रद्धा स्वीकार किया है। उपाध्याय जी के दृष्टिकोण से मतभेद हो सकता है लेकिन बलपूर्वक यह कहना पड़ता है कि उन्होंने गम्भीरता से गहराई में जाकर इस नवशास्त्र को समझा है और हिन्दी कथा-साहित्य में उसको विवेचना के आधार रूप में लागू किया है।

दुर्भाग्य या सौभाग्य से हिन्दी साहित्य में इस दिशा में इसके पश्चात् कोई बहुत महत्त्वपूर्ण उपलब्धि दर्ज नहीं हो पायी। मनोविश्लेषणात्मक आलोचना की सीमाएँ स्वत: स्पष्ट हैं, यथा यह पद्धति मानव-मन की अवचेतन अवस्था को ही प्रमुख मानती है, इसकी दृष्टि में परिवेश नही, कुण्ठा सृजन की प्रेरणास्थली है-यह मत अपने आप में ही एकांगी है। परन्तु साथ ही यह भी कहना होगा कि इस पद्धति ने

मानव की मनोवृत्तियों शुक्लीय शब्दावली में चित्तवृत्तियों-के अध्ययन द्वारा साहित्य के अध्ययन-मनन का एक रास्ता दिखाया है। निस्सन्देह यह एक मार्ग हो सकता है, क्योंकि यह निर्विवाद सत्य है कि रचना के प्रणयन में रचनाकार का व्यक्ति-मन किन्हीं अन्य कारणों से कम महत्त्व नहीं रखता। अतएव सारांशत: यह कहा जा सकता है कि मनोविश्लेषणात्मक आलोचना-पद्धति मानव-मन के अवचेतन के अध्ययन के सहारे रचना को समझने की एक दृष्टि है।

**नयी समीक्षा**

नयी समीक्षा से हमारा तात्पर्य समीक्षा की एक ऐसी प्रवृत्ति से है जो प्रगतिवादी विचारधारात्मक दर्शन से अपना अलग अस्तित्व रखती है। ऐतिहासिक क्रमानुसार देखें तो इस विचारणा की शुरुआत ही प्रगतिवादी-भौतिकवादी प्रवृत्ति के विरोध में हुई है। जहाँ प्रगतिवादी समीक्षा बहिरंग तत्त्वों पर ध्यान केन्द्रित करती है वहाँ नयी समीक्षा अन्तरंग तत्त्वों पर बल देती है। उसकी दृष्टि में कृति की पाठ संरचना से इतर तत्त्व साहित्येतर हैं। उनका मूल्य वहीं तक है जहाँ तक वे जीवन-मूल्यों के बोध (अनुभूति) में सहायक हों। नयी समीक्षा की मूल प्रतिज्ञा ही यह है कि साहित्य भाषिक संरचना है इसलिए भाषा से इतर तत्त्वों के आधार पर उसका परीक्षण-विवेचन हो ही नहीं सकता।

नयी समीक्षा का प्रादुर्भाव अमेरिका में हुआ माना जाता है। इलियट, जान क्रो रैन्सम, क्लीन्थ ब्रूक्स, एलनटेट, आइवर बिण्टर्स आदि आलोचकों को इसका प्रणेता माना जाता है। इलियट के निबन्ध संग्रह 'सेक्रेड वुड' (1920) से इसकी शुरुआत हुई तथा रैंसम की कृति 'new criticism' के प्रकाशन के बाद यह शब्द व्यवहार में आया। इसका उदय और विकास दो महायुद्धों के बीच की घटना है। कहने को जरूरत नहीं कि उन दिनों जो प्रवृत्तियाँ प्रबल थीं उनमें एक ओर परम्परागत पर नवीन मानवतावादी दृष्टि थी तो दूसरी ओर भौतिकवादी-मार्क्सवादी दृष्टि। मानवतावादी अपने परम्परा मोहविजड़ित दृष्टिकोण के चलते उदार होने के बावजूद बहुत अधिक दूर तक नहीं चल सके, तो वहीं दूसरी तरफ मार्क्सीय विचारकों ने अपने वैचारिक दायरे के कारण साहित्य को प्रचार का साधन अथवा समाजशास्त्रीय प्रलेख मात्र बना दिया-समाज की चिन्ता को केन्द्र में रखने के बावजूद वे मानव की समस्याओं पर बहुत दूर तक विचार नहीं कर सके, समष्टि के समक्ष व्यक्ति को उन्होंने सदैव उपेक्षित ही किया, जबकि व्यक्ति ही समष्टि का मूलस्रोत है। हिन्दी आलोचना में इसका उदय इन्हीं दोनों चिन्तनधाराओं के बीच हुआ। वह इन दृष्टिकोणों के विरोध में मानव की सम्पूर्णता की प्रतिज्ञा के साथ उदित हुई। उसमें कृति की समझ के लिए ऐतिहासिक सामाजिक वातावरण पर अतिरिक्त बल देने का विरोध किया गया, साथ

ही कृति से हटकर कृतिकार को महत्त्वपूर्ण मानने को उचित नहीं माना गया। इसकी अपेक्षा यहाँ इस बात पर बल दिया गया कि कविता को रूपायित करनेवाली आधारवस्तु क्या है? वे कौन-से कारक हैं जिनसे एक रचना की संरचना होती है? नयी समीक्षा की पहली शर्त ही यही है कि वह आधारभूत तत्त्व या पाठ-संरचना ही कृति को समझने का सबसे वस्तुनिष्ठ माध्यम हो सकता है। क्लीन्थ ब्रूक्स ने स्पष्ट कहा है ''मेरा आग्रह है कि कविता की प्रारम्भिक विवेचना कविता के रूप में करना ही उचित दृष्टिकोण है।'' स्पष्ट है कि ब्रूक्स महोदय इस बात पर बल दे रहे हैं कि कविता को कविता के रूप में ग्रहण किया जाय। सभी नये समीक्षक इस बात पर एकमत है, कि कविता भाषिक संरचना है और एक स्वायत्त इकाई है, उसकी विवेचना इसी आधार पर होनी चाहिए। कविता की वस्तुनिष्ठ समझ के लिए इन्होंने इस बात पर बल दिया कि पाठक और आलोचक को केवल कविता के भीतर प्रयुक्त अक्षरों, शब्दों, बलाघातों, पंक्तियों, बिम्बों, प्रतीकों आदि के बीच उपलब्ध विविध सम्बन्धों का विश्लेषण और व्याख्या करनी चाहिए।

नयी समीक्षा में कविता को केन्द्र में रखने अथवा कृति को आलोकित करने का सीधा आशय है उसके अंगों और परस्पर सम्बन्धों का विश्लेषण, कृति को रूपायित करने में ये अंग किस प्रकार सम्बद्ध हैं इसका अध्ययन। दूसरे शब्दों में कहें तो शिल्प-कौशल और भाषा-कौशल के साधनों का अध्ययन ही नयी समीक्षा की मूल प्रतिज्ञा है। नयी समीक्षा समाजदर्शनों का यूटोपिया नहीं खड़ा करती और न ही उसके आधार पर साहित्य का विश्लेषण करती है। 'रूप' और 'कथ्य' जैसे शब्द जाल में फँसाकर इसे समझाने में काफी मतिभ्रम पैदा किया गया है, जबकि ब्रूक्स महोदय लिखते हैं, ''आधुनिक आलोचना ने हमें दिखा दिया है कि केवल कथ्य की बात करने का मतलब एकदम कला की बात न करके अनुभव की बात करना है, जब हम सिद्ध कथ्य की, रूप अर्थात् कलाकृति के रूप में कलाकृति की बात करते हैं, तभी हम सही मायनों में आलोचक की तरह बात करते हैं।'' इस प्रकार नयी समीक्षा का बल रूप पर है, परन्तु इस रूपवाद को जीवन निरपेक्ष रखकर नहीं देखा गया है। मानव सत्य को तिरस्कृत कर कोई चिन्तन फलित हो ही नहीं सकता। डॉ. निर्मला जैन का यह कथन यहाँ उद्धृत करना जरूरी है कि, ''नयी समीक्षा का रूपवाद वस्तुत: एक ऐसे 'सत्तामूलक' (आनटोलॉजिकल) सिद्धान्त के विकास का प्रयत्न है जिसके आधार पर कविता की स्वायत्त प्रतिष्ठा, सत्य को ग्रहण करने की अद्वितीय विधि के रूप में की जा सके। कुल मिलाकर नयी समीक्षा यह मानकर चलती है कविता एक स्वनिष्ठ इकाई है और उसकी सत्ता स्वायत्त है। इसलिए वह यह मानती है कि उसको नैतिक, सामाजिक एवं ऐतिहासिक लक्ष्य का साधन बनाना उचित नहीं है।''

हिन्दी में नयी समीक्षा की शुरुआत वैसे तो नयी कविता से मानी जाती है, परन्तु नयी कविता के प्रणेता अज्ञेय के काव्य में ही वे सारी चीजें हैं, जो नवीन काव्य-प्रवृत्ति का अहसास कराती हैं, अत: प्रयोगवाद को भी नयी समीक्षा के ही अन्तर्गत रखकर देखना उचित होगा। प्रयोगवादी सर्जक-आलोचक अज्ञेय ने अर्थवान् शब्दों की खोज पर बल केवल कविता के धरातल पर ही नहीं, आलोचना के सन्दर्भ में भी दिया है। और इसकी आवश्यकता उन्हें कदाचित् इसलिए महसूस हुई क्योंकि जो नवीन परिस्थितियाँ उदित हुईं, मान-मूल्यों में परिवर्तन आया, जीवन में नया मोड़ आया, उसने पुरानी परिपाटी और पुराने शब्दों से अधिक अर्थगर्भित शब्दों की माँग की। आलोचना में रस, ध्वनि, अलंकारवादी कसौटियाँ नवीन भावबोध का, नवीन संवदेना का आकलन करने में लाचार लगने लगी, तो इसका कारण मात्र यही और इतना ही है कि नवोद्भूत जीवन-बोध ने साहित्य का उद्देश्य रस और आनन्द प्रदान करना मात्र नहीं माना, बल्कि जीवन की जटिलताओं को समझना और उनके सन्दर्भ में मानव-मूल्यों को परखना भी माना। और इसका भी कारण यह है कि नवीन साहित्य की प्रश्नाकुलता, भावात्मक मानवतावाद से सन्तुष्ट होनेवाली नहीं है, वह जीवन का सत्य जीवन में ही पाना चाहती है, उसका सौन्दर्य उसी में खोजना चाहती है। इधर की कविता में जो आधारगत बदलाव आया है, परम्परागत मान-मूल्यों से आगे बढ़कर नये भावबोधों और शिल्प-विधान को जिस प्रकार अन्वेषित किया गया है, उसी प्रकार नयी समीक्षा में भी दृष्टिबोध बदला है।

भारतवर्ष में जिस राजनैतिक-सामाजिक पृष्ठभूमि में नयी कविता उदित हुई और भाव, विचार व भाषा के स्तर पर जो नयी भावभंगिमा उसमें प्रकट हुई, ज्ञान और संवेदना के धरातल पर व उनके एकीकरण से जो नया भावबोध पनपा, उसी की अभिव्यक्ति है नयी कविता और नयी समीक्षा। द्वितीय विश्वयुद्ध के बाद व देश की आजादी के बाद के वर्षों में जिस तरह विविध कारणों से भूखी-नंगी-बेकार-संक्रान्त पीढ़ी पनपी-बढ़ी और विशेषकर साठ के दशक से उसमें जो अस्तित्वबोध, परायापन, विसंगतिबोध, न्यूनताबोध, निराशावाद और कुण्ठाग्रस्तता आयी, उसने एक नयी क्रान्ति का बीजवपन किया। नयी समीक्षा उसी साहित्य के मूल्यांकन से सम्बद्ध है। इन मूल्यगत परिवर्तनों ने समीक्षा के मानदण्डों को भी प्रभावित किया। नयी कविता के लघुमानव की कल्पना, नयी समीक्षा में भी देखी गयी, साथ ही अहंवाद, बुद्धिवाद, नवीन आधुनिक भावबोध, सार्थक शब्दों की तलाश, नवीन प्रतीक-विधान, बिम्ब विधान आदि के साथ-साथ तनाव, विसंगतिबोध, विद्रोह, एब्सर्डिटी, क्षणभोग, एलियनेशन, प्रामाणिक अनुभूति या अनुभूति की प्रामाणिकता आदि मानदण्ड के रूप में नयी समीक्षा में मान्य हुए। कविता के नये प्रतिमानों को लेकर जितने भी ग्रन्थ प्रकाशित हुए, सभी में किसी-न-किसी रूप में इन्हीं को

मानदण्ड के रूप में प्रस्तुत किया गया। इसी आधार पर डॉ. जगदीश गुप्त नयी कविता को आँकने के जो नये सूत्र प्रस्तुत करते हैं, उन्हें देखा जा सकता है 'नयी जीवन-दृष्टि का विकास, उपेक्षित का मानवीय धरातल पर स्वीकार, मानवीयता की परिधि का विस्तार, शब्दों, अर्थों को संस्कारदान... प्राचीन तत्त्वों को नये परिप्रेक्ष्य में उपलब्ध कराने की वृत्ति, नयी संवेदनाओं के अनुरूप नयी शिल्प-शैली का सृजन आदि।'' डॉ. धर्मवीर भारती ने भी समीक्षा के आयामों पर प्रकाश डालते हुए लिखा है, ''एक कलाकृति पहले रूप में एक संचित शास्त्रीय परम्परा, जातीय सौन्दर्यबोध और परम्परागत काव्य शृंखला की विशिष्ट कड़ी होती है। दूसरे रूप में वह एक विशिष्ट समाज-व्यवस्था की सांस्कृतिक निधि होती है और उसका एक विशिष्ट मूल्य होता है। तीसरे रूप में वह व्यक्ति की विशिष्ट क्षण की अनुभूति की शब्दात्मक अभिव्यक्ति होती है और कुछ विशिष्ट तत्त्वों से समन्वित होकर वह कलाकृति का महत्त्व प्राप्त करती है।'' इस कथन में भी जोर कृति की शाब्दिक संरचना के विविध आयामों पर ही है। भाषिक सर्जना पर ही बल देते हुए प्रो. रामस्वरूप चतुर्वेदी का भी कथन ध्यातव्य है। 'भाषा और संवेदना' में उन्होंने लिखा है, ''आज की कविता को जाँचने के लिए जो अब सचमुच 'प्रास के रजतपाश' से मुक्त हो चुकी है, अलंकारों की उपयोगिता अस्वीकार कर चुकी है और छन्दों की पायलें उतार चुकी है, काव्यभाषा का प्रतिमान ही शेष रह जाता है, क्योंकि कविता के संघटन में भाषा प्रयोग की मूल और केन्द्रीय स्थिति है।'' गौरतलब है कि वे भाषा और संवेदना की स्थिति को संश्लेषणात्मक मानते हैं।

लघुमानव के प्रतिष्ठापक लक्ष्मीकान्त वर्मा ने नयी समीक्षा का घोषणा-पत्र जारी करते हुए 'नयी कविता के प्रतिमान'' शीर्षक' ग्रन्थ प्रस्तुत किया है जिसमें ऐतिहासिक, मनोवैज्ञानिक पृष्ठभूमि का अवलोकन करते हुए नये भावबोध और सौन्दर्यबोध को यथार्थ के नये धरातल पर विवेचित किया गया है। नयी कविता के सौन्दर्यबोध की चर्चा करते हुए उन्होंने 'लघुमानव' की स्थापना की। उनकी दृष्टि में, ''आज का विकसित होता हुआ सौन्दर्यबोध आज के लघुमानव की लघुता को स्वीकार कर उसके सन्दर्भ में नये मूल्यों के विकसित होने की प्रेरणा देता है।'' उन्हीं के शब्दों में आज ''इस मानव और इसकी आस्था के अन्वेषण की आवश्यकता इसलिए है कि इतिहास के 'सुपरमैन', या जनसत्ता के 'अधिनायक' अथवा 'देवदूत' या 'मसीहा' ने अपनी समस्त मानवता को लघुमानव की बलि देकर ही अपनाया है।''

इस प्रकार नयी समीक्षा में युग-यथार्थ के साथ भाषिक सर्जनात्मकता पर अत्यधिक बल दिया गया है। भाषा सम्प्रेषण की पहली और सबसे सशक्त इकाई है, इसलिए नये समीक्षकों ने भाषा की समस्या को ही प्रमुखता दी है और इसी आधार पर कविता के नये प्रतिमानों की बात की है। भाषा या रूप पर अतिरिक्त बल देने के

कारण इस पर रूपवादी या कलावादी होने का भी आरोप लगाया गया है, जो वस्तुतः सच नहीं है। यह ठीक है कि रूप और कथ्य दोनों की संगति एक कृति में होनी चाहिए, लेकिन कृति की विवेचना का उसकी व्याख्या का माध्यम तो निस्सन्देह कृति की भाषा ही हो सकती है। डॉ. परमानन्द श्रीवास्तव ने भी कहा है–''कविकर्म की विशिष्टता या काव्यानुभूति की सार्थक बनावट को जाँचने का सबसे विश्वसनीय माध्यम है काव्यभाषा का विश्लेषण प्रेरित साक्षात्कार।''

## शैलीवैज्ञानिक आलोचना

साहित्य-सृजन के साथ ही विवेचन-विश्लेषण की प्रक्रिया भी साहित्य-चिन्तन के उद्भवकाल से चली आ रही है। भारतीय एवं पाश्चात्य साहित्य में जो शोध-साक्ष्य मिलते हैं उनमें विवेचन, विश्लेषण की अनवरत प्रक्रिया मिलती है। वैदिक ऋचाओं से लेकर आधुनिकतम ज्ञान-विज्ञान तक साहित्य-चिन्तन के जिस पक्ष पर प्रत्यक्ष या परोक्ष रूप से सर्वाधिक बल दिया गया, वह है–अभिव्यक्ति पक्ष। इसको लेकर भारतीय काव्यशास्त्रीय चिन्तन में शब्दार्थ की अवधारणा चिरकाल से देखने को मिलती है। यही बात पाश्चात्य साहित्य के सन्दर्भ में भी सच है, वहाँ भी प्लेटो से पूर्व और प्लेटो के बाद जो साहित्य परम्परा मिलती है उसमें अभिव्यंजना पक्ष पर सर्वाधिक बल दिया गया है। संक्षेपतः यह कहना अत्युक्ति न होगा कि दोनों चिन्तन-धाराओं के मूल में अभिव्यंजना की समस्या विद्यमान रही है। और चूँकि अभिव्यंजना की समस्या का सम्बन्ध मूलतः उसके प्रकटीकरण के माध्यम अर्थात् भाषा को लेकर है, और साहित्य है भी वस्तुतः भाषिक सर्जना ही, इसलिए साहित्य के अध्ययन-मनन का मूल प्रश्न भाषा को लेकर ही है-होना चाहिए। कहने का तात्पर्य यह कि भाषा ही वह माध्यम है जो किसी कृति को रूपाकार देती है और साहित्यकार की अनुभूति व संवेदना को प्रकटीकरण का एक पुष्ट माध्यम प्रदान करती है। अतः निश्चित रूप से साहित्य का विवेचन-विश्लेषण इस माध्यम के अनुशीलन के बिना वस्तुपरक नहीं माना जा सकता। अधुनातन प्रयुक्त शब्द 'शैलीविज्ञान' साहित्य के इसी अध्ययन-विश्लेषण से सम्बद्ध है। साहित्येतिहास की परम्परा को देखते हुए यह नहीं कहा जा सकता कि यह बिल्कुल अलग कोई नयी चीज है।

भारतीय साहित्य के काव्यशास्त्रीय चिन्तन में भरत से पूर्व और उनके पश्चात् प्रमुखतः भामह, रुद्रट, वामन, दण्डी, आनन्दवर्द्धन, कुन्तक, क्षेमेन्द्र, अभिनवगुप्त, जगन्नाथ आदि के शास्त्रीय विवेचन में मूलतः भाषा की समस्या विद्यमान रही है। यह कहना अधिक ठीक होगा कि इन मीमांसकों ने वस्तुतः भाषा के शब्दार्थ रूप को लेकर ही चिन्तन-मनन किया है। यह दूसरी बात है कि, ''शब्दार्थौ सहितौ काव्यम्' से लेकर 'रमणीयार्थ प्रतिपादकः शब्दः काव्यम्' तक प्रवहमान इस संस्कृत परम्परा

का, जो कि हिन्दी-आलोचना के चिन्तन की आधारशिला है, लक्ष्य वस्तुत: भाषा का चिन्तन नहीं रहा है। उनके यहाँ साहित्य-चिन्तन के मूल में भाषा आधार रही है, लक्ष्य नहीं। पर यह भी मानी हुई बात है कि वामन, कुन्तक आदि ने जो मूलत: देहवादी आचार्य माने जाते हैं, भाषा की धुरी पर ही चिन्तन किया है। वामन ने तो 'विशिष्ट पदरचना रीति:' कहकर संरचनात्मक शैलीविज्ञान की आधारशिला ही रख दी है। कुन्तक ने 'वक्रोक्तिजीवितम्' में 'वैदग्ध्यभंगीभणिति' कहकर संस्कृत समीक्षा-शास्त्र में भाषागत विवेचन का एक बिल्कुल नया आधार प्रस्तुत किया है, जो वर्तमान शैलीविज्ञान के काफी नजदीक है। इन आचार्यों ने यद्यपि 'रीति' शब्द का व्यवहार किया है तथापि यह आज शैली के समकक्ष बड़े मजे से रखा जा सकता है। डॉ. विद्यानिवास मिश्र का तर्क इस सम्बन्ध में विचारणीय है। इतना ही नहीं, भावपक्ष और कलापक्ष को लेकर जो अलग-अलग चिन्तन होता रहा है उसमें भी कलापक्ष के अन्तर्गत भाषा-शैली का ही अध्ययन प्रमुख रहा है।

यहाँ संस्कृत काव्यशास्त्रीय परम्परा या कलापक्षीय चिन्तन के उल्लेख से हमारा आशय यह कदापि नहीं है कि, ''शैलीविज्ञान' का अधुनातन रूप संस्कृत परम्परा की देन है याकि उसे हमें उसी पारम्परिक दृष्टिकोण से देखना चाहिए। शैलीविज्ञान के वर्तमान स्वरूप को देखते हुए यह स्वीकारने में हिचकिचाहट नहीं होनी चाहिए कि शैलीविज्ञान के आधार पर साहित्य-चिन्तन का वर्तमान स्वरूप पाश्चात्य समीक्षकों के द्वारा प्रस्तुत किया गया है। इतना ही नहीं, स्वयं डॉ. विद्यानिवास मिश्र ने यह स्वीकारा है कि, ''मैं उस साहित्यशास्त्र की बौद्धिक दृष्टि का आशंसक हूँ और मुझे पश्चिमी भाषाशास्त्रीय चिन्तन में उस बौद्धिक दृष्टि का आभासमात्र दिखता है। पर पश्चिम का विचारक और शोधक अधिक अध्यवसायी और अधिक जागरूक है उसने आभासमात्र से एक पूरा विज्ञान आकारित कर दिया है।'' मिश्र जी का यह कथन इस बात का प्रमाण है कि शैलीविज्ञान-जैसे साहित्य के वैज्ञानिक अनुशीलन की प्रविधि पर अधिक ध्यान पाश्चात्य विचारकों ने ही दिया है। शैलीविज्ञान का इतिहास भी बतलाता है कि आँग्ल-अमेरिकी नव्यालोचना और यूरोपीय पाठकेन्द्रित अध्ययन ने इसकी पीठिका प्रस्तुत की। भाषा और साहित्य के अन्तर्सम्बन्ध पर आधारित इस अध्ययन-प्रणाली के एक प्रवर्तक याकोब्सन के शब्दों में, ''भाषा के काव्यफलन के प्रति बधिर भाषावैज्ञानिक और भाषावैज्ञानिक समस्याओं से उदासीन एवं भाषावैज्ञानिक प्रणालियों से अपरिचित साहित्यशास्त्री, दोनों ही समान रूप से अपने समय से बहुत पीछे हैं।'' हमारे यहाँ साहित्य को लोकमंगल और लोकरंजन की परिधि में समेटकर रख दिया गया है और इसी मंगल या रंजन के उद्देश्य से चिन्तना-विवेचना हुई है। साहित्य की वस्तुनिष्ठता से, उसकी वैज्ञानिकता से हमें हमेशा एक तरह से परहेज रहा है, भाषा को मानव-सम्पदा और प्रकृति का नैसर्गिक

उपहार मानने के बावजूद हमने साहित्य के विवेचन में उसके आधार पर गौर नहीं किया। भाषा के आधार पर विवेचना हमारे यहाँ शव-परीक्षा मानी जाती रही है- बीसवीं शताब्दी तक। जबकि पश्चिमी विचारक इस मामले में हमसे दो कदम आगे रहे हैं। उन्होंने विज्ञान के आलोक में जो विकासमान सिद्धान्त निर्मित किये हैं उसे साहित्य पर भी लागू करने की भरपूर कोशिशें की हैं।

शैली के स्वरूप व परिधि को लेकर शुरू से ही भारतीय एवं पाश्चात्य विद्वानों में ऐकमत्य नहीं रहा है। भाषा ही उसकी चिन्तना के केन्द्र में रही है, यह ठीक है लेकिन इस भाषिक विवेचन को लेकर भी विद्वानों के अपने-अपने दृष्टिकोण रहे हैं। अपने व्युत्पत्तिपरक अर्थ में शैली अंग्रेजी 'स्टाइल' के अर्थ में व्यवहृत होता है। भाषाविद् जिसका मूल उद्गम भारोपीय भाषा परिवार में मानते हैं। प्राचीन भारतीय साहित्यशास्त्र में 'रीति' शब्द का वही अर्थ लिया जाता है जो कि 'स्टाइल' का है। इसलिए कुछ परम्पराप्रेमी विद्वानों ने हिन्दी में इसे 'रीतिविज्ञान' के नाम से अभिहित किया है। और इसका तर्क यह दिया कि 'शैली' का प्रयोग हमारे यहाँ साहित्येतर विधाओं के सन्दर्भ में भी होता रहा है जबकि 'रीति' विशुद्ध-रूपेण साहित्य से ही सम्बद्ध रहा है, अतः साहित्यिक विवेचन की इस प्रणाली को रीतिविज्ञान कहना ही अधिक उपयुक्त होगा।'' पर यह मत बहुत मान्य नहीं हो सका क्योंकि यह ठीक है कि एक खास समय में 'रीति' शब्द शैली के अर्थ के काफी समीप था तथा उसका व्युत्पत्तिमूलक अर्थ भी 'शैली' अर्थ से बहुत दूर नहीं है, किन्तु किसी भी शब्द का प्रयोग केवल मूल या प्राचीन अर्थ के आधार पर नहीं किया जा सकता। 'रीति' शब्द का अर्थ आगे चलकर काफी सीमित हो गया है, जबकि शैली अपने व्यापकत्व में अधिक समादृत हुआ है। आज इसे हिन्दी आलोचना का एक बीज शब्द भी माना जाता है। एक विचारक के शब्दों में 'शैली' का सामान्य अर्थ है साहित्यिक अभिव्यंजना की प्रविधि। शैलीविज्ञान अंग्रेजी के 'स्टाइलिस्टिक्स' का अनुवाद है। किन्तु संस्कृत का 'रीति' शब्द एक विशिष्ट काव्यशास्त्रीय अर्थ में प्रयुक्त होता है। 'शैली' शब्द की व्यापकता उसमें नहीं है। व्यवहार में भी शैलीविज्ञान शब्द प्रचलित हो गया है।

कुल मिलाकर आज 'शैलीविज्ञान' शब्द का प्रयोग ही 'स्टाइलिस्टिक्स' के रूप में करना अधिक तर्कसंगत है। इसके स्वरूप विवेचन को लेकर भी भारतीय एवं पाश्चात्य साहित्य में कई परिभाषाएँ दी गयी हैं। पर जैसा कि कहा गया है यह पश्चिम के द्वारा प्रस्तुत की गयी आलोचना की एक नवीन प्रणाली है जिसका लक्ष्य है कृति, कृति का पाठ अर्थात्, कृति की भाषा। यह कृति को भाषिक प्रतीक मानता है और उसी के आधार पर साहित्य की साहित्यिकता व कलात्मकता को समझने-समझाने का प्रयास करता है। डॉ. रवीन्द्रनाथ श्रीवास्तव के अनुसार, ''शैलीविज्ञान भी साहित्य को समझने-समझाने की एक दृष्टि है जो 'शैली' के साक्ष्य पर एक ओर साहित्यिक कृति की संरचना (स्ट्रक्चर) और गठन (टेक्सचर) पर प्रकाश

डालती है और दूसरी ओर कृति का विश्लेषण करते हुए उसमें अन्तर्निहित 'साहित्यिकता' का उद्घाटन करती है। स्पष्ट है कि शैलीविज्ञान भाषा की संरचना की संकल्पना पर आधारित है। यह भाषा की प्रकृति व संरचना का वस्तुनिष्ठ व्यवच्छेदन-विश्लेषण करके कृति के मूल मन्तव्य को प्रतिपादित करती है। इस प्रकार शैली की संकल्पना मूलतः भाषिक प्रयोग से जुड़ी हुई है और भाषिक प्रयोग का तथ्यान्वेषण ही इसका केन्द्र बिन्दु है। इसमें इतर उपादानों के हस्तक्षेप को स्वीकार नहीं किया जाता, इसलिए अपने स्वरूप में यह शास्त्र की अपेक्षा विज्ञान के काफी नजदीक नजर आता है। इसके भारतीय प्रवर्तक डॉ. रवीन्द्रनाथ श्रीवास्तव मानते हैं कि, "विज्ञान और कविता का अन्तर मुख्यतः अभिव्यक्ति पक्ष का अन्तर है। अभिव्यक्ति पक्ष के इस आधार पर साहित्य के अध्ययन की वैज्ञानिक पद्धति को शैलीविज्ञान कह सकते हैं। और इसी आधार पर वे इसे आलोचना की एक नयी भूमिका भी कहते हैं। उन्होंने सर्जनात्मक पक्ष के आधार पर यह स्पष्ट किया है कि साहित्य भी अपनी सृजन-प्रक्रिया में वैज्ञानिक विधि पर आधारित है और शैलीविज्ञान साहित्य की वैज्ञानिक मीमांसा का समर्थक है। इसलिए उनकी राय में शैलीविज्ञान साहित्यिक सिद्धान्त का वैज्ञानिक दृष्टिकोण भी है और आलोचना की नयी भूमिका भी।" इसी आधार पर वे यह माँग भी करते हैं कि, "शैलीविज्ञान को सही सन्दर्भ प्रदान करने के लिए यह आवश्यक हो गया है कि पूरी विवेचना को वैज्ञानिक सिद्धान्त, वैज्ञानिक प्रणाली और वैज्ञानिक प्रक्रिया के सन्दर्भ में प्रस्तुत किया जाये।

आलोचना की यह नयी प्रणाली किसी भी साहित्यिक कृति को एक विशिष्ट भाषिक संरचना के रूप में देखने की पक्षधर है। भाषा की प्रकृति या संरचना क्या है? शैलीवैज्ञानिक दृष्टिकोण इसी पर बल देना चाहता है। इसके प्रवर्तकों के अनुसार साहित्य का वस्तुनिष्ठ समाकलन मात्र शैलीविज्ञान की प्रविधि व प्रक्रिया के आधार पर हो सकता है। प्राचीन भारतीय व पाश्चात्य काव्यशास्त्रीय मत इसका समर्थक रहा है। समीक्षा की भाषावादी चेतना अपने वर्तमान प्रारूप में चूँकि पश्चिमी चिन्तनधारा की प्रस्तुति है इसलिए कुछ पाश्चात्य शैलीवैज्ञानिक विवेचकों के मतों का हवाला देते हुए विषय प्रवर्तन करना ज्यादा श्रेयस्कर होगा। पश्चिम में शैलीविज्ञानवेत्ता इसके प्रकार व प्रतिमान के साथ इसकी परिभाषा को लेकर भी अलग-अलग मत रखते हैं। मोटे तौर पर पश्चिम में भाषिक संरचना व सृजनात्मकता के आधार पर जो 'स्कूल' रहे हैं उन्हें ऑंग्ल-अमेरिकी, रूसी-चेक (प्रॉगस्कूल) फ्रेंच-जर्मन तथा स्पॅनिश स्कूल में विभक्त कर देखा गया है। इन स्कूलों के विद्वानों ने शैलीविज्ञान की परिभाषा के साथ-साथ उसके वर्गीकरण व उसकी शाखाओं-प्रशाखाओं तथा उसके अध्ययन के आधार (प्रतिमान) भी प्रतिपादित किये हैं। जिन्हें आधार बनाकर पौर्वात्य व पाश्चात्य

शैलीवैज्ञानिक चिन्तन हो रहा है। इन स्कूलों के विद्वानों में विशुद्ध भाषावैज्ञानिक व विशुद्ध साहित्यसमीक्षक दोनों रहे हैं और दोनों ने अपने पक्ष रखे हैं। आँग्ल-अमेरिकी धारा में रिचर्ड्स, बिमसैट, ब्रूक्स, ब्लैकमूर, आर्किबाल्ड, रोमन याकोब्सन के नाम प्रमुख हैं इसमें याकोब्सन का नाम विशेष आदर के साथ लिया जाता है, जिन्होंने चयन-संयोजन प्रतिमान प्रस्तुत किया। रूसी-चेक विचारधारा ने रूपवाद और संरचनावाद के आधार पर शैली को व्याख्यायित किया। चेक संरचनावाद ही प्रागस्कूल के नाम से जाना जाता है, जिसका शैलीविज्ञान के इतिहास में अत्यन्त महत्त्वपूर्ण स्थान है। फ्रान्सीसी शैलीविज्ञान में बाली, ब्रूनों, रिफातेयर तथा जर्मन शैलीविज्ञान में स्पित्जर व स्पेनी परम्परा में पिदाल का नाम आदर के साथ लिया जाता है। इनके अलावा शोपेनहावर, मिडल्टन मरी, जानसन, स्पेन्सर आदि के नाम विशेष उल्लेखनीय हैं।

हिन्दी आलोचना में शैलीवैज्ञानिक आलोचना का जन्म लगभग सातवें दशक में आलोचना की एक नयी भूमिका के रूप में हुआ। इसके भारतीय प्रवर्तक डॉ. रवीन्द्रनाथ श्रीवास्तव ने इसे 'आलोचना की नयी भूमिका' माना तो डॉ. विद्यानिवास मिश्र ने 'सर्जनात्मक समीक्षा का नया आयाम' घोषित किया। विद्वज्जनों ने रोमन याकोब्सन के मत से प्रभावित होकर साहित्य को 'शाब्दिक कला' माना तथा साहित्य समीक्षा को शाब्दिक संरचना के विवेचन-विश्लेषण की सबसे वस्तुनिष्ठ प्रणाली बतलाया। शैलीवैज्ञानिकों का मानना रहा है कि वर्तमान दौर में आलोचना लेखकों के गुटों और फतवेबाजी में उलझकर दिग्भ्रमित हो गयी है, आलोचना के मूल धर्म से भटक गयी है, उसे या तो पूर्वग्रहग्रस्त सिद्धान्तों, विचारधाराओं से नापा-जोखा जा रहा है या प्रमातानिष्ठ दृष्टिकोण से विश्लेषित किया जा रहा है। ऐसी स्थिति में इनका मानना है कि भाषा ही वह एकमात्र माध्यम है जो आलोचना को वापस उसके मूलधर्म से परिचित करा सकती है। शैलीवैज्ञानिकों का यहाँ तक दावा है कि चूँकि साहित्य शाब्दिक कला है इसलिए शाब्दिक विवेचन के अतिरिक्त कोई भी प्रणाली साहित्य-समीक्षा के लिए उपयुक्त नहीं है। इसकी मूल प्रतिज्ञा यह है कि कविता को कविता के रूप में देखा जाये क्योंकि कविता अपने मूल फार्म में प्रथमतः और मूलतः भाषिक संरचना है। इसलिए भाषा के इतर माध्यम साहित्य-समीक्षा के लिए आरोपित ही माने जायेंगे। यह आलोचना-प्रणाली इतर आलोचना-प्रणालियों से इस दृष्टि से भिन्न हैं कि इसमें, "सिद्धान्त का महत्त्व नहीं है, इसमें प्रणाली की वैज्ञानिकता ही महत्त्वपूर्ण है। पारम्परिक और वाद-विशेष की दृष्टि से की गयी आलोचना इसके विपरीत सिद्धान्त को ही आधार बनाती है, महत्त्व देती है।"

शैलीविज्ञान कृति को मुख्य मानता है, कृतिकार को नहीं। उसकी दृष्टि में कृतिकार का अनुभव कृति में भाषिक रूप में आबद्ध होता है। अतः रचना के विश्लेषण के लिए रचनाकार के अनुभव को समझने का सबसे वस्तुनिष्ठ और

प्रामाणिक आधार कृति की भाषिक संरचना ही है। केवल यही वह एकमात्र प्रणाली है जो कृति के भाषिक पट के एक-एक रेशे को खोलकर रचनाकार के निहितार्थ को पूरी ईमानदारी के साथ उद्‌घाटित करती है। इस प्रकार सिद्धान्ततः शैलीविज्ञान की दृष्टि भाषावादी है। डॉ. रवीन्द्रनाथ श्रीवास्तव इसी आधार पर यह घोषित करते हैं कि, "शैलीविज्ञान भी साहित्य को समझने-समझाने की एक दृष्टि है जो 'शैली' के साक्ष्य पर एक ओर साहित्यिक कृति की संरचना (स्ट्रक्चर) और गठन (टेक्सचर) पर प्रकाश डालती है तो दूसरी ओर कृति का विश्लेषण करते हुए उसमें अन्तर्निहित 'साहित्यिकता' का उद्‌घाटन करती है।" डॉ. विद्यानिवास मिश्र भी इसी आधार पर इसे "भाषा के भीतर रहते हुए भाषा के झरोखे से यथार्थ को पहचानने की कोशिश मानते हैं।"

शैलीवैज्ञानिक चिन्तक यह मानता है कि शैलीविज्ञान काव्यचिन्तना का कोरा सिद्धान्त नहीं, अपितु काव्य-विश्लेषण की एक प्रणाली है। भाषा के माध्यम से काव्य-सौन्दर्य तक पहुँचने की एक वस्तुनिष्ठ विधि है। यह इसलिए वैज्ञानिकता का दावा करती है, क्योंकि इसमें विज्ञान की भाँति वस्तुनिष्ठता और पारदर्शिता को दृष्टिगत रखा जाता है। विज्ञान में और इसमें अन्तर सिर्फ इतना ही है कि विज्ञान का रास्ता आपरेशनल है और साहित्य का प्रेजेण्टेशनल और इसीलिए शैलीवैज्ञानिक यह मानता है कि काव्याभिव्यक्ति के विश्लेषण के माध्यम से ही काव्यार्थ की अभिव्यंजना, अर्थच्छाया तथा विविक्षा को पाया जा सकता है। प्राचीन भारतीय काव्यशास्त्र में भी इसी बात पर बल दिया गया है। 'शब्दार्थौ सहितौ काव्यम्' में शब्दगत आधार पर ही काव्य के विवेचन-विश्लेषण की पैरवी की गयी है। वैसे तो आलोचना की यह प्रणाली अपने वर्तमान स्वरूप में 'सस्यूर' के द्वारा शुरू की गयी, जो कालान्तर में दुनिया के सभी भागों में प्रतिष्ठित हुई। आँग्ल अमेरिकी, रूसी-चेक (प्रॉगस्कूल) तथा फ्रेंच, जर्मन और स्पेनिश स्कूलों में इस पर पर्याप्त चिन्तन मिलता है। रोमन याकोब्सन, मुकारोवस्की, रिफातेयर, आरबाख, स्पित्जर, शोपेनहावर आदि ने इस दिशा में उल्लेखनीय कार्य किया। इनमें भाषावैज्ञानिक और साहित्यशास्त्री दोनों परिगणित किये जाते हैं। दोनों ने शाब्दिक यथार्थ के विवेचन-विश्लेषण पर बल दिया।

शैलीवैज्ञानिक आलोचना की प्रणाली भाषा पर बल देने के कारण व्याकरणिक है, उसमें सांख्यिकीय आँकड़ों का भी बहुत अधिक प्रयोग होता है, वह शाब्दिक कला अर्थात् रूप तक ही अपना ध्यान केन्द्रित रखती है, अपनी अन्तर्वर्ती दृष्टि के कारण वह बहिर्लक्षी बिन्दुओं पर कोई ध्यान नहीं देती, वह साहित्य की 'सर्जरी' तक अपना कार्य मानती है उससे आगे बढ़कर उसकी मूल्यवत्ता, उसकी उपयोगिता आदि निर्धारित करने का प्रयास नहीं करती, आदि-आदि प्रश्न इस काव्यालोचना प्रणाली के समक्ष उभरे हैं और इसकी सर्वस्वीकृति पर प्रश्नचिह्न लगाया है। यहाँ इतना ही कहना पर्याप्त जान पड़ता है कि आलोचना की इस नव्य प्रणाली ने जिस

आधार पर साहित्यालोचना की पैरवी की है वह निस्सन्देह एक वस्तुनिष्ठ और मान्य माध्यम हो सकता है बशर्ते कि इतर ज्ञानानुशासनों व प्रणालियों के संग्रहणीय तत्त्वों तक यह अपनी दृष्टि बढ़ाये तो! अत: यहाँ इससे अधिक कहने का अवकाश नहीं है कि शैलीवैज्ञानिक आलोचना कृतिनिष्ठ आलोचना-पद्धतियों में सर्वाधिक वस्तुनिष्ठ है।

हिन्दी शैलीवैज्ञानिक आलोचना पाश्चात्य अवधारणा से काफी प्रभावित रही है। हिन्दी के कतिपय प्रवर्तकों ने पाश्चात्य विद्वानों के मतों का ही न सिर्फ समर्थन किया है अपितु उनका भावानुवाद कर भारतीय परिप्रेक्ष्य में उन्हें समझाया है। पर कहीं-न-कहीं भारतीय विचारक डॉ. रघुवंश के इस मत से सहमत रहा है कि, ''भारतीय काव्यशास्त्र सदा से वस्तुपरक चिन्तन, रूपवादी विश्लेषण पर बल देता आया है। उसमें न कभी भाववाद तथा प्रभाववाद को महत्त्व मिला है और न किसी प्रश्न के विधेयवाद को। संस्कृत काव्यशास्त्र का मूलाधार शब्द और अर्थ है और उसमें भी चाहे अलंकार-विधान हो, लक्षणा-व्यंजना का प्रयोग हो, गुणों के अन्तर्गत वर्ण-व्यवस्था पर विचार हो अथवा रस-प्रक्रिया को ग्रहण करने की बात हो, चिन्तन की दृष्टि शब्द प्रयोग पर ही केन्द्रित रहती है।'' डॉ. श्रीवास्तव तो स्पष्ट मानते हैं कि शैलीविज्ञान का वस्तुपरक चिन्तन और भाषावादी दृष्टिकोण भले ही आधुनिक वैज्ञानिक मान्यताओं एवं भाषावैज्ञानिक प्रणाली के रंग में रँगा हो पर भारतीय काव्यशास्त्र की अपनी परम्परा भी इन्हीं विचार-तत्त्वों को लेकर आगे बढ़ी है। डॉ. विद्यानिवास मिश्र, डॉ. नगेन्द्र, डॉ. कृष्णकुमार शर्मा, डॉ. भोलानाथ तिवारी, डॉ. सुरेशकुमार प्रभृति विद्वान् भी इसी मत के समर्थक हैं। इतना ही नहीं, डॉ. श्रीवास्तव की दृष्टि में तो जो स्थान कला व कलाशास्त्र में सौन्दर्य का है वही स्थान साहित्य व शैलीवैज्ञानिक आलोचना में शैली का है। डॉ. विद्यानिवास मिश्र भी इसे भाषा के भीतर रहते हुए भाषा के झरोखे से यथार्थ को पहचानने की कोशिश करार देते हैं। डॉ. सुरेशकुमार इसे भाषा-प्रयोग का वर्णनात्मक अध्ययन मानते हैं। उनकी यह भी मान्यता है कि, ''भाषा विकल्पन को शैली तथा उसके वैज्ञानिक अध्ययन को शैलीविज्ञान कहते हैं।''

भारतीय शैलीवैज्ञानिकों ने इस प्रकार इसे एक वस्तुपरक अध्ययन-प्रणाली के रूप में प्रस्तुत किया है। इसके प्रकार व प्रतिमान यद्यपि पाश्चात्य चिन्तनधारा से आयातित हैं, लेकिन यह कहना भी अनावश्यक नहीं है कि हिन्दी के कुछेक विद्वानों ने भारतीय काव्यशास्त्रीय परम्परा का अवगाहन करते हुए इसके भारतीय मूल के तत्त्वों को भी खोजा है। पारिभाषिक शब्दावलियों के द्वारा अथवा सादृश्यता-समकक्षता के माध्यम से यह दिखलाने का भरपूर प्रयास किया है कि शैलीविज्ञान वर्तमान रूप में भले ही पाश्चात्य मस्तिष्क की उपज हो, लेकिन भारतीय मानस भी इससे सर्वथा अनभिज्ञ नहीं रहा है। हाँ, यह जरूर है कि इसे मानने में हमारे यहाँ वक्त लगा है, और लग रहा है, आज भी हिन्दी के आलोचक वैज्ञानिक चिन्तन से बिदकते हैं।

हिन्दी में शैलीवैज्ञानिक अध्ययन प्रधानत: भाषिक शैलीविज्ञान और साहित्यिक शैलीविज्ञान में बँटा है। पर वस्तुत: मान्य सर्वाधिक साहित्यिक शैलीविज्ञान ही है। ठीक भी है, साहित्यिक शैलीविज्ञान अपने व्यापकत्व में भाषिक सर्जना को भी समाहित कर लेता है। हाँ, यह जरूर है कि साहित्य भाषिक संरचना है, उसका टेक्सचर और स्ट्रक्चर भाषिक इकाइयों से निर्मित है, अत: जाहिर है कि उसके अध्ययन में भाषाविज्ञान का महत्त्व बहुत अधिक है। शैलीवैज्ञानिक भी इसे मानते हैं, लेकिन भाषाविज्ञान की भाँति व्याकरणिकता के आधार पर शैलीविज्ञान का अध्ययन नहीं हो सकता, यह भी एक तथ्य है। दूसरे शब्दों में कह सकते हैं कि भाषाविज्ञान की तरह व्याकरणिक अनुबन्ध शैलीविज्ञान के साथ नहीं है। इतर ज्ञानानुशासनों यथा समाजविज्ञान, सौन्दर्यशास्त्र, प्रतीकविज्ञान, मनोविज्ञान, तर्कविज्ञान, गणितशास्त्र आदि से भी इसका निकट का सम्बन्ध है। इसके उपादानों का भी शैलीवैज्ञानिक विश्लेषण में महत्त्व है। कुल मिलाकर यह वैज्ञानिक अध्ययन सिर्फ भाषिक सर्जरी तक ही सीमित नहीं है बल्कि इसके सहारे वह साहित्य व कला के सौन्दर्य-असौन्दर्य की भी व्याख्या करता है। भाषा के माध्यम से कृतिकार के युग, समाज, परिवेश, व्यक्तित्व आदि पर भी प्रकाश डालता है, इसलिए डॉ. विद्यानिवास मिश्र ने इसे जीवनपरक आलोचना प्रणाली माना है। अन्य आलोचक भी इसकी समाज-सापेक्षता प्रमाणित करते हैं।

## उत्तर-आधुनिक विमर्श

फ्रान्स में जन्मी उत्तर-आधुनिकता आज समूचे विश्व में चर्चा का विषय है। वस्तुत: कला-वास्तुकला और दर्शन के क्षेत्र में उद्भूत यह नव दृष्टिकोण बड़ी जल्दी ही साहित्य में भी पैर फैलाता गया और अपने प्रहारवादी रुख के कारण अत्यल्प समय में ही यह दुनिया भर के बौद्धिकों में आकर्षण का विषय बन गया। उत्तर-आधुनिकता वस्तुत: क्या है? इसकी पृष्ठभूमि क्या है? इस सब पर गये बिना हम भारतीय साहित्य-हिन्दी आलोचना में इसकी प्रगति-चेतना का आकलन नहीं कर सकते हैं।

यद्यपि उत्तर-आधुनिकता की शुरुआत पश्चिम में 1925 से मानी जाती है, जो ओरियण्टलिज्म (प्राच्यवाद) के विरुद्ध पनपी एक ऐसी अवधारणा मानी जाती है जहाँ पूर्व की यूरोपीय उपनिवेशवादी दृष्टि का निषेध प्रमुख है। इसकी दृष्टि में कोई भी चिन्तन या पद्धति न तो सार्वभौमिक है, न शाश्वत। यह शाश्वतता के विरुद्ध उन मूल्यों और मान्यताओं पर बल देती है जो हाशिये पर रहे हैं, या रखे जाते रहे हैं। इसकी चिन्तना के केन्द्र में यह धारणा प्रबल है कि अभी तक साहित्य-समीक्षा के प्रतिमान अभिजात रुचि के पोषक रहे हैं, इसलिए उसमें समाज के इतर वर्गों की उपेक्षा की गयी है। इसलिए यह पारम्परिक सौन्दर्यशास्त्र को खारिज करती है और

प्रत्येक कृति के अपने सौन्दर्य-कारकों पर बल देती है। इस तरह यह 'अन्य' के वर्णन का सौन्दर्य-विधान ही नहीं, सौन्दर्यशास्त्र भी अलग मानती है। विखण्डनवाद इसका मूल तत्त्व है, जो यह मानता है कि रचना को एक इकाई की बजाय खण्ड-खण्ड में ही सही तरीके से समझा जा सकता है। विखण्डन द्वारा ही रचना की तह में छिपे कारकों की वास्तविक पहचान हो पाती है। यह साहित्यिक पाठ को विश्लेषित करने के लिए सामाजिक, राजनीतिक, आर्थिक, ऐतिहासिक, सांस्कृतिक, जातीय चेतना पर बल देती है। इसे एक 'अन्तवादी अवधारणा' भी कहा गया है, क्योंकि यह प्रत्येक विचार, वस्तु तथा कला की अभिव्यक्ति के अन्त की घोषणा करती है। 'ईश्वर का अन्त', 'समाज का अन्त', 'लेखक का अन्त', 'इतिहास का अन्त', 'विचारधारा का अन्त' आदि इसकी मुख्य प्रस्तावनाएँ हैं। यह महाआख्यानों में विश्वास नहीं करती, उसके बजाय स्थानीय, क्षेत्रीय लोक आख्यानों पर बल देती है।

उत्तर-आधुनिकता के प्रस्तोता ल्योतार माने जाते हैं। उनके शब्दों में उत्तर-आधुनिकता की परिभाषा इस प्रकार है-

1. Post modernism is departure from any totalitising attempt of reasoning from any ultimate foundation of truth.
2. Post modernism in a word is increduality in the phase of such universal metanaratives.

इस प्रकार ल्योतार महोदय के अनुसार उत्तर-आधुनिकता पूर्णतावादी रवैये के खिलाफ है, उसमें किसी सच के लिए कोई स्थान नहीं है। वह किसी भी आख्यान को अवैज्ञानिक मानता है। शब्द केन्द्रवाद को नकारनेवाले उत्तर-आधुनिकतावादी विरचना-विखण्डन को प्रधान मानते हैं, और रचना या कला को जानने का यही एकमात्र रास्ता मानते हैं। प्रो. कपिल कपूर ने इसकी विरचनात्मक प्रवृत्ति को लक्षित कर लिखा है, "विरचना पाश्चात्य दर्शन के इस प्रधान भ्रम के विरोध में एक आन्दोलन है कि, जो शब्दों द्वारा निरूपित होता है वह अस्तित्व में होता है। यह वस्तुनिष्ठ तत्त्ववाद की सत्ता मीमांसा, ज्ञान मीमांसा और इसके मूल्यों की रचना पर एक आक्रमण है, जो व्यक्तिपरक तत्त्ववादियों द्वारा किया गया है। यह शब्दों के अर्थ की एक विशेष व्याख्या पर आधारित है-धनात्मक अस्तित्व का नहीं, बल्कि एक-दूसरे से सम्बद्ध निषेधों के पूरे एक समूह का शब्दार्थ द्वारा अभिधान होता है।" (उत्तर-आधुनिकता : कुछ विचार, पृ. 15-16)

दर्शन के क्षेत्र से शुरू हुई यह प्रवृत्ति सम्पूर्ण आधुनिक दर्शन को अमान्य ठहराती है। साहित्य में भी विचारधाराओं पर आधारित चिन्तन दृष्टि को अन्धी मानती है। यह किसी पूर्व निर्धारित ज्ञान सरणि को नकारती है। इसके अनुसार एक उत्तर-आधुनिक कलाकार या लेखक दार्शनिक की स्थिति में होता है, वह जो भी पाठ (Text)

लिखता है वह जो भी कृतियाँ प्रस्तुत करता है वे पूर्वनिर्धारित नियमों द्वारा संचालित नहीं होती हैं और सुपरिचित प्रवर्गों को पाठ या कृति पर लागू करके निर्धारित निर्णयों के आधार पर उसकी समालोचना भी नहीं की जा सकती है। यहाँ तक कि आधुनिकता के मूलाधार विज्ञान को ल्योतार आख्यान करार देता है। उसने तीन ऐसे महाआख्यानों (Metanarratives) को प्रस्तुत किया है जिसमें से पहला है धन की प्राप्ति अर्थात् वह उन्नति का मार्ग प्रशस्त करता है। दूसरा, विज्ञान मुक्तिकर्त्ता है अर्थात् विज्ञान शोषण एवं श्रम से मनुष्य को मुक्त करता है और तीसरा है मानस का द्वन्द्व, इसका अर्थ यह है कि विज्ञान विचारों की मुक्ति एवं विकास के द्वार खोलता है। महाआख्यान पर आधारित होने के कारण ही विज्ञान या किसी भी वैज्ञानिक विचारधारा को स्वीकार नहीं करता, उसका तर्क है कि इन महाआख्यानों को त्याग कर अनिश्चितता एवं सापेक्षता की उत्तर-आधुनिक परिस्थिति को स्वीकार कर लिया जाये।

बीसवीं शताब्दी में यूरोप में हुए अभिनव वैज्ञानिक व सैद्धान्तिक परिवर्तनों ने एकरूपता को जन्म दिया, बहुलता की सम्भावनाओं को खत्म किया। ल्योतार और उसके समर्थक उस सर्वएकीकरण की धारणा को अस्वीकार करते हैं। समाजशास्त्री प्रो. अभिजित पाठक के मतानुसार, ''उत्तर-आधुनिकता उस विश्ववादी आधुनिकता के प्रति एक प्रतिक्रिया है जो सामान्यत: प्रत्यक्षवादी, प्रौद्योगिकी-प्रधान एवं तार्किक मानी जाती है। अधिक आसान करके समझना चाहें तो कह सकते हैं कि उत्तर-आधुनिकता एक मन:स्थिति है। गौर करने की बात यह है कि ध्वंसात्मक प्रवृत्ति इसकी एक विशेषता मानी जा रही है।...विरचना इसका एकमात्र कार्य जान पड़ता है।'' (उप., पृ. 48)

अब जरा इसकी मानवतावादी धारणा देखें। ल्योतार ने समस्त ज्ञान-विज्ञान को मानवता से जोड़ते हुए कहा है, "...Knowledge finds its validity not within itself, not in a subject that develops by actualizing its learning possibilities, but in a practical subjcet-humanity. The principle of the movement animating the people is not the self legitimation of knowledge, but the self grounding of freedom or if preferred, its self management." ल्योतार के इस मत के सक्षम प्रवक्ता के रूप में देरिदा का स्थान प्रमुख माना जाता है। उसकी दो पुस्तकें 'आफ ग्रामाटोलॉजी' और 'पॉजीशन्स' ने उत्तर-आधुनिक विमर्श को नयी दिशा दी। वह मूलत: विखण्डनवाद का प्रवर्तक है। उसने शब्द केन्द्रवाद की आलोचना की है।

देरिदा का सिद्धान्त है 'डीकान्स्ट्रक्शन' यानी अनुपस्थिति की तलाश। इसे विरचना भी कहते हैं, जिसमें शब्द केन्द्रवाद की आलोचना की गयी है। उसने इस प्रणाली के लिए जो संकेत का सिद्धान्त प्रस्तुत किया है उसमें 'लोगोस' यानी

'बींइग' (Being) को प्रमुख माना है, इसे वह 'बीकमिंग' की पूर्व कल्पना मानता है। वह कहता है कि, ''संकेत की समस्या मूल शब्द केन्द्रवाद, चेतना या प्रारम्भिककर्त्ता (Originary subject) से उत्पन्न होती है।'' उसके मतानुसार, ''संकेत की धारणा सदा ही इन्द्रियगोचर एवं बुद्धिगम्य के बीच के तात्त्विक विरोध पर निर्भर रही है या इससे निर्धारित होती रही है। संकेत क्रिया (sign work) की उनकी विभिन्न विवेचनाओं ने यह दिखाया है कि तात्त्विक परम्परा (Metaphysical tradition) ने सदा ही संकेत को उपस्थिति के इन दो क्षणों के बीच संक्रमण या पुल की तरह समझा है। चूँकि संकेत केवल वस्तु के रूप में उपस्थिति (इन्द्रियगोचर) एवं आत्म उपस्थिति के रूप में उपस्थिति (बुद्धिगम्य) के नीचे अस्थायी सम्बन्ध की तरह कार्य कर सकता है।'' (उप., पृ. 75)

वह यह मानता है कि संकेत के सिद्धान्त से शब्द केन्द्रवाद की विरचना सम्भव है और इसी से ही रचना को व्याख्यायित किया जा सकता है। इसके लिए उसने 'सिग्निफाइड' और 'सिग्निफायर' दो शब्द गढ़े हैं। उसका कहना है, ''संकेत स्वतन्त्र प्रतिनिधित्व तथा अन्त: प्रज्ञा को एकीकृत करता है, दूसरे शब्दों में एक धारणा (Signified) तथा एक इन्द्रियानुभव (संकेतक-Signifier) को एकीकृत करता है।'' भारतीय दर्शनशास्त्री राघवेन्द्र प्रताप सिंह ने देरिदा के शब्द केन्द्रवाद की आलोचना और उसकी विरचना पर तार्किकतापूर्वक विचार करते हुए यह टिप्पणी की है, ''शब्द केन्द्रवाद की देरिदा की आलोचना से यह स्पष्ट होता है कि पहले वे लोगोस को विकेन्द्रित करते हैं, फिर उपान्तीकृत करते हैं और अन्तत: अस्वीकृत करते हैं। इस तरह विरचना की प्रणाली के आधार पर देरिदा शब्द केन्द्रवाद पर आधारित एकीकृत विश्व-दर्शन से अनिवार्य रूप से बहुलतावादी विश्व-दर्शन की ओर बढते हैं।''

देरिदा ने जिन संकेतों की बात की है, वे वस्तुत: अर्थ-संकेत हैं। इसीलिए वह मानता है कि, ''सारे अनुभव अर्थ के अनुभव हैं। जो कुछ भी चेतना को प्रतीत होता है या जो कुछ भी चेतना के लिए है वह सामान्यत: अर्थ है।'' गौरतलब है कि इस अर्थ को वह लिखित और वाचिक से विशिष्ट मानता है। उसकी दृष्टि में संकेत एक चीज है और जो संकेतित है वह दूसरी चीज। जो संकेतित है वह वास्तविक अर्थ है। संकेत अर्थ का बाह्यकरण या सम्प्रेषण है। इसके इस अर्थवाद को या कहें संकेत सिद्धान्त को समझाते हुए भारतीय विद्वान प्रो. शशि भूषण पाण्डेय 'शीतांशु' लिखते हैं, ''विसंरचनावाद कृति की अनसूनी गूँजों को सुनता और उन्हें उद्घाटित करता है। उसके लिए जो स्पष्ट कहा जा रहा है वह नहीं कहा जा रहा है और जो रचना के तल से, उसकी आन्तरिकता से ध्वनित हो रहा है, वास्तव में वही कहा जा रहा है। इसीलिए इस विसंरचनावादी दृष्टि से उत्तर-आधुनिकता साहित्य को चिह्न (ट्रेस)

मानती है। विसंरचनावाद साहित्य में इस चिह्न की तलाश करता है। ये चिह्न वस्तुतः अर्थ चिह्न होते हैं जिनको सुनने से ही रचना की समझ खुल पाती है। उत्तर-आधुनिकता की यह विसंरचनावादी दृष्टि मूलतः पाठ (टेक्स्ट) को महत्त्व देती है और पाठ के भीतर चल रही अर्थ-क्रीड़ाओं के बीच से ही अर्थ सम्भावनाओं को सुनती और उन्हें उद्घाटित करती है।'' (अक्षरा, अंक 51, पृ. 14)

कहना न होगा कि चूँकि देरिदा यह मानता है कि कोई भी पाठ अपने-आपमें शुद्ध पाठ नहीं है बल्कि प्रत्येक पाठ की रचना अन्तर-पाठों (Inter text) पर निर्भर करती है। इसीलिए वह यह घोषणा करता है कि, ''हर उस चीज को विरचित कर दिया जाये जो वैज्ञानिकता की धारणा एवं प्रतिमानों को धर्म विज्ञान, सत्ता मीमांसा-ईश्वरी मीमांसा (onto theology) शब्द केन्द्रवाद तथा स्वर विज्ञानवाद (Phonologism) से जोड़ता हो।''

संक्षेपतः उत्तर-आधुनिकता की अवधारणा मूलतः इन्हीं विचार-सरणियों पर टिकी है। यह विचार पद्धति वादग्रस्त भले न हो पर इसकी अवधारणा और सिद्धान्तों को लेकर इसके चिन्तकों के मानस में भी विखण्डन की स्थिति देखी जा सकती है। सर्वसत्तावाद को अस्वीकार करने की इसकी अपील पर खूब जमकर तर्क-वितर्क हुआ है और हो रहा है। अब तक की सारी अवधारणाओं, विचार-प्रणालियों को खारिज करने का इसका तर्क कई कुतर्कों को जन्म दे रहा है। इसको अराजकतावादी तक कहा जा रहा है। इसे दादावाद से जोड़कर देखा जा रहा है। यह सारे नियमों को ध्वन्स कर आगे बढ़ने का पक्षधर है। जहाँ तक मूल्यों का सवाल है उत्तर-आधुनिकतावाद निषेधात्मक रुख अपनाकर संशय का माहौल पैदा कर रहा है। अनिश्चयात्मकता, अनिरन्तरता, अतार्किकता और बहुलता को इसमें महत्त्व दिया जाता है, एकता, निरन्तरता, व तार्किकता को अस्वीकार किया जाता है। पश्चिमी विचारक हेबरमास ने इसकी तुलना नव-इतिहासवाद और पुरातनवाद से की है। इसकी अतार्किकता पर प्रश्नचिन्ह लगाते हुए वह कहता है, ''तर्क द्वारा तार्किकता का परिसमापन हमें एक तर्कशास्त्रीय दुविधा में डाल देता है, हम तर्क को तर्क की मदद से अस्वीकार कर रहे हैं।''

पाउलोस मार ग्रेगोरिओस ने इस पर एक बड़ी चिन्तनीय टिप्पणी की है, लिखते हैं ''मुझे उत्तर-आधुनिकता एक विचारधारा या लक्ष्य-केन्द्रित या नियम-अनुशासित आन्दोलन न होकर पश्चिमी मानवतावाद की दुर्दशा लगती है। यह लक्ष्यों, नियमों, सरल रेखाओं तथा साधारण विचारों पर विचार नहीं करती है। यह आधुनिक पाश्चात्य मानववाद की अग्रचेतना की एक स्थिति है। इसमें मानस दुःखी है, आत्मा कष्ट में है और समय के प्रवाह में एक दरार आने की व्यथा है।''

उत्तर-आधुनिकता की अवधारणा बहुलतावाद और बहुसंस्कृतिवाद की अवधारणा पर आधारित है, जो केन्द्रीयता की बजाय क्षेत्रीयता और स्थानीयता पर बल देती है।

इसकी दृष्टि में हाशिये पर पड़े लोग विचार, समूह, जातियाँ आदि जिनकी पहचान नहीं थी, याकि जिनकी पहचान को दबाया जाता रहा उन्हें और उनके अस्तित्व को उभारना है। नारी मुक्ति, अश्वेत, दलित जनजाति, समलैंगिक स्त्री-पुरुष आदि की पहचान को यह धारणा मुख्यधारा से जोड़ने की पहल करती है। इसमें स्थानीयता को राष्ट्रीयता के बजाय अधिक महत्त्व दिया जाता है। यह मानती है कि, कोई भी सार्वभौमिक/शाश्वत समीक्षा-पद्धति न केवल वैचारिक दमन बल्कि एक विशिष्ट बोध का आतंक पैदा करती है। इसीलिए उत्तर-आधुनिकता ऐसे सार्वभौमिक और पूर्णतावादी रवैये का विरोध करती है। इसे अन्तवादी दृष्टि भी कहा गया है, क्योंकि यह प्रत्येक विचार, वस्तु तथा कला की अभिव्यक्ति की घोषणा करती है। उत्तर-आधुनिकता ने पूर्णतावादी, शुद्धतावादी रवैये के विरुद्ध ही अन्तवाद की घोषणा करते हुए ईश्वर का निधन, कर्त्ता की मृत्यु, इतिहास का अन्त, आधुनिकता का अन्त, लेखक का अवसान, विचारधारा का अन्त की बात की है। यह साहित्य समीक्षा के स्थान पर विमर्श विश्लेषण पर बल देती है। और यह मानती है कि कोई भी मानदण्ड सर्वमान्य और परिपूर्ण नहीं है इसलिए कोई भी एक सौन्दर्यशास्त्र नहीं हो सकता।

पिछले लगभग तीन-चार दशकों से हिन्दी-जगत् को जिस प्रवृत्ति ने सर्वाधिक चौंकाया है, वह है उत्तर-आधुनिकता। आज यह आलोचना के बीज शब्द के रूप में मान्य हो चुका है, यद्यपि अभी इस पर सर्व स्वीकृति दुनिया के किसी भी साहित्य में नहीं बन पायी है, इसकी प्रवृत्तिगत विशेषताओं को लेकर मत-वैभिन्य बना हुआ है। यह नयी प्रवृत्ति भी अमेरिकी आलोचना की देन है। कुछ लोगों ने इसे आधुनिकता के विलोम अर्थ में ग्रहण किया है तो कुछ ने उसका बढ़ाव-विस्तार माना है। मोटे तौर पर यह माना जाता है कि 'पूर्णतावादी रवैये' (Holistic Attitude) के ठीक विपरीत यह विखण्डनवादी (Deconstruction) प्रवृत्ति है। दूसरे शब्दों में पूर्णता के विरोध में यह एक अराजकतावादी निहलिस्ट प्रवृत्ति है जो यूरोपीय औद्योगिकीकरण और पूँजीपति वर्ग के प्रभुत्व के विरोध में पनपी। इसीलिए इसका आधार भी कोई विचार या दर्शन नहीं, अपितु मानवतावादी, आधुनिक चेतना है। ल्योतार इसके प्रस्तावक हैं और फूको व देरिदा व्याख्याता। यह भी माना जाता है कि साहित्य में काण्ट और हीगेल के आधुनिकतवादी रवैये के विरुद्ध उपजी यह एक नाशवादी प्रवृत्ति है।

जब हम भारतीय परिप्रेक्ष्य में उत्तर-आधुनिकता पर विचार कर रहे हों तो ऐसी टिप्पणियों से हमें बहुत-कुछ सबब लेना चाहिए। यह मानी हुई बात है कि जिन परिस्थितियों में यह नव चिन्तन उभरा है और उपजा है, वे परिस्थितियाँ भारत में लगभग नगण्य हैं। जिस राष्ट्र में अभी तक आधुनिकता की ही अवधारणा स्पष्ट न हो पायी हो, वहाँ उत्तर-आधुनिकता की बात करना बेढंगा-सा लगता है। लेकिन ऐसा नहीं

है कि हम निपट गँवार हों, हाँ सारे सरकारी-गैर सरकारी प्रयासों के बावजूद हमारा एक बहुत बड़ा वर्ग आज भी जागरूक नहीं बन पाया है, यह हकीकत है।

परन्तु हम इतने विचारशून्य भी नहीं हैं कि उत्तर-आधुनिकता को भूत के रूप में देखें। कहना न होगा कि जब से उत्तर-आधुनिकता ने भारतवर्ष में प्रवेश करना शुरू किया है, भले ही आयातित दर्शन के रूप में हो, तब से भारतीय चिन्तना में एक ऊर्ध्वाधर साहसिकता ने जन्म लिया है। भारतीय विद्वानों ने मार्क्सवादियों को छोड़कर-सायास इसके मूल तत्त्वों से भारतीय चिन्तन की संगति दिखायी है। संस्कृतज्ञ और संस्कृतिविद् गोपीचन्द नारंग का चिन्तन इस सन्दर्भ में अपेक्षित गहराई लिये हुए है। नारंग जी ने संस्कृत भाषा-दर्शन के परिप्रेक्ष्य में संरचना और उत्तर-संरचनावाद (विरचनावाद) का जो तुलनात्मक साक्ष्य प्रस्तुत किया है यह हमारी उत्तर-आधुनिक जमीन का पुख्ता प्रमाण बनने योग्य है-यदि हम भारतीय चिन्तन-परम्परा से ही अपनी बात रखने के पक्ष में हों तो! उन्होंने अपने एक लेख में बौद्ध परम्परा और विशेषकर नागार्जुन के शून्यवाद से विरचनावादी चिन्तन का सम्बन्ध दिखाया है। यह सच है कि भारत आधुनिकता की विकृतियों की बजाय पूर्व-आधुनिक रूढ़ियों से अभी भी अधिक सन्त्रस्त है। हाँ, आधुनिकता की विकृतियों ने भी अपनी भयावहता दिखायी है और इन सबसे ऊपर उठने के लिए अवश्य ही उत्तर-आधुनिकता ने हमें एक दृष्टि दी है। उसने जाति, धर्म, लिंग-भेद के विरुद्ध और परस्पर इन सबकी अपनी पहचान कायम करने के प्रति एक संघर्ष को बढ़ावा दिया है। उत्तर-आधुनिक विमर्श में हमारे यहाँ के दलित-विमर्श और स्त्री-विमर्श को इस परिप्रेक्ष्य में देखा जा सकता है। वैसे, वस्तुतः देखा जाये तो बहुलता, अनेकरूपता आदि जिनकी बात उत्तर-आधुनिकतावादी करते हैं, वह हमारी सांस्कृतिक परम्पराओं का मूल है, अतः यदि हम अपनी जातीय स्मृतियों के प्रति मात्र सचेत रहें तो उत्तर-आधुनिकता का सहारा हमें लेने की आवश्यकता शायद पड़े ही नहीं।

जहाँ तक भारतीय साहित्य के परिप्रेक्ष्य में उत्तर-आधुनिकतावाद की स्थिति की बात है, अधिकतर भारतीय चिन्तक इसे आधुनिकता के बाद की ही स्थिति के रूप में देखने के पक्षधर हैं। इन्द्रनाथ चौधुरी की राय है कि, ''यदि हम उत्तर मीमांसा और पूर्व मीमांसा से तुलना के आधार पर समझें तो उत्तर-आधुनिकता, आधुनिकता के बाद की स्थिति है।'' हिन्दी में इधर इसके कई प्रवक्ता हो गये हैं। कुछ तो आयातित विचारों के अनुवाद और उसके प्रचारण-प्रसारण में लगे हुए हैं तो कुछ इसे नकारने की अपनी वस्तुनिष्ठ जिद पर अड़े हुए हैं। पश्चिम की ही तरह यहाँ भी इसे लेकर गम्भीर तर्क-वितर्क और चिन्तन-मनन दोनों हो रहा है। फिलहाल इसके एक मान्य प्रवक्ता के रूप में श्री सुधीश पचौरी का नाम अग्रगण्य है। श्री पचौरी ने उत्तर-

आधुनिकता को देरिदावाद के आधार पर समझने-समझाने का यत्न किया है। उनकी दृष्टि में, ''उत्तर-आधुनिकता हर महानता को बिदाई देती है और एक सामान्यता या न्यूनतम्यता सबको सम्भव करती है। विचारों की समग्रता की जगह वह विखण्डन सम्भव करती है, रचना को विज्ञापन बनाती है, समीक्षा को प्रयोजन बनाती है। आधुनिकता के तमाम मनोरथ यहाँ आकर दीन और आनन्ददायक बन जाते हैं। संरचनाएँ खुल जाती हैं। शब्दार्थ में अनेकान्त पैदा होते हैं। अनेक चैनल, अनेक अर्थ, अनेक सत्ता केन्द्र-एक निरन्तर अनेकान्तता ने आधुनिकता की नींव को हिला दिया है।'' (वही, पृ. 19)

यह सच बात है कि हमने न तो आधुनिकता को अपनी जमीन में पैदा करने का जोखिम उठाया और न ही उत्तर-आधुनिकता की कलम को अपने यहाँ लगा सके। आधुनिकता की योजना हमारी उधारी की योजना थी, उत्तर-आधुनिकता की भी वही स्थिति है। इसलिए जब पश्चिम ने अपनी आधुनिकता की दुकान पर ताला डालना प्रारम्भ किया और एक नये शिशु उत्तर-आधुनिकता की छड़ी पकड़कर चलना प्रारम्भ किया तो हमारे यहाँ भी आधुनिकता की योजना असमय अकाल की शिकार होने को अभिशप्त हो गयी। हमारे यहाँ विचारधारात्मक सत्ता पर जो प्रश्नचिह्न लगे, वे इसी के परिणाम हैं। पचौरी जी कहते हैं ''विचारधारात्मक केन्द्रवाद विशृंखलित हो रहा है। नये केन्द्र बन रहे हैं। कहीं वे धार्मिक रूपों के केन्द्र हैं, कहीं जाति-रूपों के, कहीं स्त्री-रूपों के, कहीं सांस्कृतिक पहचान के। वे पुराने आधुनिक शक्ति सन्तुलन को अपने ढंग से बदलने को उद्यत हैं।''

श्री पचौरी को हिन्दी आलोचना की आधुनिक अवधारणाओं से ही नहीं, बल्कि समूची आलोचना-परम्परा से शिकायत है। वे अब तक की आलोचना यात्रा को ब्राह्मणवादी करार देते हैं, ठीक उसी तरह जिस तरह कि आज के हमारे दलित लेखक या उनकी मसीहाई करनेवाले लेखक रचना के धरातल पर कर रहे हैं। पचौरी ने एक जगह लिखा है, ''यदि 'विकेन्द्रण' लेट-कैपिटलिज़्म' प्रेरित उत्तर-आधुनिकता एक सामाजिक परिघटना है, यदि विखण्डन राज्य (समाज) के वृत्तान्त (टेक्स्ट) का ऐतिहासिक क्षण है, तब आधुनिक आलोचना भी इस विखण्डन से बच नहीं सकती। ज्ञानोदय और पुनर्जागरण की योजना पर उसके ही इतिहासक्रम में संकट पैदा हो जाने के बाद आलोचना वही नहीं बनी रह सकती जो कि अपने यहाँ वह भारतेन्दु, शुक्ल, प्रेमचन्द में दिखती है। उस आलोचना में एक पावित्र्य, एक सच, एक केन्द्र, एक आशय की तलाश है। शुक्ल जी का इतिहास इस मायने में एक मुकम्मल कान्यकुब्जवादी ब्राह्मणवादी केन्द्र स्थिर करता है। लेकिन अब जब यह केन्द्र ही क्षतिग्रस्त हो उठा है और अपने अर्थ खोता चला जा रहा है, तब भी क्या उसे ठीक उसी तरह बाँचा जा सकता है, जिस तरह बाँचा जाता रहा है? लोकमंगल

और करुणा इन दोनों को मिलाकर जो आलोचना-मिश्रण बनता है, वह पिछले दिनों के साहित्य तक किसी तरह चला आता है। और जब यह विकास ही समस्याग्रस्त है, तब आलोचना किसका, किस एकमेव सच का, किस 'मानी' का विकास करेगी?'' (समकालीन भारतीय साहित्य, जनवरी-फरवरी, 1998, पृ. 84)

प्रश्न यह नहीं होना चाहिए की शुक्लीय दृष्टि या शुक्ल का इतिहास कितना प्रासंगिक है, बल्कि यह होना चाहिए कि वर्तमान परिप्रेक्ष्य की आवश्यकता क्या है? और बुद्धि तो यह कहती है कि वक्त के मुताबिक ही मानक और मानदण्ड स्थिर किये जाने चाहिए। समय की परिवर्तनीयता किसी की दृष्टि की सीमा नहीं है। कहना यह है कि आज के विमर्श के जो नये आयाम सामने आ रहे हैं, निश्चय ही उनके मानकों के बारे में सोचना होगा। हमें नहीं भूलना चाहिए कि रचनात्मक साहित्य ही आलोचनात्मक साहित्य की दिशा निर्धारित करता है। उत्तर-आधुनिक सोच यदि पारम्परिक सोच से आगे बढ़ रही है, तो यह स्वागत योग्य है, परन्तु स्वागत योग्य का ही हो सकता है अयोग्य का नहीं। इसलिए जरूरी यह है कि अपनी योग्यता को नव सर्जनाकारों को दिखाना चाहिए। और योग्यता किसी क्रिया-प्रतिक्रिया या काट-छाँट की कुशलता भर नहीं है।

यह भी कि उत्तर-आधुनिकता विचारधारागत संघर्ष को नकारती है और विमर्श के नये मुद्दे सामाजिक संघर्ष व परिवेश में खोजती है। उत्तर-आधुनिकतावादी आलोचक विचारधारात्मक तर्क-वितर्क के आधार पर साहित्य को देखने का पक्षधर नहीं है, उसकी दृष्टि में विचारधारा किसी साहित्य के मनन-मूल्यांकन का वस्तुनिष्ठ आधार नहीं हो सकती। बनिस्बत इसके, वह उन सामाजिक जीवनानुभवों को विमर्श का मुद्दा बनाती है जो कि सामाजिक संरचना के केन्द्र कभी नहीं बने, हमेशा पार्श्व में फेंके जाते रहे, इनके प्रति एक हेय दृष्टि तथाकथित अभिजात में बनी रही। उसका परिणाम यह हुआ कि सामाजिक संरचना के विकेन्द्रीकरण में सबसे पहले दृष्टि इन्हीं की ओर गयी, और यह महसूस किया गया कि सामाजिक व्यवस्थापन में जो समता की बात की जाती है, वह कानूनी लड़ाई से ज्यादा जातीय है, अतः व्यवस्था में बने जातिभेद को तोड़ना होगा, अधिकार और सम्मान की भावना और वातावरण बनाना होगा।

यह भी द्रष्टव्य है कि जहाँ एक-तरफ उत्तर-आधुनिक विमर्श का 'प्रोपेगैण्डिस्ट' स्वर है वहीं दूसरी तरफ इसके विरोध का भी जोरदार अलाप हो रहा है। यह बिल्कुल सच है कि इस विमर्श ने आलोचना को 'पालिमिक्स' से निकालकर 'डिस्कोर्स' (वाद-विवाद से विमर्श) तक की यात्रा तो करायी है परन्तु साथ ही कई भ्रम भी पैदा किये हैं। कहीं-कहीं यह अराजकतावादी, अतिवादी लगने लगती है। आलोचना का केन्द्र बदला है, यह बात तो समझ में आती है लेकिन उस बदलाव ने जिन परिस्थितियों के लिए 'स्पेस' छोड़ा है, तात्पर्य यह कि जो नयी प्रवृत्तियाँ,

उत्तर-आधुनिक शब्दावली में 'विमर्श' उसकी जगह पर उभरे हैं, उनकी चिन्तना की धुरी विखण्डन को मानना तथा 'अर्थ कुछ नहीं एक भ्रम' जैसा अलाप करना, न सिर्फ इसकी सैद्धान्तिकी को दुर्बोध बना देता है, अपितु इसकी व्यावहारिक कार्यविधि को भी दुरूह कर देता है। एक आलोचक ने कहा ही है कि, ''जहाँ तक मूल्यों का सवाल है, उत्तर-आधुनिक वाद निषेधात्मक रुख अपनाकर संशय का माहौल पैदा करता है, एक ऐसा माहौल जिसमें कम-से-कम निश्चयात्मकता होती है। अर्थ भी यहाँ महत्त्व नहीं रखता। नैतिक आग्रह तो नहीं के बराबर रह जाता है।'' उत्तर-आधुनिक विमर्श को पुराने भाववाद का भूत माननेवाले मार्क्सवादी विचारक श्री. चंचल चौहान भी कुछ ऐसा ही सवाल उठाते है। उन्होंने लिखा है, ''हिन्दी के उत्तर-आधुनिकतावादी चिन्तक जो भाषा और विचार इन दिनों पत्र-पत्रिकाओं में पिला रहे हैं, दरअसल वे विचार और भाषा भी आश्चर्यजनक रूप से प्रजापितता ब्रह्मकुमारी सम्प्रदाय के सर्कुलरों और पैम्फलेटों की भाषा है।'' इसीलिए वे इसकी सोच को धर्मशास्त्रीय से भी गयी बीती करार देते हैं। बेशक इस चिन्तन ने कई प्रश्नों को आमन्त्रण दिया है, कई मुद्दे इस विमर्श के केन्द्र में आये हैं, आगे यथासमय उनकी जाँच-पड़ताल वक्त जरूर करेगा।

इधर उभरे दलित-विमर्श और स्त्री-विमर्श ये दो ऐसी ही नयी विभक्तियाँ हैं जिसने रचना और आलोचना दोनों को काफी प्रभावित किया है। दलित-विमर्श वस्तुतः मराठी साहित्य में दलित लेखन के बाद अस्तित्व में आया। दलित-विमर्श यथार्थवादी आधार पर रचना आलोचना का समर्थक है। वह गौतम बुद्ध के सन्देश 'अप्प दीपो भव' और डॉ. अम्बेडकर के सन्देश 'शिक्षित बनो, संगठित हो और संघर्ष करो' को अपनी मूल प्रतिज्ञा मानता है। उसने अनुभवजन्य यथार्थ को बिना फैण्टेसी के जिस बेबाकी और छटपटाहट के साथ अभिव्यक्त किया है, वह आलोचना में नये मानदण्डों की माँग करता है, नये सौन्दर्यशास्त्र के रचना की 'डिमाण्ड' करता है। दलित-विमर्श अब तक की समूची परम्परा को ब्राह्मणवादी करार देता है और इसी आधार पर साहित्यालोचना के मानदण्डों को नकारता है। एक आलोचक के शब्दों में 'दलित केन्द्र ने साहित्य की सार्वभौमिकता', उसकी यथार्थवादिता और लोकमंगल कामना पर प्रश्न उठाये हैं। उसका कहना है कि अनुभव सार्वभौम नहीं होते। वे सब-के-सब एक-जैसे नहीं होते (सबका पाठ अलग-अलग होता है) न कभी थे। दलित-विमर्श द्वारा उत्तर-आधुनिक बेदखली कहती है कि अनुभव जैविक होते हैं।

कहना न होगा कि, इसीलिए वह अनुभव की सार्वभौमिकता को नकारता है, उसके मिथ को तोड़ता है, मानदण्डों को अधूरा मानता है। बकौल सुधीश पचौरी 'जाति के अनुभव की इक्सक्लूसिविटी' सम्प्रेषण, साधारणीकरण और तादात्म्य

तथा 'ट्रान्सेण्डेन्स' के सारे नुस्खों को व्यर्थ कर देती है।'' दलित-विमर्श आज जिन मानकों की बात कर रहा है, उनका आधार है विरचना, चिह्न शास्त्र (सेमियाटिक्स), जीनियोलॉजी आदि। दलित-विमर्श के प्रबल प्रवक्ता सुधीश पचौरी का स्पष्ट कथन है, ''दलित-विमर्श ऐसा विमर्श है जो साहित्य के 'पालिटिकली करेक्ट' होने की माँग करता है और उसी अर्थ में 'लिटरेरी करेक्शन' की माँग करता है। इस 'करेक्शन' में भारतीय साहित्यशास्त्र तथा पश्चिम का नव्य समीक्षाशास्त्र व्यर्थ हो जाता है।'' (उप., पृ. 85)

दलित-विमर्श की ही तरह स्त्री-विमर्श भी साहित्य में 'करेक्शन' की माँग कर रहा है। कहना न होगा, समाज में मानवाधिकारों के दमन का सबसे अधिक शिकार स्त्री ही हुई है, चाहे वह किसी वर्ग की स्त्री हो। स्त्रियों को समाज में जिस भेद-भाव की दृष्टि से देखा जाता है उसकी तीव्र प्रतिक्रिया तो स्त्री-विमर्श में होती ही है, स्त्री की मानसिकता, उसकी अपनी सामाजिक-पारिवारिक स्थिति को भी यह विमर्श चिन्तन का केन्द्र बनाता है। स्त्री का महत्त्व उसकी देह से आगे कुछ और भी है, वह सिर्फ पुरुष वर्ग के उपभोग की वस्तु नहीं है, उसकी अपनी भी एक सत्ता है, होनी चाहिए। रसों के राजा श्रृंगार से ही अभी तक उसका सौन्दर्यशास्त्र समझा जाता रहा है, स्त्री-विमर्श इसे अस्वीकार करता है। स्त्रियों की नवीन भूमिकाएँ यह सोचने पर विवश करती हैं कि क्या रसवादी-रीतिवादी दृष्टि नारी-सौन्दर्य को व्याख्यायित करने के लिए पर्याप्त है? स्त्रीवादी अनुभव इक्सक्लूसिव' है, ठीक उसी तरह जिस तरह दलित अनुभव, अन्तर सिर्फ इतना है कि उसका आधार जाति है और इसका आधार लिंग। इसीलिए जिस तरह दलित-विमर्श जाति-भेद पर प्रहार करता है, उसी तरह स्त्रीवादी-विमर्श लिंग-भेद पर।

यह तो मानना होगा कि जाति और लिंग आधारित कुछ अनुभव ऐसे होते हैं जो कि करुणा और सहानुभूति से चित्रित नहीं हो सकते, उनके लिए अनुभव की सख्त जरूरत होती है। इसीलिए रचनात्मक धरातल पर यह मानने की दलीलें दी जाती हैं कि इनसे सम्बन्धित लेखन इन्हीं के वर्ग द्वारा ही किया जा सकता है। पर आलोचना के साथ फिलहाल ऐसी माँग नहीं की जा रही है, इसकी बजाय स्थापित आलोचकों से सहृदयता की अपेक्षा की जा रही है। बेशक, आलोचक का धर्म है कि वह इस रचनात्मक साहित्य को प्रवृत्ति के आधार पर समझे और सराहे। लेकिन दुर्भाग्यवश अभी तक हिन्दी आलोचना में कोई ठोस प्रयास इस दिशा में सामने नहीं आ पाया है। बहसें जारी हैं, अतः उम्मीद की जानी चाहिए कि आनेवाले दिनों में उनकी तार्किक परिणति सामने आयेगी।

●●●